Das neue Vergaberecht

Schriftenreihe des forum vergabe e.V.

Hettich · Soudry (Hrsg.)

Das neue Vergaberecht

Eine systematische Darstellung der neuen EU-Vergaberichtlinien 2014

herausgegeben von

Dr. Lars Hettich, Rechtsanwalt, Köln

Dr. Daniel Soudry, LL.M., Rechtsanwalt, Berlin/Düsseldorf

bearbeitet von

Dr. Christian Braun, Rechtsanwalt und Fachanwalt für Verwaltungsrecht, Leipzig

Dr. Lars Hettich, Rechtsanwalt, Köln

Hans-Peter Müller, Dipl. Verwaltungswirt, Bonn

Dr. Daniel Soudry, LL.M., Rechtsanwalt, Berlin/Düsseldorf

Michael Wankmüller, Dipl. Verwaltungswirt, Koblenz

Bundesanzeiger Verlag

Bibliografische Information der Deutschen Nationalbibliothek Die Deutsche Nationalbibliothek verzeichnet diese Publikation in der Deutschen Nationalbibliografie; detaillierte bibliografische Daten sind im Internet über http://dnb.d-nb.de abrufbar.

Herausgeber:

forum vergabe e.V.
Spichernstr. 15
10777 Berlin

Telefon (030) 23 60 80 60
Telefax (030) 23 60 80 621

E-Mail: info@forum-vergabe.de
www.forum-vergabe.de

Verlag:

Bundesanzeiger Verlag GmbH
Amsterdamer Straße 192
50735 Köln

Tel.: +49 221 97668-240
Fax: +49 221 97668-271

E-Mail: vergabe@bundesanzeiger.de
www.bundesanzeiger-verlag.de

Weitere Informationen finden Sie auch in unserem Themenportal unter http://biv-portal.de/vergabe

Kostenlose Bestellhotline: Tel.: +49 800-12 34 33 9

ISBN (Print): 978-3-8462-0426-9
ISBN (E-Book): 978-3-8462-0427-6

Herstellung: Günter Fabritius
Satz: Satzbetrieb Schäper GmbH, Bonn
Druck und buchbinderische Verarbeitung: Digital Print Group O. Schimek GmbH

Printed in Germany

Vorwort

Am 28. März 2014 ist das neue EU-Richtlinienpaket zum Vergaberecht im EU-Amtsblatt veröffentlicht worden. Die größte Reform des EU-Vergaberechts seit 2004 umfasst drei Richtlinien: Die neue Richtlinie 2014/24/EU über die klassische öffentliche Auftragsvergabe, die neue Richtlinie 2014/25/EU über die Sektorenauftragsvergabe und erstmals eine Richtlinie über die Vergabe von Konzessionen (Richtlinie 2014/23/EU). Nicht betroffen von den Neuregelungen sind verteidigungs- und sicherheitsrelevante Aufträge (Richtlinie 2009/81/EG) sowie die zuletzt 2007 geänderte EU-Rechtsmittelrichtlinie. Ob das erklärte Reformziel einer Vereinfachung erreicht wird, darf durchaus hinterfragt werden: Allein die klassische Vergaberichtlinie 2014/24/EU umfasst 138 Erwägungsgründe, 94 Artikel und 15 Anhänge. Weitere Ziele sind die Kodifikation bisheriger Rechtsprechung, eine Steigerung der Rechtssicherheit, die stärkere Berücksichtigung strategischer Ziele (insbesondere: Umwelt und Soziales) sowie die Förderung kleiner und mittlerer Unternehmen.

Nun ist der deutsche Gesetzgeber gefordert, bis spätestens 18. April 2016 die umfangreichen europäischen Vorgaben in nationales Recht umzusetzen und damit nicht weniger als ein neues Vergaberecht oberhalb der EU-Schwellenwerte zu schaffen. Für die e-Vergabe gelten teilweise längere Umsetzungsfristen. Während die Art und Weise der Umsetzung noch offen ist, finden die neuen Richtlinien in der Rechtsprechung als „Orientierungsleitlinien" bereits erste Beachtung.

Das vorliegende Werk soll dem Vergabepraktiker einen kompakten, aber fundierten Überblick über die anstehenden Änderungen des EU-Vergaberechts verschaffen. Ziel ist dabei keine umfassende, kohärente Kommentierung der Regelwerke. Vielmehr werden die wichtigsten Neuerungen anhand besonders praxisrelevanter Themenschwerpunkte dargestellt.

Die Herausgeber freuen sich, für dieses Vorhaben langjährige und renommierte Vergabepraktiker als Mitautoren gewonnen zu haben. Anregungen und Kritik nehmen wir gern entgegen. Mit dem Wunsch einer gewinnbringenden Lektüre

Lars Hettich Daniel Soudry

Inhaltsverzeichnis

Die neue „klassische“ Vergaberichtlinie

Dr. Lars Hettich, Rechtsanwalt
Dr. Daniel Soudry, LL.M., Rechtsanwalt

A. Vergaberechtsfreie Kooperationen

I. Überblick

Erstmals enthalten die europäischen Vergaberichtlinien Regelungen zu den Voraussetzungen und der Reichweite vergaberechtsfreier Aufträge[1] zwischen Einrichtungen des öffentlichen Sektors. Diese sind in zwei Formen möglich: Bei den sogenannten „Inhouse-Geschäften" werden Aufträge „vertikal" zwischen Rechtssubjekten geschlossen, die in einem näher definierten Über-Unterordnungs-Verhältnis zueinander stehen. Bei der Zusammenarbeit in Form einer „Interkommunalen Kooperation" schließen hingegen mehrere voneinander unabhängige Rechtssubjekte „horizontal" auf Augenhöhe einen Vertrag miteinander.

Beide Arten der Zusammenarbeit regelt Art. 12 VRL.[2] Die betreffenden Verträge sind bei Vorliegen der dort im Einzelnen genannten Voraussetzungen vom Anwendungsbereich des Vergaberechts befreit. Folgerichtig findet sich die Vorschrift in Titel I, Kapitel 1, Abschnitt 3 der Richtlinie wieder, der die Überschrift „Ausnahmen" trägt.

---

[1] Zu den Sonderregelungen im Sektorenbereich *Müller*, IV; Zu den Sonderregelungen der Konzessionsrichtlinie *Braun*, C. II.

[2] Richtlinie 2014/24/EU des Europäischen Parlaments und des Rates vom 26.2.2014 über die öffentliche Auftragsvergabe und zur Aufhebung der Richtlinie 2004/18/EG, ABl. L 94/65 v. 28.3.2014.

Die Regelungen fassen im Wesentlichen die vom Europäischen Gerichtshof in den vergangenen 15 Jahren hierzu erlassenen Entscheidungen in Gesetzesform, wobei der Richtliniengeber davon ausgeht, dass Art. 12 die Judikatur des Europäischen Gerichtshofs präzisiert.[3] Das trifft jedenfalls insoweit zu als die Richtlinie auch bislang ungeklärte Konstellationen für vergaberechtsfrei erklärt.[4]

II. Inhouse-Geschäfte

Mit Inhouse-Geschäften war der Europäische Gerichtshof erstmals 1999 befasst. In der *„Teckal"*-Entscheidung[5] musste er über die Frage entscheiden, ob ein zwischen einer Kommune und einem Konsortium mehrerer Kommunen erfolgter Leistungsaustausch die Voraussetzungen an einen öffentlichen Auftrag erfüllte und deshalb hätte ausgeschrieben werden müssen. Im Rahmen der Hinweise, die er dem vorlegenden Gericht für die Prüfung dieser Frage gab, führte er aus:

> *„Dazu genügt es ... grundsätzlich, daß der Vertrag zwischen einer Gebietskörperschaft und einer rechtlich von dieser verschiedenen Person geschlossen wurde. Etwas anderes kann nur dann gelten, wenn die Gebietskörperschaft über die fragliche Person eine Kontrolle ausübt wie über ihre eigenen Dienststellen und wenn diese Person zugleich ihre Tätigkeit im wesentlichen für die Gebietskörperschaft oder die Gebietskörperschaften verrichtet, die ihre Anteile innehaben."*

Erstmals hielt der Europäische Gerichtshof damit für möglich, dass Leistungsbeziehungen „verwaltungsintern" organisiert werden und mangels Marktberührung von den Vorschiften des Vergaberechts freigestellt sind – das Inhouse-Geschäft war geboren. In der Folgezeit präzisierte er die Anforderungen an Inhouse-Geschäfte in einer Reihe von Entscheidungen weiter.[6] Danach sind Inhouse-Geschäfte unter folgenden Voraussetzungen vom Vergaberecht befreit:

- der öffentliche Auftraggeber ist an einem rechtlich selbstständigen Auftragnehmer beteiligt („Beteiligungskriterium")
- der öffentliche Auftraggeber übt eine Kontrolle des öffentlichen Auftraggebers über den Auftragnehmer wie über eine eigene Dienstelle aus („Kontrollkriterium")

---

[3] Vgl. Erwägungsgrund (31).

[4] Vgl. zu diesen Konstellationen das Arbeitsdokument der Kommissionsdienststellen über die Anwendung des EU-Vergaberechts im Fall von Beziehungen zwischen öffentlichen Auftraggebern (öffentlich-öffentliche Zusammenarbeit), SEK(2011) 1169 endg. vom 4.10.2011.

[5] Urteil v. 18.11.1999, Rs. C-107/98.

[6] Es handelt sind im Wesentlichen um folgende Urteile: 11.1.2005, Rs. C-26/03 (*„Stadt Halle"*); 13.10.2005, Rs. C-458/03 (*„Parking Brixen"*); 10.11.2005, Rs. C-29/04 (*„Stadtgemeinde Mödling"*); 6.4.2006, Rs. C-410/04 (*„ANAV"*); 11.5.2006, Rs. C-340/04 (*„Carbotermo"*); 19.4.2007, Rs. C-295/05 (*„Asemfo"*); 8.4.2008, Rs. C-337/05 (*„Kommission ./. Italien"*); 13.11.2008, Rs. C-324/07 (*„Coditel Brabant"*); 10.9.2009, Rs. C-573/07 (*„Sea Srl."*); 29.11.2012, Rs. C-182/11 (*„Econord"*).

- der Auftragnehmer ist im Wesentlichen für den öffentlichen Auftraggeber tätig („Wesentlichkeitskriterium").

Diese kumulativ erforderlichen Kriterien und ihre Auslegung im Einzelfall soll Art. 12 nun europaweit einheitlich regeln, wobei Art. 12 Abs. 1 sie in folgende Reihenfolge setzt:

- Kontrollkriterium (lit. a))
- Wesentlichkeitskriterium (lit. b))
- Beteiligungskriterium (lit. c.)).

1. Kontrollkriterium

Das nach Art. 12 Abs. 1 UAbs. 1 lit. a) geforderte Kontrollkriterium verlangt, dass der öffentliche Auftraggeber über den Auftragnehmer eine Kontrolle ausübt, wie über seine eigenen Dienststellen. Abs. 1 UAbs. 2 S. 1 und 2 präzisieren, wann dies der Fall ist. Nach Abs. 1. UAbs. 2 S. 1 reicht es aus, wenn der Auftraggeber einen ausschlaggebenden Einfluss auf die strategischen Ziele und die wesentlichen Entscheidungen des Auftragnehmers ausübt. Ausdrücklich nicht gefordert wird damit ein Einfluss, der mit demjenigen über eigene Dienststellen voll übereinstimmt.[7] Eine vergleichbare Kontrolle ist vielmehr ausreichend.[8]

Jedenfalls die wesentlichen Entscheidungen und strategischen Ziele müssen ausschlaggebend beeinflussbar sein. Ob dies schon dann der Fall ist, wenn der Auftraggeber aufgrund einer Sperrminorität unliebsame Entwicklungen oder Entscheidungen jederzeit verhindern kann oder ob das Kontrollkriterium die Möglichkeit einer Einflussnahme im Sinne der positiven Durchsetzbarkeit der eigenen Ziele verlangt, bleibt auch nach dem Wortlaut von Art. 12 unklar. Die Formulierung, wonach der öffentliche Auftraggeber in der Lage sein muss, eine wirksame, strukturelle und funktionelle Kontrolle über diese Einrichtung auszuüben,[9] hilft nicht weiter.

a. „Mutter-Enkel"-Konstellation

Abs. 1 UAbs. 2 S. 2 stellt klar, dass eine ausreichende Kontrolle auch dann möglich ist, wenn diese über zwischengeschaltete Gesellschaften in einer ununterbrochenen Weisungskette vermittelt wird. Die gerade in Stadtwerke-Konzernen häufig anzutreffenden „Mutter-Enkel"-Konstellationen sind damit unproblematisch, sofern nicht andere Gründe einer Kontrolle entgegenstehen. Ob der erforderliche Kontrollgrad erreicht ist,

---

[7] Vgl. EuGH, Urteil v. 11.5.2006, Rs. C-340/04 *(„Carbotermo")*.

[8] BayObLG, Beschluss v. 24.1.2001, Az. Verg 18/01; Vgl. auch *Dreher*, NZBau 2001, 360, 362 f.; *Ziekow*, in: Ziekow/Völlink, Vergaberecht, 2. Aufl., § 99 GWB, Rn. 114.

[9] EuGH, Urteil v. 17.7.2008, Rs. C-371/05 *(„Kommission ./. Italien")*; EuGH, Urteil v. 29.11.2012, Rs. C-182/11 *(„Econord")*; EuGH, Urteil v. 8.5.2014, Rs. C-15/13 *(„Datenlotsen")*.

muss immer anhand des konkreten Einzelfalles unter Berücksichtigung sämtlicher Rechtsvorschriften und Umstände beurteilt werden.[10]

Ein der Kontrolle entgegenstehender Grund kann die Zwischenschaltung einer Aktiengesellschaft sein. Die nationale Rechtsprechung hat die Möglichkeit einer Kontrolle über eine juristische Person des Privatrechts wie über eine eigene Dienststelle bislang generell ausgeschlossen, wenn es sich bei dieser um eine Aktiengesellschaft handelt.[11] Demgegenüber schloss der Europäische Gerichtshof Inhouse-Geschäfte zumindest nicht kategorisch aus. Die Kontrolle über eine Aktiengesellschaft sei zwar problematisch, da diese ihre Ziele unabhängig von ihren Anteilseignern verfolgen kann.[12] Eine Kontrolle wie über eine eigene Dienststelle könne gleichwohl angenommen werden, wenn der öffentliche Auftraggeber durch die satzungsgemäßen Organe, die aus Vertretern dieses öffentlichen Auftraggebers bestehen, sowohl auf die strategischen Ziele als auch auf die wichtigen Entscheidungen der Gesellschaft ausschlaggebenden Einfluss nimmt.[13]

Der Fall *„Sea Srl."* ist nicht ohne Weiteres auf die Rechtslage in Deutschland übertragbar. Denn die Aktiengesellschaft nach deutschem Recht zeichnet sich durch eine dualistische Struktur aus Vorstand und Aufsichtsrat aus. Nach § 76 Abs. 1 AktG kann die Gesellschafterversammlung den Vorstand nicht unmittelbar in ihrem Sinne anweisen, weshalb eine Einflussnahme des beherrschenden öffentlichen Auftraggebers nicht zwingend herbeigeführt werden kann. Da sich die VRL zu der Inhouse-Fähigkeit von Aktiengesellschaft nicht ausdrücklich erklärt, bleibt es weiterhin dabei, dass eine Gesamtschau im Einzelfall erforderlich ist. Ein Inhouse-Geschäft unter Zwischenschaltung einer Aktiengesellschaft könnte möglich sein, wenn diese die Rechtsform einer „Societas Europeae" (SE) annimmt[14] oder wenn eine ausreichende Kontrolle, etwa über einen Gewinnabführungs- und Beherrschungsvertrag, gesichert ist.[15]

Die vorstehenden Ausführungen gelten für unmittelbar zwischen einem öffentlichen Auftraggeber und einer Aktiengesellschaft erfolgende Inhouse-Geschäfte entsprechend.

b. Kontrolle durch mehrere Auftraggeber

Art. 12 Abs. 3 regelt die Konstellation einer Beteiligung mehrerer öffentlicher Auftraggeber an einem Auftragnehmer. Streng genommen kontrolliert ein einzelner öffentlicher Auftraggeber den Auftragnehmer, wie Abs. 3 UAbs. 1 S. 1 zunächst im Grundsatz feststellt, nicht. Ausreichend ist in diesem Fall jedoch, dass der öffentliche Auftrag-

---

[10] BGH, Urteil v. 3.7.2008, Az. I ZR 145/05; OLG Frankfurt, Beschluss v. 30.8.2011, Az. 11 Verg 3/11.

[11] BGH, Urteil v. 3.7.2008, I ZR 145/05, *Hertwig*, S. 54.

[12] EuGH, Urteil v. 13.11.2008, Rs. C-324/07 *(„Coditel Brabant")*.

[13] EuGH, Urteil v. 10.9.2009, Rs. C-573/07 *(„Sea Srl.")*.

[14] Hierzu *Teichmann*, BB 2004, 53; Lutter/Kollmorgen/Feldhaus, BB 2005, 2473.

[15] Vgl. hierzu *Ziekow*, in: Ziekow/Völlink, Vergaberecht, 2. Aufl., § 99 GWB, Rn. 121 f.

geber zusammen mit den anderen öffentlichen Auftraggebern die Kontrolle über den Auftragnehmer ausüben kann (lit. a)). Dies ist nach Abs. 3 UAbs. 2 der Fall, wenn

- in den beschlussfassenden Organen des Auftragnehmers Vertreter sämtlicher beteiligter Auftraggeber sind, wobei eine Mehrfachvertretung möglich ist
- die öffentlichen Auftraggeber gemeinsam einen maßgeblichen Einfluss auf die strategischen Ziele und wesentlichen Entscheidungen des Auftragnehmers ausüben können
- der Auftragnehmer keine den öffentlichen Auftraggebern zuwiderlaufenden Interessen verfolgt.

Das letzte Kriterium entfällt schon dann, wenn das Handeln des Auftragnehmers den Interessen auch nur eines der diesen kontrollierenden Auftraggeber entgegensteht.[16]

Die Voraussetzungen, mit denen die Vorgaben des Europäischen Gerichtshofs aus der „*Econord*"-Entscheidung[17] umgesetzt werden sollen, müssen gemäß Abs. 3 UAbs. 2 S. 1 kumulativ vorliegen. Nicht ausreichend ist es, wenn ein am Auftragnehmer beteiligter öffentlicher Auftraggeber nur einen „Splitteranteil" hält, der ihn zwar berechtigt, die Entscheidungen des Mehrheitsgesellschafters zu kontrollieren, aber mit keinerlei anteiligen eigenen Entscheidungsbefugnissen verbunden ist.[18]

2. *Wesentlichkeitskriterium*

Das Wesentlichkeitskriterium verlangt, dass der Auftragnehmer im Wesentlichen für den Auftraggeber tätig ist.

a. Umfang des Drittgeschäfts

Nach Art. 12 Abs. 2 UAbs. 1 lit. b) müssen mehr als 80 % der Tätigkeit des Auftragnehmers der Ausführung von Aufgaben dienen, mit denen er vom Auftraggeber betraut wurde. Damit ist der lange Zeit geführte Streit, wie hoch der Anteil des Drittgeschäfts des Auftragnehmers an seinem gesamten Geschäft höchstens sein darf, beendet.

Der Europäische Gerichtshof formulierte die Grenze zunächst abstrakt, indem er verlangte, dass jede andere Tätigkeit für Dritte rein nebensächlich ist.[19] Während der BGH einen Drittgeschäftsanteil von 10 % kritisch sah,[20] zog das OLG Celle die Grenze bei 7,5 %.[21] Obwohl sich der Europäische Gerichtshof im Jahr 2007 und damit zeitlich

[16] Vgl. *Jaeger*, NZBau 2014, 259, 261.

[17] Urteil v. 29.11.2012, Rs. C-182/11 (*„Econord"*); Vgl. auch bereits EuGH, Urteil v. 13.11.2008, Rs. C-324/07 (*„Coditel Brabant"*); EuGH, Urteil v. 10.9.2009, Rs. C-573/07 (*„Sea Srl."*).

[18] Urteil v. 29.11.2012, Rs. C-182/11 (*„Econord"*).

[19] EuGH, Urteil v. 11.5.2006, Rs. C-340/04 (*„Carbotermo)*.

[20] Urteil v. 3.7.2008, Az. I ZR 145/05.

[21] OLG Celle, Beschluss v. 14.9.2006, Az. 13 Verg 2/06.

nach dem OLG Celle erstmals auf die 10 %-Grenze festlegte,[22] bekräftigte das OLG Celle seine Ansicht in einer weiteren Entscheidung erneut.[23] Dem ist spätestens mit dem eindeutigen Wortlaut der Richtlinie der Boden entzogen.

Mehr als 80 % ist mehr als „mindestens". Das heißt, dass Drittgeschäft bereits dann schädlich ist, wenn es die 20 %-Grenze erreicht. Der Drittgeschäftsanteil muss darunter liegen.

Die Aufträge, aus denen sich die mehr als 80 % zusammensetzen, dürfen auch von einem Dritten stammen, der von demselben öffentlichen Auftraggeber kontrolliert wird („Horizontale" Inhouse-Geschäfte). Bei Auftragnehmern, die von mehreren öffentlichen Auftraggebern gemeinsam beherrscht werden, dürfen die Aufträge nach Abs. 3 UAbs. 1 lit. b) darüber hinaus von sämtlichen Auftraggebern stammen, die den Auftragnehmer kontrollieren.[24]

b. Berechnung des Drittgeschäfts

Bezugspunkt der 80-20-Regelung ist – wie Art. 12 Abs. 5 UAbs. 1 zeigt – der Umsatz des jeweiligen Auftragnehmers. Dieser muss, um ein Inhouse-Geschäft möglich zu machen, unterhalb der Grenze von 20 % liegen. Bei darüber liegenden Umsätzen wird davon ausgegangen, dass der Auftragnehmer in einem solchen Maße in Wettbewerb zu Dritten tritt, dass das Privileg vergaberechtsfreier Inhouse-Geschäfte marktverzerrende Wirkungen entfaltet.

Maßgeblich ist der durchschnittliche Gesamtumsatz des Auftragnehmers der letzten drei Jahre vor der fraglichen Auftragsvergabe. Stattdessen darf aber auch ein „alternativer tätigkeitsgestützter Wert" herangezogen werden. Als solchen nennt Abs. 5 beispielhaft die Kosten, die dem Auftraggeber oder dem Auftragnehmer in den letzten drei Jahren vor der Auftragsvergabe für die betreffenden Leistungen entstanden sind. Liegt auch ein alternativer Wert für die letzten drei Jahre nicht vor oder ist der vorliegende Wert nicht mehr relevant, lässt es Art. 12 Abs. 5 UAbs. 2 genügen, wenn der tätigkeitsgestützte Wert – vor allem durch Prognosen über die Geschäftsentwicklung – glaubhaft gemacht wird.

Die Einordnung als Drittgeschäft kann im Einzelfall problematisch sein. Umsätze aus mit Endkunden abgeschlossenen Stromversorgungsverträgen ordnete das OLG Hamburg[25] als Drittgeschäft ein. Dem Argument, dass es sich insoweit um Leistungen der Daseinsvorsorge handle, folgte der Vergabesenat nicht, da die Belieferung privater Endkunden mit Strom im Wettbewerb erbracht wird und keine rein kommunale Aufgabe

[22] 19.4.2007, Rs. C-295/05 *(„Asemfo")*.

[23] OLG Celle, Beschluss v. 29.10.2009, Az. 13 Verg 8/09.

[24] Vgl. EuGH, Urteil v. 11.5.2006, Rs. C-340/04 *(„Carbotermo")*.

[25] OLG Hamburg, Beschluss v. 14.12.2010, Az. I Verg 5/10.

mehr ist. Mit vergleichbaren Argumenten wird die Entsorgung freier Gewerbeabfälle in Abgrenzung zu Hausmüll als Drittgeschäft angesehen.[26]

3. *Beteiligungskriterium*

Als dritte Voraussetzung für ein zulässiges Inhouse-Geschäft verlangt Art. 12 Abs. 1 UAbs. 1 lit. c) schließlich, dass an dem Auftragnehmer keinerlei private Beteiligung besteht. Die Rechtsprechung des Europäischen Gerichtshofs ist bisher sehr streng, Ausnahmen lässt er nicht zu. Hierzu führte er in dem Urteil *„Stadt Halle"* aus:

> *„Dagegen schließt die – auch nur minderheitliche – Beteiligung eines privaten Unternehmens am Kapital einer Gesellschaft, an der auch der betreffende öffentliche Auftraggeber beteiligt ist, es auf jeden Fall aus, dass der öffentliche Auftraggeber über diese Gesellschaft eine ähnliche Kontrolle ausübt wie über seine eigenen Dienststellen."*[27]

Art. 12 Abs. 1 UAbs. 1 lit. c.) enthält nun jedoch erstmals eine eng umrissene Ausnahme: Künftig sind private Kapitalbeteiligungen unschädlich, wenn mit Ihnen weder eine Beherrschung noch eine Sperrminorität oder eine Möglichkeit der maßgeblichen Einflussnahme einhergeht und sie durch nationale gesetzliche Bestimmungen vorgeschrieben sind. Diese Ausnahme wurde auf Betreiben Deutschlands aufgenommen, da in einigen Bundesländern eine gesetzliche Zwangsmitgliedschaft Privater in Wasser- und Bodenverbänden angeordnet wird.[28] Ausweislich Erwägungsgrund (32) der Richtlinie soll allein dieser Umstand aber der Möglichkeit von Inhouse-Geschäften mit solchen Verbänden nicht entgegenstehen.[29]

Entsprechendes gilt nach Art. 12 Abs. 3 UAbs. 1 lit. c) im Falle einer Beteiligung mehrerer öffentlicher Auftraggeber an einem Auftragnehmer sowie nach Art. 12 Abs. 2 im Falle eines umgekehrten Inhouse-Geschäfts.

Für den Fall, dass mehrere öffentliche Auftraggeber einen Inhouse-Auftrag an einen gemeinsamen Auftragnehmer vergeben wollen, ist das Beteiligungskriterium in Art. 12 Abs. 3 zwar nicht ausdrücklich genannt. Da mit der Richtlinie aber die Vorgaben des Europäischen Gerichtshofes umgesetzt werden sollen, ist die von ihm aufgestellte[30] weitere Voraussetzung, wonach jeder der kontrollierenden öffentlichen Auftraggeber auch an dem Auftragnehmer beteiligt sein muss, ebenfalls zu fordern.[31]

---

[26] Vgl. OLG Düsseldorf Beschluss v. 28.7.2011, Az. VII-Verg 20/11.

[27] Urteil v. 11.1.2005, Rs. C-26/03 (*„Stadt Halle"*).

[28] Vgl. *Dieckmann*, AbfallR 2014, 130, 132.

[29] Vgl. auch *Jaeger*, NZBau 2014, 259, 261.

[30] Urteil v. 29.11.2012, Rs. C-182/11 (*„Econord"*).

[31] Vgl. *Jaeger*, NZBau 2014, 259, 261.

4. *Sonderfälle*

Neu ist, dass die Richtlinie einige bisher ungeklärte Konstellationen ausdrücklich für zulässig erklärt. Wenngleich die Praxis derartige Konstellation bereits häufig umsetzte, stand eine höchstrichterliche Klärung aus. Zwar behandelt Art. 12 nicht sämtliche von der EU-Kommission in ihrem Arbeitsdokument[32] thematisierten Fälle. Zumindest zu den nachfolgenden Konstellationen schafft Art. 12 nun aber Rechtssicherheit.

a. „Bottom-up"-Vergabe

Nach Art. 12 Abs. 2 ist nun auch ein umgekehrtes Inhouse-Geschäft zulässig. Bei dieser sogenannten „Bottom-up"-Vergabe wird der Auftrag von der beherrschten Tochtergesellschaft an die beherrschende Mutter vergeben.[33] Hierzu vertrat die EU-Kommission bereits seit einiger Zeit de Auffassung, dass gegen ein Inhouse-Geschäft keine Bedenken bestünden. Entscheidend sei, dass keine Beteiligung Privater bestehe.

Nach dem Wortlaut zwingend erforderlich ist aber, dass die den Auftrag vergebende Tochtergesellschaft selbst öffentliche Auftraggeberin ist.

b. „Horizontale" Inhouse-Geschäfte

Art. 12 Abs. 2 erklärt außerdem auch sogenannte „horizontale" Inhouse-Geschäfte zwischen mehreren Tochtergesellschaften desselben öffentlichen Auftraggebers für zulässig. [34]Auch bezüglich dieser Verträge vertrat die EU-Kommission in ihrem Arbeitsdokument[35] die Auffassung, dass eine Befreiung vom Vergaberecht unbedenklich sei. Schließlich könne der öffentliche Auftraggeber auch die eine Tochtergesellschaft im Wege eines Inhouse-Geschäfts beauftragen und die erhaltenen Leistungen der anderen Tochtergesellschaft zur Verfügung stellen. Für eine unmittelbare Abwicklung zwischen beiden Tochtergesellschaften solle nichts anderes gelten.[36]

Dogmatisch wird bei den horizontalen Inhouse-Geschäften im konkreten Vertragsverhältnis auf das Kontrollkriterium verzichtet und für ausreichend erachtet, dass beide beteiligten Gesellschaften ihrerseits von demselben öffentlichen Auftraggeber kontrolliert werden. Das Verbot einer privaten Beteiligung besteht gemäß Art. 12 Abs. 2 aber ebenfalls, wobei auch die Ausnahmen entsprechend Anwendung finden. Schließlich müssen beide beteiligten Tochtergesellschaften die Anforderung an das Wesentlichkeitskriterium erfüllen,[37] wobei umstritten ist und aus Art. 12 nicht ab-

---

[32] Arbeitsdokument der Kommissionsdienststellen über die Anwendung des EU-Vergaberechts im Fall von Beziehungen zwischen öffentlichen Auftraggebern (öffentlich-öffentliche Zusammenarbeit), SEK(2011) 1169 endg. vom 4.10.2011, Ziff. 3.2.4.

[33] Vgl. auch *Jaeger*, NZBau 2014, 259, 261.

[34] Vgl. hierzu EuGH, Urteil v. 8.5.2014, Rs. C-15/13 (*„Datenlotsen"*).

[35] Ziff. 3.2.4.

[36] Vgl. *Dreher*, NZBau 2004, 14, 18 f.; Dagegen *Schröder*, NZBau 2005, 127 129 f.

[37] *Orlowski*, NZBau 2007, 80, 87 f.

schließend hervorgeht, ob die beauftragte Tochtergesellschaft im Wesentlichen für die beherrschende Mutter[38] oder für die beauftragende Tochtergesellschaft[39] tätig sein muss. In Anlehnung an die Vorschrift des Art. 12 Abs. 3 UAbs. 1 lit. b) für den Fall mehrerer öffentlicher Auftraggeber wird man es als ausreichend ansehen können, dass der wesentliche Teil des Umsatzes der beauftragten Tochtergesellschaft mit Leistungen für die Mutter, also den beherrschenden öffentlichen Auftraggeber, oder für die beauftragende Schwestergesellschaft erwirtschaftet wird.[40]

III. Interkommunale Kooperationen

Die zweite Konstellation, in der Verträge zwischen Einrichtungen des öffentlichen Sektors vom Anwendungsbereich des Vergaberechts ausgenommen werden, sind die Interkommunalen Kooperationen. Anders als Inhouse-Geschäfte zeichnen sie sich – wie die Bezeichnung verrät – durch „eine" echte Zusammenarbeit zur Erreichung gemeinsamer Ziele aus, die über ein schuldrechtliches Synallagma (*„do ut des"*) hinausgeht.[41] In Erwägungsgrund (33) heißt es hierzu:

> *„Um diese Voraussetzungen zu erfüllen, sollte die Zusammenarbeit auf einem kooperativen Konzept beruhen."*

Demgegenüber beinhalten Inhouse-Geschäfte jeweils bloße einseitige Verpflichtungen (typischerweise „Leistung gegen Vergütung").

Art. 12 Abs. 4 VRL regelt die Voraussetzungen für die Privilegierung Interkommunaler Kooperationen. Auch hier sollen die vom Europäischen Gerichtshof entwickelten Vorgaben[42] in Gesetzesform gebracht werden.

Folgende Voraussetzungen müssen kumulativ vorliegen, um einen Vertrag zwischen zwei oder mehreren öffentlichen Auftraggebern dem Vergaberecht zu entziehen:

- Begründung einer Zusammenarbeit unter ausschließlicher Beteiligung öffentlicher Auftraggeber
- mit dem gemeinsamen Ziel, eine allen Beteiligten obliegende öffentlichen Aufgabe zu erfüllen
- wobei die Zusammenarbeit ausschließlich auf Überlegungen im Zusammenhang mit öffentlichen Interessen beruht und

---

[38] Dafür *Schröder*, NZBau 2005, 127, 129 f.

[39] Dafür *Dreher*, NZBau 2004, 14, 18 f.

[40] In diesem Sinne *Orlowski*, NZBau 2007, 80, 87 f.

[41] Das OLG Düsseldorf hält allerdings eine Kombination aus Inhouse-Vergabe und Interkommunaler Kooperation für denkbar, vgl. Beschluss v. 28.7.2011, Az. VII-Verg 20/11.

[42] Vgl. EuGH, Urteil v. 9.6.2009, Rs. C-480/06 (*„Stadtreinigung Hamburg"*); EuGH, Urteil v. 19.12.2012, Rs. C-159/11 (*„Lecce"*); EuGH, Urteil v. 13.6.2013, Rs. C-386/11 (*„Piepenbrock"*).

- durch die Zusammenarbeit kein privater Dienstleistungserbringer besser gestellt wird als seine Wettbewerber
- soweit die von der Kooperation erfassten Tätigkeiten von den Beteiligten zu weniger als 20 % auf dem offenen Markt erbracht werden

Das Verbot einer Beteiligung Privater folgt dabei schon aus der einleitenden Formulierung *(„ausschließlich")* in Abs. 4. Demgegenüber ist das Verbot einer Besserstellung einzelner privater Dienstleister[43] nicht unmittelbar in Art. 12 Abs. 4 enthalten. Es findet sich aber gut versteckt in Erwägungsgrund (31) der Richtlinie.

Anders als bei Inhouse-Geschäften ist eine Kontrolle im Verhältnis der Kooperationspartner zueinander in Abs. 4 nicht gefordert. Denn der Europäische Gerichtshof hat insoweit festgestellt, dass das Kontrollkriterium im Bereich Interkommunaler Kooperationen nicht übertragbar ist.[44]

Eine spezielle Rechtsform soll den Kooperationspartnern schließlich nicht vorgeschrieben werden.[45]

1. Keine Beteiligung Privater

Erste Voraussetzung einer Interkommunalen Kooperation ist, dass an ihr keine Privaten beteiligt sind.[46]

Eine den Inhouse-Geschäften vergleichbare Regelung, wonach Minderheitsbeteiligungen unschädlich sind, die auf gesetzlichen Pflichtmitgliedschaften beruhen und keinen Einfluss vermitteln, (Art. 12 Abs. 1 UAbs. 1 lit. c.)), findet sich in Abs. 4 nicht. Während sich die Regelung bei Inhouse-Geschäften auf den beherrschten Auftragnehmer bezieht, stellt sich die Frage einer Beteiligung privaten Kapitals hier hinsichtlich der an der Kooperation Beteiligten. Allein aus dem Wortlaut von Abs. 4 könnte man schließen, dass eine Kooperation bereits dann ausscheidet, wenn an einem der Kooperationspartner eine geringe Minderheitsbeteiligung Privater besteht. Infolgedessen wären insbesondere den Wasser- und Bodenverbänden, wegen denen die Ausnahme des Art. 12 Abs. 1 UAbs. 1 lit. c.) eingefügt wurde, Interkommunale Kooperationen generell verwehrt.[47]

In dem Urteil *„Stadtreinigung Hamburg"*[48] bezog sich der Europäische Gerichtshof allerdings auf „öffentliche Stellen", und teilte dabei die Auslegung der Kommissions-

[43] Vgl. EuGH, Urteil v. 19.12.2012, Rs. C-159/11 *(„Lecce")*.

[44] EuGH, Urteil v. 9.6.2009, Rs. C-480/06 *(„Stadtreinigung Hamburg)*; Vgl. auch *Portz*, VergabeR 2009, 702; Donat/Lipinsky, KommJur 2009, 361; *Tomerius*, BKV 2009, 395.

[45] Vgl. EuGH, Urteil v. 9.6.2009, Rs. C-480/06 *(„Stadtreinigung Hamburg)*; Erwägungsgrund (33).

[46] Vgl. Erwägungsgrund (33).

[47] Vgl. *Dieckmann*, AbfallR 2014, 130, 132.

[48] Urteil v. 9.6.2009, Rs. C-480/06.

dienststellen, wonach eine Interkommunale Kooperation allen Kategorien von öffentlichen Auftraggebern offen stehen soll. Würde man hingegen jede auch geringe Beteiligung privaten Kapitals als Ausschlusskriterium sehen, stünde das Institut den genannten Einrichtungen des öffentlichen Rechts nicht zur Verfügung. Diese Überlegung spricht dafür, den Ausnahmetatbestand des Art. 12 Abs. 1 UAbs. 1 lit. c.) entsprechend auf Interkommunale Kooperationen zu übertragen.

2. Gemeinsame Aufgabe

Eine vergaberechtsfreie Interkommunale Kooperation ist nur möglich, soweit die Beteiligten das Ziel verfolgen, dass die von ihnen zu erbringenden öffentlichen Dienstleistungen im Hinblick auf die Erreichung gemeinsamer Ziele ausgeführt werden. Wie der Vertrag bezeichnet wird, ist nebensächlich. Es kommt entscheidend auf dessen Inhalt an.

Der Begriff der „von ihnen zu erbringenden öffentlichen Dienstleistungen" ist weit auszulegen. Erfasst sind alle Arten von Tätigkeiten in Verbindung mit der Ausführung der Dienstleistungen und Zuständigkeiten, die den teilnehmenden Kooperationspartnern zugeteilt wurden oder von ihnen übernommen werden. Dies können gesetzliche oder freiwillige Aufgaben der Gebietskörperschaften sein, ebenso sonstige Dienste, die bestimmten Einrichtungen durch das öffentliche Recht übertragen sind.[49]

Nicht ausreichend ist, dass die öffentliche Aufgabe nur einem Teil der Kooperationspartner obliegt.[50] Daran kann es bei Bündnissen der Abfallentsorgung fehlen, bei denen ein Partner den Abfall zur Verfügung stellt und der andere ihn beseitigt. Denn die Pflicht zur Abfallbeseitigung trifft in der Regel nur den Partner, bei dem er anfällt.[51] Unter diesen Voraussetzungen handelt es sich um einen klassischen öffentlichen Auftrag nach dem Prinzip „Leistung gegen Entgelt".[52] Inhouse-Geschäfte scheitern hier regelmäßig an der fehlenden Beherrschung des Auftragnehmers.[53]

Erwägungsgrund (33) stellt klar, dass die gemeinsame Aufgabe nicht notwendig dieselbe Aufgabe sein muss. Hierzu heißt es dort:

> *„Die von den verschiedenen teilnehmenden Stellen erbrachten Dienstleistungen müssen nicht notwendigerweise identisch sein; sie können sich auch ergänzen."*

Auch müssen die jeweiligen Beiträge der Kooperationspartner nicht dieselbe Qualität haben. Weiter heißt es in Erwägungsgrund (33) hierzu:

---

[49] Vgl. Erwägungsgrund (33).

[50] EuGH, Urteil v. 19.12.2012, Rs. C-159/11 (*„Lecce"*); EuGH, Urteil v. 13.6.2013, Rs. C-386/11 (*„Piepenbrock"*); OLG München, 21.2.2013, Az. Verg 21/12.

[51] Vgl. auch VK Baden-Württemberg, 31.1.2012, Az. 1 VK 66/11.

[52] Vgl. OLG Düsseldorf, 7.11.2012, Az. VII-Verg 69/11.

[53] Vgl. OLG Düsseldorf, 7.11.2012, Az. VII-Verg 69/11.

> *„Die Zusammenarbeit setzt nicht voraus, dass alle teilnehmenden Stellen die Ausführung wesentlicher vertraglicher Pflichten übernehmen, solange sie sich verpflichtet haben, einen Beitrag zur gemeinsamen Ausführung der betreffenden öffentlichen Dienstleistung zu leisten."*

Entscheidend ist, dass überhaupt eine gemeinsame, allen Beteiligten obliegende Aufgabe erfüllt werden soll. Darin äußert sich der echte Kooperationscharakter dieser Organisationsform. In seiner Entscheidung *„Stadtreinigung Hamburg"*[54] nannte der Europäische Gerichtshof folgende Indizien, die auf eine echte Kooperation im Sinne der Wahrnehmung einer allen Beteiligten obliegenden öffentlichen Aufgabe schließen lassen:

- das Bestehen gegenseitiger Verpflichtungen der vertragsschließenden Körperschaften, mit denen auch beiderseitige Synergieeffekte ausgelöst werden können
- die Vereinbarung von Notfallregelungen, etwa bei Ausfällen und besonderen Bedarfslagen
- die Dauerhaftigkeit der Kooperation
- die Finanztransfers zwischen den Beteiligten sind auf die entstehenden Kosten begrenzt.

Ob eine echte Kooperation vorliegt, ist anhand aller Umstände des konkreten Einzelfalls zu beurteilen.

3. Ausschließlich öffentliche Interessen

Weitere Voraussetzung ist, dass die Kooperation ausschließlich von öffentlichen Interessen geleitet wird. Auch dies kommt in Erwägungsgrund (33) zum Ausdruck, wenn es dort ergänzend zu Art. 12 Abs. 4 lit. b) heißt:

> *„Für die Durchführung der Zusammenarbeit einschließlich etwaiger Finanztransfers zwischen den teilnehmenden öffentlichen Auftraggebern sollten im Übrigen ausschließlich Erwägungen des öffentlichen Interesses maßgeblich sein."*

Privatwirtschaftliche Erwägungen haben demnach ebenso wenig Raum wie Interessen Einzelner. Das öffentliche Interesse entfällt auch, wenn die Kooperation in Konkurrenz zu privaten Leistungserbringern tritt. Denn das Angebot von Leistungen im Wettbewerb mit Privaten ist keine öffentliche Aufgabe.[55]

---

[54] Urteil v. 9.6.2009, Rs. C-480/06.

[55] Vgl. *Ziekow*, in: Ziekow/Völlink, Vergaberecht, 2. Aufl., § 97 GWB. Rn. 144.

4. *Keine Besserstellung Privater*

Erwägungsgrund (31) der Richtlinie bestimmt auszugsweise:

> *„Es sollte sichergestellt werden, dass eine vom Anwendungsgereich ausgenommene öffentlich-öffentliche Zusammenarbeit keine Wettbewerbsverzerrung im Verhältnis zu privaten Wirtschaftsteilnehmern zur Folge hat, indem ein privater Dienstleister besser gestellt wird als seine Wettbewerber."*

Dieses Kriterium wurde ebenfalls vom Europäischen Gerichtshof aufgestellt.[56] Interkommunale Kooperationen sind deshalb vom Vergaberecht befreit, weil sie – ähnlich wie Inhouse-Geschäfte – keine Marktberührung aufweisen, sondern die Aufgabenerledigung im Binnenverhältnis mehrerer Verwaltungsträger betreffen („Eigenerledigung").[57]

Damit verträgt es sich nicht, wenn einzelne Private durch die Kooperation gegenüber ihren Wettbewerbern bevorzugt werden, etwa weil sie von der gegründeten Kooperation Aufträge erhalten, die – dem Befreiungstatbestand entsprechend – ohne Anwendung des Vergaberechts erteilt werden.

Darin kommt die Natur Interkommunaler Kooperationen zum Ausdruck: Sie werden als besondere öffentliche Organisationsform anerkannt und, soweit die Aufgaben von den Kooperationspartnern selbst erledigt werden, von den Bindungen des Vergaberechts freigestellt. Niemals aber darf diese Freistellung Hintertür für die Erteilung von Aufträgen „am Vergaberecht vorbei" sein. Sobald die angesprochene Marktberührung vorliegt, beansprucht das Vergaberecht wieder Geltung und müssen Aufträge, die aus der vergaberechtsfreien Kooperation heraus zum Zwecke der Erfüllung ihrer Aufgaben an private Marktteilnehmer vergeben werden, ausgeschrieben werden.

5. *Wesentlichkeitskriterium*

Schließlich stellt auch Art. 12 Abs. 4 lit. c) eine quantitative Begrenzung im Sinne einer Wesentlichkeitsschwelle auf. Hiernach dürfen die von der Kooperation erfassten Tätigkeiten von den Beteiligten zu weniger als 20 % auf dem offenen Markt erbracht werden.

Hintergrund des Wesentlichkeitskriteriums ist, dass Interkommunalen Kooperationen nicht in Wettbewerb zu Privaten treten sollen, wobei dies in gewissem Umfang hingenommen wird.[58]

---

[56] Vgl. EuGH, Urteil v. 19.12.2012, Rs. C-159/11 (*„Lecce"*).

[57] Vgl. *Ziekow*, in: Ziekow/Völlink, Vergaberecht, 2. Aufl., § 97 GWB, Rn. 141 ff.

[58] Vgl. *Ziekow*, in: Ziekow/Völlink, Vergaberecht, 2. Aufl., § 97 GWB, Rn. 141 ff.

Die Methode, mit der ermittelt werden soll, ob die 20 %-Grenze des Abs. 4 lit. c) eingehalten wurde, ist gemäß Abs. 5 dieselbe wie bei Inhouse-Geschäften.[59]

B. Verfahren

Die in den Art. 26 bis 32 VRL kodifizierten Verfahrensregeln des neuen Vergaberechts zeichnen sich durch eine stärkere Vereinfachung, eine größtmögliche Flexibilität und eine gewachsene Verantwortung des öffentlichen Auftraggebers aus. Das Verhandlungsverfahren wird neu strukturiert und der wettbewerbliche Dialog praxisnäher gestaltet. Mit der neu erfundenen Innovationspartnerschaft erhält der öffentliche Auftraggeber ein weiteres auf Verhandlungen basierendes Wettbewerbsverfahren und somit eine breitere Wahlmöglichkeit. Damit einher gehen Erleichterungen im Zusammenhang mit dem Aufruf zum Wettbewerb und eine zum Teil deutliche Verkürzung der Teilnahme- und Angebotsfristen.

I. Offenes und nichtoffenes Verfahren

Die Regeln über das offene und nichtoffene Verfahren bleiben im Wesentlichen unverändert. Art. 26 Abs. 2 VRL erachtet beide Verfahrensarten als gleichrangig. Das entspricht dem bisherigen Verständnis gemäß Art. 28 der Richtlinie 2014/18/EG.

Abweichend von den europäischen Vorgaben normiert das deutsche Vergaberecht in § 101 Abs. 7 Satz 1 GWB bekanntlich einen Anwendungsvorrang des offenen Verfahrens vor dem nichtoffenen Verfahren. Begründet wird dies damit, dass das offene Verfahren den Prinzipien der Marktwirtschaft am ehesten entspricht, weil es den größtmöglichen Wettbewerb gewährleistet und damit auch dem Gebot der Wirtschaftlichkeit am besten Rechnung trägt.[60] Diese Einschätzung des deutschen Normgebers dürfte auch weiterhin Bestand haben. Denn auch nach den neuen europarechtlichen Vorschriften bleibt das offene Verfahren dasjenige mit der höchsten Formstrenge ohne Einschränkung des Bieterkreises. So ist davon auszugehen, dass der deutsche Gesetzgeber auch zukünftig an dem Vorrang des offenen Verfahrens vor dem nichtoffenen Verfahren festhalten wird.

Änderungen ergeben sich für das offene und nichtoffene Verfahren hinsichtlich der Teilnahme- und Angebotsfristen. Außerdem werden für das nichtoffene Verfahren die Vorschriften über den Aufruf zum Wettbewerb modifiziert. Insoweit wird auf die nachfolgenden Ausführungen verwiesen.[61]

---

[59] Vgl. oben A.II.2.b.

[60] Vgl. BT-Drucks. 13/9340, S. 15.

[61] Vgl. hierzu Abschnitte B.VI. und B.VII.

II. Verhandlungsverfahren mit vorherigem Aufruf zum Wettbewerb

Das bisherige Verhandlungsverfahren mit vorherigem Aufruf zum Wettbewerb (Teilnahmewettbewerb) erfährt eine Aufwertung innerhalb der Verfahrensarten. Es wird als allgemeines Wettbewerbsverfahren mit Verhandlungen etabliert. Der EU-Gesetzgeber hat hierzu den Anwendungsbereich deutlich erweitert und den Verfahrensablauf zugunsten einer transparenteren und effizienteren Handhabung klarer strukturiert. Gesetzgeberisches Ziel ist es, durch eine stärkere Anwendung des Verhandlungsverfahrens vor allem den grenzüberschreitenden Handel zu fördern.[62]

1. Sachlicher Anwendungsbereich

Art. 26 Abs. 4 VRL regelt den sachlichen Anwendungsbereich sowohl für das Verhandlungsverfahren als auch für den wettbewerblichen Dialog. Der öffentliche Auftraggeber besitzt somit zukünftig eine uneingeschränkte Wahlfreiheit hinsichtlich beider Verfahrensarten.

Art. 26 Abs. 4 lit. a) VRL definiert abweichend zu Art. 30 der Richtlinie 2004/18/EG mehrere zusätzliche und zudem sehr flexibel formulierte Tatbestände, die eine Anwendung des Verhandlungsverfahrens (und des wettbewerblichen Dialogs) rechtfertigen. So ist es ausreichend, wenn in Bezug auf den beabsichtigten Bau-, Liefer- oder Dienstleistungsauftrag eines der folgenden Kriterien vorliegt:

a) Die Bedürfnisse des öffentlichen Auftraggebers können nicht ohne die Anpassung bereits verfügbarer Lösungen erfüllt werden.

b) Der Auftrag umfasst konzeptionelle oder innovative Lösungen.

c) Der Auftrag kann auf Grund konkreter Umstände, die mit der Art, der Komplexität oder dem rechtlichen oder finanziellen Rahmen oder den damit einhergehenden Risiken zusammenhängen, nicht ohne vorherige Verhandlungen vergeben werden.

d) Die technischen Spezifikationen können vom öffentlichen Auftraggeber nicht mit ausreichender Genauigkeit unter Verweis auf eine Norm, eine europäische technische Bewertung (ETA), eine gemeinsame technische Spezifikation oder technische Referenzen[63] erstellt werden.

Eine weitergehende Konkretisierung dieser Tatbestände erfolgt nicht und ist – angesichts der gesetzgeberischen Regelungsabsicht, dem öffentlichen Auftraggeber eine möglichst große Flexibilität bei der Gestaltung seiner Vergabeverfahren einzuräumen –

---

62 Vgl. Erwägungsgrund (48) VRL.

63 Art. 26 Abs. 4 lit. a) VRL verweist hier auf die Begriffsbestimmungen in Anhang VII, Nr. 2 bis 5, die mit den bereits bekannten Definitionen in Anhang VI der Richtlinie 2004/18/EG identisch sind.

auch nicht gewollt. Dem öffentlichen Auftraggeber werden dadurch großzügige Beurteilungsspielräume zugestanden.

Den Erwägungsgründen lassen sich allerdings einige Orientierungshilfen entnehmen, die einer ausufernden Anwendung entgegensteuern. Danach sollen Anpassungen oder konzeptionelle Arbeiten im Sinne der ersten beiden Tatbestände (lit. a und b) vor allem bei komplexen Anschaffungen notwendig sein, beispielsweise für besonders hoch entwickelte Waren oder geistige Dienstleistungen wie etwa bestimmte Beratungs-, Architekten- oder Ingenieurleistungen oder Großprojekte der Informations- und Kommunikationstechnologie. Davon abzugrenzen sind Standarddienstleistungen oder Standardlieferungen oder Normbauten, die von vielen verschiedenen Marktteilnehmern erbracht werden können und auf die das Verhandlungsverfahren (oder der wettbewerbliche Dialog) keine Anwendung finden soll.[64] Soweit der Anwendungsbereich auch Aufträge mit innovativen Lösungen erfasst, überschneidet sich dieser mit dem des neuen Verfahrens der Innovationspartnerschaft.[65]

Der dritte Anwendungstatbestand (lit. c) umfasst die bereits in Art. 30 Abs. 1 lit. b) der Richtlinie 2004/18/EG genannten Fälle, wonach eine vorherige Festlegung eines Gesamtpreises wegen der Natur des Auftrags oder der damit verbundenen Risiken nicht möglich ist. Der jetzige Tatbestand geht jedoch deutlich über diese Fallkonstellationen hinaus, indem er auch auf die Komplexität und den rechtlichen und finanziellen Rahmen als Anknüpfungspunkte für Verhandlungen abstellt. Eine weitere Ausweitung erfährt der Anwendungsbereich dadurch, dass es zukünftig genügen soll, dass die rechtfertigenden Umstände mit den genannten Kriterien lediglich in einem nicht näher definierten Zusammenhang stehen. Ein zusätzlicher Anwendungsspielraum folgt außerdem daraus, dass der EU-Gesetzgeber zwar verlangt, dass für die Auftragsvergabe vorherige Verhandlungen erforderlich sind, ohne jedoch den Grad der Erforderlichkeit für Verhandlungen näher zu spezifizieren. So können Verhandlungen deshalb erforderlich sein, weil – wie bisher normiert – anderenfalls die Bildung eines Gesamtpreises nicht möglich ist. Ebenfalls von dem Ausnahmetatbestand umfasst sein könnten aber auch Fälle, in denen der öffentliche Auftraggeber nur deshalb Verhandlungen für erforderlich erachtet, weil er davon ausgeht, hierdurch die Qualität des Angebots deutlich verbessern zu können. Für eine derart weite Auslegung des Anwendungsbereiches sprechen auch die Erwägungsgründe des EU-Gesetzgebers, wonach ein Verhandlungsverfahren zukünftig immer dann möglich sein soll, wenn eine Prognose des öffentlichen Auftraggebers ergibt, dass nicht damit zu rechnen ist, dass ein offenes oder nichtoffenes Verfahren zu einem *„zufriedenstellenden Ergebnis“* führt.[66] Wann ein Ergebnis zufriedenstellend ist, liegt letztlich in der Entscheidungsmacht des öffentlichen Auftraggebers.

[64] Vgl. Erwägungsgrund (43) VRL.

[65] Zu der Abgrenzung beider Verfahren vgl. Abschnitt B.V.

[66] Vgl. Erwägungsgrund (42) VRL.

Der vierte Anwendungstatbestand (lit. d) entspricht den bereits in Art. 30 Abs. 1 lit. c) der Richtlinie 2004/18/EG genannten Anforderungen, die bisher allerdings nur für Dienstleistungen galten und nunmehr auf Bau- und Lieferleistungen erweitert werden.

Als weitere Möglichkeit zur Wahl des Verhandlungsverfahrens nennt Art. 26 Abs. 4 lit. b) VRL den schon in Art. 30 lit. a) der Richtlinie 2004/18/EG normierten Anwendungsfall für ein Verhandlungsverfahren (und jetzt auch für einen wettbewerblichen Dialog), wonach bei einem zuvor durchgeführten offenen oder nichtoffenen Verfahren keine ordnungsgemäßen oder nur unannehmbaren Angebote eingereicht wurden. Außerdem soll in diesen Fällen auch weiterhin eine neue Auftragsbekanntmachung entbehrlich sein, wenn der öffentliche Auftraggeber sämtliche – aber auch nur diese – Bieter in das Verfahren einbezieht, die die Eignungsanforderungen erfüllen, und wenn im Verlauf des vorherigen offenen oder nichtoffenen Verfahrens genügend Angebote eingereicht worden sind. Abweichend von der bisherigen Regelung fehlt in Art. 26 Abs. 4 lit. b) VRL allerdings die Einschränkung, dass die ursprünglichen Auftragsbedingungen nicht grundlegend geändert werden dürfen. Diese zusätzliche Anforderung dürfte allerdings als ungeschriebenes Tatbestandsmerkmal fortgelten, da anderenfalls das Verhandlungsverfahren sich nicht als Fortsetzung des – erfolglosen – offenen oder nichtoffenen Verfahrens darstellt.

Art. 26 Abs. 4 lit. b) VRL konkretisiert anhand von Regelbeispielen, wann *„nicht ordnungsgemäße"* und *„unannehmbare"* Angebote vorliegen. Danach sind Angebote nicht ordnungsgemäß, wenn sie nicht den Auftragsunterlagen entsprechen, nicht fristgerecht eingegangen sind, nachweislich auf kollusiven Absprachen oder Korruption beruhen oder nach Einschätzung des öffentlichen Auftraggebers ungewöhnlich niedrig sind. Unannehmbar sind Angebote von Bietern, die nicht über die erforderlichen Qualifikationen verfügen, und Angebote, deren Preise das vor Einleitung des Vergabeverfahrens festgelegte und schriftlich dokumentierte Budget des öffentlichen Auftraggebers übersteigen. Der EU-Gesetzgeber stellt damit klar, dass ein Rückgriff auf das Verhandlungsverfahren auch dann zulässig ist, wenn ein Angebot in dem vorausgegangenen offenen oder nichtoffenen Verfahren nicht nur auf der sogenannten ersten Wertungsstufe ausscheidet, sondern auch auf einer der weiteren Wertungsstufen ausschließlich des Wirtschaftlichkeitsvergleichs.

Zusammenfassend ist festzustellen, dass die vom EU-Gesetzgeber gewollte Unschärfe der einzelnen Anwendungstatbestände eine randscharfe Abgrenzung untereinander ausschließt. Sind Verhandlungen beispielsweise wegen der Komplexität des Auftragsgegenstandes erforderlich (lit. c), so gehen damit regelmäßig auch die nicht mögliche technische Spezifizierbarkeit der Leistung (lit. d) und oftmals das Erfordernis konzeptioneller Lösungen (lit b) einher. Derartige Überschneidungen sind grundsätzlich unproblematisch. Allerdings steht der konturenlose Anwendungsbereich des Verhandlungsverfahrens in einem Spannungsverhältnis zu dem Grundsatz vom Vorrang des offenen (und nichtoffenen) Verfahrens. Somit wächst die Verantwortung des öffentlichen Auftraggebers, im Einzelfall eine vergaberechtskonforme Verfahrenswahl zu treffen. Mit der neu gewonnenen Freiheit nimmt jedenfalls auch die Versuchung zu, das Verhandlungsverfahren in der Vergabepraxis als Regelverfahren zu etablieren. Hier obliegt es dem deutschen Gesetzgeber, den gewünschten Spagat zwischen größtmöglicher Flexibilität bei der Anwendung des Verhandlungsverfahrens einerseits und dem Vorrang des offenen (und nichtoffenen) Verfahrens andererseits in das deutsche Vergabegesetz in einer für die Vergabepraxis handhabbare Weise umzusetzen. Es ist bereits jetzt vorauszusehen, dass die neuen Tatbestände für die Zulässigkeit des Verhandlungsverfahrens in der praktischen Umsetzung sicherlich zu einer Fülle von einzelfallbezogenen, letztlich von den Vergabenachprüfungsinstanzen zu klärenden Fragen führen.

2. *Ablauf des Verhandlungsverfahrens*

Den weiten Spielräumen, die der EU-Gesetzgeber den öffentlichen Auftraggebern bei der Auswahl des Verhandlungsverfahrens einräumt, stehen deutlich strukturiertere Verfahrensvorschriften entgegen. Eine signifikante Verschärfung des bisherigen Verfahrens ist damit allerdings nicht verbunden. Die sich ändernden Teilnahme- und Angebotsfristen werden nachfolgend gesondert behandelt.[67]

Mit dem Aufruf zum Wettbewerb muss der öffentliche Auftraggeber gemäß Art. 29 Abs. 1 VRL den Wirtschaftsteilnehmern[68] derart präzise Informationen bereitstellen, dass diese Art und Umfang der Vergabe erkennen und entscheiden können, ob sie eine Teilnahme beantragen oder nicht. In den Auftragsunterlagen müssen die öffentlichen Auftraggeber ihre Bedürfnisse und die erforderlichen Eigenschaften der zu erbringenden Leistungen beschreiben und die Zuschlagskriterien spezifizieren. Dabei müssen sie die Mindestanforderungen benennen, die alle Angebote einzuhalten haben. Mindestanforderungen meint diejenigen (insbesondere physischen, funktionellen und rechtlichen) Bedingungen und wesentlichen Merkmale, die der öffentliche Auftraggeber als notwendig erachtet, um den Auftrag im Einklang mit den gewählten Zuschlagskriterien vergeben zu können.[69]

Entsprechend dem bisherigen Verfahren gemäß Art. 44 Abs. 3 der Richtlinie 2004/18/EG dürfen gemäß Art. 29 Abs. 2 VRL nur diejenigen Bewerber ein Erstangebot einreichen, die der öffentliche Auftraggeber nach Bewertung der Teilnahmeanträge dazu auffordert. Das Erstangebot bildet dann die Grundlage für die späteren Verhandlungen. Der öffentliche Auftraggeber darf die Zahl der geeigneten Bewerber, die er zur Teilnahme auffordern wird, begrenzen. Gemäß Art. 65 Abs. 2 VRL liegt die Mindestzahl der aufzufordernden Bewerber weiterhin bei drei. Wird die Mindestzahl im Teilnahmewettbewerb nicht erreicht, ist der öffentliche Auftraggeber dennoch berechtigt, das

---

[67] Vgl. Abschnitt B.VII.

[68] Vgl. die Legaldefinition in Art. 2 Abs. 1 Nr. 10 VRL.

[69] Vgl. Erwägungsgrund (45) VRL.

Verfahren mit den verbleibenden Bewerbern oder dem verbleibenden Bewerber fortzuführen.

Erstmalig kodifiziert der EU-Gesetzgeber in Art. 29 Abs. 4 VRL die Möglichkeit, dass der öffentliche Auftraggeber seinen Auftrag bereits auf der Grundlage der Erstangebote vergeben darf, ohne in Verhandlungen eintreten zu müssen. Erforderlich ist allerdings, dass der öffentliche Auftraggeber in der Auftragsbekanntmachung oder in der Aufforderung zur Interessensbestätigung[70] auf diese Möglichkeit hingewiesen hat. Damit regelt der EU-Gesetzgeber die im deutschen Vergaberecht bisher uneinheitlich beantwortete Frage nach der Zulässigkeit eines Verhandlungsverfahrens ohne Verhandlungen.[71] Sollte der öffentliche Auftraggeber bei einer entsprechenden nationalen Umsetzung zukünftig von dieser Möglichkeit Gebrauch machen, muss er jedoch darauf achten, dass er sich hierdurch nicht in Widerspruch zu seiner Begründung der Wahl des Verhandlungsverfahrens setzt. Denn rechtfertigt er das Verhandlungsverfahren wegen fehlender technischer Spezifizierbarkeit der Leistungen, so ist eine Zuschlagsentscheidung ohne vorherige Verhandlungen und damit ohne vorherige Konkretisierung der Leistungen mangels einer Vergleichbarkeit der Erstangebote problematisch.

Entscheidet der öffentliche Auftraggeber, Verhandlungen zu führen, so geschieht dies nach Maßgabe des Art. 29 Abs. 3 VRL über die eingereichten Erstangebote und alle Folgeangebote, mit Ausnahme der letzten endgültigen Angebote. Verhandlungsgegenstand sind sämtliche Auftragsbestandteile, mit Ausnahme der definierten Mindestanforderungen und der Zuschlagskriterien.

Gemäß Art. 29 Abs. 5 VRL hat der öffentliche Auftraggeber alle Bieter bei den Verhandlungen gleich zu behandeln, sich jeder diskriminierenden Weitergabe von Informationen zu enthalten und vertrauliche Informationen jedes Bieters zu schützen. Das entspricht bereits Art. 30 Abs. 3 der Richtlinie 2004/18/EG. Neu ist hingegen die nun ausdrücklich normierte Pflicht des öffentlichen Auftraggebers, alle an den Verhandlungen noch teilnehmenden Bieter schriftlich über etwaige Änderungen der Auftragsunterlagen, insbesondere der technischen Spezifikationen, zu unterrichten und im Anschluss daran den Bietern ausreichend Zeit zu gewähren, um ihre Angebote zu ändern und gegebenenfalls überarbeitete Angebote einzureichen. Eine entsprechende Verhaltenspflicht leitete sich bisher allerdings bereits aus den Vergaberechtsgrundsätzen des fairen Wettbewerbs, der Gleichbehandlung und Nichtdiskriminierung ab.

Wie schon gemäß Art. 30 Abs. 4 der Richtlinie 2004/18/EG kann das Verhandlungsverfahren nach Art. 29 Abs. 6 VRL in Phasen unterteilt werden, um die Zahl der noch zu verhandelnden Angebote zu verringern.

---

[70] Zu der Aufforderung zur Interessensbestätigung vgl. Abschnitt B.VI.

[71] Bereits bisher für ein Verhandlungsverfahren ohne Verhandlungen, soweit die Möglichkeit in der Bekanntmachung oder den Vergabeunterlagen den Bietern mitgeteilt wurde OLG Düsseldorf, Beschluss v. 5.7.2006, Az. Verg 21/06; OLG Brandenburg, Beschluss v. 20.9.2011, Az. Verg W 11/11; a. A. OLG Naumburg, Beschluss v. 12.4.2012, Az. 2 Verg 1/12.

Schließlich obliegt es dem öffentlichen Auftraggeber, den Abschluss der Verhandlungen zu bestimmen. Beabsichtigt er die Verhandlungen zu beenden, hat er gemäß Art. 29 Abs. 7 VRL die verbleibenden Bieter hiervon zu unterrichten und eine gemeinsame Frist für die Einreichung neuer oder überarbeiteter Angebote festzulegen. Diese letztverbindlichen Angebote bewertet er anhand der im Vorfeld bekannt gemachten Mindestanforderungen und Zuschlagskriterien.

III. Verhandlungsverfahren ohne vorherigem Aufruf zum Wettbewerb

Wegen der negativen Auswirkungen, die dem Verhandlungsverfahren ohne vorherigen Aufruf zum Wettbewerb zukommt, gestattet der EU-Gesetzgeber dessen Anwendung – wie bisher auch – nur im Falle außergewöhnlicher Umstände, die er in Art. 32 VRL zusammenfasst. Eine Anwendung des Verfahrens in anderen als den in Art. 32 VRL genannten Fällen ist den Mitgliedstaaten nach Art. 26 Abs. 6 VRL ausdrücklich untersagt.[72] Umgekehrt sind die Mitgliedstaaten – im Unterschied zu den übrigen Verfahrensarten – nicht verpflichtet, die Ausnahmetatbestände des Art. 32 VRL in ihre nationalen Vergabegesetze zu übernehmen.

1. *Sachlicher Anwendungsbereich*

Die in Art. 32 VRL definierten Ausnahmetatbestände entsprechen überwiegend den bereits in Art. 31 Nr. 1 bis 3 und Nr. 4 lit. b) der Richtlinie 2004/18/EG normierten Ausnahmen. Im Folgenden werden deshalb nur die sich ändernden Tatbestände dargestellt.

Art. 31 Nr. 1 lit. a) der Richtlinie 2004/18/EG erlaubt bisher ein Verhandlungsverfahren ohne vorherige Veröffentlichung, wenn im Rahmen eines offenen oder nichtoffenen Verfahrens keine Teilnahmeanträge oder keine oder keine geeigneten Angebote abgegeben worden sind. Art. 32 Abs. 1 lit. a) VRL ergänzt diesen Tatbestand um den Fall, dass *„keine geeigneten“* Teilnahmeanträge abgegeben worden sind. Außerdem definiert der EU-Gesetzgeber, wann ein ungeeignetes Angebot oder ein ungeeigneter Teilnahmeantrag vorliegen. Danach gilt ein Angebot als ungeeignet, wenn es den in den Auftragsunterlagen genannten Bedürfnissen und Anforderungen des öffentlichen Auftraggebers offensichtlich nicht entspricht. Ein Teilnahmeantrag gilt als ungeeignet, wenn in der Person des Bewerbers einer der gesetzlichen Ausschlussgründe vorliegt oder dieser die Eignungskriterien nicht erfüllt.

Eine weitere Änderung betrifft Art. 31 Nr. 1 lit. b) der Richtlinie 2004/18/EG, der ein Verhandlungsverfahren ohne vorherige Veröffentlichung gestattet, wenn der Auftrag aus technischen oder künstlerischen Gründen oder aufgrund des Schutzes von Aus-

[72] Vgl. hierzu auch Erwägungsgrund (50) VRL.

schließlichkeitsrechten nur von einem einzigen Wirtschaftsteilnehmer ausgeführt werden kann. Die neue Vorschrift in Art. 32 Abs. 2 lit. b) VRL greift diese Ausnahmetatbestände auf, präzisiert jedoch nunmehr, wann aus künstlerischen Gründen nur ein einziger Auftragnehmer zur Auftragsdurchführung in Betracht kommt. Das soll immer dann der Fall sein, wenn es um die Erschaffung oder den Erwerb eines einzigartigen Kunstwerks oder einer einzigartigen künstlerischen Leistung geht. Außerdem sollen die Ausnahmen in Art. 32 Abs. 2 lit. b) VRL nur dann greifen, wenn es keine vernünftige Alternative oder Ersatzlösung gibt und der mangelnde Wettbewerb nicht das Ergebnis einer künstlichen Einschränkung der Auftragsparameter ist.

Nach Art. 31 Nr. 1 lit. c) der Richtlinie 2004/18/EG kann ein Verhandlungsverfahren ohne Veröffentlichung durchgeführt werden, wenn aus dringlichen zwingenden Gründen die gesetzlichen Fristen nicht eingehalten werden können. Art. 32 Nr. 2 lit. c) VRL hebt den Ausnahmecharakter dieses Tatbestandes dadurch nochmals hervor, indem die Dringlichkeit durch den Zusatz *„äußerste"* versehen wird.

Der Ausnahmetatbestand des Art. 31 Nr. 2 lit. d) der Richtlinie 2004/18/EG, wonach Lieferungen zu besonders günstigen Bedingungen bei einem bestimmten Lieferanten erworben werden können, erstreckt Art. 32 Abs. 3 lit. d) VRL nunmehr auch auf Dienstleistungen.

Schließlich wurde der bisherige Tatbestand in Art. 31 Abs. 4 lit. a) der Richtlinie 2004/18/EG ersatzlos gestrichen, wonach ein Verhandlungsverfahren ohne Teilnahmewettbewerb im Falle zusätzlicher Leistungen des ursprünglichen Auftragnehmers erlaubt war. Allerdings tritt an dessen Stelle die neue Vorschrift des Art. 72 Abs. 1 Satz 1 lit. b) VRL. Danach ist eine dementsprechende ergänzende Vereinbarung unter annähernd gleichen Bedingungen als erlaubte Auftragsänderung von der Pflicht zur Durchführung eines Vergabeverfahrens freigestellt.

2. Ablauf des Verhandlungsverfahrens

Die Durchführung des Verhandlungsverfahrens ohne vorherige Veröffentlichung unterscheidet sich im Übrigen nicht grundsätzlich von dem Verhandlungsverfahren mit vorherigem Aufruf zum Wettbewerb. Insoweit wird auf die obigen Ausführungen Bezug genommen.[73]

IV. Wettbewerblicher Dialog

Der EU-Gesetzgeber hält an dem seit seiner Einführung in der Rechtspraxis umstrittenen wettbewerblichen Dialog fest. Er stützt sich hierbei auf die Statistik der vergangenen Jahre, wonach die Nutzung des wettbewerblichen Dialogs gemessen an den

[73] Vgl. Abschnitt B.II.2.

Auftragswerten stark zugenommen habe.[74] So verwundert es auch nicht, dass Art. 26 Abs. 4 VRL die Mitgliedstaaten nunmehr sogar ausdrücklich verpflichtet, ihren öffentlichen Auftraggebern den wettbewerblichen Dialog als Verfahrensart zur Verfügung zu stellen. Die Richtlinie 2004/18/EG sah dies bisher nur optional vor.

1. Sachlicher Anwendungsbereich

Die Beschränkung auf besonders komplexe Aufträge in Art. 29 Abs. 1 der Richtlinie 2004/18/EG entfällt. Der wettbewerbliche Dialog kann nun zu den gleichen Bedingungen genutzt werden wie das Verhandlungsverfahren mit vorherigem Aufruf zum Wettbewerb. Der Anwendungsbereich beider Verfahren ist in Art. 26 Abs. 4 VRL einheitlich geregelt. Die besondere Komplexität der Aufträge ist danach nur eine von mehreren Anwendungsfällen, die den wettbewerblichen Dialog gestatten. Wegen der Anwendungsvoraussetzungen im Einzelnen wird auf die diesbezüglichen Ausführungen zum Verhandlungsverfahren verwiesen.[75]

Trotz der Erweiterung des Anwendungsbereichs wird der wettbewerbliche Dialog in der alltäglichen vergaberechtlichen Praxis weiterhin von untergeordneter Bedeutung sein. Als spezifisches Beschaffungsverfahren hat es vor allem bei der Realisierung großer, integrierter Verkehrsinfrastrukturprojekte, bei der Beschaffung großer Computer-Netzwerke oder bei Projekten mit einer komplexen, strukturierten Finanzierung seine Berechtigung.[76]

2. Ablauf des wettbewerblichen Dialogs

Die Regeln für die Durchführung des wettbewerblichen Dialogs sind im Wesentlichen nicht verändert worden. Das Verfahren ist weiterhin in den öffentlichen Teilnahmewettbewerb, eine Dialog- und anschließende Angebotsphase untergliedert. Art. 30 Abs. 2 VRL sieht nun allerdings vor, dass öffentliche Auftraggeber in der Bekanntmachung und/oder in einer Beschreibung einen *„indikativen Zeitrahmen“* festlegen müssen.

V. Innovationspartnerschaft

Mit der Innovationspartnerschaft gemäß Art. 31 VRL stellt der EU-Gesetzgeber ein neues Beschaffungsverfahren für echte Innovationen bereit. Ziel dieses Verfahrens ist die Begründung einer langfristigen Kooperation der öffentlichen Hand mit der Privatwirtschaft im Hinblick auf die Entwicklung neuer, innovativer Waren, Dienstleistungen oder Bauleistungen, ohne dass ein getrenntes Vergabeverfahren für den anschließenden Erwerb der innovativen Waren oder Leistungen erforderlich sein soll.[77]

---

[74] Erwägungsgrund (42) VRL.

[75] Vgl. Abschnitt B.II.1.

[76] Erwägungsgrund (42) VRL.

[77] Erwägungsgrund (49) VRL.

1. *Sachlicher Anwendungsbereich*

Das Verfahren der Innovationspartnerschaft soll gemäß Art. 31 Abs. 1 VRL im Falle einer Nachfrage nach einem innovativen Produkt oder einer innovativen Leistung Anwendung finden, die nicht durch den Erwerb von bereits auf dem Markt verfügbaren Produkten oder Leistungen befriedigt werden kann. Ausweislich der Legaldefinition in Art. 2 Abs. 1 Nr. 22 VRL versteht der EU-Gesetzgeber unter *„Innovation"* die Realisierung von neuen oder deutlich verbesserten Waren, Dienstleistungen oder Verfahren, einschließlich – aber nicht beschränkt auf – Produktions-, Bau- oder Konstruktionsverfahren. Ebenfalls umfasst sind neue Vermarktungsmethoden oder ein neues Organisationsverfahren in Bezug auf Geschäftspraxis, Abläufe am Arbeitsplatz oder externe Beziehungen. Zielsetzung der Innovation soll vor allem die Bewältigung gesellschaftlicher Herausforderungen oder die Unterstützung von intelligentem, nachhaltigem und integrativem Wachstum sein.

Damit überschneidet sich der Anwendungsbereich mit dem des Verhandlungsverfahrens und des wettbewerblichen Dialogs, die gemäß Art. 26 Abs. 4 lit. a) VRL ebenfalls bei Aufträgen mit innovativen Lösungen Anwendung finden. Dahinter steht die Regelungsabsicht, dem öffentlichen Auftraggeber größtmögliche Flexibilität bei der Wahl des für ihn am besten geeigneten Verfahrens einzuräumen. Denn trotz der gemeinsamen Bezugnahme auf innovative Aufträge, stellen die Verfahren auf unterschiedliche Anwendungsfälle ab. Der wettbewerblichen Dialog (und das Verhandlungsverfahren) gehen von der Annahme aus, dass der Markt grundsätzlich die Mittel oder die Lösungen bereit hält, die erforderlich sind, um die Bedürfnisse des öffentlichen Auftraggebers zu erfüllen. Der öffentliche Auftraggeber ist jedoch wegen der Neuartigkeit der gewünschten Produkte oder Leistungen nicht in der Lage, die erforderlichen Mittel zu bestimmen, oder zu beurteilen, welche Lösungen der Markt zur Deckung seines Bedarfs bietet. Das Verfahren der Innovationspartnerschaft legt hingegen zugrunde, dass der öffentliche Auftraggeber bereits weiß, dass der Markt keine Waren oder Leistungen bietet, die seinen Bedarf befriedigen, und die Herstellung des neuen Produktes oder die Erbringung der neuen Leistungen einen langfristigen Forschungs- und Entwicklungsprozess erfordert.

Die Innovationspartnerschaft verknüpft damit die Beschaffung von Forschungsdiensten mit Erwerbselementen. Ob hierfür ein neues Vergabeverfahren erfunden werden musste, ist allerdings fraglich. So ist es ohne weiteres möglich, die Beschaffung der Entwicklungs- und Forschungsleistungen und der daraus hervorgehenden innovativen Produkte oder Leistungen im Wege eines entsprechend strukturierten Verhandlungsverfahrens vorzunehmen. Der Vorteil der Innovationspartnerschaft mag sicherlich darin liegen, dass man – wie im Falle des wettbewerblichen Dialogs – bereits ein vorgefertigtes Verfahren für spezielle Beschaffungssituationen bereit hält, auf das der öffentliche Auftraggeber jederzeit zugreifen kann. Das entspricht der vom EU-Gesetzgeber ursprünglich verfolgten Idee einer *„toolbox"*, die dem öffentlichen Auftraggeber wie in einer Werkzeugkiste das jeweils benötigte Instrument zur Verfügung stellt. Der beabsichtigten Verschlankung des Vergaberechtssystems ist das allerdings nicht zuträglich.

Der Nutzen des neuen Vergabeverfahrens wird zusätzlich dadurch in Frage gestellt, dass nur ein sehr begrenzter Kreis an öffentlichen Auftraggebern tatsächlich in der Lage sein wird, einen Innovationswettbewerb mit den interessierten Unternehmen durchzuführen. In aller Regel liegen die Zuständigkeiten und Fähigkeiten der öffentlichen Auftraggeber in anderen Bereichen als der Beurteilung innovativer Projekte. Sie verfügen nicht über die nötige umfassende Marktkenntnis und können diese auch nicht kurzfristig gewinnen, um zuverlässig bestimmen zu können, ob eine vorgestellte Entwicklung oder Projektidee im Vergleich zu anderen wirklich innovativ ist.

Eine weitere Einschränkung erfährt der Anwendungsbereich dieses neuen Verfahrens schließlich durch Art. 14 VRL. Danach sind öffentliche Dienstleistungsaufträge über Forschungs- und Entwicklungsleistungen ohnehin nur in begrenztem Umfang und nur unter bestimmten Bedingungen dem Vergaberecht unterworfen.[78]

2. *Ablauf des Verfahrens der Innovationspartnerschaft*

Das Verfahren der Innovationspartnerschaft enthält Elemente des Verhandlungsverfahrens und des wettbewerblichen Dialogs. Es gliedert sich in den vorgeschalteten Teilnahmewettbewerb, einer Verhandlungsphase über die von den Bietern eingereichten Forschungs- und Innovationsprojekte und der daran anknüpfenden eigentlichen Innovationspartnerschaft im Sinne einer Forschungs- und Entwicklungskooperation.

Zu Beginn muss der öffentliche Auftraggeber gemäß Art. 31 Abs. 1 VRL die Nachfrage nach dem gewünschten innovativen Produkt oder der innovativen Bau- oder Dienstleistung darlegen und seine diesbezüglichen Bedürfnisse und (Mindest-)Anforderungen formulieren. Die Beschreibung erfolgt dabei nicht im Rahmen der Auftragsbekanntmachung, sondern – wie beim wettbewerblichen Dialog – gesondert in den Auftragsunterlagen. Die bereitgestellten Informationen müssen so präzise sein, dass die interessierten Unternehmen Art und Umfang der geforderten Lösung erkennen und entscheiden können, ob sie eine Teilnahme an dem Verfahren beantragen.

Der öffentliche Auftraggeber ist berechtigt, die Zahl der geeigneter Bewerber, die zur Teilnahme am weiteren Verfahren aufgefordert werden sollen, im Vorfeld zu begrenzen.

Der öffentliche Auftraggeber bewertet die von den Bewerbern eingereichten Teilnahmeanträge und trifft die Auswahl der Bewerber gemäß Art. 31 Abs. 6 VRL anhand von Kriterien, die die Fähigkeiten des Bewerbers auf dem Gebiet der Forschung und Entwicklung sowie die Ausarbeitung und Umsetzung innovativer Lösungen betreffen. Die geeigneten Bieter werden dann aufgefordert, Forschungs- und Innovationsprojekte

[78] Kritisch zu dem neuen Verfahren der Innovationspartnerschaft auch *Neun/Otting*, Die EU-Vergaberechtsreform 2014, EuZW 2014, S. 446 ff.

einzureichen, die auf die Abdeckung der vom öffentlichen Auftraggeber genannten Bedürfnisse abzielen.

Anschließend verhandelt der öffentliche Auftraggeber mit den Bietern über die eingereichten Erstangebote und alle Folgeangebote, mit dem Ziel, die Angebote inhaltlich zu verbessern, Art. 31 Abs. 3 VRL. Die Verhandlungen können dabei gemäß Art. 31 Abs. 5 VRL in aufeinanderfolgenden Phasen unterteilt werden, um die Zahl der Angebote, über die verhandelt wird, anhand der Zuschlagskriterien zu verringern. Der öffentliche Auftraggeber hat während den Verhandlungen sicherzustellen, dass sämtliche Bieter gleichbehandelt werden und vertrauliche Informationen nicht ohne Zustimmung des Bieters an die anderen Teilnehmer weitergegeben werden, Art. 31 Abs. 4 VRL. Der Zuschlag auf das Angebot des künftigen Innovationspartners soll gemäß Art. 31 Abs. 1 VRL allein nach dem Kriterium des besten Preis-Leistungs-Verhältnisses erfolgen. Dabei steht es dem öffentlichen Auftraggeber frei, die Innovationspartnerschaft auch mit mehreren Partnern zu bilden, die dann getrennte Forschungs- und Entwicklungstätigkeiten durchführen.

Die Innovationspartnerschaft soll entsprechend dem Forschungs- und Innovationsprozess in aufeinander folgende Phasen strukturiert werden. Dabei legen die Partner die zu erreichenden Zwischenziele sowie die Vergütung in angemessenen Tranchen fest. Das bestimmt Art. 31 Abs. 2, Unterabsatz 1 VRL. Der öffentliche Auftraggeber hat dabei sicherzustellen, dass die Struktur der Partnerschaft und insbesondere die Dauer und der Wert der einzelnen Phasen den Innovationsgrad der vorgeschlagenen Lösung und die Abfolge der Forschungs- und Innovationstätigkeiten widerspiegeln.

Auf der Grundlage der vereinbarten Zwischenziele kann der öffentliche Auftraggeber am Ende einer jeden Phase darüber befinden, ob er die Innovationspartnerschaft beendet oder – im Falle der Innovationspartnerschaft mit mehreren Partnern – die Zahl der Partner durch die Kündigung einzelner Verträge reduziert, Art. 31 Abs. 2, Unterabsatz 3 VRL. Voraussetzung ist, dass der öffentliche Auftraggeber in den Auftragsunterlagen auf diese Möglichkeit hingewiesen und die Umstände angegeben hat, unter denen davon Gebrauch gemacht werden kann.

Dieses einseitige Recht zur vorzeitigen Beendigung der Partnerschaft wirft die Frage auf, wie mit dem Eigentum am eingebrachten unternehmerischen Knowhow umgegangen werden soll. Die Richtlinie enthält insoweit keine Regelung über das Ausstiegsszenario. Vielmehr wird in Art. 31 Abs. 6, Unterabsatz 3 VRL lediglich darauf hingewiesen, dass der öffentliche Auftraggeber in den Auftragsunterlagen die für die Rechte des geistigen Eigentums geltenden Vorkehrungen festzulegen hat. Hier müssen öffentliche Auftraggeber vernünftige Lösungen für die Unternehmen anbieten. Andernfalls steht zu befürchten, dass sich Unternehmen nicht um Innovationspartnerschaften bemühen werden, weil das Risiko des Verlusts unternehmerischen Knowhows zu groß ist.

Art. 31 Abs. 2, Unterabsatz 2 VRL stellt klar, dass eine Innovationspartnerschaft nicht zwangsweise den Erwerb der sich aus dem Forschungs- und Entwicklungsprozess ergebenden Produkte oder Leistungen zum Gegenstand haben muss. Ist das jedoch der Fall, dann soll der Erwerb davon abhängig gemacht werden, ob die zwischen den Partnern getroffenen Vereinbarungen über das Leistungsniveau und die Kostenobergrenze eingehalten worden sind.

VI. Aufruf zum Wettbewerb

Zwingendes Erfordernis eines jeden Vergabeverfahren ist grundsätzlich ein Aufruf zum Wettbewerb. Das regelt nun Art. 26 Abs. 5 VRL. Eine Ausnahme gestattet der Richtliniengeber – wie bisher auch – nur für das Verhandlungsverfahren unter den Voraussetzungen des Art. 32 VRL sowie Art. 26 Abs. 4 lit. b) VRL.[79]

Im Einklang mit der Richtlinie 2004/18/EG erfolgt der Aufruf zum Wettbewerb gemäß Art. 26 Abs. 5 VRL im Wege einer Auftragsbekanntmachung. Das gilt für das offene Verfahren, den wettbewerblichen Dialoge und die Innovationspartnerschaften. Inhalt, Form und Modalitäten der Bekanntmachung regeln Art. 49 und 51 VRL. Änderungen zu der bisherigen Vorgehensweise bestehen dabei nicht.

Eine Neuerung gilt hingegen für das nichtoffene Verfahren und das Verhandlungsverfahren. Bei diesen Verfahrensarten gestattet Art. 48 VRL den sogenannten subzentralen öffentlichen Auftraggebern die Möglichkeit, den Aufruf zum Wettbewerb optional mittels einer Vorinformation nach Maßgabe des Art. 48 Abs. 2 VRL. durchzuführen. Subzentrale öffentliche Auftraggeber sind gemäß Art. 2 Abs. 1 Nr. 2 und 3 VRL sämtliche öffentliche Auftraggeber, mit Ausnahme zentraler Regierungsbehörden. Ausgenommen sind danach in Deutschland lediglich das Bundeskanzleramt und die Bundesministerien.[80]

Die Vorinformation muss allerdings sämtliche in Art. 48 Abs. 2 Satz 1 lit. a) bis d) VRL genannten Bedingungen erfüllen: Sie darf sich nur auf die Lieferungen und Leistungen beziehen, die Gegenstand des zu vergebenden Auftrags sein werden. Desweiteren muss sie den Hinweis enthalten, dass eine spätere Veröffentlichung eines Aufrufs zum Wettbewerb nicht erfolgen wird. Außerdem muss sie die Aufforderung an die interessierten Wirtschaftsteilnehmer enthalten, ihr Interesse dem öffentlichen Auftraggeber mitzuteilen. Schließlich muss die Vorinformation spätestens 35 Tage und frühestens 12 Monate vor der Aufforderung zur Angebotsabgabe zur Veröffentlichung übermittelt werden.

Diejenigen, die auf die Veröffentlichung der Vorinformation hin ihr Interesse an einer weiteren Teilnahme bekunden, werden dann gleichzeitig von dem öffentlichen Auf-

[79] Zum Anwendungsbereich des Verhandlungsverfahrens ohne Teilnahmewettbewerb vgl. Abschnitt B.III.1.

[80] Das bestimmt Art. 2 Abs. 1 Nr. 2 in Verbindung mit Anhang I VRL.

traggeber aufgefordert, ihr Interesse schriftlich zu bestätigen. Das regelt Art. 26 Abs. 5, Unterabsatz 3 VRL bzw. Art. 54 Abs. 1, Unterabsatz 2 VRL.

Ob sich die Vorinformation gemäß Art. 48 VRL in der Praxis tatsächlich als Verfahrenserleichterung auswirkt, bleibt abzuwarten. Begründete Zweifel ergeben sich daraus, dass sich die Vorinformation nur auf die konkret zu beschaffende Lieferung oder Leistung beziehen darf. Außerdem dürfte der damit verbundene Aufwand nicht wesentlich geringer ausfallen, als dies bei dem etablierten Instrument der Auftragsbekanntmachung der Fall ist.

VII. Verkürzung der Teilnahme- und Angebotsfristen

Mit dem Ziel einer schnelleren und effizienteren Auftragsvergabe verkürzt die neue Richtlinie die bisherigen Mindestfristen für den Eingang der Angebote und der Teilnahmeanträge deutlich. Die allgemeinen Grundsätze für die Bemessung der Fristen bestehen jedoch fort und sind weiterhin vorrangig zu beachten. So müssen die öffentlichen Auftraggeber gemäß Art. 47 Abs. 1 VRL die Komplexität des Auftrags und die für die Angebotserstellung erforderliche Zeit bei der Festsetzung der Fristen angemessen berücksichtigen und gemäß Art. 47 Abs. 2 und 3 VRL die Fristen im Falle erforderlicher Ortstermine oder nachträglicher Zusatzinformationen entsprechend verlängern.[81]

1. *Offenes Verfahren*

Im offenen Verfahren wird die Mindestfrist vom Tag der Absendung der Auftragsbekanntmachung bis zum Eingang der Angebote von bisher 52 auf 35 Tage verkürzt, Art. 27 Abs. 1 VRL.

Hat der öffentliche Auftraggeber eine Vorinformation veröffentlicht, die selbst nicht als Aufruf zum Wettbewerb verwendet wurde, kann die Mindestfrist für den Eingang der Angebote auf 15 Tage verkürzt werden, Art. 27 Abs. 2 VRL. Bisher durfte die Angebotsfrist im Falle einer Vorinformation im Allgemeinen 36 Tage, jedoch in keinem Fall weniger als 22 Tage betragen.[82]

Der öffentliche Auftraggeber kann die Angebotsfrist von 35 Tagen um fünf Tage verkürzen, wenn er die elektronische Übermittlung der Angebote gemäß Art. 22 VRL akzeptiert, Art. 27 Abs. 4 VRL.

Eine Neuerung begründet die Möglichkeit in Art. 27 Abs. 3 VRL, wonach der öffentliche Auftraggeber die 35-Tagesfrist im Falle einer von ihm *„hinreichend begründeten Dring-*

---

[81] In diesem Zusammenhang sei auch auf die Regelung in Art. 53 Abs. 1 VRL hingewiesen, wonach sich die Frist für die Einreichung von Angeboten um fünf Tage verlängert, wenn ausnahmsweise ein unentgeltlicher, uneingeschränkter und vollständiger direkter Zugang zu bestimmten Auftragsunterlagen nicht angeboten werden kann.

[82] Art. 36 Abs. 4 der Richtlinie 2004/18/EG.

lichkeit" maximal auf noch 15 Tage abzukürzen darf. In den Erwägungsgründen stellt der EU-Gesetzgeber klar, dass es sich dabei nicht notwendigerweise um eine extreme Dringlichkeit wegen unvorhersehbarer und vom öffentlichen Auftraggeber nicht zu verantwortender Ereignisse handeln muss.[83]

2. *Nichtoffenes und Verhandlungsverfahren*

Für das nichtoffene und das Verhandlungsverfahren wird die Mindestfrist vom Tag der Absendung der Bekanntmachung oder der Aufforderung zur Interessensbestätigung (falls sie als Aufruf zum Wettbewerb dient) bis zum Eingang der Teilnahmeanträge von 37 auf 30 Tage verkürzt. Das bestimmen Art. 28 Abs. 1, Unterabsatz 2 VRL bzw. Art. 29 Abs. 1, Unterabsatz 4 VRL.

Die Mindestfrist für die Erstellung der Angebote wird von bisher 40 auf 30 Tage verkürzt und kann künftig um weitere fünf Tage bei elektronischer Übermittlung der Angebote abgekürzt werden, Art. 28 Abs. 2, 5 VRL und Art. 29 Abs. 1, Unterabsatz 4 VRL.

Nach Veröffentlichung einer Vorinformation, die nicht zugleich als Aufruf zum Wettbewerb dient, kann die Frist für den Eingang der Angebote sogar auf 10 Tage abgekürzt werden. Bisher durfte die Angebotsfrist im Falle einer Vorinformation im Allgemeinen 36 Tage, jedoch in keinem Fall weniger als 22 Tage betragen.[84]

Des Weiteren können die Mitgliedstaaten gemäß Art. 28 Abs. 4 VRL bzw. Art. 29 Abs. 1, Unterabsatz 4 VRL vorsehen, dass alle oder bestimmte Kategorien subzentraler öffentlicher Auftraggeber die Frist für den Eingang von Angeboten im gegenseitigen Einvernehmen zwischen dem öffentlichen Auftraggeber und den ausgewählten Bewerbern festlegen können. Voraussetzung ist, dass allen ausgewählten Bewerbern dieselbe Frist für die Erstellung und Einreichung der Angebote eingeräumt wird. Erfolgt keine einvernehmliche Festlegung der Frist für den Eingang der Angebote, soll die Frist mindestens 10 Tage ab dem Tag der Versendung der Aufforderung zur Angebotsabgabe betragen.

Wie für das offene Verfahren besteht auch für das nichtoffene und Verhandlungsverfahren in Fällen *„hinreichend begründeter Dringlichkeit"* eine weitere Möglichkeit zur Verkürzung der Mindestfristen. So kann die Frist für die Teilnahmeanträge auf maximal 15 Tage und die Frist für die (Erst-)Angebote auf 10 Tage verkürzt werden.

3. *Wettbewerblicher Dialog und Innovationspartnerschaft*

Die Mindestfrist für den Eingang der Teilnahmeanträge beträgt 30 Tage ab dem Tag der Absendung der Auftragsbekanntmachung, Art. 30 Abs. 1, Unterabsatz 1 VRL bzw. Art. 31 Abs. 1, Unterabsatz 4 VRL. Eine Verkürzung dieser Frist ist nicht möglich.

---

[83] Vgl. Erwägungsgrund (46) VRL.

[84] Art. 36 Abs. 4 der Richtlinie 2004/18/EG.

C. Aufteilung von Aufträgen in Lose

I. Überblick

Das Gebot der Losaufteilung ist im deutschen Recht in § 97 Abs. 3 GWB verankert. §§ 5 VOB/A, 5 EG-VOB/A[85] und § 5 VS VOB/A sowie §§ 2 Abs. 2 VOL/A, 2 Abs. 2 EG-VOL/A und § 10 Abs. 1 VSVgV greifen diese Grundnorm des GWB-Vergaberechts unter teilweiser Präzisierung weitgehend inhaltsgleich auf.

Mit Art. 46 wird erstmals eine ausdrückliche Regelung zur Losaufteilung in das europäische Richtlinienrecht eingeführt. Die Bestimmung mit dem Titel „Unterteilung von Aufträgen in Lose" enthält im Wesentlichen Programmsätze, die den Mitgliedstaaten Leitlinien für die Umsetzung in das nationale Vergaberecht aufzeigen. Ein klares Bekenntnis zu subjektiven, notfalls gerichtlich durchsetzbaren Bieterrechten enthält Art. 46 jedoch nicht. Deshalb wäre es verfehlt, von einem „europarechtlichen Gebot der Losvergabe" zu sprechen. Im Ergebnis bleibt das europäische Richtlinienrecht weiterhin deutlich hinter dem bereits geltenden deutschen Vergaberecht zurück.

II. Richtlinie 2004/18/EG

Die Vorgängerrichtlinie 2004/18/EG[86] enthält kein ausdrückliches Gebot der Losvergabe. In Artikel 9 Abs. 5 findet die Möglichkeit der Aufteilung von Aufträgen in Lose eher beiläufig Erwähnung. Dort geht es um den Anwendungsbereich der Richtlinie. Nach Art. 9 Abs. 5 lit. a) sind bei der Schätzung des Werts von Bau- oder Dienstleistungsaufträgen mehrerer Lose zusammenzurechnen. Erreicht der Gesamtwert der Lose den Schwellenwert, gilt die Richtlinie – von einigen Ausnahmen abgesehen – für sämtliche Lose. Art. 9 Abs. 5 lit. b) trifft entsprechende Regelungen für Lieferaufträge.[87]

Daneben finden sich in den Erwägungsgründen der Richtlinie einige Andeutungen. In Erwägungsgrund (9) heißt es etwa:

> *„Diese Richtlinie bezweckt nicht, eine gemeinsame oder eine getrennte Vergabe vorzuschreiben. Die Entscheidung über eine getrennte oder die gemeinsame Vergabe des öffentlichen Auftrags muss sich an qualitativen und wirtschaftlichen Kriterien orientieren, die in den einzelstaatlichen Vorschriften festgelegt werden können."*

---

[85] Vgl. *Jasper/Soudry*, in: Dreher/Motzke, Beck'scher Vergaberechtskommentar, 2. Aufl., § 5a VOB/A, Rn. 1 ff.

[86] Richtlinie 2004/18/EG des Europäischen Parlaments und des Rates vom 31. März 2004 über die Koordinierung der Verfahren zur Vergabe öffentlicher Bauaufträge, Lieferaufträge und Dienstleistungsaufträge, Ab. L 134/14 vom 30.4.2004.

[87] Vgl. § 3 Abs. 7 VgV.

Außerdem nimmt Erwägungsgrund (32) die Interessen kleiner und mittlerer Unternehmen in den Blick, welche gem. § 97 Abs. 3 S. 1 GWB Ausgangspunkt aller Überlegungen zur Aufteilung von Aufträgen in Lose sind. Dort heißt es:

> *„Um den Zugang von kleinen und mittleren Unternehmen zu öffentlichen Aufträgen zu fördern, sollten Bestimmungen über Unteraufträge vorgesehen werden."*

Wenngleich der europäische Gesetzgeber in der Richtlinie 2004/18/EG das Instrument der Losvergabe und die Mittelstandsförderung anklingen ließ, vermied er verbindliche Vorgaben. Die Entscheidung über das „Ob" und das „Wie" einer Aufteilung öffentlicher Aufträge in Lose sollte ausdrücklich den Mitgliedstaaten überlassen bleiben[88].

III. Leitfaden der EU-Kommission

Am 25.06.2008 veröffentlichte die EU-Kommission einen Leitfaden[89], in dem sie geeignete Instrumente der Mitgliedstaaten zur Stärkung des Zugangs zu öffentlichen Aufträgen für kleine und mittlere Unternehmen beleuchtete und Empfehlungen abgab.

Der Leitfaden geht unter anderem auf das in diesem Zusammenhang wohl geläufigste Instrument der Losvergabe ein. Im Vergleich zur Richtlinie enthält er bereits konkretere Überlegungen. Zum einen greift die Kommission die in § 97 Abs. 3 S. 2 GWB enthaltene Unterscheidung zwischen der quantitativen (Teillose) und der qualitativen (Fachlose)[90] Aufteilung von Aufträgen auf. Zum anderen geht sie auf die Möglichkeit ein, die Losvergabe mit Limitierungen zu versehen, wobei sie zwar die Angebotslimitierung, nicht aber die Zuschlagslimitierung oder eine Kombination aus Angebots- und Zuschlagslimitierung erwähnt. Hierzu heißt es in dem Leitfaden:

> *„Dabei sollten die öffentlichen Auftraggeber bedenken, dass sie die Zahl der Lose, für die ein Unternehmen bieten darf, zwar beschränken können, diese Möglichkeit aber nicht in einer Weise nutzen dürfen, die einen fairen Wettbewerb beeinträchtigen würde. Die Möglichkeit, für unbegrenzt viele Lose zu bieten, hat überdies den Vorteil, dass Generalunternehmen nicht abgeschreckt werden und der Expansion von Unternehmen nicht entgegengewirkt wird."*

Ihren Leitfaden begreift die Kommission ausdrücklich als nicht bindend. Er dient lediglich als Empfehlung zur Unterstützung der Mitgliedstaaten bei der Entwicklung von Strategien, Programme oder Aktionspläne zur Erleichterung des Zugangs von kleinen

---

[88] Vgl. zum Ganzen *Ehricke*, in: Montag/Säcker, Münchener Kommentar Europäisches und Deutsches Wettbewerbsrecht, Band 3, § 97 GWB, Rn. 68 ff.

[89] Europäischer Leitfaden für bewährte Verfahren (Code of Best Practice) zur Erleichterung des Zugangs kleiner und mittlerer Unternehmen (KMU) zu öffentlichen Aufträgen der EU-Kommission vom 25.6.2008, SEC (2008) 2193.

[90] Hierzu *Schaller*, VOL Teile A und B, 5. Aufl., § 5 EG-VOL/A, Rn. 5 ff.

und mittleren Unternehmen zu öffentlichen Aufträgen. In Erwägungsgrund (78) wird den Mitgliedstaaten allerdings ein Rückgriff auf den Leitfaden nahegelegt.

IV. Losvergabe nach Art. 46

Art. 46 besteht aus vier Absätzen. Wichtige Ergänzungen zu Verständnis und Auslegung der Vorschrift enthalten zudem die Erwägungsgründe 78 und 79 der Richtlinie.

1. *Aufteilung in Lose (Abs. 1)*

Die Vorschrift beginnt in Abs. 1 UAbs. 1 mit der allgemeinen Feststellung, dass öffentliche Auftraggeber einen Auftrag in Form mehrerer Lose vergeben sowie Größe und Gegenstand der Lose bestimmen können.

a. Freie Wahl des Auftraggebers

Bereits der Wortlaut der allgemeinen Formulierung „können" verdeutlicht die Zielsetzung der neuen Richtlinie: Zwar wird die Möglichkeit der Losvergabe abstrakt aufgezeigt. Eine Verpflichtung zur Losaufteilung, wie sie die deutschen Regelungen im Grundsatz vorgesehen ist,[91] ist aber gerade nicht beabsichtigt.[92] Bestätigt wird dieser Befund durch Erwägungsgrund (78), der im zweiten Absatz postuliert:

> *„Der öffentliche Auftraggeber sollte zur Prüfung der Frage verpflichtet sein, ob die Aufteilung von Aufträgen in Lose sinnvoll ist, wobei es ihm freistehen soll, darüber selbständig zu entscheiden und seine Entscheidung nach eigenem Ermessen zu begründen, ohne dass er einer administrativen oder gerichtlichen Kontrolle untersteht."*

Damit wird man aus Art. 46, anders als aus den Bestimmungen des nationalen Rechts,[93] keine subjektiven Bieterrechte ableiten können.

b. Dokumentation und Absehen von der Losvergabe

UAbs. 2 regelt den Umfang der Dokumentationspflichten. Im Falle einer Abweichung vom Grundfall des UAbs. 1 muss der öffentliche Auftraggeber die „wichtigsten Gründe" hierfür dokumentieren, Erwägungsgrund (78) verlangt eine Dokumentation der „Hauptgründe". Demgegenüber spricht der derzeit geltende § 24 Abs. 2 lit. h) EG-VOL/A allgemeiner von den „Gründen". Es darf allerdings vermutet werden, dass diese Feinheit keine größeren Auswirkungen zeitigt und all diejenigen Entscheidungen, die

---

[91] Vgl. *Dieckmann*, in: Dieckmann/Scharf/Wagner-Cardenal, VOL/A, § 2 EG-VOL/A, Rn. 39 ff.

[92] *Jaeger*, NZBau 2014, 259, 265.

[93] Vgl. hierzu OLG Düsseldorf, Beschluss v. 8.9.2004, Az. VII-Verg 38/04; OLG Thüringen, Beschluss v. 6.6.2007, Az. 9 Verg 3/07; OLG Düsseldorf, Beschluss v. 25.11.2009, Az. VII-Verg 27/09; OLG Düsseldorf, Beschluss v. 8.9.2011, Az. VII-Verg 48/11; OLG Düsseldorf, Beschluss v. 21.3.2012 , Az. VII-Verg 92/11.

vom gesetzlichen Regelfall abweichen, weiter wie bisher zu dokumentieren sind. Zudem erlaubt die deutsche Rechtsprechung in laufenden Vergabenachprüfungsverfahren ein Nachschieben von Gründen.[94] Etwaige Fehler dürften sich daher selten auswirken.

Zumindest in der Verfahrensdokumentation zeichnet sich ein Regel-Ausnahme-Verhältnis zwischen der Aufteilung eines Auftrags in Lose (UAbs. 1) und einem Absehen hiervon (UAbs. 2) aus. Als Gründe für ein Absehen von der Losvergabe nennt Erwägungsgrund (78), dass

- eine Aufteilung den Wettbewerb beschränken würde[95]
- eine Aufteilung mit der Gefahr verbunden wäre, dass die Ausführung des Auftrags technisch übermäßig erschwert oder kostspielig würde[96]
- mit der Notwendigkeit zur Koordinierung der verschiedenen Auftragnehmer für die Lose die ernsthafte Gefahr einer Untergrabung der sachgerechten Ausführung verbunden sein könnte.[97]

2. Loslimitierung (Abs. 2)

Art. 46 Abs. 2 trifft Bestimmungen zur Loslimitierung. Diese ist in folgenden Formen möglich:

- Angebotslimitierung
- Zuschlagslimitierung
- Angebots- und Zuschlagslimitierung.

Bei einer Angebotslimitierung gibt der Auftraggeber vor, dass Bieter nur für eines oder eine bestimmte Anzahl von Losen Angebote einreichen dürfen. Weicht ein Bieter hiervon ab, droht unter Umständen ein Ausschluss aller Angebote.[98] Stattdessen darf der Auftraggeber einen Auftrag auch mit der Maßgabe ausschreiben, dass die Bieter zwar für eine unbegrenzte Anzahl von Losen Angebote einreichen dürfen, jedoch nur für eine vorab festgelegte Höchstzahl von Angeboten den Zuschlag erhalten können (Zuschlagslimitierung). Dem Wortlaut nach stehen beide Alternative gleichberechtigt ne-

---

[94] OLG Düsseldorf, Beschluss v. 26.11.2008, Az. VII-Verg 54/08; OLG Düsseldorf, Beschluss v. 25.4.2012, Az. VII-Verg 100/11; *Soudry*, Vergabeblog.de vom 12.8.2012, Nr. 13355.

[95] Vgl. hierzu bereits OLG Düsseldorf, Beschluss v. 15.6.2000, Az. Verg 6/00.

[96] Vgl. aber OLG Düsseldorf, Beschluss v. 25.4.2012, Az. VII-Verg 100/11; *Jasper/Soudry*, in Dreher/Motzke, Beck'scher Vergaberechtskommentar, 2. Aufl., § 5a VOB/A, Rn. 3; Zur Auslegung des Begriffs der wirtschaftlichen oder technischen Gründe OLG Celle, Beschluss v. 26.4.2010, 13 Verg 4/10.

[97] Vgl. §§ 5 Abs. 1 VOB/A, 5 Abs. 1 EG-VOB/A sowie die Erläuterungen zu § 2 Abs. 2 VOL/A unter Anhang IV.III Abschnitt 1 der VOL/A; Kritisch OLG Düsseldorf, Beschluss v. 25.4.2012, Az. VII-Verg 100/11.

[98] Vgl. zur Abgabe mehrerer Hauptangebote *Wiedemann*, in: Kulartz/Marx/Portz/Prieß, VOL/A, 2. Aufl., § 16 VOL/A, Rn. 358.

beneinander. Das entspricht der geltenden deutschen Rechtslage, wonach Auftraggeber frei zwischen einer Angebots- oder Zuschlagslimitierung wählen dürfen.[99]

Nach Erwägungsgrund (79) soll eine Loslimitierung beispielsweise

- zur Wahrung des Wettbewerbs oder[100]
- zur Gewährleistung der Versorgungssicherheit[101]

erlaubt sein, wobei die Aufzählung nicht abschließend ist.

Auf die Absicht einer Angebotslimitierung muss der Auftraggeber nach Art. 46 Abs. 2 UAbs. 1 bereits in der Bekanntmachung oder der Aufforderung zur Interessensbestätigung hinweisen. Sieht er eine Zuschlagslimitierung vor, muss er an derselben Stelle die Höchstzahl der möglichen Lose je Bieter festlegen.

Schwierigkeiten bereitet die Zuschlagslimitierung, wenn die konsequente Anwendung der bekannt gegebenen Zuschlagskriterien dazu führen würde, dass ein Bieter für mehr Lose den Zuschlag erhält als durch die Begrenzung vorgesehen. Art. 46 Abs. 2 UAbs. 2 die Angabe objektiver und nichtdiskriminierender Kriterien oder Regeln, die für diesen Fall zur Anwendung kommen sollen, bereits in den Auftragsunterlagen.

3. *Kombinationswertung (Abs. 3)*

Dürfen Bieter in einem Vergabeverfahren mit mehreren Losen den Zuschlag für mehr als ein Los erhalten, ist eine Wertung der eingehenden Angebote auf zwei Wegen möglich: Entweder wertet der Auftraggeber die Angebote für jedes Los isoliert aus und trifft eine auf jedes einzelne Los bezogene Zuschlagsentscheidung. Da die isolierte Vergabe jedes Loses nach Ansicht des europäischen Gesetzgebers zu wesentlich ungünstigeren Lösungen im Vergleich zu einer gemeinsamen Vergabe mehrerer oder aller Lose führen kann, erlaubt Art. 46 Abs. 3 stattdessen auch, dass der Auftraggeber eine Gesamtbetrachtung anstellt. Gemäß Abs. 2 von Erwägungsgrund (79) soll er so feststellen können,

> *„ob die Angebote eines bestimmten Bieters für eine bestimmte Kombination von Losen die Zuschlagskriterien, die gemäß dieser Richtlinie festgelegt worden sind, in Bezug auf diese Lose als Ganzes besser erfüllen als die Angebote für die betreffenden einzelnen Lose für sich genommen. Ist dies der Fall, so sollte es dem öffentlichen Auftraggeber gestattet sein, dem betreffenden Bieter einen Auftrag in Kombination der betreffenden Lose zu erteilen."*

---

[99] OLG Düsseldorf, Beschluss v. 7.11.2012, Az. VII-Verg 24/12; Vgl. auch *Soudry*, Vergabeblog.de vom 16.1.2013, Nr. 14465; A.A. *Ziekow*, in: Ziekow/Völlink, Vergaberecht, 2. Aufl., § 97 GWB, Rn. 61.

[100] OLG Düsseldorf, Beschluss v. 7.11.2012, Az. II-Verg 24/12; Vgl. auch *Soudry*, Vergabeblog.de vom 16.1.2013, Nr. 14465.

[101] OLG Düsseldorf, Beschluss v. 7.12.2011, Az. VII-Verg 99/11.

Die erhöhte Intransparenz und Missbrauchsanfälligkeit einer solchen Kombinationswertung liegt auf der Hand. Deshalb ist der Verweis auf die ursprünglich festgelegten Zuschlagskriterien von besonderer Bedeutung: Einzig wenn und soweit die von Beginn an bekannt gemachten Zuschlagskriterien bei einer gebündelten Vergabe mehrerer oder aller Lose an einen Bieter besser als durch eine Einzelvergabe erfüllt werden können, darf der Auftraggeber auf dieses Verfahren zurückgreifen. Darüber hinaus verlangt derselbe Erwägungsgrund zur Verfahrensweise weiter:

> *„Es sollte klargestellt werden, dass öffentliche Auftraggeber bei einer solchen vergleichenden Bewertung zunächst ermitteln sollten, welche Bieter die festgelegten Zuschlagskriterien für jedes einzelne Los am besten erfüllen, um dann einen Vergleich mit den Angeboten eines einzelnen Bieters für eine bestimmte Kombination von Losen zusammengenommen anzustellen."*

Mit dieser schrittweisen Wertung der Angebote soll die Transparenz der Wertungsentscheidung erhöht und die Nachprüfbarkeit im Nachhinein ermöglicht werden. Es versteht sich von selbst, dass eine solche Kombinationswertung erhöhte Anforderungen an die Dokumentation des Verfahrens stellt. Auftraggebern kann hier nur geraten werden, besonders sorgfältig festzuhalten, wie ein Gesamtzuschlag im Wege der Kombinationswertung zustande kommt.

In diesem Zusammenhang soll ein besonderer Fall erwähnt werden, den das OLG Düsseldorf[102] zu entscheiden hatte: Hier legte der Auftraggeber zunächst eine Loslimitierung fest, wonach zwar auf alle drei Lose Angebote eingereicht werden durften. Den Zuschlag konnte ein Bieter jedoch nur für ein Los erhalten. Bei der Wertung nach dem alleinigen Kriterium des niedrigsten Preises stellte der Auftraggeber außerdem darauf ab, in welcher Kombination der für alle Lose insgesamt niedrigste Preis erzielt wird. Infolgedessen konnte ein Bieter in einem Los den Zuschlag erhalten, obwohl sein Angebot hier nicht das günstigste war. Der Vergabesenat hielt dieses Vorgehen für zulässig. Dies sei eine Folge der nicht zu beanstandenden Loslimitierung. Die Tatsache, dass der Erfolg des eigenen Angebots davon abhängt, zu welchen Preisen Dritte Angebote abgegeben haben, sei zudem für ein wettbewerbliches Verfahren typisch.

4. *Weitergehendes nationales Recht (Abs. 4)*

Wie dargestellt geht das geltende deutsche Vergaberecht bereits heute deutlich über das europarechtliche Niveau hinaus.[103] Insbesondere haben Bieter die Möglichkeit, sich unter Berufung auf § 97 Abs. 7 i. V. m. Abs. 3 GWB bezüglich behaupteter Verstößen gegen das als bieterschützend ausgestaltete Gebot der Losvergabe an die Vergabenachprüfungsinstanzen zu wenden, sofern die Zugangsvoraussetzungen, insbesondere ein Erreichen des jeweiligen Schwellenwerts, erfüllt sind.

---

[102] Beschluss v. 27.10.2010, VII-Verg 47/10.

[103] Ein über das Mindestniveau der EU-Richtlinien hinausgehendes nationales Vergaberecht ist grundsätzlich zulässig, vgl. *Soudry*, in: Dreher/Motzke, Beck'scher Vergaberechtskommentar, 2. Aufl., § 8a VOB/A, Rn. 2.

Das europäische Vergaberecht kennt die unterschiedlichen Entwicklungen auf nationalstaatlicher Ebene im Bereich der Losvergabe ausdrücklich an. Insoweit bestimmt Abs. 4, der in Verbindung mit Abs. 1 UAbs. 2 zu lesen ist, dass die Mitgliedstaaten die Verpflichtung zur Vergabe von Aufträgen in getrennten Losen vorsehen können, sofern sie sich dabei innerhalb der Grenzen des Unionsrechts bewegen.[104]

D. Eignung

I. Überblick

Mit der Eignung von Unternehmen, die für die Ausführung öffentlicher Aufträge in Frage kommen, befassen sich die Artikel 56 bis 64 VRL. Art. 57 enthält zwingende und fakultative Gründe für den Ausschluss eines Unternehmens. Art. 58 befasst sich mit den zulässigen Eignungskriterien. Das Verfahren im Zusammenhang mit der neu geschaffenen Einheitlichen Europäischen Eigenerklärung regelt Art. 59. Die Vorschrift regelt zusammen mit Art. 60 bis 62, auf welche Art und Weise die Eignung darzulegen bzw. zu prüfen ist. Unter welchen Voraussetzungen sich Unternehmen zum Nachweis der Eignung auf die Kapazitäten Dritter berufen dürfen, bestimmt Art. 63. Die Art. 65 und 66 enthalten schließlich Vorgaben für den Fall, dass der Auftraggeber beabsichtigt, im Verfahren die Zahl der Bewerber bzw. der Angebote schrittweise zu verringern.

Die Regelungen zur Eignung erscheinen übersichtlich und sind gut lesbar. Dies darf jedoch nicht darüber hinwegtäuschen, dass die hierzu bestehenden Bestimmungen in der Summe keineswegs kürzer ausfallen als bisher. Wie an vielen anderen Stellen der VRL auch, ist ein großer Teil der Inhalte aus den bisherigen Art. 44 ff. der Richtlinie 2004/18/EG aus dem Richtlinientext selbst ausgegliedert worden und findet sich nun insbesondere in den Anhängen V, Teil C, Nr. 11, XI und XII wieder.

II. Allgemeine Grundsätze (Art. 56)

Titel II, Kapitel III, Abschnitt 3 der VRL trägt die Überschrift „Auswahl der Teilnehmer und Auftragsvergabe“. Der Abschnitt gliedert sich in folgende drei Unterabschnitte:

- Unterabschnitt 1: Qualitative Eignungskriterien (Art. 57 bis 64)
- Unterabschnitt 2: Verringerung der Zahl der Bewerber, der Angebote und der Lösungen (Art. 65 bis 66)
- Unterabschnitt 3: Zuschlagskriterien (Art. 67 bis 69).

[104] *Jaeger*, NZBau 2014, 259, 265.

1. *Grundsätze der Vergabeentscheidung (Abs. 1)*

Diesen drei Unterabschnitten vorangestellt ist – ähnlich dem Artikel 44 der Vorgängerrichtlinie 2004/18/EG – Art. 56, der die Überschrift „Allgemeine Grundsätze" trägt. Abs. 1 bestimmt in Abs. 1 folgende Regeln, die für den gesamten Abschnitt 3 Geltung beanspruchen:

- die Zuschlagskriterien müssen in Einklang mit Art. 67 bis 69 festgelegt werden (Abs. 1 UAbs. 1 S. 1)
- das für den Zuschlag in Aussicht genommene Angebot erfüllt die aufgestellten Anforderungen, Bedingungen und Kriterien
- der Zuschlagsprätendent ist nicht gemäß Art. 57 auszuschließen und erfüllt die Eignungskriterien sowie die Kriterien zur Verringerung der Teilnehmerzahl bzw. Angebote.

Es sind dies die elementaren Grundsätze einer jeden anhand der Grundsätze der Transparenz, der Gleichbehandlung und des Wettbewerbs getroffenen Auswahlentscheidung. Vereinzelt finden sie sich bereits im geltenden Recht.[105]

2. *Verstoß gegen Art. 18 Abs. 2 (Abs. 1)*

Art. 56 Abs.1 UAbs. 2 betont, dass Auftraggeber auch das erstplatzierte Angebot ausschließen dürfen, wenn sie zu dem Ergebnis gelangen, dass es die Anforderungen nach Art. 18 Abs. 2 nicht erfüllt. Dies ist der Fall, wenn der Wirtschaftsteilnehmer bei Ausführung des Auftrags die geltenden umwelt-, sozial- und arbeitsrechtlichen Verpflichtungen nicht einhalten würde, sofern es sich um solche Verpflichtungen handelt, die ihrerseits mit dem Unionsrecht vereinbar sind.[106]

Dies bezieht sich freilich nur auf das konkret vorliegende Angebot, so dass die Entscheidung nach Art. 56 Abs. 1 UAbs. 2 eine auf die Zukunft gerichtete Prognose voraussetzt. Ob der Wirtschaftsteilnehmer auch außerhalb des konkreten Auftrags die geltenden gesetzlichen Bestimmungen einhält, ist deswegen aber nicht unerheblich. So könnte eine rechtskräftige Verurteilung wegen Sozialversicherungsbetrugs auch einen die Eignung beeinträchtigenden Ausschlussgrund im Sinne von Art. 57 Abs. 1 lit. a) Verstößen gegen bestimmte Rechtsnormen darstellen.[107]

---

[105] Vgl. etwa § 97 Abs. 1, 2, 4 und 5 GWB und in den Vergabe- und Vertragsordnungen §§ 16 Abs. 5 VOL/A, 19 Abs. 5 EG-VOL/A bzw. §§ 16 Abs. 2 Nr. 1 S. 2 VOB/A, 16 Abs. 2 Nr. 1 S. 2 EG-VOB/A für die Eignung sowie §§ 16 Abs. 7, 8 VOL/A, 19 Abs. 8, 9 EG-VOL/A bzw. §§ 16 Abs. 6 Nr. 3 S. 2, 16 Abs. 7 EG-VOB/A.

[106] Hierzu zählt etwa die Richtlinie 96/71/EG des Europäischen Parlaments und des Rates vom 16.12.1996 über die Entsendung von Arbeitnehmern im Rahmen der Erbringung von Dienstleistungen, nicht aber das Tariftreue- und Vergabegesetz des Landes Nordrhein-Westfalen vom 1.5.2012, vgl. EuGH, Urteil v. 18.9.2014, Rs. C-549/13.

[107] Vgl. zudem den Ausschlussgrund des Art. 57 Abs. 4 lit. a).

3. *Abweichende Wertungsreihenfolge (Abs. 2)*

Art. 56 Abs. 2 UAbs. 1 gestattet Auftraggebern, vor der Prüfung von Ausschlussgründen nach Art. 57 und der Einhaltung der Eignungskriterien nach Art. 64 zunächst die Angebote selbst inhaltlich zu prüfen. In Rechtsprechung und Literatur ist dieses Vorgehen seit Längerem umstritten. Zwar besteht Einigkeit darüber, dass die Wertungsstufen inhaltlich strikt voneinander zu trennen sind und keinesfalls miteinander vermengt werden dürfen.[108] Ob Auftraggeber bei der Prüfung und Wertung von Angeboten zwischen den einzelnen Wertungsstufen „hin- und herspringen" oder eine Wertungsstufe aus Effizienzgesichtspunkten vorziehen dürfen, wird hingegen nicht einheitlich beurteilt.[109] Allerdings ist in diesem Zusammenhang auf die erst später in Kraft getretenen Erläuterungen zur VOL/A 2009 hinzuweisen. Unter Anhang IV, III. heißt es dort zu § 16 VOL/A:

> *„Aus der Anordnung der Absätze des § 16 ist keine verbindliche Prüfungs- und Wertungsreihenfolge abzuleiten."*[110]

Gegen eine gleichzeitige Prüfung der Eignung und Wertung hatte auch der EuGH keine grundsätzlichen Bedenken, sofern die beiden Stufen inhaltlich klar voneinander getrennt bleiben.[111] In diese Entwicklung passt es, dass Art. 56 Abs. 2 UAbs. 1 klar Stellung bezieht und eine Abweichung von der Wertungsreihenfolge, wie sie sich in §§ 16 VOL/A, 19 EG-VOL/A bzw. §§ 16 VOB/A, 19 EG-VOB/A findet, ausdrücklich zulässt. Dem Wortlaut nach gilt dies jedoch nur im Fall offener Vergabeverfahren. Der Grund liegt auf der Hand: Wegen des potenziell uneingeschränkten Bieterkreises besteht ein praktisches Bedürfnis dafür, bei einer hohen Anzahl eingehender Angebote mit wirtschaftlich vertretbarem Aufwand die Vergabeentscheidung zu treffen.[112]

Allerdings schreibt Art. 56 Abs. 2 UAbs. 1 S. 2 vor, dass für diesen Fall die später erfolgende Prüfung des Nichtvorliegens von Ausschlussgründen und der Einhaltung der Eignungskriterien unparteiisch und transparent erfolgen muss. Die ökonomische Vorgehensweise darf keinesfalls dazu führen, dass zunächst eine inhaltliche Wertung der Angebote erfolgt und das hiernach erstplatzierte Angebot aufgrund wohlwollender Behandlung in der sich anschließenden Eignungsprüfung den Zuschlag erhält, obwohl

---

[108] Vgl. BGH, Urteil v. 15.4.2008, Az. X ZR 129/06; Vgl. auch *Vavra*, in: Ziekow/Völlink, Vergaberecht, 2. Aufl., § 16 VOB/A, Rn. 2.

[109] Grundsätzlich dagegen BGH, Urteil v. 15.4.2008, Az. X ZR 129/06; VK Bremen, Beschluss v. 25.6.2003, Az. VK 10/03; *Frister*, in: Kapellmann/Messerschmidt, VOB Teile A und B, 3. Aufl., § 16 VOB/A, Rn. 2 und *Vavra*, in: Ziekow/Völlink, Vergaberecht, 2. Aufl., § 16 VOB/A, Rn. 2 (beide unter Anerkennung von Ausnahmen); Dafür VK Bund, Beschluss v. 23.1.2009, Az. VK 3-194/08; VK Düsseldorf, Beschluss v. 11.1.2006, Az. VK-50/2005-L; Offengelassen von VK Südbayern; Beschluss v. 26.3.2009, Az.Z3-3-3194-1-03-01/09; Vgl. zum Meinungsstand *Scharf*, in: Dieckmann/Scharf/Wagner-Cardenal, VOL/A, 2. Aufl., § 19 EG-VOL/A, Rn. 4 ff.

[110] Zu Abschnitt 2 der VOL/A enthalten die Erläuterungen jedoch keinen entsprechenden Hinweis; Vgl. auch *Schaller*, LKV 2011, 145; *Schaller*, VOL Teile A und B, 5. Aufl., § 16 VOL/A, Rn. 2.

[111] Urteil v. 24.1.2008, Rs. C-532/06 (zur Richtlinie 92/50/EWG).

[112] Vgl. hierzu bereits Ziff. 2.1 des Grünbuchs über die Modernisierung der europäischen Politik im Bereich des öffentlichen Auftragswesens Wege zu einem effizienteren europäischen Markt für öffentliche Aufträge der EU-Kommission vom 27.1.2011, KOM(2011) 15 endg.

es streng genommen wegen eines Ausschlussgrundes oder mangels Eignung auszuschließen wäre.

4. *Fehlende Informationen oder Unterlagen (Abs. 3)*

Art. 56 Abs. 3 zeichnet nach, was mit der VOL 2009[113] und der VOB 2009[114] bereits Einzug in das deutsche Vergaberecht gehalten hat. Hiernach dürfen öffentliche Auftraggeber betroffene Bieter auffordern, fehlende Unterlagen und Informationen innerhalb einer angemessenen Frist nachzureichen, sofern dies mit dem nationalen Recht in Einklang steht.[115]

In einem wesentlichen Punkt geht die Vorschrift aber über das deutsche Recht hinaus: Die Vergabenachprüfungsinstanzen lehnen es bisher ab, dass Bieter im Wege der Nachforderung auch vorliegende, aber inhaltlich unvollständige Nachweise oder Erklärungen nachreichen bzw. vervollständigen. Die Nachforderungspflicht nach der VOB/A[116] bzw. das Nachforderungsrecht nach der VOL/A[117] erstrecken sich hiernach nur auf Nachweise, die entweder überhaupt nicht vorgelegt wurden, unvollständig sind oder formale Mängel aufweisen. Diese Einschränkung macht Art. 56 Abs. 3 nicht. Vielmehr umfasst die Vorschrift ausdrücklich auch das Nachreichen „unvollständiger" oder „fehlerhafter" Informationen oder Unterlagen. Bieter haben hiernach – auf entsprechendes Anfordern des Auftraggebers – die Möglichkeit, diese „zu ergänzen, zu erläutern oder zu vervollständigen".

Ob sich Bieter im Falle einer nicht oder nicht fristgerechten Umsetzung dieser Bestimmung ins deutsche Recht auf eine unmittelbare Wirkung der Richtlinie berufen dürften, erscheint allerdings fraglich. Denn zum einen steht die Nachforderung auch inhaltlich unzureichender Informationen und Unterlagen ausdrücklich unter dem Vorbehalt, dass die nationalen Rechtsvorschriften nichts anderes vorsehen. Zum anderen wird man wohl sagen müssen, dass es angesichts des Auftraggebern eingeräumten Ermessens („können") an der Einräumung konkreter subjektiver Rechte als Voraussetzung für die unmittelbare Geltung einer Richtlinienbestimmung fehlt.[118]

---

[113] Vgl. §§ 16 Abs. 2 VOL/A, 19 Abs. 2 EG-VOL/A.

[114] Vgl. §§ 16 Abs. 1 Nr. 3 VOB/A, 16 Abs 1 Nr. 3 EG-VOB/A und für verteidigungs- und sicherheitsrelevante Bauaufträge den am 19.7.2012 in Kraft getretenen § 16 Abs. 1 Nr. 3 VS VOB/A.

[115] Vgl. hierzu OLG Düsseldorf, Beschluss v. 3.8.2011, Az. VII-Verg 30/11; OLG Düsseldorf, Beschluss v. 17.7.2013, Az. VII-Verg 10/13; *Soudry*, Vergabelog.de vom 13.11.2011, Nr. 11309; Vgl. zur möglichen Missbrauchsgefahr durch gezieltes Weglassen von Erklärungen oder Nachweisen OLG Düsseldorf, Beschluss v. 9.3.2011, Az. VII-Verg 52/10; *Soudry*, Vergabeblog.de vom 18.5.2011, Nr. 9845.

[116] Vgl. OLG Düsseldorf, Beschluss v. 17.12.2012, Az. VII-Verg 47/12 (Referenzen nicht vergleichbar); OLG Düsseldorf, Beschluss v. 17.3.2011, Az. VII-Verg 56/10 (fehlende Beglaubigung eines Dokuments); OLG München, Beschluss v. 15.3.2012, Az. Verg 2/12 (fehlende Umsatzangaben).

[117] OLG Düsseldorf, Beschluss v. 12.9.2012, Az. VII-Verg 108/11(Referenzen nicht vergleichbar).

[118] Vgl. zu den Voraussetzungen der unmittelbaren Geltung von Richtlinien EuGH, Urteil v. 5.4.1979, Rs. 148/78; *Soudry*, Vergabeblog.de vom 22.8.2011, Nr. 10648.

III. Ausschlussgründe (Art. 57)

Die VRL unterscheidet, wie bisher, zwischen zwingenden und fakultativen Ausschlussgründen. Während Auftraggeber bei Vorliegen zwingender Ausschlussgründe, von wenigen Ausnahmen abgesehen, kein Ermessen bezüglich eines Ausschlusses haben, hängt die Ausschlussfolge bei Vorliegen eines fakultativen Ausschlussgrundes von einer Einzelfallprüfung ab. Beiden Gruppen von Ausschlussgründen ist aber gemein, dass der betroffene Wirtschaftsteilnehmer nach Art. 57 Abs. 6 die Möglichkeit hat darzulegen, dass die erforderliche Zuverlässigkeit gleichwohl vorliegt.

1. Zwingende Ausschlussgründe (Abs. 1 und 2)

Als zwingende Ausschlussgründe nennt Abs. 1 die rechtskräftige Verurteilung eines Wirtschaftsteilnehmer wegen

- Bestechung
- Betrugs
- terroristischer Straftaten
- Geldwäsche oder Terrorismusfinanzierung
- Kinderarbeit und anderen Formen des Menschenhandels.

Abs. 1 S. 2 stellt klar, dass es ausreicht, wenn eine Person wegen einer dieser Straftaten verurteilt wurde, die Mitglied in Führungsgremien des Unternehmens ist oder darin Vertretungs-, Entscheidungs- oder Kontrollbefugnisse hat.

Ein weiterer zwingender Ausschlussgrund ist in Abs. 2 geregelt. Dieser betrifft ein Unternehmen, das seinen Verpflichtungen zur Entrichtung von Steuern oder Sozialversicherungsbeiträgen nicht nachgekommen ist, wenn dies durch eine rechtskräftige Gerichts- oder Verwaltungsentscheidung bestätigt wurde. Insoweit besteht eine Überschneidung zu Art. 56 Abs. 1 UAbs. 2, 18 Abs. 2.[119]

2. Kein Ausschluss trotz zwingender Gründe (Abs. 2 und 3)

Obwohl Art. 57 Abs. 1 und 2 in den vorgenannten Fällen den zwingenden Angebotsausschluss anordnet, dürfen Auftraggeber hiervon eine Ausnahme machen. Dies zum einen dann, wenn das nach Abs. 2 säumige Unternehmen die rückständigen Beträge beglichen oder zumindest eine entsprechende Zahlungsvereinbarung getroffen hat (Abs. 2 UAbs. 3). Zum anderen können zwingende Gründe des öffentlichen Interesses eine Ausnahme rechtfertigen. Als solche nennt Abs. 3 UAbs. 1 beispielsweise die öffentliche Gesundheit oder den Umweltschutz. Denkbar wäre etwa, dass ein Mitglied

---

[119] S.o. unter II.2.

der Geschäftsführung des einzigen Herstellers eines dringend benötigten Impfstoffes rechtskräftig wegen einer der vorgenannten Straftaten verurteilt wurde.

Abs. 3 UAbs. 2 nennt als weitere Ausnahme den Fall, dass der Ausschluss offensichtlich unverhältnismäßig wäre. Diese kann etwa der Fall sein, wenn die Verurteilung eines Unternehmens nach Abs. 2 UAbs. 1 nur geringfügige Beträge betrifft.

3. Fakultative Ausschlussgründe (Abs. 4)

Möglich aber nicht zwingend ist der Ausschluss eines Wirtschaftsteilnehmers in folgenden Fällen:

- der Auftraggeber kann Verstöße gegen Verpflichtungen aus Art. 18 Abs. 2 nachweisen (lit. a))
- der Wirtschaftsteilnehmer ist zahlungsunfähig oder befindet sich in einem Insolvenzverfahren / in Liquidation (lit. b))
- der Wirtschaftsteilnehmer hat eine schwere Verfehlung begangen, die seine Integrität in Frage stellt (lit. c))
- der Auftraggeber hat Kenntnis von wettbewerbsbeschränkenden Absprachen (lit. d))
- ein bestehender Interessenkonflikt kann nur durch den Ausschluss des betroffenen Bieters beseitigt werden (lit. e))
- eine Wettbewerbsverzerrung durch die Teilnahme eines vorbefassten Bieters kann nur durch seinen Ausschluss beseitigt werden (lit. f))
- erhebliche Schlechtleistungen des Wirtschaftsteilnehmers in der Vergangenheit (lit. g))
- der Wirtschaftsteilnehmer hat sich einer schwerwiegenden Täuschung im Vergabeverfahren schuldig gemacht oder geforderte Auskünfte nicht vorgelegt (lit. h)
- der Wirtschaftsteilnehmer hat versucht, die Entscheidungsfindung des Auftraggebers in unzulässiger Weise zu beeinflussen (lit. i)).

Im Vergleich zur Richtlinie 20014/18/EG neu aufgenommen wurden die Ausschlussgründe nach lit. a), e) und f) bis i). Auf einige der Ausschlussgründe soll nachfolgend eingegangen werden.

a. Zahlungsunfähigkeit oder Insolvenz (lit. b)

Nach lit. b) darf ein Wirtschaftsteilnehmer nicht nur als ungeeignet ausgeschlossen werden, wenn er zahlungsunfähig ist, sondern auch dann, wenn er sich in einem Insolvenzverfahren oder in Liquidation befindet oder seine gewerbliche Tätigkeit eingestellt hat.

Allein das Vorliegen eines dieser Tatbestände rechtfertigt jedoch keinen ungeprüften Ausschluss. Vielmehr muss ein Auftraggeber stets im konkreten Einzelfall prüfen, ob tatsächlich die Eignung entfällt.[120] Entsprechend nennt Abs. 4 UAbs. 2 die Möglichkeit, einen Bieter nicht auszuschließen, obwohl er die Voraussetzungen nach lit. b) erfüllt, wenn der Auftraggeber nach Prüfung aller Umstände zu dem Ergebnis kommt, dass der Wirtschaftsteilnehmer in der Lage sein wird, den Auftrag auszuführen.

b. Vorbefassung (lit. f)

Der Ausschlussgrund nach lit. f) regelt den Umgang mit Unternehmen, die sich an einem Vergabeverfahren beteiligen und aus einer früheren Tätigkeit im Hinblick auf den Auftragsgegenstand vorbefasst sind. Die Thematik wird im deutschen Recht unter dem Stichwort der „Projektantenproblematik" behandelt. Sie hat ihren Ursprung im Wettbewerbsgrundsatz, wonach Wettbewerbsverfälschungen durch Vorsprünge einzelner Bieter verhindert werden sollen.[121]

Im deutschen Recht finden sich hierzu schon bisher Regelungen, und zwar in §§ 6 Abs. 6 VOL/A, 6 7 EG-VOL/A, in §§ 6 Abs. 7 EG-VOB/A, 6 Abs. 7 VS VOB/A, in § 4 Abs. 5 VOF und in § 10 Abs. 2 VSVgV. Hiernach ist der Ausschluss eines Bieters aufgrund einer Vorbefassung nur als ultima ratio zulässig.[122] Stets hat der Auftraggeber vorrangig zu prüfen, ob er die Wettbewerbsvorsprünge des vorbefassten Unternehmens durch geeignete Maßnahmen ausgleichen kann.[123] Dies präzisiert Abs. 4 lit. f), indem der Auftraggeber überdies von mehreren Beeinträchtigungen die weniger einschneidende zu wählen hat. Schließlich ist nach der Rechtsprechung des EuGH[124] in Fällen möglicher Wettbewerbsbeeinträchtigungen ein Ausschluss ohne vorherige Anhörung des betroffenen Bieters unzulässig. Dies ergibt sich für den vorliegenden Fall auch aus Art. 57 Abs. 6.

c. Erhebliche Schlechtleistung (lit. g)

Ebenfalls neu eingefügt wurde der Ausschlussgrund wegen erheblicher Schlechtleistungen in der Vergangenheit. Zwar ist die Zulässigkeit eines Ausschlusses aus die-

---

[120] OLG Düsseldorf, Beschluss v. 2.5.2012, Az. VII-Verg 68/11; OLG Schleswig, Beschluss v. 30.5.2012, Az. 1 Verg 2/12 (Insolvenz des Nachunternehmers); OLG Celle, Beschluss v. 18.2.2013, Az. 13 Verg 1/13; *Soudry*, Vergabeblog.de vom 27.6.2012, Nr. 13074.

[121] Vgl. OLG Düsseldorf, Beschluss v. 16.10.2003, Az. VII-Verg 57/03; Leinemann, Die Vergabe öffentlicher Aufträge, 5. Aufl., Rn. 20.

[122] OLG Düsseldorf, Beschluss v. 4.5.2009, Az. VII-Verg 68/08; OLG München, Beschluss v. 10.2.2011, Az. Verg 24/10; *Wagner-Cardenal*, in: Dieckmann/Scharf/Wagner-Cardenal, VOL/A, § 6 EG-VOL/A, Rn. 82; *Leinemann*, Die Vergabe öffentlicher Aufträge, 5. Aufl., Rn. 1229; *Völlink*, in: Ziekow/Völlink, Vergaberecht, 2. Aufl., § 6a VOB/A, Rn. 24.

[123] OLG Düsseldorf, Beschluss v. 25.10.2005, Az. VII-Verg 67/05; OLG Koblenz, Beschluss v. 6.11.2008, Az. 1 Verg 3/08.

[124] Urteil v. 23.12.2009, Rs. C-376/08.

sem Grund auch nach geltendem Vergaberecht erlaubt.[125] Die Aufnahme eines entsprechenden Tatbestandes in die neue Richtlinie schafft gleichwohl Klarheit und Verbindlichkeit und entspricht dem praktischen Bedürfnis vieler öffentlicher Auftraggeber. Dies insbesondere in dienstleistungsintensiven Sektoren wie der Gebäudereinigungsbranche, bei denen Einsparungen fast ausschließlich über die Senkung von Personalkosten möglich sind, was leider nicht selten Missstände in der Ausführungsphase nach sich zieht. Nach Abs. 4 lit. f) ist ein Ausschluss vom laufenden Vergabeverfahren erlaubt, vorausgesetzt

> *„der Wirtschaftsteilnehmer hat bei der Erfüllung einer wesentlichen Anforderung im Rahmen eines früheren öffentlichen Auftrags ... erhebliche oder dauerhafte Mängel erkennen lassen, die die vorzeitige Beendigung dieses früheren Auftrags, Schadenersatz oder andere vergleichbare Sanktionen nach sich gezogen haben".*

Stets bedarf der Ausschluss einer gesicherten Erkenntnisgrundlage, wobei sich öffentliche Auftraggeber auch auf Informationen Dritter, etwa anderer Auftraggeber, berufen können.[126] Dies macht schon deshalb Sinn, da die übliche Abfrage von Referenzen zu vergleichbaren Aufträgen unter Nennung eines Ansprechpartners leer liefe, wenn die Nachfrage bei einem als Referenz genannten Auftraggeber entsprechende Kenntnisse zutage fördert, die aber nicht verwendet werden dürfen.

d. Schwerwiegende Täuschung im Vergabeverfahren (lit. h)

Nach lit. h) darf ein Wirtschaftsteilnehmer als ungeeignet ausgeschlossen werden, wenn er sich einer schwerwiegenden Täuschung im Vergabeverfahren schuldig gemacht hat.

Eine Definition dessen, was eine „schwerwiegende Täuschung" ist, enthält der Ausschlussgrund nicht. Der Gegenstand der Täuschung wird jedoch klar benannt: Diese muss im Zusammenhang mit Angaben zu Ausschlussgründen oder Eignungskriterien stehen. Eine schwerwiegende Täuschung wird jedenfalls immer dann anzunehmen sein, wenn der Wirtschaftsteilnehmer vorsätzlich falsche Angaben gemacht hat, um die Eignungsprüfung zu bestehen und die Täuschung sich nicht nur auf einen ganz nebensächlichen Punkt bezieht. Zu erwähnen ist auch, dass die Täuschung nicht nur in der Mitteilung falscher Auskünfte, sondern ausdrücklich auch im Zurückhalten von Informationen liegen kann.

---

[125] Vgl. OLG Düsseldorf, Beschluss v. 25.7.2012, Az. VII-Verg 27/12; OLG München, Beschluss 5.10.2012, Az. Verg 15/12; OLG Celle, Beschluss v. 8.12.2005, Az. 13 Verg 2/05; OLG Brandenburg, Beschluss v. 14.9.2010, Az. Verg W 8/10.

[126] VK Südbayern, Beschluss v. 11.9.2014, Az. Z3-3-3194-1-34-07/14.

4. Spätere Erkenntnisse (Abs. 5)

Abs. 5 stellt klar, dass Auftraggeber einen Wirtschaftsteilnehmer auch nach abgeschlossener Eignungsprüfung ausschließen können (UAbs. 2) und bei zwingenden Ausschlussgründen müssen (UAbs. 1), wenn sie zu einem späteren Zeitpunkt neue Erkenntnisse haben, aufgrund derer die Eignung entfällt.

5. Widerlegung durch Wirtschaftsteilnehmer (Abs. 6)

Wirtschaftsteilnehmer, deren Eignung aufgrund eines der Tatbestände nach Abs. 1 oder 4 entfällt, müssen nach Abs. 6 stets Gelegenheit haben darzulegen, dass und aus welchen Gründen sie gleichwohl geeignet sind. Prüft der Auftraggeber die hierzu vorgelegten Nachweise und kommt er zu dem Ergebnis, dass die Eignung vorliegt, wird der Wirtschaftsteilnehmer gemäß UAbs. 1 nicht ausgeschlossen. Auf die Fälle des Abs. 2 findet diese Möglichkeit ausdrücklich keine Anwendung.

Soweit die Eignung aufgrund von Straftaten zweifelhaft ist, kann der Wirtschaftsteilnehmer nach UAbs. 2 darlegen, dass er den entstandenen Schaden wiedergutgemacht hat oder die Tatsachen und Umstände unter aktiver Zusammenarbeit mit den zuständigen Behörden[127] aufgeklärt hat bzw. ausreichende Maßnahmen und Vorkehrungen gegen weitere Straftaten getroffen hat (sog. „Selbstreinigung").[128]

UAbs. 3 schränkt dies jedoch wieder insoweit ein als ein „Beweis des Gegenteils" durch den Wirtschaftsteilnehmer nach Abs. 6 nicht möglich ist, wenn und soweit gegen diesen aufgrund von einer rechtskräftigen gerichtlichen Entscheidung eine Auftragssperre verhängt wurde. Abs. 7 nennt schließlich Höchstgrenzen für einen Ausschluss von Vergabeverfahren. Im Falle eines Ausschlusses nach Abs. 1 beträgt diese fünf Jahre ab dem Tag der rechtskräftigen Verurteilung, im Falle eines Ausschlusses nach Abs. 4 drei Jahre ab dem Ereignis, das die Eignung entfallen lässt. Ein „Ausschluss auf Ewigkeit" ist selbst bei Straftaten schon bisher nicht zulässig. Er widerspräche dem Verhältnismäßigkeitsgrundsatz und § 51 Abs. 1 BZRG, wonach die Tat und die Verurteilung dem Betroffenen im Rechtsverkehr nicht mehr vorgehalten und nicht zu seinem Nachteil verwertet werden dürfen, wenn die Eintragung über eine Verurteilung im Bundeszentralregister getilgt wurde. Gleiches gilt, wenn die Voraussetzungen für eine Tilgung vorliegen, diese jedoch noch nicht vollzogen ist.[129]

---

[127] Die Formulierung *„Ermittlungsbehörden"* in Art. 57 Abs. 6 UAbs. 2 ist zu eng gefasst. Sie geht, wie die englischsprachige Fassung (*„investigating authorities"* = ermittelnde Behörden) der Richtlinie zeigt, weit über den in § 168b Abs. 1 StPO verwandten Begriff hinaus.

[128] Vgl. hierzu OLG Brandenburg, Beschluss v. 14. 12.2007, Az. Verg W 21/07; *Prieß/Stein*, NZBau 2008, 230 ff.; *Hoffmann/Dreher*, NZBau 2014, 67 ff. und 150 ff.

[129] Vgl. *Wagner-Cardenal*, in: Dieckmann/Scharf/Wagner-Cardenal, VOL/A, § 6 EG-VOL/A, Rn. 44.

IV. Die Eignungskriterien (Art. 58)

Art. 58 Abs. 1 S. 1 nennt als Eignungskriterien

- die Befähigung zur Berufsausübung
- die wirtschaftliche und finanzielle Leistungsfähigkeit und
- die technische und berufliche Leistungsfähigkeit.

Wie bisher sind die in der Richtlinie genannten Eignungskriterien abschließend (Abs. 1 S. 2). Dasselbe gilt nach Art. 60 Abs. 1 UAbs. 2 S. 1 für die zur Prüfung der Eignungskriterien zulässigerweise zu fordernden Nachweise.[130] Nach Abs. 1 S. 3 müssen sie darüber hinaus auch zweckmäßig sein, um die für einen Auftrag geforderte Eignung nachzuweisen. Abs. 1 S. 4 fordert schließlich, dass an die Eignung gestellte Anforderungen stets mit dem Auftragsgegenstand in Verbindung und in einem angemessenen Verhältnis zu diesem stehen müssen.

1. Befähigung zur Berufsausübung (Abs. 2)

Zum Nachweis der Befähigung zur Berufsausübung dürfen Auftraggeber die Eintragung in bestimmten Registern verlangen, die in Anhang XI im Einzelnen aufgeführt sind. Für Deutschland sind dies

- das Handelsregister
- die Handwerksrolle
- das Vereinsregister
- das Partnerschaftsregister oder
- die Mitgliederverzeichnisse der Berufskammern der Länder.

Ist eine bestimmte Berechtigung oder die Mitgliedschaft in einer Organisation Voraussetzung für die Erbringung einer Dienstleistung im Herkunftsstaat des Wirtschaftsteilnehmers, dürfen Auftraggeber einen entsprechenden Nachweis verlangen.

Abs. 3 UAbs. 4 stellt klar, dass Art. 58 bei einem Auftrag, der aus mehreren Losen besteht, für jedes Los gilt.

2. Wirtschaftliche und finanzielle Leistungsfähigkeit (Abs. 3)

Zum Nachweis der wirtschaftlichen und finanziellen Leistungsfähigkeit dürfen Auftraggeber einen bestimmten Jahresumsatz, einen Mindestumsatz mit dem Auftrag ver-

---

[130] Vgl. EuGH, Urteil v. 10.5.2012, Rs. C-368/10; EuGH, Urteil v. 18.10.2012, Rs. C-218/11; OLG Düsseldorf, Beschluss v. 7.5.2014, VII-Verg 46/13.

gleichbaren Leistungen und Informationen über Jahresabschlüsse verlangen. Die Anforderungen an die zulässigerweise zu fordernde Höhe von Umsätzen fallen recht detailliert aus. In der Vergangenheit haben insbesondere kleine und mittlere Unternehmen kritisiert, dass die Umsatzforderungen häufig so hoch seien, dass sie von ihnen nicht erfüllt werden könnten.[131]

Neu ist insoweit, dass Abs. 3 UAbs. 2 in diesem Zusammenhang erstmals eine quantitative Anforderung an den Mindestjahresumsatz aufstellt, den Auftraggeber üblicherweise fordern dürfen. Dieser darf in der Regel das Zweifache des geschätzten Auftragswerts nicht übersteigen. Dem Versuch, das Teilnehmerfeld für öffentliche Aufträge durch hohe Anforderungen an Jahresumsätze zu begrenzen, wird damit eine klare Absage erteilt. Dennoch lässt die Richtlinie Ausnahmen zu, etwa das Bestehen auftragsspezifischer Risiken. Diese können die Forderung eines höheren Mindestjahresumsatzes rechtfertigen. Der Auftraggeber muss sie allerdings dokumentieren.

Neu ist auch, dass Auftraggeber nach Abs. 3 UAbs. 3 ein bestimmtes Verhältnis von Vermögen und Verbindlichkeiten fordern dürfen. Insoweit müssen sie jedoch vorab transparente, objektive und nichtdiskriminierende Methoden und Kriterien bekanntgeben, anhand derer sie die Angaben beurteilen.

Besteht ein Auftrag aus mehreren Losen, hat der Auftraggeber nach Abs. 3 UAbs. 4 die Möglichkeit, für eine Gruppe von Losen einen abweichenden Mindestjahresumsatz anzugeben, falls ein Bieter den Zuschlag für mehrere Lose erhalten soll und diese gleichzeitig auszuführen sind. Damit soll verhindert werden, dass ein Unternehmen ausgewählt wird, das zwar in der Lage ist, jedes Los für sich genommen auszuführen, bei der gleichzeitigen Ausführung mehrerer Lose aber an Grenzen stößt.

Den umgekehrten Fall regelt Abs. 3 UAbs. 5: Für Aufträge, die auf Grundlage einer Rahmenvereinbarung nach gesonderten Aufrufen zum Wettbewerb vergeben werden, soll der geforderte Mindestjahresumsatz vorrangig anhand des voraussichtlichen Werts der spezifischen Aufträge, die gleichzeitig ausgeführt werden, berechnet werden. Die in Rahmenvereinbarung häufige Bündelung großer Beschaffungsbedarfe soll den Bieterkreis nicht vorschnell einengen, wenn die auf ihrer Grundlage vergebenen Einzelaufträge regelmäßig deutlich niedrige Werte haben. Entsprechend soll sich der geforderte Mindestjahresumsatz bei dynamischen elektronischen Verfahren an dem erwarteten Höchstumfang konkreter Aufträge orientieren.

3. Technische und berufliche Leistungsfähigkeit (Abs. 4)

Im Rahmen der technischen und beruflichen Leistungsfähigkeit können Auftraggeber insbesondere Referenzen aus früher ausgeführten, vergleichbaren Aufträgen abfragen.

[131] Vgl. Ziff. 3.1 des Grünbuchs über die Modernisierung der europäischen Politik im Bereich des öffentlichen Auftragswesens Wege zu einem effizienteren europäischen Markt für öffentliche Aufträge der EU-Kommission vom 27.1.2011, KOM(2011) 15 endg.

4. *Zeitpunkt der Forderung (Abs. 5)*

Nach Abs. 5 müssen Auftraggeber, wie schon nach Art. 47 Abs. 4, 48 Abs. 6 der Richtlinie 20004/18/EG, bereits in der Bekanntmachung bzw. der Aufforderung zur Interessenbestätigung die Eignungskriterien sowie die Nachweise angeben, die ausreichend zum Beleg der Eignung sind. Später dürfen diese nur noch konkretisiert werden.[132]

V. Einheitliche Europäische Eigenerklärung (Art. 59)

Ein neues Instrument zur Darlegung der Eignung ist die Einheitliche Europäische Eigenerklärung nach Art. 59. Ziel ist eine Vereinfachung der Eignungsprüfung für die Bieter. Kleinere und mittlere Unternehmen sehen die größten Hindernisse für eine Beteiligung an öffentlichen Ausschreibungen in der Auswahlphase. Ein Grund hierfür sind die vorzulegenden Nachweise. Die zahlreichen Bescheinigungen, die in der Auswahlphase häufig verlangt werden, verursachen einen Verwaltungsaufwand, den diese – insbesondere bei grenzüberschreitenden Vorgängen, wenn Bescheinigungen oft auch noch übersetzt werden müssen – nur schwer bewältigen können.

Deshalb wurde schon vor einiger Zeit vorgeschlagen, dass Unternehmen in der Auswahlphase zunächst nur eine Zusammenfassung der Angaben und Erklärungen zur Erfüllung der Eignung abgeben. Vorlegen soll die Nachweise dann lediglich der für den Zuschlag in Aussicht genommene Bieter.[133] Dieser Vorschlag wurde nun mit der Einheitlichen Europäischen Eigenerklärung umgesetzt.

1. *Inhalt (Abs. 1)*

Mit der Einheitlichen Europäischen Eigenerklärung erklärt der Bieter, dass

- kein Ausschlussgrund nach Art. 57 besteht
- er die Eignungskriterien nach Art. 58 erfüllt
- er ggf. aufgestellte objektive Regeln und Kriterien nach Art. 65 erfüllt.

Zugleich erklärt der Bieter, dass er auf Anfrage jederzeit in der Lage ist, unverzüglich weitere Unterlagen vorzulegen. Falls der Bieter sich bezüglich der Eignung auf Dritte beruft, muss sich die Eigenerklärung auch auf diese beziehen.

---

[132] Vgl. OLG Düsseldorf, Beschluss v. 27.10.2010, Az. VII-Verg 47/10; OLG Düsseldorf, Beschluss v. 23.6.2010, Az. VII-Verg 18/10.

[133] Vgl. Ziff. 3.1 des Grünbuchs über die Modernisierung der europäischen Politik im Bereich des öffentlichen Auftragswesens Wege zu einem effizienteren europäischen Markt für öffentliche Aufträge der EU-Kommission vom 27.1.2011, KOM(2011) 15 endg.

Ein Bieter darf sich nach Abs. 1 UAbs. 5 auch auf eine bereits in einem früheren Vergabeverfahren abgegebene Eigenerklärung berufen, wenn deren Inhalt unverändert aktuell ist.

2. Form (Abs. 2)

Die Einheitliche Europäische Eigenerklärung wird ausschließlich in elektronischer Form ausgestellt und folgt einem Standardformular, für das die Europäische Kommission ein Muster ausarbeiten wird. Dieses muss von allen Auftraggebern zwingend akzeptiert werden.

3. Anforderung von Unterlagen (Abs. 4)

Nach Abs. 4 UAbs. 1 hat der Auftraggeber während des Vergabeverfahrens das jederzeitige Recht, Unterlagen anzufordern. Dies allerdings nur, soweit die Anforderung zur angemessenen Durchführung des Verfahrens erforderlich ist.

Mit Blick auf den Zuschlagsprätendenten bestimmt Abs. 4 UAbs. 2 hingegen, dass sich der Auftraggeber von ihm aktualisierte zusätzliche Unterlagen gemäß Art. 60 und 62 vorlegen lässt. Nach dem Wortlaut „fordert" er sie, das heißt, er ist nicht frei in der Entscheidung darüber, ob er sich Unterlagen vorlegen lässt. Vielmehr muss er so verfahren, bevor er den Zuschlag erteilt.

Die Pflicht zur Anforderung von Unterlagen besteht jedoch nicht bei Einzelaufträgen, die auf Grundlage einer Rahmenvereinbarung vergeben werden und denen kein erneuter Wettbewerb vorausgeht. Denn hier wurde die Eignung bereits vor Abschluss der Rahmenvereinbarung abschließend geprüft.

4. Absehen von Anforderung der Unterlagen (Abs. 5)

Abweichend von der Grundregel nach Abs. 4 UAbs. 2 muss sich der Auftraggeber Unterlagen und weitere Informationen vor dem Zuschlag außerdem auch in den Fällen des Abs. 5 nicht vorlegen lassen. Dies betrifft zum einen Unterlagen und Informationen, auf die der Auftraggeber über eine gebührenfreie Datenbank zugreifen kann. Zum anderen ist eine Vorlage verzichtbar, wenn der Auftraggeber, beispielsweise aus früheren Vergabeverfahren, bereits im Besitz der Unterlagen ist.

5. Umsetzungsfrist

Abweichend von der allgemeinen Umsetzungsfrist für die Richtlinie, die nach Art. 90 Abs. 1 bis 18.4.2016 läuft, dürfen die Mitgliedstaaten nach Art. 90 Abs. 3 die Anwendung von Art. 59 Abs. 2 (Standardformular und elektronische Form) bis 18.4.2018 aufschieben. Nach Art. 90 Abs. 4 dürfen sie überdiese die Anwendung von Art. 59 Abs. 5 UAbs. 2 (Keine Anforderung von bereits vorliegenden Unterlagen) bis 18.10.2018 aufschieben.

VI. Online-Dokumentenarchiv „e-Certis“ (Art. 61)

Das e-Certis ist ein Online-Informationssystem zur Erleichterung grenzüberschreitender Vergabeverfahren. Es enthält Informationen über Bescheinigungen und Nachweise, die Auftraggeber der 28 Mitgliedstaaten, der Türkei und der drei EWR-Staaten (Island, Liechtenstein und Norwegen) häufig in Vergabeverfahren verlangen. Unternehmen sollen bei einer Ausschreibung in einem anderen Land prüfen können, welche Nachweise und Bescheinigungen regelmäßig verlangt werden und mehr über deren Inhalt erfahren. Auftraggeber können prüfen, welche Nachweise und Bescheinigungen mit den nationalen vergleichbar sind.

Art. 61 Abs. 1 gibt den Mitgliedstaaten auf, das online-Dokumentenarchiv e-Certis regelmäßig zu pflegen und aktualisiert zu halten. Nach Abs. 2 sollen Auftraggeber vorrangig solche Bescheinigungen und Nachweise fordern, die von e-Certis abgedeckt sind.

Schließlich bestimmt Abs. 3, dass die Kommission das von ihr erarbeitete Muster der Einheitlichen Europäischen Eigenerklärung[134] in allen Sprachfassungen auf e-Certis zur Verfügung stellt.

VII. Kapazitäten anderer Unternehmen (Art. 63)

Unternehmen, die selbst nicht die für einen Auftrag erforderliche Eignung haben, dürfen sich, wie schon nach Art. Art. 47 Abs. 2 und 48 Abs. 3 der Richtlinie 2004/18/EG, auf die Kapazitäten anderer Unternehmen berufen. Auf die zwischen ihnen und dem Dritten bestehende rechtliche Verbindung kommt es insoweit nicht an. In diesem Fall müssen sie dem Auftraggeber, etwa durch Vorlage entsprechender Verpflichtungserklärungen, aber nachweisen, dass ihnen die Kapazitäten des Drittunternehmens im Zuschlagsfall zur Verfügung stehen (Abs. 1 UAbs. 2).[135]

Neu ist, dass der Auftraggeber nach Art. 63 Abs. 1 UAbs. 4 von dem Bieter und dem Drittunternehmen verlangen darf, gemeinsam für die Auftragsausführung zu haften.

VIII. Verringerung der Zahl der Bewerber oder Bieter

Auftraggeber dürfen das Feld der für den Zuschlag in Aussicht kommenden Unternehmen schrittweise eingrenzen (sog. „Abschichtung“). Dies ist in Nichtoffenen Verfahren, Verhandlungsverfahren, Wettbewerblichen Dialogen oder Innovationspartnerschaften

134 Vgl. hierzu C.V.

135 Vgl. § 7 Abs. 9 EG-VOL/A, §§ 6 Abs. 8 EG-VOB/A, 6 Abs. 8 VS VOB/A, § 5 Abs. 6 VOF, §§ 26 Abs. 3, 27 Abs. 4 VSVgV.

innerhalb des Teilnahmewettbewerbs (Art. 65) möglich.[136] In Verhandlungsverfahren oder Wettbewerblichen Dialogen kann die Abschichtung auch im Rahmen mehrerer Verfahrensphasen erfolgen (Art. 66).[137]

1. Abschichtung im Teilnahmewettbewerb (Art. 65)

Soll die Abschichtung im Teilnahmewettbewerb erfolgen, trifft der Auftraggeber nach Abs. 1 zwischen den Bewerbern eine Auswahl anhand der von ihm aufgestellten Eignungskriterien.

Gemäß Abs. 2 UAbs. 1 muss er hierfür objektive und nichtdiskriminierende Kriterien aufstellen und den Bewerbern bereits in der Auftragsbekanntmachung bzw. der Aufforderung zur Interessenbestätigung bekanntgeben.[138] Dies umfasst auch die Angabe der vorgesehenen Mindest- und ggf. Höchstanzahl an Bewerbern, die aufgrund dieser Kriterien ausgewählt werden sollen.

Nach Abs. 2 UAbs. 2 müssen bei Nichtoffenen Verfahren mindestens fünf, bei Verhandlungsverfahren, Wettbewerblichen Dialogen und Innovationspartnerschaften mindestens drei Bewerber ausgewählt werden. Dies setzt selbstverständlich voraus, dass mindestens so viele Bewerbungen eingehen, worauf der Auftraggeber gerade bei sehr innovativen Verfahren häufig nur begrenzt Einfluss hat. In jedem Fall muss die Zahl der eingeladenen Bewerber so hoch sein, dass ein echter Wettbewerb möglich ist. Hierzu lädt der Auftraggeber wenigstens so viele Bewerber ein wie er mindestens auswählen möchte. Liegt die Anzahl der Bewerber, die die Eignungskriterien erfüllen, unterhalb der Mindestanzahl auszuwählender Bewerber, darf der Auftraggeber das Verfahren auch mit weniger Bewerbern fortführen. Es ist ihm verwehrt, Unternehmen einzuladen, die die Eignungskriterien nicht erfüllen, um die Mindestanzahl zu erreichen. Ebenso unzulässig ist es, zu diesem Zweck bisher unbeteiligte Unternehmen zu dem laufenden Verfahren einzuladen.

2. Abschichtung im Verfahren (Art. 66)

Eine Abschichtung im Vergabeverfahren ist nach Art. 66 ausschließlich anhand der bekannt gegeben Zuschlagskriterien möglich. Da die Eignung in Verhandlungsverfahren oder Wettbewerblichen Dialogen vorgezogen wird, darf sie – einmal abgeschlossen – nicht wieder eröffnet werden, etwa, um weitere, höhere Eignungsanforderungen zum Maßstab der Auswahlentscheidung zu machen.

Der Auftraggeber ist bei der Festlegung der Anzahl der Verfahrensphasen weitestgehend frei. Allerdings darf er nicht so lange abschichten, bis der Bieterkreis derart

---

[136] Vgl. 3 Abs. 5 EG-VOL/A, §§ 6 Abs. 2 Nr. 4 EG-VOB/A, 6 Abs. 2 Nr. 3 VS VOB/A, § 21 Abs. 3 VSVgV.

[137] Vgl. § 3 Abs. 6, Abs. 7 S. 2 lit. c) EG-VOL/A, §§ 3 Abs. 6 Nr. 2, Abs. 7 Nr. 5 EG-VOB/A, 3 Abs. 4 Nr. 2, Abs. 5 Nr. 5 VS VOB/A, § 3 Abs. 2 VOF, §§ 11 Abs. 3, 13 Abs. 2 S. 2 Nr. 3 VSVgV.

[138] Vgl. hierzu *Soudry*, in: Dreher/Motzke, Beck'scher Vergaberechtskommentar, 2. Aufl., § 8a VOB/A, Rn. 5.

ausgedünnt ist, dass ein echter Wettbewerb nicht mehr gewährleistet ist. Auch dies setzt selbstredend voraus, dass überhaupt eine ausreichende Anzahl an Bietern vorliegt. Je nach Auftragsgegenstand und Bieterlandschaft kann hierfür das Verbleiben von zwei Bietern durchaus genügen.

E. Wertung

Das neue Vergaberecht hält auch für die Angebotswertung wichtige Neuerungen bereit. Die Vorschriften über die Zuschlagserteilung werden deutlich flexibler ausgestaltet. Die bisherige Prüfungsreihenfolge für die Bietereignung und Angebotswertung erfährt für das offene Verfahren eine Ausnahme. Zudem erlaubt der EU-Gesetzgeber erstmalig umfassend bieterbezogene Aspekte bei der Angebotswertung zu berücksichtigen. Des Weiteren rückt das Preis-Leistungs-Verhältnis und die Kostenwirtschaftlichkeit in den Mittelpunkt der Zuschlagsentscheidung, mit dem Ziel, vor allem die Qualität und Nachhaltigkeit der Angebote zu verbessern. Dies umfasst auch eine stärkere Einbeziehung sozialer und umweltschützender Kriterien, wobei den Lebenszykluskosten hierbei ein besonderer Stellenwert zukommt. Große Praxisrelevanz besitzt außerdem der modifizierte Umgang mit Unterkostenangeboten.

I. Freistellung der Prüfungsreihenfolge bei offenen Verfahren

Bei der Angebotswertung sind die Angebote zunächst daraufhin zu untersuchen, ob die bieterbezogenen Anforderungen erfüllt sind, mithin ob gesetzliche Ausschlussgründe in der Person des Bieters vorliegen und die vom öffentlichen Auftraggeber definierten Eignungskriterien eingehalten werden. Erst danach erfolgen die Prüfung der Auskömmlichkeit des Angebots und dessen Wertung anhand der Zuschlagskriterien. Diese bereits in Art. 43 der Richtlinie 2004/18/EG vorgegebene Reihenfolge behält auch das neue Vergaberecht in Art. 56 Abs. 1 VRL bei.

Art. 56 Abs. 2 VRL kodifiziert nun allerdings eine Ausnahme für das offene Verfahren. Danach ist es den öffentlichen Auftraggebern erlaubt, zunächst die Angebote inhaltlich zu prüfen und erst dann zu ermitteln, ob Ausschlussgründe vorliegen und die Eignungskriterien erfüllt sind. Regelungszweck ist eine Vereinfachung der Angebotsprüfung seitens des öffentlichen Auftraggebers. Vor allem bei offenen Verfahren mit einer in der Regel großen Bieteranzahl ist eine Umkehr der Prüfungsfolge hilfreich. Der ersparte Kosten- und Zeitaufwand ist hier besonders groß. Allerdings birgt die vorgezogene Angebotsprüfung auch Gefahren. Denn hat der öffentliche Auftraggeber das wirtschaftlich günstigste Angebot erst einmal ermittelt, ist die Versuchung groß, den auserwählten Bieter nicht an den unternehmensbezogenen Anforderungen scheitern zu lassen. Dieses Risiko hat auch der EU-Gesetzgeber erkannt und fordert daher in

Art. 56 Abs. 2 Satz 2 VRL, dass öffentliche Auftraggeber, die die Angebotswertung vorziehen, sicherstellen müssen, dass die anschließende Prüfung möglicher Ausschlussgründe und die Einhaltung der Eignungskriterien unparteiisch und transparent erfolgt, um einen Missbrauch zu verhindern.

Unklar ist allerdings, welche Anforderungen der EU-Gesetzgeber an die Sicherstellung einer unparteiischen und transparenten Prüfung stellt. Soll es genügen, wenn der öffentliche Auftraggeber im Sinne einer Selbstkontrolle bei der Prüfung lediglich einen erhöhten Sorgfaltsmaßstab anlegt oder muss er konkrete Maßnahmen ergreifen und entsprechend dokumentieren? Der EU-Gesetzgeber überlässt die nähere Ausgestaltung der Anforderungen den Mitgliedstaaten. Das gilt auch für den Anwendungsumfang der Ausnahmeregelung. So ist es den Mitgliedstaaten gemäß Art. 56 Abs. 2, Unterabsatz 2 VRL gestattet, in den nationalen Vergabegesetzen die Möglichkeit zur Umkehr der Prüfungsfolge für bestimmte Formen der Beschaffung oder bestimmte Umstände auszuschließen oder darauf zu beschränken.

II. Primat des wirtschaftlich günstigsten Angebots

Das Zuschlagskriterium stellt für den EU-Gesetzgeber *„einen zentralen Begriff dieser Richtlinie"* dar. Daher sei es wichtig, die diesbezüglichen Bestimmungen so einfach und übersichtlich wie möglich darzustellen.[139] Inwieweit der EU-Gesetzgeber diesem Maßstab selbst gerecht geworden ist, kann allerdings angesichts des verklausulierten Normtextes in Art. 67 und 68 VRL sowie elf sehr ausführlicher Erwägungsgründen bezweifelt werden.[140] Die wesentlichen Änderungen zur bisherigen Rechtslage betreffen das Preis-Leistungs-Verhältnis und die Kostenwirtschaftlichkeit als zukünftig privilegierte Grundlage für die Zuschlagsentscheidung sowie eine deutliche Ausweitung der nicht-preislichen Zuschlagskriterien in Umsetzung der europäischen Rechtsprechung.

1. Preis-Leistungs-Verhältnis und Kostenwirksamkeit

Art. 67 Abs. 1 VRL definiert als übergeordnetes Konzept für die Zuschlagsentscheidung den Begriff des *„wirtschaftlich günstigsten Angebots"* und verwendet damit eine bereits aus der Richtlinie 2004/18/EG bekannte Formulierung. Abweichend von dem Begriffsverständnis der Vorgängerrichtlinie versteht der EU-Gesetzgeber die Formulierung allerdings als Oberbegriff, der generell zum Ausdruck bringen soll, dass sämtliche Angebote danach ausgewählt werden sollten, was der einzelne öffentliche Auftraggeber für die wirtschaftlich beste Lösung unter den Angeboten hält.[141]

---

139 Erwägungsgrund (89) VRL.

140 In diesem Sinne auch *Jaeger*, Die neue Basisvergaberichtlinie der EU vom 26.2.2014 – ein Überblick, NZBau 2014, S. 257, 266.

141 Erwägungsgrund (89) VRL.

Wie das wirtschaftlich günstigste Angebot zu bestimmen ist, regelt Art. 67 Abs. 2 VRL, der nur gemeinsam mit den Erwägungsgründen verständlich ist. Danach ist der Zuschlag primär auf Grundlage des besten Preis-Leistungs-Verhältnisses oder der größten Kostenwirksamkeit zu ermitteln.

Das Preis-Leistungs-Verhältnis berücksichtigt sowohl Qualitätskriterien – zu denen auch soziale, umweltschützende oder arbeitsrechtliche Aspekte zählen – als auch Preis- oder Kostenkomponenten und entspricht damit dem bisherigen System des *„wirtschaftlich günstigsten Angebots"* im Sinne der Richtlinie 2004/18/EG. Dem Preis- bzw. Kostenkriterium misst der EU-Gesetzgeber hierbei eine besondere Bedeutung bei. Ausweislich der Erwägungsgründe soll der Zuschlag nicht losgelöst von Preis- oder Kostenüberlegungen erteilt werden.[142] Der EU-Gesetzgeber nennt jedoch weiterhin keinen bestimmten Mindestprozentsatz, mit dem der Preis bzw. die Kosten in die Angebotswertung einfließen müssen. Art. 67 Abs. 2 VRL kann nur entnommen werden, dass der Angebotspreis von seinem Gewicht her nicht am Rande der Angebotswertung stehen darf. Im deutschen Recht folgt die besondere Bedeutung des Preis- bzw. Kostenkriteriums bereits aus dem Grundsatz, dass der Ausschreibende bei der Verwendung öffentlicher Mittel die haushaltrechtliche Pflicht zur höchstmöglichen sparsamen und effektiven Verwendung der Gelder zu beachten hat.[143] Insoweit ergeben sich zu der bestehenden Rechtslage keine Änderungen. Das gilt auch für die Ausnahmeregelung in Art. 67 Abs. 2, Unterabsatz 2 VRL. Danach dürfen öffentliche Auftraggeber in Fällen, in denen die Vergütung für bestimmte Dienstleistungen oder Festpreise für bestimmte Lieferungen nach den nationalen Vorschriften festgelegt sind, das beste Preis-Leistungs-Verhältnis ausnahmsweise allein auf Grundlage von Qualitätskriterien bewerten.

Als besonderes Kostenkriterium nennt Art. 67 Abs. 2 VRL die Kostenwirksamkeit und verweist als Beispiel eines möglichen Kostenwirksamkeitsansatzes auf die in Art 68 VRL näher konkretisierte Lebenszykluskostenrechnung, zu der nachfolgend gesondert Stellung genommen wird.[144] Welche weiteren Modelle für die Ermittlung der Kostenwirksamkeit der EU-Gesetzgeber im Blick hat, ist der Richtlinie allerdings nicht zu entnehmen. Als ein in der Wirtschaftslehre allgemein anerkanntes Instrument zur Bewertung der Kostenwirksamkeit gilt die Methode der sog. Kosten-Nutzen-Analyse, die vor allem für die Bewertung von Projekten der öffentlichen Hand eingesetzt wird und auf die der EU-Gesetzgeber hier abzustellen scheint. Die so ermittelte Kostenwirksamkeit kann zum einen neben qualitativen Kriterien in das Preis-Leistungs-Verhältnis einfließen. Daneben ist es dem öffentlichen Auftraggeber aber auch gestattet, die Kostenwirksamkeit als einziges Zuschlagskriterium seiner Angebotswertung zugrunde zu legen. Das folgt aus Art. 67 Abs. 2, Unterabsatz 1 VRL und wird in den Erwägungsgründen ausdrücklich klargestellt.[145]

---

142 Erwägungsgründe (90) und (92) VRL.

143 So ausdrücklich BayObLG, Beschluss v. 2.12.2002, Az. Verg 24/02.

144 Vgl. Abschnitt E.IV.

145 Erwägungsgrund (90) VRL.

Schließlich erlaubt Art. 67 Abs. 2 VRL die Erteilung des Zuschlags allein auf Grundlage des niedrigsten Preises.[146] Abweichend von der bisherigen Regelung der Richtlinie 2004/18/EG, misst der EU-Gesetzgeber dem reinen Preiswettbewerb zukünftig allerdings nur eine nachrangige Bedeutung bei. So sind die Mitgliedstaaten ermächtigt, den Preis oder die Kosten als alleiniges Zuschlagskriterium vollständig zu verbieten oder lediglich als Ausnahme auf bestimmte Kategorien von öffentlichen Auftraggebern oder bestimmte Arten von Aufträgen zu beschränken. Der EU-Gesetzgeber reagiert damit auf die zunehmende Vergabepraxis, vorschnell den Preis als einziges Zuschlagskriterium festzulegen und somit in vielen Fällen innovative und qualitativ bessere Lösungen zu verhindern. Es bleibt abzuwarten, wie der deutsche Gesetzgeber diesen Regelungsspielraum ausgestaltet. Bereits jetzt räumt das deutsche Vergaberecht in § 97 Abs. 5 GWB der Beschaffung nach dem optimalen Preis-Leistungs-Verhältnis einen generellen Vorrang vor dem reinen Preiswettbewerb ein, ohne allerdings klare Grenzen vorzugeben. Eine gesetzliche Beschränkung des reinen Preiswettbewerbs auf bestimmte öffentliche Auftraggeber oder Beschaffungsgegenstände mag Rechtsklarheit schaffen und eine stärkere Ausrichtung der öffentlichen Auftragsvergabe auf die Qualität fördern. Hierbei wird es allerdings entscheidend darauf ankommen, ob eine sachgerechte Definition der betroffenen Auftraggeber, Waren oder Leistungen gelingt. Dem entgegen würde ein generelles Verbot des reinen Preiswettbewerbs in jedem Fall über das Ziel hinausschießen. Denn gerade bei streng standardisierten Produkten oder genau definierten Leistungen bleibt einzig der Preis das am besten geeignete Kriterium.[147] Qualitätskriterien, die in diesen Fällen zwangsläufig neben den Preis hinzutreten, käme eine bloße Alibi-Funktion zu, die das Vergabeverfahren intransparent machen würden. Außerdem weckt ein solches Vorgehen bei den Bietern eine falsche Erwartungshaltung.

2. *Qualitative Zuschlagskriterien*

Das Bestreben des EU-Gesetzgebers, mit den Mitteln des Vergaberechts soziale und ökologische Mindeststandards in den Auftragsbeziehungen mit der öffentlichen Hand durchzusetzen, wurde durch die europäische Rechtsprechung[148] in den vergangenen Jahren gestärkt. Hierzu wurden die Zulässigkeitsgrenzen für die Einbeziehung politisch-strategischer Aspekte immer weiter ausgedehnt. Die neue Richtlinie kodifiziert dieses Rechtsverständnis jetzt in Art. 67 Abs. 2 und 3. Die Vorschrift enthält eine sehr weitreichende Definition derjenigen Kriterien, die neben dem Preis und den Kosten bei der Zuschlagsentscheidung Berücksichtigung finden dürfen. Danach darf der öffentliche Auftraggeber sämtliche Faktoren – unter Einbeziehung qualitativer, umweltbezogener und/oder sozialer Aspekte – als Zuschlagskriterien bestimmen, soweit – und dies ist die einzige Schranke – die Kriterien mit dem Auftragsgegenstand *„in Ver-*

146 Erwägungsgrund (90) VRL.

147 In diesem Sinne OLG Düsseldorf, Beschluss v. 2.5.2007, Az. VII-Verg 1/07.

148 U. a. EuGH, Urteil vom 10.5.2012, Rs. C-368/10 (*„Max Havelaar"*).

bindung stehen". Was der EU-Gesetzgeber damit meint, definiert Art. 67 Abs. 3 VRL. Danach stehen Zuschlagskriterien mit dem Auftragsgegenstand bereits dann in Verbindung, *„wenn sie sich in irgendeiner Hinsicht und in irgendeinem Lebenszyklus-Stadium auf die gemäß dem Auftrag zu erbringenden Lieferungen oder Leistungen beziehen"*. Ob sich die Kriterien auf die materiellen Eigenschaften des Auftragsgegenstands auswirken oder nicht, soll keine Rolle spielen. Dem öffentlichen Auftraggeber wird damit letztlich die unbegrenzte Freiheit eingeräumt, sämtliche ihm sinnvoll erscheinenden Faktoren zum Umweltschutz und zur Förderung einer nachhaltigen, auch sozialen Entwicklung in die Auftragsvergabe einzubeziehen.[149]

Die ausufernde Definition ergänzt der EU-Gesetzgeber mit zahlreichen Beispielen möglicher Zuschlagskriterien und gibt so eine grobe Orientierung, welche politisch-strategischen Aspekte er konkret im Sinn hat. So enthält Art. 67 Abs. 2 VRL eine nicht abschließende Liste mit Kriterien, die sich an der bekannten Aufzählung in Art. 53 der Richtlinien 2004/18/EG orientiert (z. B. Qualität, technischer Wert, Ästhetik, Zweckmäßigkeit, Kundendienst, Lieferbedingungen), die darüber hinaus aber auch neue Aspekte anführt (z. B. Design für Alle[150], Zugänglichkeit). Ebenfalls als neue Zuschlagskriterien werden die Organisation, Qualifikation und Erfahrung des mit der Auftragsausführung betrauten Personals genannt und damit erstmals bieterbezogene Aspekte als Wertungskriterien allgemein zugelassen.[151]

Als weitere Konkretisierung nennt Art. 67 Abs. 3 VRL beispielhaft einige Bereiche, die im Zusammenhang mit dem Beschaffungsgegenstand stehen und an die die Zuschlagskriterien anknüpfen können. Danach sind auch Zuschlagskriterien zulässig, die lediglich mit dem Herstellungsprozess oder der Bereitstellung der zu beschaffenden Leistungen oder Lieferungen zusammenhängen. Folglich könnte ein öffentlicher Auftraggeber bestimmen, dass zur Herstellung der beschafften Waren keine giftigen Chemikalien verwendet werden dürfen oder dass die erworbenen Dienstleistungen unter Zuhilfenahme energieeffizienter Maschinen bereit gestellt werden müssen.[152] Ebenfalls denkbar sind bestimmte Anforderungen an die Verpackungen gelieferter Waren. Gemäß der europäischen Rechtsprechung[153] gehören dazu auch Zuschlagskriterien, die sich auf die Lieferung oder die Verwendung von fair gehandelten Waren während der Ausführung des zu vergebenden Auftrags beziehen. Als soziale Aspekte während des Herstellungsprozesses kommen außerdem Maßnahmen in Betracht, die dem Schutz der Gesundheit der an der Auftragsausführung beteiligten Arbeitskräfte oder der Förderung der sozialen Integration von benachteiligten Personen oder von An-

---

[149] Erwägungsgrund (97) VRL.

[150] *„Design für Alle"* meint ein Konzept für die Planung und Gestaltung von Produkten, Dienstleistungen und Infrastrukturen, mit dem Ziel, allen Menschen deren Nutzung ohne individuelle Anpassung oder besondere Assistenz zu ermöglichen. Konkret sind damit Lösungen gemeint, die besonders. gebrauchsfreundlich und auch bei individuellen Anforderungen, z. B. aufgrund des Alters. oder einer Behinderung, benutzt werden können.

[151] Vgl. Abschnitt E.III.

[152] Erwägungsgrund (97) VRL.

[153] EuGH, Urteil vom 10.5.2012, Rs. C-368/10 (*„Max Havelaar"*).

gehörigen sozial schwacher Gruppen dienen. Auch die Umsetzung von Ausbildungsmaßnahmen für Arbeitslose oder Jugendliche im Zuge der konkreten Auftragsausführung sind danach taugliche Zuschlagskriterium.[154] Unzulässig ist es hingegen, von den Bietern eine bestimmte allgemeine Unternehmenspolitik der sozialen und ökologischen Verantwortung zu verlangen. Derartige Faktoren charakterisieren nicht den konkreten Prozess der Herstellung oder Bereitstellung der Lieferungen oder Leistungen.[155] Ein gedachtes Beispiel: Soll das ohne giftige Chemikalien und mit energieeffizienten Maschinen herzustellende Produkt A beschafft werden, darf die Zuschlagserteilung nicht davon abhängig gemacht werden, dass der Bieter auch das nicht nachgefragte Produkt B ohne giftige Chemikalien und unter Einsatz energieeffizienter Maschinen herstellt oder seine gesamte Produktion auf eine vom Auftraggeber gewünschte Weise gestaltet.[156]

Als weiteres Beispiel erachtet Art. 67 Abs. 3 VRL auch solche Faktoren als geeignete Zuschlagskriterien, die mit dem Handel der zu beschaffenden Waren oder Leistungen und den damit verbundenen Bedingungen zusammenhängen. Ausweislich der Erwägungsgründe kann dies auch das Erfordernis einschließen, Erzeugern einen Mindestpreis oder einen Preisaufschlag zu zahlen.[157]

Schließlich sollen auch solche Zuschlagskriterien gestattet sein, die mit einem spezifischen Prozess in Bezug auf ein anderes Lebenszyklus-Stadium zusammenhängen. Gemeint sind damit beispielsweise Anforderungen an die Entsorgung von Waren oder bei Bau- und Dienstleistungsaufträgen Vorgaben hinsichtlich der Abfallminimierung.

Trotz dieser in Art. 67 Abs. 2 und 3 VRL eingeräumten Freiheiten bei der Wahl der Zuschlagskriterien, hat der EU-Gesetzgeber die öffentlichen Auftraggeber keinesfalls aus der Verantwortung entlassen, ihre Ausschreibungen in transparenter und nichtdiskriminierender Weise durchzuführen. Das stellt Art. 67 Abs. 4 VRL klar. Darin formuliert der EU-Gesetzgeber konkrete Anforderungen an die Bestimmtheit der Zuschlagskriterien. Diese dürfen nicht dazu führen, dass dem öffentlichen Auftraggeber eine uneingeschränkte Wahlfreiheit im Rahmen der Angebotswertung übertragen wird. Vielmehr müssen die Kriterien die Möglichkeit eines wirksamen Wettbewerbs gewährleisten und mit Spezifikationen einhergehen, die eine wirksame Überprüfung der von den Bietern übermittelten Informationen gestatten. Es muss bewertet werden können, wie gut die Angebote die Zuschlagskriterien erfüllen. Die Bestimmtheitsanforderungen des Art. 67 Abs. 4 VRL stehen somit in einem Spannungsverhältnis zu den gewährten Freiheiten in Art. 67 Abs. 2 und 3 VRL.

---

[154] Erwägungsgrund (99) VRL.

[155] Erwägungsgrund (97) VRL.

[156] *Gröning*, Die neue Richtlinie für die öffentliche Auftragsvergabe – ein Überblick, VergabeR 2014, S. 339 ff.

[157] Erwägungsgrund (97) VRL.

III. Aufgabe der strikten Trennung von Eignungs- und Zuschlagskriterien

Der Grundsatz der strikten Trennung von Eignungs- und Zuschlagskriterien wird durch die neue Richtlinie endgültig aufgegeben. Damit folgt der EU-Gesetzgeber einem im deutschen Vergaberecht bereits seit mehreren Jahren fortschreitenden Rechtswandel.

1. Problemaufriss und Rechtsentwicklung

Ausgangspunkt des Trennungsgebots ist das Rechtsverständnis, dass es sich bei der Eignungsprüfung des Bieters und der Wirtschaftlichkeitsprüfung seines Angebots um zwei voneinander strikt zu trennende Wertungsstufen handelt. Daher sind als Zuschlagskriterien grundsätzlich solche Kriterien ausgeschlossen, die nicht der Ermittlung des wirtschaftlich günstigsten Angebots dienen, sondern die im Wesentlichen mit der Beurteilung der fachlichen Eignung der Bieter für die Ausführung des betreffenden Auftrags zusammenhängen.[158] Dieser Trennungsgrundsatz bereitet den Vergabestellen jedoch bei solchen Beschaffungen Schwierigkeiten, bei denen die Qualifikation und Erfahrung der mit der Auftragsausführung befassten Personen sich entscheidend auf die Qualität der Vertragserfüllung und damit auf den wirtschaftlichen Wert des Angebots auswirken. Das gilt insbesondere für geistig-schöpferische Dienstleistungen, wie Berater- oder Architektenleistungen, bei denen die Qualität der Vertragserfüllung in besonderem Maße von der Eignung der ausführenden Person abhängt.[159] Öffentliche Auftraggeber stehen in diesen Fällen regelmäßig vor einem Dilemma, wollen sie unter strikter Wahrung des Trennungsgebots die Angebote auch unter qualitativen Aspekten sachgemäß bewerten. Eine Vermischung von Eignungs- und Zuschlagskriterien lässt sich hierbei kaum vermeiden. Die deutsche Rechtsprechung versucht dem Problem dadurch Rechnung zu tragen, indem sie dem öffentlichen Auftraggeber bei der Auswahl der Zuschlagskriterien teilweise einen sehr weiten Spielraum einräumt und Konzepte als Zuschlagskriterien für zulässig erachtet, die in engem Bezug zur konkreten Auftragsausführung auf die Organisation und Qualifikation des Bieters abstellen.[160] Die Handhabung durch die Vergabespruchkörper erfolgt jedoch keinesfalls einheitlich, so dass nicht vorhersehbar ist, ob etwa eine auf die Zusammensetzung des Projektteams bezogene Anforderung als Angebotsbestandteil gewertet oder als *„Mehr an Eignung“* verworfen wird.[161] Erschwerend kommt hinzu, dass wegen dieser Unsicherheit nicht immer klar ist, ob ein Rechtsverstoß *„erkennbar“* im Sinne des § 107 Abs. 3 GWB und

[158] Vgl. u. a. EuGH, Urteil v. 24.1.2008, Rs. 532/06 und Urteil v. 12.11.2009, Rs. C-199/07.

[159] Erwägungsgrund (94) VRL.

[160] Vgl. u. a. OLG Celle, Beschluss v. 12.1.2012, Az. 13 Verg 9/11; OLG Düsseldorf, Beschluss v. 17.1.2013, Az. VII-Verg 36/12 und Beschluss v. 19.6.2013, Az. VII-Verg 4/13.

[161] Für eine weiterhin strikte Trennung von Eignungs- und Zuschlagskriterien zuletzt VK Südbayern, Beschluss v. 1.4.2014, Az. Z3-3-3194-1-03-02/14.

ein entsprechender Einwand im Nachprüfungsverfahren wegen der nicht erfolgten Rüge daher präkludiert ist.[162]

Mit Inkrafttreten der siebten Verordnung zur Änderung der Verordnung über die Vergabe öffentlicher Aufträge (VgV) am 25.10.2013 hat der deutsche Gesetzgeber ein Stück mehr Rechtssicherheit geschaffen. Seitdem dürfen bei der Vergabe von Liefer- und Dienstleistungsaufträgen gemäß § 4 Abs. 2 VgV bzw. freiberuflicher Leistungen gemäß § 5 Abs. 2 VGV auch Kriterien wie die Organisation, Qualifikation und Erfahrung des eingesetzten Personals berücksichtigt werden, wenn tatsächliche Anhaltspunkte dafür vorliegen, dass diese Kriterien erheblichen Einfluss auf die Qualität der Auftragsausführung haben können. Eines Rückgriffs auf die vorgenannte Konzept-Rechtsprechung bedarf es in diesen Fällen also nicht. Allerdings schränkt das deutsche Vergaberecht diese Möglichkeit auf sogenannte nicht-prioritäre Dienstleistungen ein. Gemeint sind damit die in Anhang I Teil B der EG-VOL/A bzw. VOF aufgeführten Bereiche, die ihrer Natur nach als nicht oder wenig binnenmarkttauglich angesehen werden (z. B. Eisenbahnen, Schifffahrt, Unterrichtswesen- und Berufsausbildung). Die eigentlich relevanten Tätigkeitsbereiche, nämlich die geistig-schöpferischen Leistungen, werden damit nur zum Teil erfasst. Architekten- und Beratungsleistungen sind beispielsweise ausgenommen. Außerdem besteht gemäß § 4 Abs. 2 VgV bzw. § 5 Abs. 2 VgV eine Obergrenze bei der Gewichtung bieterbezogener Kriterien. Diese sollen bei der Zuschlagsentscheidung mit maximal 25 % Berücksichtigung finden.

2. *Zulässigkeit bieterbezogener Zuschlagskriterien*

Art. 67 Abs. 2 VRL definiert nun erstmals die Organisation, Qualifikation und Erfahrung des mit der Auftragsausführung betrauten Personals als allgemeines Zuschlagskriterium. Einzige Voraussetzung ist die Prognose, dass die Qualität des eingesetzten Personals erheblichen Einfluss auf das Niveau der Auftragsausführung haben kann. Dies räumt dem öffentlichen Auftraggeber einen großen Beurteilungsspielraum ein. Außerdem besteht – abweichend zu § 4 Abs. 2 VgV bzw. § 5 Abs. 2 VgV – keine Einschränkung auf bestimmte Tätigkeitsbereiche. Den Erwägungsgründen ist zu entnehmen, dass der EU-Gesetzgeber sämtliche geistig-schöpferische Leistungen, insbesondere Beratungs- und Architektenleistungen, im Blick hat.[163]

Schließlich verzichtet der EU-Gesetzgeber auf eine Höchstgrenze bei der Gewichtung dieser bieterbezogenen Kriterien. Das ist bei solchen Leistungen sachgerecht, bei denen es ganz entscheidend auf die Erfahrung und Qualität des eingesetzten Personals ankommt, z. B. im Unterrichtswesen. Allerdings gehen damit auch bestimmte Risiken einher. Denn die Möglichkeit, Erfahrungen der Bieter als Zuschlagskriterien heranzuziehen, stellt ein sehr wirksames Mittel dar, um Haus- und Hoflieferanten zu legiti-

---

[162] Für die Erkennbarkeit entsprechender Verstöße VK Lüneburg, Beschluss v. 7.2.2014, Az. VgK-51/2013; OLG München, Beschluss v. 25.7.2013, Az. Verg 7/13; kritisch OLG Düsseldorf, Beschluss v. 10.9.2009, Az. VII-Verg 12/09.

[163] Erwägungsgrund (94) VRL.

mieren und Newcomer aus bestehenden Märkten fernzuhalten. Hier wächst die Eigenverantwortung der öffentlichen Auftraggeber, personenbezogene Aspekte nur in dem tatsächlich erforderlichen Umfang als Zuschlagskriterien zu definieren und zu gewichten, um einen fairen und diskriminierungsfreien Wettbewerb sicherzustellen.

Stellt der öffentliche Auftraggeber bei der Zuschlagsentscheidung auf die Qualität und Erfahrung der Mitarbeiter eines Bieters ab, so trifft ihn zugleich die Pflicht, die Einhaltung des abverlangten Eignungsniveaus in besonderem Maße bei der Auftragsausführung sicherzustellen. Denn die Verlockung für die Auftragnehmerseite ist nicht von der Hand zu weisen, im Wettbewerb um den Zuschlag mit der Qualifikation des eigenen Personals aufzutrumpfen, um zur Auftragsausführung dann aber „mit der zweiten Garnitur" anzutreten.[164] Diese Gefahr hat auch der EU-Gesetzgeber erkannt. Ausweislich der Erwägungsgründe sieht er den öffentlichen Auftraggeber daher in der Pflicht, mit Hilfe geeigneter vertraglicher Mittel sicherzustellen, dass die zur Auftragsausführung eingesetzten Mitarbeiter die angegebenen Qualitätsnormen effektiv erfüllen. Die Mitarbeiter sollen nur mit Zustimmung des öffentlichen Auftraggebers ersetzt werden können und auch nur dann, wenn dieser sich davon überzeugt hat, dass das Ersatzpersonal ein gleichwertiges Qualitätsniveau hat.[165] Es verwundert nicht, dass von Seiten der Privatwirtschaft bereits Zweifel an der Umsetzbarkeit einer solchen Vertragsvereinbarung geäußert wurden. Die permanente Kontrolle des gleichbleibenden Qualitätsniveaus führe vor allem bei kleinen und mittleren Unternehmen zu einem unvertretbaren bürokratischen Aufwand und begründe in vielen Fällen arbeitsrechtliche Probleme.[166] Inwieweit diese Bedenken tatsächlich zum Tragen kommen, ist im konkreten Einzelfall zu prüfen. Aus vergaberechtlicher Sicht ist eine solche vertragliche Nachprüfungsklausel jedenfalls bereits auch deshalb angezeigt, um auszuschließen, dass ein für die Auftragsausführung bedeutsamer Personalwechsel eine Pflicht zur Neuausschreibung begründet.[167]

IV. Lebenszykluskostenrechnung

Art. 68 VRL enthält erstmals allgemeine Regeln für die Berechnung von Lebenszykluskosten. Die Vorschrift ist im Zusammenhang mit Art. 67 VRL zu verstehen. Danach stellt die Lebenszykluskostenrechnung ein mögliches Verfahren für die Ermittlung der Kostenwirksamkeit einer Ware oder Leistung dar und kann damit in die Zuschlagsentscheidung einfließen.

Unionsrechtliche Vorgaben hinsichtlich der Ermittlung von Lebenszykluskosten sind nicht neu. Bereits die Richtlinie 2009/33/EG über die Förderung sauberer und ener-

---

[164] *Gröning*, Die neue Richtlinie für die öffentliche Auftragsvergabe – ein Überblick, VergabeR 2014, S. 339 ff.

[165] Erwägungsgrund (94) VRL.

[166] Stellungnahme des Bundesverbands der Deutschen Industrie zu den Kommissionsvorschlägen zur Revision der EU-Richtlinie für öffentliche Aufträge vom 25.5.2012, Seite 23 f.

[167] Vgl. Abschnitte G.II. und G.V.1.

gieeffizienter Straßenfahrzeuge[168] gibt den Mitgliedstaaten eine praktikable Methode an die Hand, mit deren Hilfe die über die gesamte Lebensdauer anfallenden Betriebskosten des Energieverbrauchs sowie bestimmter Schadstoffemissionen, die mit dem Betrieb der angekauften Fahrzeuge zusammenhängen, finanziell bewertet und berechnet werden können. Durch diese Lebenszykluskostenberechnung werden die internen Kosten für den Energieverbrauch und die externen Umweltkosten bzw. die Kosten der Emission von Treibhausgasen und anderer Schadstoffemissionen in einem Geldwert erfasst. Der deutsche Gesetzgeber hat diese EU-Vorgaben in § 4 Abs. 7 bis 10 VgV in Verbindung mit § 19 EG Abs. 9 VOL/A sowie in § 7 Abs. 5 und 6, § 29 Abs. 2 Sektorenverordnung (SektVO) umgesetzt. Die finanzielle Wertungsmethodik ist in der Anlage 3 zur VgV und im Anhang 5 zur SektVO präzisiert. Sie stößt allerdings an ihre Grenzen, indem sie beispielsweise die Entsorgungskosten von Straßenfahrzeugen und die indirekt verursachten Umweltkosten bislang nicht berücksichtigt.

Art. 68 VRL definiert nun erstmalig losgelöst von bestimmten Beschaffungsgegenständen allgemeine Regeln für die Ermittlung der Lebenszykluskosten. Der in Art. 68 VRL gewählte Kostenansatz geht dabei über die Kostenpositionen der Richtlinie 2009/33/EG hinaus.

Ausgangspunkt für die von der Kostenermittlung gemäß Art. 68 VRL umfassten Lebenszyklusphasen ist die sehr weitreichende Definition des Begriffs *„Lebenszyklus"* in Art. 2 Abs. 1 Nr. 20 VRL. Der EU-Gesetzgeber versteht darunter sämtliche aufeinander folgende und/oder miteinander verbundene Stadien, einschließlich der durchzuführenden Forschung und Entwicklung, der Produktion, des Handels und der damit verbundenen Bedingungen, des Transports, der Nutzung und Wartung, während der Lebensdauer einer Ware oder eines Bauwerks oder während der Erbringung einer Dienstleistung, angefangen von der Beschaffung der Rohstoffe oder Erzeugung von Ressourcen bis hin zu Entsorgung, Aufräumarbeiten und Beendigung der Dienstleistung oder Nutzung.

Art. 68 Abs. 1 VRL knüpft an diese Definition an. Die Vorschrift konkretisiert die in den einzelnen Phasen in Ansatz zu bringenden Kostenpositionen und unterscheidet dabei – wie auch die Richtlinie 2009/33/EG – zwischen internen und externen Kosten. Die internen Kosten umfassen die von dem öffentlichen Auftraggeber oder anderen Nutzern zu tragenden Anschaffungs-, Nutzungs-, Wartungs-, Abholungs- und Recyclingkosten. Darüber hinaus sollen die Lebenszykluskosten aber auch externe Kosten infolge der Umweltbelastung umfassen, die mit der ausgeschriebenen Ware oder Leistung während ihres Lebenszyklus in Verbindung stehen, sofern sie sich finanziell bewerten und überwachen lassen. Solche Kosten können Kosten der Emission von Treibhausgasen oder anderen Schadstoffen sowie sonstige Kosten für die Eindämmung des Klimawandels sein.

[168] Richtlinie 2009/33/EG des Europäischen Parlaments und des Rats vom 23.4.2009 über die Förderung sauberer und energieeffizienter Straßenfahrzeuge, ABl. Nr. L 120 S. 5.

Welchen Bezug die Umweltbelastungen zu dem Lebenszyklusstadium der ausgeschriebenen Ware oder Leistung aufweisen müssen, definiert der EU-Gesetzgeber allerdings nicht. Den Erwägungsgründen lässt sich entnehmen, dass die großen Spielräume, die der EU-Gesetzgeber bereits in Art. 67 VRL dem öffentlichen Auftraggeber bei der Wahl der qualitativen Zuschlagskriterien eingeräumt hat, ebenfalls bei der Ausgestaltung der Lebenszykluskosten gelten sollen. So sollen beispielsweise auch Kosten aufgrund von Umweltbelastungen berücksichtigt werden dürfen, die durch die Gewinnung der in der Ware verwendeten Rohstoffe hervorgerufen werden.[169]

Öffentliche Auftraggeber, die Lebenszykluskosten in ihre Ausschreibungen einbeziehen, müssen nach Art. 68 Abs. 2 VRL in den Ausschreibungsunterlagen die von den Bietern bereitzustellenden Daten und die Methode zur Ermittlung der Lebenszykluskosten benennen. Die Methode zur Bewertung externer Umweltkosten muss auf nachprüfbaren und nicht diskriminierenden Kriterien beruhen. Sie darf nicht bestimmte Bieter in unzulässiger Weise bevorzugen oder benachteiligen. Die Methode hat zudem für alle interessierten Parteien zugänglich zu sein.

Diese Standards sind nun erstmals kodifiziert. Sie leiten sich allerdings bereits aus den vergaberechtlichen Grundsätzen der Gleichbehandlung, Nichtdiskriminierung, Transparenz und Verhältnismäßigkeit ab und waren daher schon bislang von öffentlichen Auftraggebern bei der Ermittlung von Lebenszykluskosten im Rahmen eines Vergabeverfahrens zu beachten.

Trotz der nun detaillierten Regelung wird die Einbeziehung von Lebenszykluskosten in der Vergabepraxis zunächst weiterhin auf erhebliche Schwierigkeiten stoßen. Denn die Ermittlung der Kosten für externe Faktoren aber auch etwa von Entstehungskosten eines Produkts oder dessen Entsorgungskosten, also von Kosten, die über die tatsächliche Nutzung eines Produkts weit hinausgehen, ist dem Bieter kaum möglich. Hier müssen unabhängige Institute konkrete Hilfestellungen zur Berechnung der Lebenszykluskosten liefern, wie dies durch die Richtlinie 2009/33/EG für die Beschaffung von Straßenfahrzeugen geschehen ist. Der öffentliche Auftraggeber ist hiermit jedenfalls überfordert. Solche Berechnungsmethoden müssen auf Unionsebene, nationaler, regionaler oder lokaler Ebene für bestimmte Kategorien von Lieferungen oder Dienstleistungen allgemein festgelegt und verbindlich vorgegeben werden.[170] Bislang fehlt es hieran. Die Vorschrift des Art. 68 VRL dient insoweit vor allem als Impulsgeber. Der EU-Gesetzgeber fördert damit die Entwicklung und Anwendung europäischer Konzepte für die Lebenszykluskostenberechnung im Allgemeinen. Für den Fall, dass zukünftig gemeinsame Methoden auf Unionsebene entwickelt und durch einen Rechtsakt der Europäischen Union verbindlich vorgeschrieben werden, bestimmt Art. 68 Abs. 3 VRL, dass diese Methoden verpflichtend für alle öffentlichen Auftraggeber Anwendung finden.

---

[169] Erwägungsgrund (96) VRL.

[170] Vgl. Erwägungsgrund (96) VRL.

V. Unterkostenangebote

Von großer praktischer Bedeutung ist die Vorschrift in Art. 69 VRL über den Umgang mit (vermutlich) nicht auskömmlich kalkulierten Angeboten. Sie knüpft an Art. 55 der Richtlinie 2004/18/EG und das darin beschriebene Vorgehen an, konkretisiert und modifiziert dieses jedoch in einigen wesentlichen Punkten.

1. Pflicht zur Aufklärung

Dem öffentlichen Auftraggeber obliegt wie bisher auch zunächst eine Aufklärungspflicht im Fall von Unterkostenangeboten. So müssen öffentliche Auftraggeber gemäß Art. 69 Abs. 1 VRL von den Bietern eine Erläuterung ihrer Angebote verlangen, wenn *„die im Angebot vorgeschlagenen Preise oder Kosten“* im Verhältnis zu den angebotenen Lieferungen oder Leistungen ungewöhnlich niedrig erscheinen.

Der Wortlaut des Art. 69 Abs. 1 VRL wirft allerdings die Frage auf, auf welchen Bezugspunkt der EU-Gesetzgeber für die Beurteilung des ungewöhnlich niedrigen Angebots und der dadurch begründeten Aufklärungspflicht abstellt. Soll der öffentliche Auftraggeber zukünftig jeden Einzelpreis bzw. jede einzelne Kostenposition eines Angebots auf ihre Auskömmlichkeit hin untersuchen, um festzustellen, ob er diesbezüglich von dem Bieter Erläuterungen verlangen muss, oder genügt es, den Gesamtpreis, also die Endsumme des Angebots zu prüfen?

Nach der bisherigen Rechtsauffassung entsteht die Aufklärungspflicht, wenn der Eindruck erweckt wird, dass die Gesamtsumme des Angebots im Verhältnis zur Leistung ungewöhnlich niedrig ist. Auf die dem Angebot zugrunde liegenden Einzelpreise und deren (Miss-)Verhältnis zu den (Teil-)Leistungen kommt es insoweit zunächst nicht an. Die Einzelpreise sind vielmehr relevant für den Umfang der dann zu erfolgenden Aufklärung, also für die Prüfungstiefe. Besteht der Anschein eines ungewöhnlich niedrigen Gesamtpreises, so soll der öffentliche Auftraggeber von den Bietern Erläuterungen zu den im Angebot enthaltenen Einzelposten einfordern.[171] Gestützt wird dieses Rechtsverständnis von dem Wortlaut des Art. 55 Abs. 1 der Richtlinie 2004/18/EG.[172] Auch die vorausgegangenen Vorschläge zur neuen Richtlinie legten dieses Rechtsverständnis zugrunde.[173]

---

[171] Vgl. u. a. OLG Brandenburg, Beschluss v. 20.3.2007, Az. Verg W 12/06; OLG Düsseldorf, Beschluss v. 9.2.2009, Az. VII-Verg 66/08; VK Bund, Beschluss v. 2.9.2011, Az. VK 1-108/11; VK Schleswig-Holstein, Beschluss v. 6.4.2011, Az. VK-SH 05/11; EuGH, Urteil v. 29.3.2012, Rs. C-599/10; *Dicks*, in: Kulartz/Marx/Portz/Prieß, Kommentar zur VOL/A, 2. Auflage 2009, § 19 EG VOL/A, Rn. 223.

[172] Art. 55 Abs. 1 der Richtlinie 2004/18/EG: *„Erwecken im Fall eines bestimmten Auftrags Angebote den Eindruck, im Verhältnis zur Leistung ungewöhnlich niedrig zu sein, so muss der öffentliche Auftraggeber vor Ablehnung dieser Angebote schriftlich Aufklärung über die Einzelposten des Angebots verlangen, wo er dies für angezeigt hält.“*

[173] Vgl. Art. 69 Abs. 1 des Vorschlags der Europäischen Kommission für eine Richtlinie des Europäischen Parlaments und des Rates über die öffentliche Auftragsvergabe, KOM(2011) 896 endgültig – 2011/0438 (COD), vom 20.12.2011; Art. 69 Abs. 1 des Vorschlags des Rats für eine Richtlinie des Europäischen Parlaments und des Rates über die öffentliche Auftragsvergabe – Kompromisstext des Vorsitzes, Institutionelles Dossier: 2011/0438 (COD), vom 30.11.2012.

Art. 69 Abs. 1 VRL weicht hiervon zumindest dem Wortlaut nach ab und bejaht eine Aufklärungspflicht bereits dann, wenn *„die im Angebot vorgeschlagenen Preise oder Kosten“* im Verhältnis zu den angebotenen Lieferungen oder Leistungen ungewöhnlich niedrig erscheinen. Bezugspunkt für die Beurteilung des ungewöhnlich niedrigen Angebots wäre danach also nicht die Gesamtsumme des Angebots, sondern die jeweiligen Einzelpreise bzw. einzelnen Kostenpositionen. Sollte der EU-Gesetzgeber dies tatsächlich im Sinn gehabt haben, so wären damit allerdings erhebliche Probleme verbunden, die die Praktikabilität der Regelung in Frage stellten. Denn unklar bliebe, ob der öffentliche Auftraggeber in diesem Fall nur die gewichtigen Einzelpositionen oder letztlich jeden Einzelpreis eines jeden Angebots einer Prüfung unterziehen müsste. Der damit verbundene Verwaltungsaufwand wäre erheblich, ohne dass dem ein greifbarer Mehrwert gegenüber stünde.

2. Umfang der Aufklärung und Bewertung

Besteht der Anschein ungewöhnlich niedriger Preise oder Kosten, so ist der öffentliche Auftraggeber gemäß Art. 69 Abs. 1 VRL verpflichtet, den Bieter aufzufordern, diese Positionen zu erläutern. Die Vergabestelle verfügt also auch weiterhin über kein Ermessen dahingehend, ob sie eine Überprüfung durchführt oder davon absieht. Die Aufklärungspflicht setzt vielmehr dann ein, sobald die Vergabestelle Anhaltspunkte für einen ungewöhnlich niedrigen Preis oder ungewöhnlich niedrige Kosten hat. Im Unterschied zu der Vorgängerreglung in Art. 55 Abs. 1 der Richtlinie 2004/18/EG verlangt der EU-Gesetzgeber für die Erläuterung nicht mehr ausdrücklich die Schriftform. Sinnvoll und empfehlenswert ist dies aus Gründen der Dokumentation und Transparenz dennoch und sollte vom deutschen Gesetzgeber für alle Vergaben vorgeschrieben werden.[174]

Der Umfang der Aufklärung ist nicht nur auf rechnerische Unklarheiten begrenzt, sondern erstreckt sich auf alle inhaltlichen Aspekte des Angebots, die eine direkte Auswirkung auf den Preis haben. Art. 69 Abs. 2 VRL nennt beispielhaft neben den bereits aus Art. 55 der Richtlinie 2004/18/EG bekannten Kriterien (Wirtschaftlichkeit des Fertigungsverfahrens, gewählte technische Lösungen etc.) auch die Einhaltung der umwelt- und sozialrechtlichen Vorgaben und die Beachtung der Anforderungen an die Vergabe von Unteraufträgen gemäß Art. 71 VRL.

Schließlich muss der öffentliche Auftraggeber bewerten, ob die beigebrachten Informationen die niedrigen Preise oder Kosten zufriedenstellend erklären. Der EU-Gesetzgeber verlangt hierbei, dass diese Bewertung – wie bereits in Art. 55 Abs. 2 der Richtlinie 2004/18/EG – in Rücksprache mit dem Bieter erfolgt.

---

[174] Ein Schriftformerfordernis besteht derzeit nur im Bereich der Bauvergaben in § 16 Abs. 6 Nr. 2 EG-VOB/A.

3. *Handlungsoptionen des öffentlichen Auftraggebers*

Kann der Bieter das ungewöhnlich niedrige Angebot nicht plausibel erklären, so ist der öffentliche Auftraggeber dennoch nicht verpflichtet, das Angebot vom Verfahren auszuschließen. Art. 69 Abs. 3 Satz 2 VRL stellt die Entscheidung hierüber grundsätzlich in das Ermessen des öffentlichen Auftraggebers. Dieser hat darüber zu befinden, ob trotz des niedrigen Angebots eine ordnungs- und vertragsgemäße Leistungserbringung zu erwarten ist oder nicht. Dadurch entschärft sich die oben aufgeworfene Frage nach dem Bezugspunkt für die Beurteilung der Unangemessenheit des Angebotspreises bzw. der Angebotskosten. Denn selbst wenn man zukünftig diesbezüglich auf die jeweiligen Einzelpositionen eines Angebots abstellen müsste, so dient das dem öffentlichen Auftraggeber eingeräumte Ermessen als notwendiges Regulativ, um sachgerechte Ergebnisse zu gewährleisten. Insoweit weicht das Unionsrecht von den derzeit nationalen Regelungen ab. Im deutschen Vergaberecht ist es dem öffentlichen Auftraggeber bislang generell untersagt, Angeboten den Zuschlag zu erteilen, deren (Gesamt-)Preise im offenbaren Missverhältnis zur Leistung stehen.[175]

Einen zwingenden Ausschluss sieht Art. 69 Abs. 3 Satz 3 VRL allerdings dann vor, wenn der Grund für das ungewöhnlich niedrige Angebot darin zu finden ist, dass es den geltenden umwelt-, sozial- und arbeitsrechtlichen Vorschriften nicht genügt. Damit wird vor allem den zunehmenden Fällen an Dumpingangeboten von Bietern aus Drittstaaten Rechnung getragen, die oftmals nur auf Kosten der Sozial- und Arbeitsbedingungen ihrer Mitarbeiter derart günstig kalkulieren können.

4. *Unterkostenangebot aufgrund staatlicher Beihilfe*

Im Übrigen hält Art. 69 Abs. 4 VRL die Norm des Art. 55 Abs. 3 der Richtlinie 2004/18/EG zur staatlichen Beihilfe aufrecht. Stellt danach der öffentliche Auftraggeber fest, dass ein Angebot ungewöhnlich niedrig ist, weil der Bieter eine staatliche Beihilfe erhalten hat, so darf er das Angebot allein aus diesem Grund nur nach Rücksprache mit dem Bieter ablehnen, sofern dieser binnen einer von dem öffentlichen Auftraggeber festzulegenden ausreichenden Frist nicht nachweisen kann, dass die betreffende Beihilfe mit dem Binnenmarkt im Sinne des Art. 107 AEUV vereinbar ist. Lehnt ein öffentlicher Auftraggeber ein Angebot unter diesen Umständen ab, so hat er dies der Kommission mitzuteilen.

F. Politisch-strategische Aspekte

Die öffentliche Auftragsvergabe spielt eine Schlüsselrolle im Rahmen der europäischen Wachstumsstrategie *„Europa 2020“*[176] als eines der marktwirtschaftlichen Instru-

---

[175] Vgl. §§ 19 EG Abs. 6 Satz 2 VOL/A, 16 EG Abs. 6 Nr. 1 VOB/A.

[176] Mitteilung der Europäischen Kommission vom 3.3.2010: „Europa 2020 – Eine Strategie für intelligentes, nachhaltiges und integratives Wachstum“, [KOM(2010) 2020 endg.].

mente, die zur Erzielung eines intelligenten, nachhaltigen und integrativen Wachstums bei gleichzeitiger Gewährleistung eines möglichst effizienten Einsatzes öffentlicher Gelder genutzt werden sollen.[177] Mit dieser Erwägung ganz zu Beginn der neuen Richtlinie 2014/24/EG stellt der EU-Gesetzgeber klar, dass eine stärkere Verankerung sozialer, ökologischer und arbeitspolitischer Aspekte bei der öffentlichen Beschaffung eines der Leitmotive des neuen Vergaberechtsregimes darstellt. Damit hat der noch aus der Anfangszeit des Vergaberechts stammende Begriff der *„vergabefremden"* Aspekte angesichts des nun endgültig vollzogenen Paradigmenwechsels seine Berechtigung verloren.

I. Politisch-strategische Belange als gleichwertiger Grundsatz der Auftragsvergabe

Der hohe Stellenwert, den der EU-Gesetzgeber den politisch-strategischen Belangen bei der öffentlichen Vergabe zukünftig zuschreibt, kommt zuvörderst in Art. 18 VRL zum Ausdruck. Abs. 1 dieser Vorschrift führt jetzt die bisher in Art. 2 der Richtlinie 2004/18/EG normierten allgemeinen vergaberechtlichen Grundsätze der Gleichbehandlung, der Nichtdiskriminierung, der Transparenz und – nunmehr auch ausdrücklich – der Verhältnismäßigkeit auf. Diese Grundpfeiler des Vergaberechts werden nun allerdings in Art. 18 Abs. 2 VRL durch die Pflicht zur Einhaltung der geltenden sozial-, umwelt- und arbeitsrechtlichen Bestimmungen ergänzt, die durch Rechtsvorschriften der Union, einzelstaatliche Rechtsvorschriften, Tarifverträge oder von bestimmten internationalen umwelt-, sozial- und arbeitsrechtlichen Vorschriften festgelegt sind. Das führt zu einer deutlichen Aufwertung politisch-strategischer Belange im Rahmen der öffentlichen Auftragsvergabe. Systematisch steht die Einhaltung strategischer Ziele damit zukünftig auf einer Stufe mit den bisher geltenden vergaberechtlichen Grundsätzen.[178] Das bedeutet zugleich aber auch eine Abwertung des Grundsatzes der wirtschaftlichen und sparsamen Haushaltsführung. Denn die Umsetzung sozialer und ökologischer Ziele erfolgt nicht kostenneutral. Der öffentliche Auftraggeber ist also zukünftig mehr denn je vor die Frage gestellt, ob er sozial und umweltbewusst oder sparsam einkaufen will.[179]

Eine besondere Schneidigkeit erhält die Verpflichtung gemäß Art. 18 Abs. 2 VRL durch die Rechtsfolgen, die das neue EU-Vergaberecht im Fall ihrer Nichtbeachtung vorsieht. So bestimmt Art. 57 Abs. 4 lit. a) VRL erstmals, dass ein nachweislicher Verstoß gegen Verpflichtungen aus Art. 18 Abs. 2 VRL die Zuverlässigkeit des Bieters entfallen lassen und zu einem Ausschluss vom Vergabeverfahren führen kann. Den Mitgliedstaaten

---

[177] Erwägungsgrund (2) VRL.

[178] In diesem Sinne zumindest die Stellungnahme des Bundesministeriums für Umwelt, Naturschutz, Bau und Reaktorsicherheit „Neue EU-Richtlinien für das Vergaberecht beschlossen", April 2014.

[179] So zutreffend *Braun*, Die neuen Vergaberichtlinien – Änderungen zum bisherigen Stand, KommunalPraxis spezial, 3/2014, S. 9 ff.; vgl. aber auch *Schwab/Giesemann*, Mit mehr Regeln zu mehr Rechtssicherheit?, Vergaberecht 2014, S.351 ff., die Art. 18 Abs. 2 und dem daraus erwachsenden Umsetzungsbedarf eine geringere Bedeutung beimessen.

bleibt es allerdings überlassen, ob sie diese Regelung als zwingenden oder fakultativen Ausschlussgrund in das nationale Recht umsetzen. Keinen Handlungsspielraum haben die Mitgliedstaaten hingegen bei Unterkostenangeboten, deren außergewöhnlich niedriger Preis auf Verstöße gegen Art. 18 Abs. 2 VRL zurückgehen. In diesem Fall sieht Art. 69 Abs. 3 VRL zwingend den Ausschluss solcher Angebote vor.[180]

II. Vorbehaltene Aufträge

Eine besondere Privilegierung erfahren geschützte Werkstätten und soziale Unternehmen, deren Hauptanliegen die Förderung der sozialen und beruflichen (Wieder-)Eingliederung von Personen mit Behinderung oder von sozial benachteiligten Personen ist. In aller Regel sind solche Einrichtungen und Wirtschaftsteilnehmer nicht in der Lage, unter normalen Wettbewerbsbedingungen Aufträge zu erhalten. Gleichwohl spielen sie eine wichtige Rolle bei der Integration benachteiligter Menschen in die Gesellschaft.[181] Art. 20 VRL räumt den Mitgliedstaaten deshalb die Möglichkeit ein, in ihren nationalen Vergabegesetzen vorzusehen, dass öffentliche Auftraggeber Aufträge derartigen Werkstätten und sozialen Unternehmen oder einem geschützten Beschäftigungsprogramm vorbehalten können.

Art. 20 VRL dehnt damit den privilegierten Adressatenkreis gegenüber der bisherigen Regelung in Art. 19 der Richtlinie 2004/18/EG aus, der sich lediglich auf geschützte Werkstätten bezieht. Außerdem sollen zukünftig Werkstätten, Unternehmen und Beschäftigungsprogramme bereits dann bevorzugt werden können, wenn sie mindestens 30 % – und nicht wie bisher mehr als 50 % – Arbeitnehmer mit Behinderungen oder benachteiligte Personen beschäftigen.

III. Umfassende Berücksichtigung

Die Einbeziehung sozialer, umweltbezogener oder arbeitspolitischer Aspekte ist wie bisher auch in allen Phasen der Auftragsvergabe zulässig.

So sind öffentliche Auftraggeber auch zukünftig in der Lage, über die Eignungskriterien gemäß Art. 58 Abs. 4 VRL sicherzustellen, dass ein Bieter, der den Zuschlag erhält, auch mit Blick auf soziale oder Umweltschutzaspekte über die notwendigen Kapazitäten sowie die technischen und beruflichen Fähigkeiten zur Ausführung des Auftrags verfügt. Dazu können öffentliche Auftraggeber gemäß Art. 62 VRL die Erfüllung von Normen für Qualitätssicherung und Umweltmanagement heranziehen.[182] Neu ist, dass die Möglichkeit, eine Zertifizierung nach einem Umweltmanagement zu ver-

[180] Zu den Unterkostenangeboten gemäß Art. 69 VRL vgl. Abschnitt E.V.

[181] Vgl. Erwägungsgrund (36) VRL.

[182] Bisher geregelt in Art. 49 und 50 der Richtlinie 2004/18/EG.

langen, nicht mehr auf die Ausschreibung von Bau- und Dienstleistungen beschränkt ist, sondern zukünftig auch für Lieferleistungen besteht.

Erleichterungen gelten auch für die Berücksichtigung insbesondere ökologischer Aspekte im Rahmen der technischen Spezifikationen. Art. 42 Abs. 3 lit. a) VRL nennt ausdrücklich Umweltmerkmale als zulässige Leistungs- oder Funktionsanforderungen. Dabei dürfen nach Art. 42 Abs. 1 VRL auch Lebenszyklusüberlegungen einfließen. So können technische Spezifikationen nicht nur an den spezifischen Prozess oder die spezifische Methode zur Produktion bzw. zur Erbringung der Waren oder Leistungen anknüpfen, sondern dürfen sich auf jedes Lebenszyklus-Stadium beziehen, auch wenn derartige Faktoren nicht materieller Bestandteil des Beschaffungsgegenstands sind. Öffentliche Auftraggeber können damit sämtliche Faktoren des Herstellungsprozesses, der Bereitstellung und des Vertriebs in Betracht ziehen.

Darüber hinaus erfährt der Grundsatz von der Beschaffungsautonomie, nach dem sich das Vergaberecht neutral gegenüber dem Beschaffungswunsch des öffentlichen Auftraggebers verhält, in Art. 42 Abs. 1 VRL eine Durchbrechung, die nicht nur – wie schon bisher – dem Ziel einer diskriminierungsfreien und eindeutigen Beschreibung der Leistung geschuldet ist. Denn zukünftig müssen technische Spezifikationen bei jeglicher Beschaffung, die zur Nutzung durch natürliche Personen vorgesehen ist, so erstellt werden, dass den Kriterien der Barrierefreiheit für Menschen mit Behinderungen und des sogenannten „*Design für Alle*“ Rechnung getragen wird.[183] Bisher ist dieses Erfordernis in Art. 23 Abs. 1 der Richtlinie 2004/18/EG nicht zwingend, sondern lediglich als Soll-Anforderung formuliert.

„*Design für Alle*“ meint ein Konzept für die Planung und Gestaltung von Produkten, Dienstleistungen und Infrastrukturen, mit dem Ziel, allen Menschen deren Nutzung ohne individuelle Anpassung oder besondere Assistenz zu ermöglichen. Im Unterschied zum Konzept der Barrierefreiheit, das in den Landesbauordnungen und technischen Normen (z. B. DIN 18040) definiert ist, ist das Konzept „*Design für Alle*“ in Deutschland allerdings bisher noch nicht gesetzlich verankert. Hier wird der deutsche Gesetzgeber innerhalb der Umsetzungsfrist der EU-Richtlinien einen normativen Rahmen schaffen müssen, wenn diese Pflicht nicht ins Leere laufen soll.

Die wohl wichtigste Neuregelung in Bezug auf die Einbeziehung politisch-strategischer Aspekte betrifft die Zuschlagskriterien. Gemäß Art. 67 Abs. 2 und 3 VRL darf der öffentliche Auftraggeber ausdrücklich auch soziale und/oder umweltbezogene Faktoren als qualitative Zuschlagskriterien bestimmen, wobei es genügt, wenn diese Faktoren mit dem Auftragsgegenstand in irgendeiner Hinsicht und in irgendeinem Lebenszyklus-Stadium zusammenhängen. Wie bei den technischen Spezifikationen nach Art. 42 VRL, ist es auch bei den Zuschlagskriterien unerheblich, ob sich derartige Faktoren auf die materiellen Eigenschaften des Auftragsgegenstandes auswirken. Au-

[183] Vgl. auch Erwägungsgrund (76) VRL.

ßerdem kann das wirtschaftlich günstigste Angebot wie bisher auch unter Einbeziehung der Lebenszykluskosten ermittelt werden, wobei Art. 68 VRL nun erstmals detaillierte Angaben zu deren Berechnung enthält. Der Zuschlag darf danach auch unter Berücksichtigung von Kosten erfolgen, die durch externe Effekte der Umweltbelastung entstehen, die mit der Ware oder Leistung während ihres Lebenszyklus in Verbindung stehen. Hierzu zählen beispielsweise auch Kosten für Umweltbelastungen infolge der Gewinnung der in der zu beschaffenden Ware verwendeten Rohstoffe. Art. 67 und 68 VRL stellen es dem öffentlichen Auftraggeber damit letztlich frei, sämtliche ihm sinnvoll erscheinenden Faktoren zum Umweltschutz und zur Förderung einer nachhaltigen, auch sozialen Entwicklung bei der Zuschlagsentscheidung zu berücksichtigen. Zu den Zuschlagskriterien und den Lebenszykluskosten im Einzelnen – insbesondere wegen der damit verbundenen Risiken im Hinblick auf die Bestimmtheitsanforderungen in Art. 67 Abs. 4 VRL – wird auf die entsprechenden Ausführungen zur Angebotswertung Bezug genommen.[184]

Schließlich dürfen öffentliche Auftraggeber gemäß Art. 70 VRL umweltbezogene, soziale oder beschäftigungspolitische Belange als besondere Bedingungen für die Auftragsausführung festlegen. Abweichend zu der bisherigen Regelung in Art. 26 der Richtlinie 2004/18/EG stellt Art. 70 VRL klar, dass es genügt, wenn diese Bedingungen nach dem weiten Begriffsverständnis des Art. 67 Abs. 3 VRL in irgendeiner Hinsicht oder in irgendeinem Lebenszyklusstatus auf den Auftragsgegenstand beziehen. Die den öffentlichen Auftraggebern bei der Wahl der qualitativen Zuschlagskriterien eingeräumte Freiheit gilt somit in gleichem Maße für die Festsetzung der Ausführungsbedingungen. Hinter den Bedingungen für die Auftragsausführung könnte daher auch die Absicht stehen, die Umsetzung von Maßnahmen zur Förderung der Gleichstellung von Frauen und Männern am Arbeitsplatz, die verstärkte Beteiligung der Frauen am Erwerbsleben und die Vereinbarkeit von Arbeit und Privatleben oder den Umwelt- oder Tierschutz zu begünstigen und mehr benachteiligte Personen als nach nationalem Recht gefordert einzustellen.[185] Nicht gestattet sind hingegen Bedingungen, die von den Bietern eine bestimmte allgemeine Unternehmenspolitik der sozialen oder ökologischen Verantwortung einfordern. In diesen Fällen fehlt die Verbindung zum Auftragsgegenstand gemäß Art. 67 Abs. 3 VRL.

IV. Gütezeichen

Neu ist die Vorschrift in Art. 43 VRL über die Verwendung von Gütezeichen im Rahmen der öffentlichen Beschaffung. Die Vorgängerrichtlinie 2004/18/EG regelt in Art. 23 Abs. 6[186] bisher nur umweltbezogene Gütezeichen, die die technischen Spezifikationen des Auftragsgegenstandes betreffen. Danach darf der öffentliche Auftraggeber zwar

[184] Vgl. Abschnitt E.II.2.

[185] So ausdrücklich der Erwägungsgrund (98) VRL.

[186] National umgesetzt in § 8 EG Abs. 5 VOL/A, § 6 Abs. 5 VOF bzw. § 7 EG Abs. 7 VOB/A.

auf die inhaltlichen Anforderungen derartiger Gütezeichen in seiner Ausschreibung Bezug nehmen. Allerdings ist es ihm verwehrt, von den Bietern ein konkretes Gütezeichen als Qualitätsmerkmal zu verlangen. Vielmehr muss er in den Vergabeunterlagen die dem Gütezeichen zugrunde liegenden technischen Spezifikationen detailliert beschreiben.[187]

Abweichend hierzu gestattet Art. 43 Abs. 1 Satz 1 VRL den öffentlichen Auftraggebern zukünftig, von den Bietern die Vorlage bestimmter Gütezeichen als Nachweis spezieller mit der Lieferung oder Leistung verbundener Merkmale zu fordern. Dabei erfasst Art. 43 Abs. 1 Satz 1 VRL nicht nur umweltbezogene Gütezeichen, sondern erstreckt den Anwendungsbereich auf sämtliche Gütezeichen, die soziale oder sonstige Merkmale von Waren oder Leistungen betreffen.[188] Diese umfassende Regelungsabsicht des EU-Gesetzgebers kommt auch in Art. 2 Abs. 1 Nr. 23 VRL zum Ausdruck, der den Begriff des Gütezeichens in einer fast konturenlosen Weite legal definiert. Danach sind Gütezeichen Dokumente, Zeugnisse oder Bescheinigungen, mit denen bestätigt wird, dass ein bestimmtes Bauwerk, eine bestimmte Ware, eine bestimmte Dienstleistung, ein bestimmter Prozess oder ein bestimmtes Verfahren bestimmte Anforderungen erfüllt. Außerdem stellt der EU-Gesetzgeber in Art. 43 Abs. 1 Satz 1 VRL klar, dass derartige Gütezeichen nicht nur als Nachweis technischer Spezifikationen, sondern auch als Nachweis spezifischer Merkmale der Auftragsausführung und im Rahmen der Zuschlagskriterien verlangt werden können.

Zur Gewährleistung eines wirksamen Wettbewerbs enthält die Richtlinie allerdings einige Einschränkungen, die die öffentlichen Auftraggeber dazu zwingen, sich mit den von ihnen geforderten Gütezeichen vorab genau zu beschäftigten. Denn öffentliche Auftraggeber dürfen nur die Vorlage solcher Gütezeichen verlangen, die sämtliche der in Art. 43 Abs. 1 Satz 1 lit. a) bis e) VRL genannten Bedingungen erfüllen. Danach müssen alle Anforderungen für den Erhalt des betreffenden Gütezeichens mit den zu beschaffenden Waren oder Leistungen in Verbindung stehen, das heißt, für diese charakteristisch sein. Ist das Gütezeichen hingegen mit Anforderungen an das Unternehmen selbst oder mit dessen allgemeiner Firmenpolitik verbunden, so ist dem öffentlichen Auftraggeber eine Bezugnahme auf das Gütezeichen verwehrt. In diesem Fall darf der öffentliche Auftraggeber nur diejenigen Anforderungen des Gütezeichens fordern, die sich auf die erworbenen Waren oder Leistungen beziehen. Die Gütezeichen müssen außerdem von unabhängigen Stellen im Rahmen eines transparenten Verfahrens definiert werden, an dem alle interessierten Kreise, z. B. staatliche Stellen, Verbraucher, Hersteller, Händler und Umweltorganisationen, teilnehmen können. Schließlich müssen die Gütezeichen auf objektiven und nicht diskriminierenden Kriterien beruhen und für alle interessierten Kreise verfügbar sein.

---

[187] Vgl. zur bisherigen Rechtslage auch EuGH, Urteil v. 10.5.2012, Rs. C-368/10 *(„Max Havelaar“)*.

[188] Ausweislich des Erwägungsgrundes (75) VRL zielt die Vorschrift dennoch verstärkt auf die Verwendung von Umweltgütezeichen ab.

Neu sind diese in Art. 43 Abs. 1 Satz 1 lit. a) bis e) VRL aufgeführten Bedingungen jedoch nicht. Sie sind letztlich Ausfluss der vergaberechtlichen Grundsätze der Gleichbehandlung, Nichtdiskriminierung, Transparenz und Verhältnismäßigkeit und entsprechen im Wesentlichen den schon bislang geltenden Voraussetzungen für den Rückgriff auf Umweltzeichen in Vergabeverfahren, die in Art. 23 Abs. 6 der Richtlinie 2004/18/EG aufgeführt sind.

Die Möglichkeit des öffentlichen Auftraggebers, ein konkretes Prüfzeichen zu verlangen, dürfte in der Praxis allerdings auf einige Unwägbarkeiten stoßen. So werden KMU sowie Unternehmen, die sich nur gelegentlich an öffentlichen Aufträgen beteiligen, durch die Vorgabe spezieller Gütesiegel finanziell besonders belastet und möglicherweise sogar abgehalten, sich an öffentlichen Aufträgen zu beteiligen. Denn will oder kann ein Bieter sich das geforderte Gütezeichen nicht verschaffen, so ist ihm – anders als bisher – der Rückgriff auf sonstige geeignete Nachweise verwehrt. Vielmehr ist er gemäß Art. 43 Abs. 1 Satz 3 VRL zunächst gehalten, ein gleichwertiges Gütezeichen vorzulegen, das bestätigt, dass die geforderten Gütezeichen-Anforderungen erfüllt werden. Der vom Bieter zu führende Nachweis der Gleichwertigkeit dürfte insbesondere bei nationalen Gütezeichen, deren Anforderungen von denen anderer Mitgliedstaaten abweichen, nicht einfach zu erbringen sein. Rechtsunsicherheiten sind hier vorprogrammiert. Erst wenn der Bieter unverschuldet nicht in der Lage ist, sich rechtzeitig das geforderte oder ein gleichwertiges Gütezeichen zu verschaffen, muss der öffentliche Auftraggeber gemäß Art. 43 Abs. 1 Satz 4 VRL auch andere geeignete Nachweise akzeptieren, die belegen, dass die angebotenen Lieferungen oder Leistungen gleichwertige Anforderungen erfüllen (z. B. ein technisches Dossier des Herstellers). Die Darlegungslast obliegt auch hier dem Bieter, der sich fragen wird, ob der damit verbundene Aufwand im Verhältnis zu den Auftragschancen steht. Statt der erhofften Vereinfachung kann die Gütezeichenregelung des Art. 43 VRL somit sogar eine Marktabschottung der Mitgliedstaaten untereinander bewirken.

G. Auftragsänderungen

Eine sehr detaillierte Neuregelung enthält die Richtlinie 2014/24/EU in Bezug auf Änderungen von Aufträgen und Rahmenvereinbarungen, die während der Vertragslaufzeit vorgenommen werden. In Art. 72 VRL strukturiert und konkretisiert der EU-Gesetzgeber die bisher als reines Richterrecht entwickelten Ausnahmen von der Ausschreibungspflicht anhand einzelner Fallgruppen. Die teils sehr ausführlichen Ausnahmetatbestände werfen hinsichtlich ihres Anwendungsbereichs zwar einige Fragen auf, die der deutsche Gesetzgeber im Rahmen der nationalen Umsetzung hoffentlich pragmatisch beantworten wird. Dennoch werden die neuen unionsrechtlichen Vorschriften bereits jetzt zumindest ergänzend bei Auftragsänderungen zu berücksichtigen sein.[189]

[189] So hat der BGH bereits in seinem Beschluss vom 10.1.2013, Az. VII ZR 37/11, mit dem Vertragsänderungsparagraphen des damals aktuellen Richtlinienentwurfs argumentiert.

I. Ausgangslage und Problemaufriss

Nach einer von der Rechtsprechung entwickelten Faustformel sind Änderungen eines bestehenden Vertrags ausschreibungspflichtig, falls sie in ihren wirtschaftlichen Auswirkungen bei wertender Betrachtung einer Neuvergabe gleichkommen.[190] Ebenfalls Einigkeit besteht darin, dass derartige Vertragsänderungen ein gewisses Gewicht aufweisen, d. h. wesentlich sein müssen. Zur Ausfüllung des Abgrenzungskriteriums der Wesentlichkeit hat der Europäische Gerichtshof in seiner Entscheidung vom 19.6.2008 (*„Pressetext"*) drei Tatbestände definiert. Danach sind Vertragsänderungen wesentlich und damit ausschreibungspflichtig, wenn

- Bedingungen eingeführt werden, die die Zulassung anderer Bieter oder die Annahme eines anderen als des angenommenen Angebots erlaubt hätten, wenn sie bereits Gegenstand des ursprünglichen Vergabeverfahrens gewesen wären,
- Bedingungen den Auftrag in großem Umfang auf bislang nicht vorgesehen Dienstleistungen erweitern oder
- Bedingungen das wirtschaftliche Gleichgewicht des Vertrags in einer im ursprünglichen Auftrag nicht vorgesehenen Weise zugunsten des Auftragnehmers ändern.[191]

Wo genau die Grenze zwischen ausschreibungspflichten wesentlichen Vertragsänderungen und ausschreibungsfreien sonstigen Änderungen zu ziehen ist, blieb in der Folgezeit jedoch problematisch. Die Ursache liegt in der Schwierigkeit begründet, die wenig ausgeprägten Kriterien des Europäischen Gerichtshofs auf die Vielzahl an Fallkonstellationen möglicher Vertragsänderungen sachgemäß zu übertragen und einheitlich fortzuentwickeln. Eine Aufgabe, an der sich die Rechtsprechung in der Vergangenheit teils mehr, teils weniger erfolgreich abmühte. Der EU-Gesetzgeber greift in seinen Erwägungsgründen das Bedürfnis nach einem einheitlichen gesetzgeberischen Handeln auf und formuliert nun sechs Fallgruppen, in denen eine nachträgliche Vertragsänderung keiner Neuausschreibung bedarf.[192]

II. Vertraglich vorgesehene Änderungen

Nach Art. 72 Abs. (1) Satz 1 lit. a) VRL soll eine nachträgliche Vertragsänderung immer dann nicht dem Vergaberecht unterfallen, wenn die Möglichkeit der Änderung bereits im ursprünglichen Vertrag in Form von klar, präzise und eindeutig formulierten Überprüfungsklauseln oder Optionen vorgesehen ist. Dahinter steht das zutreffende

---

[190] Ausführlich zum Meinungsstand in der Rechtsprechung *Hailbronner*, in: Byok/Jaeger, Kommentar zum Vergaberecht, 3. Auflage 2011, § 99 GWB, Rn. 41 ff.

[191] EuGH, Urteil v. 19.6.2008, Rs. C-454/06 (*„Pressetext"*).

[192] Erwägungsgrund (107) VRL.

Verständnis, dass es sich bei einer Anpassung des ursprünglichen Vertrages nach Maßgabe der im Vertrag bereits definierten Möglichkeiten um keine Änderung, sondern lediglich um eine Ausführung des ursprünglichen Auftrags handelt.[193]

1. Auftragsänderungen

Der EU-Gesetzgeber spricht in Art. 72 VRL lediglich von *„Änderungen"* und verwendet diesen Begriff als Oberbegriff für jede Art von Vertragsmodifikationen. Regelungsgegenstand sind danach nicht nur Änderungen der Auftragsbestimmungen im engeren Sinne, sondern auch der besonders praxisrelevante Fall nachträglicher Laufzeitverlängerungen. Die teilweise vertretene Rechtsauffassung, wonach vertraglich vereinbarte Vertragsverlängerungen regelmäßig ausschreibungspflichtig sind, ist damit unionsrechtlich nicht mehr haltbar.[194]

2. Überprüfungsklauseln und Optionen

Die Richtlinie verzichtet auf eine rechtstechnische Definition der Begriffe *„Überprüfungsklausel"* und *„Option"*, so dass hier auf das im allgemeinen Vertragsrecht etablierte Begriffsverständnis abzustellen ist. Überprüfungsklauseln und Optionen unterscheiden sich danach hinsichtlich des anzupassenden Vertragsgegenstandes und der Art, nach der die Vertragsänderung zur Anwendung kommen soll. Bei Überprüfungsklauseln erfolgt eine Anpassung des Vertrags im Falle sich nachträglich ändernder, für das Auftragsverhältnis wesentlicher Rahmenbedingungen. In diesem Zusammenhang stellt der EU-Gesetzgeber ausdrücklich klar, dass er auch Preisüberprüfungsklauseln (z. B. Preisindexklauseln[195]) von der Fallgruppe umfasst sieht. Ein Optionsrecht zielt hingegen zumeist auf die Erbringung zusätzlicher Leistungen, die bisher noch nicht Vertragsgegenstand waren und die durch einseitige Erklärung einer Vertragspartei in das Auftragsverhältnis einbezogen werden können.[196]

3. Form und Inhalt der Änderungsklauseln

Nach der Rechtsprechung entbindet die Verwendung von Überprüfungsklauseln und Optionen den öffentlichen Auftraggeber nicht automatisch von der Pflicht zur Neuausschreibung. Eine nachträgliche Änderung ist nur dann als vergaberechtsneutrale Ausführung des ursprünglichen Auftrags zu qualifizieren, wenn sie hinreichend bestimmt bereits im ursprünglichen Vertrag geregelt ist. Eine nur sehr allgemein gehaltene Änderungsklausel, die Änderungen der freien Entscheidung des Auftraggebers überlässt,

---

[193] In diesem Sinne u. a. VK Sachsen-Anhalt, Beschluss v. 16.1.2013, Az. 2 VK-LSA 40/12; OLG Düsseldorf, Beschluss v. 28.7.2011, Az. VII-Verg 20/11; VK Sachsen, Beschluss v. 24.8.2007, Az. 1/SVK/054-07; VK Bund v. 20.7.2005, Az. VK 1-62/05; EuGH, Urteil v. 19.6.2008, Rs. C-454/06 *(„Pressetext")*.

[194] So aber *Hailbronner*, in: Byok/Jaeger, Kommentar zum Vergaberecht, 3. Auflage 2011, § 99 GWB, Rn. 40 mit Verweis auf OLG Düsseldorf, Beschluss v. 14.2.2001, Az. VII-Verg 13/00.

[195] Vgl. so bereits EuGH, Urteil v. 19.6.2008, Az. C-454/06 *(„Pressetext")*.

[196] In diesem Sinne u. a. VK Baden-Württemberg, 10.07.2001, Az.: 1 VK 10/01.

genügt daher nicht. Denn dann besteht die Gefahr, dass der öffentliche Auftraggeber seine – vermeintliche – Freiheit nutzt, Aufträge am Vergaberecht vorbei zu vergeben.[197] Welcher Bestimmtheitsmaßstab allerdings genau anzulegen ist, ist bisher nicht abschließend geklärt. Teilweise wird vertreten, dass es – unter Verweis auf die Ausführungen in der Pressetext-Entscheidung des Europäischen Gerichtshofs – genügen soll, wenn die Auftragsänderungen im ursprünglichen Vertrag zumindest „*angelegt*" sind, mithin sich erst im Wege der Auslegung ermitteln lässt, welche Änderungen unter welchen Bedingungen eintreten sollen.

Der EU-Gesetzgeber schafft hier nun Rechtssicherheit, indem Art. 72 Abs. 1 Satz 1 lit. a) VRL verlangt, dass die Optionen und Überprüfungsklauseln klar, präzise und eindeutig formuliert sein müssen. Weiterhin müssen Angaben zu Umfang und Art möglicher Änderungen oder Optionen sowie zu den Bedingungen gemacht werden, unter denen sie zur Anwendung gelangen können. Überprüfungsklauseln oder Optionen, deren Regelungsinhalte erst im Wege einer Auslegung ermittelt werden können, dürften danach den Bestimmtheitsanforderungen zukünftig nicht mehr genügen.

Allerdings weist der EU-Gesetzgeber in den Erwägungsgründen darauf hin, dass an das Maß der Bestimmtheit keine unmöglichen Anforderungen gestellt werden dürfen. Die Klauseln müssen stets auch die erforderliche Flexibilität des in Rede stehenden Auftrags berücksichtigen. Der EU-Gesetzgeber verdeutlicht dies anhand einiger Beispielsfälle. So sollte sichergestellt werden können, dass Kommunikationsgeräte, die während eines bestimmten Zeitraums zu liefern sind, auch im Fall veränderter Kommunikationsprotokolle oder anderer technologischer Änderungen weiter funktionsfähig sind. Außerdem sollte es möglich sein, mittels hinlänglich klarer Klauseln Anpassungen des Auftrags vorzusehen, die aufgrund technischer Schwierigkeiten erforderlich werden, die während des Betriebs oder der Instandhaltung auftreten. Ebenfalls sollen Aufträge außerordentliche Instandhaltungsarbeiten vorsehen können, die erforderlich werden könnten, um die Kontinuität einer öffentlichen Dienstleistung zu gewährleisten.[198] Danach ist es auch zukünftig nicht notwendig, dass die Überprüfungsklauseln und Optionen bis ins Kleinste jeden einzelnen Anwendungsfall konkret benennen. Erforderlich aber auch ausreichend ist es, wenn sich die Anwendungsfälle aus den gewählten Formulierungen zweifelsfrei ergeben.

Als weitere Voraussetzung verlangt Art. 72 Abs. 1 Satz 1 lit. a) VRL, dass die Anpassungsklauseln und Optionen den Gesamtcharakter des Auftrags nicht verändern dürfen. Was den Gesamtcharakter eines Auftrags auszeichnet, wird in Art. 72 VRL allerdings nicht näher konkretisiert. Größere Rechtsunsicherheiten dürften damit dennoch nicht verbunden sein. So wird der Gesamtcharakter eines Auftrags regelmäßig durch die Hauptleistungspflichten bestimmt, die dem Auftrag sein Gepräge geben. Gemäß den Erwägungsgründen ist von einer Änderung des Gesamtcharakters jeden-

197 OLG Düsseldorf, Beschluss v. 28.7.2011, Az. VII-Verg 20/11.

198 Erwägungsgrund (111) VRL.

falls dann auszugehen, wenn die Bau-, Dienst- oder Lieferleistung durch andersartige Leistungen ersetzt werden oder die Art der Beschaffung grundlegend modifiziert wird.[199]

Probleme könnten allerdings bei typengemischten Verträgen auftreten, die Regelungselemente mehrerer Auftragsbereiche enthalten. Eine Besonderheit gilt hier insbesondere für Aufträge, die sowohl Liefer- als auch Dienstleistungselemente enthalten. Nach Art. 3 Abs. 2 VRL richtet sich die Hauptleistung und damit der Vertragscharakter dieser Aufträge nach derjenigen Leistungsart mit dem höheren Auftragswert. Diese Schwerpunkttheorie ist bereits Gegenstand der Richtlinie 2004/18/EG und im deutschen Vergaberecht in § 97 Abs. 10 GWB verankert. Überwiegt infolge einer Überprüfungsklausel oder Option nun beispielsweise der Wert der Lieferleistung nachträglich den Wert der Dienstleistung, so ändert sich damit auch der Gesamtcharakter des Auftrags von einem Dienstleistungs- in einen Lieferauftrag. Die Voraussetzungen des Art. 72 Abs. 1 Satz 1 lit. a) VRL wären nicht erfüllt. Das Ergebnis widerspräche allerdings den unionsrechtlichen Anforderungen an diesen Ausnahmetatbestand, wonach es für eine Ausnahme von der Ausschreibungspflicht bei hinreichend bestimmten Überprüfungsklauseln oder Optionen gerade nicht auf den Geldwert der Änderung ankommen soll.[200]

Das Beispiel verdeutlicht, dass der EU-Gesetzgeber die Schwerpunkttheorie gemäß Art. 3 Abs. 2 VRL hier nicht im Sinn hatte. Eine Änderung des Gesamtcharakters nach Art. 72 Abs. 1 Satz 1 lit. a) VRL soll also nicht von dem rechnerischen Überwiegen der Leistungsarten abhängig sein, sondern davon, ob die bei Gesamtbetrachtung des Auftrags dominierende Leistung durch eine andersartige Leistung ersetzt wird. Eine entsprechende Klarstellung des deutschen Gesetzgebers im Rahmen der Richtlinienumsetzung wäre hier wünschenswert.

Ergänzend sei angemerkt, dass es nicht zutreffend sein dürfte, eine Änderung des Gesamtcharakters des Auftrags an den vom Europäischen Gerichtshof in seiner Pressetext-Entscheidung entwickelten Wesentlichkeitskriterien festzumachen. Diese auf den ersten Blick naheliegende Verknüpfung hat der europäische Gesetzgeber nicht beabsichtigt. Anderenfalls hätte er auf Art. 74 Abs. 4 VRL Bezug genommen, der die Wesentlichkeitskriterien ausdrücklich aufführt. Ungeachtet dessen, sind die Wesentlichkeitskriterien als genereller Maßstab für eine Änderung des Gesamtcharakters ungeeignet. So führen Änderungen, die den Gesamtcharakter des Auftrags modifizieren, zwar in aller Regel dazu, dass ein anderer Bieterkreis angesprochen oder das Gleichgewicht des Vertrags zugunsten des Bieters verändert wird. Umgekehrt kann aber nicht bei jedem Wesentlichkeitskriterium auf eine Änderung des Vertragscharakters geschlossen werden. So lässt beispielsweise eine erhebliche quantitative Erweiterung des Auftragsumfangs den qualitativen Gesamtcharakter des Auftrags unberührt. Eine

[199] Erwägungsgrund (109) VRL.

[200] Vgl. hierzu die Ausführungen unter Abschnitt G.II.4.

Änderung des Vertragscharakters ist also mehr als eine nur wesentliche Vertragsänderung im Sinne der europäischen Rechtsprechung.[201]

4. *Auftragsänderung unabhängig vom Geldwert*

Schließlich bestimmt Art. 72 Abs. 1 Satz 1 lit. a) VRL, dass es für den Ausnahmetatbestand auf den Geldwert der Änderung nicht ankommt. Das ist angesichts des Regelungszwecks dieser Fallgruppe konsequent. Denn der Grund für die Freistellung von der (Neu-)Ausschreibungspflicht besteht gerade darin, dass die Änderung integraler Bestandteil des ursprünglichen (bereits ausgeschriebenen) Vertrags ist; mithin keine Vertragsänderung, sondern lediglich eine Vertragsausführung vorliegt.[202] Diese Rechtfertigung knüpft nicht an den Geldwert der Änderung an. Der entsprechende Hinweis in Art. 72 Abs. 1 Satz 1 lit. a) VRL hat insoweit nur klarstellenden Charakter. Der EU-Gesetzgeber tritt damit derjenigen Rechtsauffassung entgegen, die aus Gründen der Rechtssicherheit stets dann eine wesentliche Auftragsänderung bejaht, wenn der Wert der Vertragsänderung den für eine europaweite Ausschreibung relevanten Schwellenwert überschreitet.[203] Deutlicher wird diese Regelungsabsicht bei dem weiteren Ausnahmetatbestand des Art. 72 Abs. 1 Satz 1 lit. e) in Verbindung mit Abs. 4 VRL, der allgemein auf die Wesentlichkeitskriterien des Europäischen Gerichtshofs abstellt und als Auffangtatbestand fungiert. Auch hier soll der Geldwert der Änderung unbeachtlich sein.[204]

Keine Aussage trifft der EU-Gesetzgeber hingegen zu der von der deutschen Rechtsprechung und Literatur für die zulässige Verwendung von Optionen (Bedarfspositionen) aufgestellte wertmäßige Obergrenze von 10–15 % des ursprünglichen Auftragswertes.[205] Denn Art. 72 VRL bestimmt nicht, unter welchen Voraussetzungen der öffentliche Auftraggeber Optionen in der Leistungsbeschreibung verwenden darf, sondern definiert ausschließlich unter welchen Bedingungen eine Pflicht zur Neuausschreibung bei einer (zulässigen) Verwendung von Optionen entfällt.

III. Zusätzliche Leistungen des ursprünglichen Auftragnehmers

Als zweiten Ausnahmetatbestand erfasst Art. 72 Abs. 1 Satz 1 lit. b) VRL die Konstellation, dass sich während der Vertragslaufzeit ein Bedarf an zusätzlichen Bau-, Liefer- oder Dienstleistungen herausstellt und der Einsatz von Leistungen oder Waren eines anderen Auftragnehmers wegen der Unvereinbarkeit mit den durch die Erst-

[201] Im Ergebnis so auch *Rosenkötter/Fritz*, Vertragsänderungen nach den neuen Richtlinien, VergabeR 2014, S. 290 ff.

[202] So auch *Gröning*, Die neue Richtlinie für die öffentliche Auftragsvergabe – Ein Überblick, VergabeR 2014, S. 339 ff.

[203] Vgl. *Weyand*, Praxiskommentar zum Vergaberecht, 4. Auflage 2013, § 99 GWB, Rn. 551.

[204] Zu dem Ausnahmetatbestand des Art. 72 Abs. 1 Satz 1 lit. e) VRL vgl. Abschnitt G.VI.

[205] Vgl. u.a. VK Bund, Beschluss v. 14.7.2005, Az. VK 1 – 50/05; VK Lüneburg, Beschluss v. 3.2.2004, Az. 203-VgK-41/2003; *Prieß*, in: Kulartz/Marx/Portz/Prieß, Kommentar zur VOL/A, 3. Auflage 2014, § 8 EG-VOL/A, Rn. 77.

vergabe bereits beschafften Ausrüstungsgegenständen, Dienstleistungen oder Anlagen nicht möglich ist. In diesem Fall soll es zulässig sein, den laufenden Auftrag mit dem bisherigen Auftragnehmer um die zusätzlichen Lieferungen oder Leistungen zu erweitern, ohne ein neues Vergabeverfahren durchführen zu müssen.

1. Erfordernis an zusätzlichen Leistungen

Der Ausnahmetatbestand beschränkt sich nur auf solche Leistungen, die als echter Zusatz den Leistungsbereich eines bestehenden Auftrags ergänzen. Anderenfalls hätte es die Umschreibung *„zusätzlich"* in Art. 72 Abs. 1 Satz 1 lit. b) VRL nicht bedurft. Umfasst sind damit vor allem Erweiterungen der Stückzahl bzw. des Gesamtumfangs oder aber ein Teilersatz.[206] Außerdem müssen die ergänzenden Leistungen zur Durchführung des ursprünglichen Auftrags tatsächlich erforderlich sein. Dieser funktionale Zusammenhang folgt zwar nicht klar aus dem Wortlaut der Vorschrift. Denn dort ist nur die Rede von zusätzlichen Leistungen oder Lieferungen, *„die erforderlich geworden sind und nicht in den ursprünglichen Auftragsunterlagen vorgesehen waren"*. Bei verständiger Würdigung und gebotener restriktiver Auslegung des Ausnahmetatbestandes drängt sich dieses Verständnis allerdings auf. Eine entsprechende Klarstellung hat der EU-Gesetzgeber wohl aufgrund des offensichtlichen Sachzusammenhangs der Zusatzleistung zum ursprünglichen Auftragsgegenstand für überflüssig erachtet.

2. Relative und absolute Inkompatibilität

Weitere tatbestandliche Voraussetzung ist die Feststellung, dass ein Austausch des Auftragnehmers wegen der Eigenschaften des Beschaffungsgegenstandes nicht möglich ist. Im Einzelnen verlangt Art. 72 Abs. 1 Satz 1 lit. b) VRL, dass *„ein Wechsel des Auftragnehmers*

i) aus wirtschaftlichen oder technischen Gründen wie der Austauschbarkeit oder Kompatibilität mit im Rahmen des ursprünglichen Vergabeverfahrens beschafften Ausrüstungsgegenständen, Dienstleistungen oder Anlagen nicht erfolgen kann und

ii) mit erheblichen Schwierigkeiten oder beträchtlichen Zusatzkosten für den öffentlichen Auftraggeber verbunden wäre."

Die Vorschrift ist regelungstechnisch missglückt. Erfasst werden sollen die Fälle der relativen und absoluten Inkompatibilität. Relative Inkompatibilität meint die Unvereinbarkeit aus wirtschaftlichen Gründen. Sie ist anzunehmen, wenn eine technische Angleichung des zusätzlichen Beschaffungsgegenstandes mit den bereits vorhandenen Leistungen oder Anlagen zwar grundsätzlich möglich ist, dies jedoch bei dem öffentlichen Auftraggeber einen unverhältnismäßigen finanziellen Aufwand auslöst oder erhebliche (technische) Schwierigkeiten aufwirft, die den Gebrauchs-

---

[206] Erwägungsgrund (108) VRL.

zweck nicht nur marginal beeinträchtigen. Absolute Inkompatibilität meint hingegen die Unvereinbarkeit aus technischen Gründen. Sie liegt vor, wenn der Gebrauchszweck der vorhandenen Leistungen oder Anlagen durch den Einsatz der zusätzlichen Leistungen eines anderen Auftragnehmers vollständig vereitelt wird. In diesem Fall kommt es dann aber nicht mehr auf die in Art. 72 Abs. 1 Satz 1 lit. b) ii) VRL aufgestellten zusätzlichen Anforderungen an. Sie treffen auf den Fall einer absoluten Inkompatibilität nicht zu. Denn sind Leistungen oder Anlagen unterschiedlicher Anbieter technisch nicht vereinbar, so begründet deren Einsatz eben nicht nur erhebliche (technische) Schwierigkeiten, sondern schließt deren gemeinsame Verwendung gänzlich aus. Hier ist zugunsten einer größeren Rechtssicherheit zu wünschen, dass der deutsche Gesetzgeber bei der Umsetzung dieses Ausnahmetatbestandes eine klarere Formulierung wählt.

3. Wertgrenze

Eine Neuausschreibung ist gemäß Art. 72 Abs. 1 Satz 1 lit. b) VRL nur dann entbehrlich, wenn die Preiserhöhung infolge der zusätzlichen Leistung nicht mehr als 50 % des Wertes des ursprünglichen Auftrags beträgt.

Danach kommt es auf einen Vergleich der Auftragsvergütung (Preise) ohne und mit der zusätzlichen Leistung an. Referenzwert ist dabei die tatsächliche Vergütung des ursprünglichen Auftrags, die sich nicht notwendig mit dem Angebotspreis decken muss. Für den Fall dass der ursprüngliche Vertrag eine Indexierungsklausel enthält, ist für die Berechnung des relevanten Auftragswertes folglich die angepasste Vergütung als Vergleichsmaßstab heranzuziehen. Letzteres regelt Art. 73 Abs. 3 VRL.

Die Wertgrenze trägt dem eigentlichen Regelungszweck des Ausnahmetatbestandes Rechnung, der vor allem auf kleinere Erweiterungen oder Ersatzleistungen der bereits bestehenden Dienstleistung, Lieferung oder Einrichtung abzielt.[207] *„Zusätzliche Leistung“* meint somit eine auch wertmäßig untergeordnete Annexleistung des ursprünglichen Auftrags. Auf jeden Fall soll verhindert werden, dass sich öffentliche Auftraggeber auf dem Rücken kleinvolumiger Aufträge weitere Leistungen in großem Umfang vergabefrei beschaffen können.

Der damit beabsichtigte Missbrauchsschutz wird durch die weiteren Regelungen allerdings wieder in Frage gestellt. Denn bei mehreren aufeinander folgenden Auftragsänderungen sollen gemäß Art. 72 Abs. 1 Satz 1 lit. b) VRL die Wertgrenzen für jede einzelne Änderung gesondert gelten. Dieses Zugeständnis verwundert, da es den öffentlichen Auftraggeber förmlich dazu einlädt, eine zusätzliche Leistung in Teilleistungen zu zerstückeln und diese in kurzer Zeitfolge in das bestehende Auftragsverhältnis einzubeziehen, um so die Wertgrenze nicht zu überschreiten. Welchem konkreten Anwendungsfall der europäische Gesetzgeber mit dieser Regelung Rechnung

[207] Erwägungsgrund (108) VRL.

tragen wollte, lässt sich der Richtlinie nicht entnehmen. Auch die Erwägungsgründe führen hierzu nicht näher aus. Denkbar sind Beschaffungen in der IT-Branche mit sehr kurzen Innovationszyklen, bei denen permanente Erneuerungen oder Erweiterungen des ursprünglichen Leistungsgegenstands für den Erhalt der Funktionsfähigkeit erforderlich sind. Hier ist es von großer praktischer Relevanz, dass nicht jede Systemmodifikation eine neue Ausschreibungspflicht begründet. Sollten die Parteien es versäumt haben, im ursprünglichen Vertrag hinreichend bestimmte Änderungsklauseln (Change Request) zu vereinbaren, die einen Verzicht auf eine Neuausschreibung bereits nach der ersten Fallgruppe gemäß Art. 72 Abs. 1 Satz 1 lit. a) VRL erlauben, könnte somit Art. 72 Abs. 1 Satz 1 lit. b) VRL einen handhabbaren Ausweg bereit halten.

Der EU-Gesetzgeber ist sich der aufgezeigten Missbrauchsgefahr, die mit dieser Regelung verbunden ist, durchaus bewusst. Aus diesem Grund soll gemäß Art. 72 Abs. 1 Satz 1 lit. b) VRL eine gesonderte Preisbetrachtung nur dann zulässig sein, wenn die aufeinander folgenden Änderungen nicht mit dem Ziel vorgenommen werden, das Vergaberecht zu umgehen. Ob dieses auf die innere Willensbildung des öffentlichen Auftraggebers abstellende Korrektiv tatsächlich geeignet ist, dem Missbrauch effektiv vorzubeugen, darf allerdings bezweifelt werden. Sollte der deutsche Gesetzgeber diese Regelung in das nationale Vergaberecht unverändert übernehmen, ist vielmehr absehbar, dass sich zukünftig die Rechtsprechung mit der Frage auseinander zu setzen hat, anhand welcher objektiven Kriterien auf die Umgehungsabsicht des öffentlichen Auftraggebers geschlossen werden kann.

4. Abgrenzung zum Anwendungsbereich des Verhandlungsverfahrens

Der Ausnahmetatbestand entspricht im Wesentlichen den bereits aus der Richtlinie 2004/18/EG bekannten Voraussetzungen für ein Verhandlungsverfahren ohne Teilnahmewettbewerb im Fall zusätzlicher Lieferleistungen,[208] die in der jetzigen Richtlinie in Art. 32 Abs. 3 lit. b) unverändert übernommen wurden. Noch deutlicher wird die Parallelität der Regelungen, wenn man die Erwägungsgründe des EU-Gesetzgebers zu Art. 72 Abs. 1 Satz 1 lit. b) VRL heranzieht. Dort wird Art. 32 Abs. 3 lit. b) VRL wortgetreu wiedergegeben und der Tatbestand als ein möglicher Anwendungsfall des Art. 72 Abs. 1 Satz 1 lit. b) VRL beschrieben.[209]

Trotz der tatbestandlichen Übereinstimmungen sind die Anwendungsbereiche beider Vorschriften voneinander zu unterscheiden. Der Unterschied liegt in dem Zeitpunkt begründet, zu dem der Bedarf an zusätzlichen Leistungen entsteht. Im Fall des Art. 32 Abs. 3 lit. b) VRL ist der ursprüngliche Auftrag bereits abgeschlossen, so dass nunmehr ein neuer Auftrag erteilt werden soll. Art. 72 Abs. 1 Satz 1 lit. b) VRL betrifft hin-

[208] Art. 31 Nr. 1 lit. b) der Richtlinie 2004/18/EG, umgesetzt in § 3 Abs. 4 lit. e) EG-VOL/A.

[209] Erwägungsgrund (108) VRL.

gegen den Fall, dass der Bedarf für die zusätzlichen Leistungen noch während des Ausführungszeitraums des ursprünglichen Auftrags entsteht, mithin eine Änderung des ursprünglichen Auftrags in Rede steht.

5. *Pflicht zur Bekanntmachung*

Öffentliche Auftraggeber, die eine entsprechende Änderung des Auftrags unter den vorgenannten Voraussetzungen ohne Durchführung eines neuen Vergabeverfahrens vornehmen, sollen diese gemäß Art. 72 Abs. 1 Satz 2 VRL im Amtsblatt der Europäischen Union bekannt machen.

Die Bekanntmachung dient der Transparenz und schafft eine Kontrollmöglichkeit durch die übrigen Marktteilnehmer. So hat der öffentliche Auftraggeber in der Bekanntmachung den in Rede stehenden Auftrag vor und nach der Änderung zu beschreiben und die Umstände darzulegen, die die Änderung erforderlich gemacht haben. Außerdem ist eine etwaige Preiserhöhung anzugeben, die sich durch die Änderung ergeben hat. Das bestimmt Art. 72 Abs. 1 Satz 3 VRL, der auf die in Anhang V, Teil G der Richtlinie genannten Angaben verweist. Auf Grundlage dieser Informationen sollen die am Auftrag nicht beteiligten Marktteilnehmer einschätzen können, ob die Ausnahmevoraussetzungen tatsächlich erfüllt sind. Ist das nicht der Fall, begründet die Auftragsänderung eine unzulässige Direktvergabe, die unter den Voraussetzungen des Art. 101b GWB im Rahmen eines Nachprüfungsverfahrens angefochten werden kann. Ohne eine entsprechende Bekanntmachung bliebe diese Rechtsschutzmöglichkeit den Mitbewerbern zumeist verwehrt, da für Außenstehende die nachträgliche Vereinbarung vergaberechtsrelevanter Zusatzaufträge in der Regel nicht erkennbar ist.

Einen konkreten Zeitpunkt, zu dem die Bekanntmachung erfolgen muss, schreibt der EU-Gesetzgeber nicht vor. Dem Wortlaut des Art. 72 Abs. 1 Satz 2 VRL ist jedoch zu entnehmen, dass eine nachträgliche Bekanntmachung im Anschluss an die Auftragsänderung genügt. Hier sollte der deutsche Gesetzgeber eine möglichst kurze Bekanntmachungsfrist ab Auftragsänderung festschreiben, um dem mit der Bekanntmachung verfolgten Zweck der Transparenz und Kontrolle hinreichend Rechnung zu tragen.

IV. Unvorhersehbarer Änderungsbedarf

Öffentliche Auftraggeber können sich mit extremen Umständen konfrontiert sehen, die sie zum Zeitpunkt der Zuschlagserteilung nicht absehen konnten, insbesondere wenn sich die Ausführung des Auftrags über einen längeren Zeitraum erstreckt. In diesen Fällen soll gemäß Art. 72 Abs. 1 Satz 1 lit. c) VRL eine nachträgliche Anpassung des Auftrags an die neuen Gegebenheiten möglich sein, ohne ein neues Vergabeverfahren einleiten zu müssen.[210]

---

[210] Erwägungsgrund (109) VRL.

1. *Anforderungen an die Unvorhersehbarkeit des Änderungsbedarfs*

Voraussetzung ist zunächst, dass die Vertragsänderung aufgrund von Umständen erforderlich geworden ist, die ein seiner Sorgfaltspflicht nachkommender öffentlicher Auftraggeber nicht vorhersehen konnte. Der Maßstab, der an die Sorgfalt des öffentlichen Auftraggebers anzulegen ist, wird in den Erwägungsgründen konkretisiert. Danach sind nur solche Umstände nicht vorhersehbar, die auch bei einer nach vernünftigem Ermessen sorgfältigen Vorbereitung der ursprünglichen Zuschlagserteilung durch den öffentlichen Auftraggeber unter Berücksichtigung der diesem zur Verfügung stehenden Mittel, der Art und Merkmale des spezifischen Projekts, der bewährten Praxis im betreffenden Bereich und der Notwendigkeit, ein angemessenes Verhältnis zwischen den bei der Vorbereitung der Zuschlagserteilung eingesetzten Ressourcen und dem absehbaren Nutzen zu gewährleisten, nicht hätten vorausgesagt werden können.[211] Dieser objektivierte Sorgfaltsmaßstab soll sicherstellen, dass eine Freistellung von der Ausschreibungspflicht nicht allein von dem Willen des öffentlichen Auftraggebers abhängt.

2. *Keine Änderung des Gesamtcharakters*

Als weitere tatbestandliche Voraussetzung darf die nachträgliche Änderung den Gesamtcharakter des Auftrags nicht berühren. Diese Anforderung ist identisch mit dem Tatbestandsmerkmal in Art. 72 Abs. 1 Satz 1 lit. a) VRL, so dass auf die dort gemachten Ausführungen Bezug genommen werden kann.[212]

3. *Wertgrenze*

Schließlich darf die infolge der Auftragsänderung eintretende Preiserhöhung nicht mehr als 50 % des ursprünglichen Werts des Auftrags betragen. Für den Fall, dass mehrere aufeinander folgende Änderungen vorgenommen werden, soll die Wertgrenze für den Wert jeder einzelnen Änderung gelten. Das gilt jedoch nicht, wenn solche aufeinander folgende Änderungen mit dem Ziel vorgenommen werden, das Vergaberecht zu umgehen. Die Regelungen entsprechend den Bestimmungen in Art. 72 Abs. 1 Satz 1 lit. b) VRL, so dass auf die dortigen Erläuterungen verwiesen wird.[213]

4. *Pflicht zur Bekanntmachung*

Öffentliche Auftraggeber, die einen Auftrag unter den vorgenannten Tatbestandsvoraussetzungen geändert haben, sollen gemäß Art. 72 Abs. 1 Satz 2 VRL eine diesbezügliche Bekanntmachung im Amtsblatt der Europäischen Union veröffentlichen.

---

[211] Erwägungsgrund (109) VRL.

[212] Vgl. Abschnitt G.II.3.

[213] Vgl. Abschnitt G.III.3.

Diese Regelung gilt gleichermaßen für den Ausnahmetatbestand gemäß Art. 72 Abs. 1 Satz 1 lit. b) VRL. Insoweit gelten die hierzu gemachten Ausführungen entsprechend.[214]

V. Wechsel des Auftragnehmers

Die Rechtsprechung beurteilt den Wechsel eines Vertragspartners während der Vertragslaufzeit ebenfalls nach den für eine wesentliche Vertragsänderung geltenden Grundsätzen.[215] Dem liegt das Rechtsverständnis zugrunde, dass die Person des Leistungserbringers wesentlicher Bestandteil des erteilten Auftrags ist. Ein Austausch des Auftragnehmers ist danach stets eine wesentliche und damit ausschreibungspflichtige Auftragsänderung. Nur in besonderen Fällen erachtet die Rechtsprechung deshalb eine nachträgliche Auswechslung ausnahmsweise als nicht ausschreibungspflichtig.

Die Richtlinie trägt diesen Rechtsprechungsgrundsätzen Rechnung, indem Art. 72 Abs. 1 Satz 1 lit. d) i) bis iii) VRL drei Fallkonstellationen definiert, bei denen ein Wechsel des Auftragnehmers ausnahmsweise als vergabefreie Auftragsänderung zu qualifizieren ist. Zugleich stellt Art. 72 Abs. 4 Satz 2 lit. d) VRL klar, dass jeder sonstige Wechsel des Auftragnehmers, der nicht einer dieser Ausnahmen unterfällt, zwingend eine Pflicht zur Neuausschreibung begründet.

1. Wechsel im ursprünglichen Vertrag vereinbart

Ein nachträglicher Wechsel des Auftragnehmers soll gemäß Art. 72 Abs. 1 Satz 1 lit. d) i) VRL immer dann keine neue Ausschreibungspflicht begründen, wenn der Austausch in den ursprünglichen Auftragsunterlagen bereits in Form einer eindeutig formulierten Überprüfungsklausel oder Option vorgesehen ist.[216] Es handelt sich um einen Unterfall der bereits in Art. 72 Abs. 1 Satz 1 lit. a) VRL definierten Fallgruppe. Die Ausnahme hat ihren Grund also darin, dass der Wechsel des Auftragnehmers keine nachträgliche Änderung, sondern lediglich eine Ausführung des ursprünglichen Auftrags darstellt.

Für diese Fallgruppe gelten somit auch die in Art. 72 Abs. 1 Satz 1 lit. a) VRL genannten weiteren Voraussetzungen, insbesondere der dort formulierte Bestimmtheitsmaßstab. So muss der Wechsel des Auftragnehmers klar, präzise und eindeutig in den ursprünglichen Auftragsunterlagen geregelt sein. Es müssen die Bedingungen konkret genannt werden, unter denen der Wechsel vollzogen werden soll. Aber auch hier gilt, dass an die inhaltliche Ausgestaltung der Klauseln keine überhöhten Anforderungen zu

---

[214] Vgl. Abschnitt G.III.5.

[215] Ausführlich EuGH, Urteil v. 19.6.2008, Rs. C-454/06 (*„Pressetext"*); OLG Naumburg, Beschluss v. 29.4.2010, Az. 1 Verg 3/10; VK Bund, Beschluss v. 11.9.2009, Az. VK 3-157/09.

[216] Vgl. insoweit bereits OLG München, Beschluss v. 1.5.2008, Az. Verg 5/08; EuGH, Urteil v. 19.6.2008, Rs. C-454/06 (*„Pressetext"*).

stellen sind, die der erforderlichen Flexibilität des Auftragsverhältnisses entgegenstehen.[217] Beispielsweise dürfte auch weiterhin eine Klausel in einem Projektentwicklungsvertrag hinreichend bestimmt sein, wonach eine Vertragsübertragung durch den Projektentwickler an einen Endinvestor stattfindet, da derartige Absprachen als geradezu vertragstypisch anzusehen sind. Ebenfalls sollte es genügen, wenn der Ausgangsvertrag für den Fall des Verzugs oder Unmöglichkeit der betreffenden Leistungen die Möglichkeit der Drittvornahme vorsieht.

Fraglich ist, ob Art. 72 Abs. 1 Satz 1 lit. d) i) VRL auch die Nachunternehmervergaben erfasst. In der Pressetext-Entscheidung hat der Europäische Gerichtshofs ausgeführt, dass ein nachträglicher Austausch eines Vertragspartners in Form einer dem ursprünglichen Auftrag entsprechenden bedingungskonformen Unterbeauftragung zulässig ist.[218] Allerdings ist zu berücksichtigen, dass der Vertragspartner bei der klassischen Nachunternehmervergabe grundsätzlich unverändert bleibt. Das ist mit dem Anwendungsbereich des Art. 72 Abs. 1 Satz 1 lit. b) VRL nicht vereinbar, der seinem eindeutigen Wortlaut nach auf einen Wechsel des Auftragnehmers abstellt. Die Rechtsprechung des Europäischen Gerichtshofs lässt sich allerdings problemlos unter den Ausnahmetatbestand des Art. 72 Abs. 1 Satz 1 lit. a) VRL subsumieren.[219]

Ist eine Unterbeauftragung im ursprünglichen Vertrag nicht oder nicht hinreichend bestimmt vorgesehen, so ist eine Nachunternehmervergabe – außerhalb interner Umstrukturierungsmaßnahmen[220] – nur nach Maßgabe des Art. 72 Abs. 1 lit. e) VRL ausschreibungsfrei.[221]

2. *Umstrukturierungsmaßnahmen des Auftragnehmers*

Eine weitere Ausnahme bilden strukturelle Veränderungen des Auftragnehmers. Gemäß Art. 72 Abs. 1 Satz 1 lit. d) ii) VRL soll eine Neuausschreibung entbehrlich sein, wenn ein neuer Auftragnehmer den ursprünglichen Auftragnehmer *„ersetzt“*, indem *„ein anderer Wirtschaftsteilnehmer [...] im Zuge einer Unternehmensumstrukturierung – einschließlich Übernahme, Fusion, Erwerb oder Insolvenz – ganz oder teilweise an die Stelle des ursprünglichen Auftragnehmers tritt.“* Das gilt jedoch nur, wenn auch der neue Wirtschaftsteilnehmer die ursprünglich festgelegten qualitativen Eignungskriterien erfüllt. Außerdem darf die Umstrukturierung im Übrigen keine weiteren wesentlichen Änderungen des Auftrags zur Folge haben. Und schließlich darf die Umstrukturierung nicht mit dem Zweck der Umgehung des Vergaberechts erfolgen.

Fraglich ist, welche Sachverhalte der EU-Gesetzgeber von dieser Fallgruppe umfasst sieht. Dem Wortlaut der Vorschrift zufolge sind dies zunächst einmal Konstellationen, in

---

[217] Vgl. Abschnitt G.II.3.

[218] EuGH, Urteil v. 19.6.2008, Rs. C-454/06 (*„Pressetext“*).

[219] Zu Art. 72 Abs. 1 Satz 1 lit. a) VRL vgl. Abschnitt G.II.

[220] Zu der Freistellung von der Ausschreibungspflicht bei Umstrukturierungsmaßnamen des Auftragnehmers vgl. nachfolgend Abschnitt G.V.2.

[221] Zum Ausnahmetatbestand des Art. 72 Abs. 1 Satz 1 lit. e) VRL vgl. Abschnitt G.VI.

denen der Auftragnehmer durch einen neuen Wirtschaftsteilnehmer *„ersetzt“* wird, mithin sich die Identität des Auftragnehmers ändert. Damit dürfte die Rechtsprechung zukünftig nicht mehr aufrecht zu erhalten sein, die jede Veränderung in der Person des Auftragnehmers per se als wesentliche Vertragsänderung qualifiziert. Bejaht wurde dies bisher insbesondere im Falle einer Verschmelzung, also dem Zusammenschluss rechtlich selbstständiger Unternehmen zu einer wirtschaftlichen und rechtlichen Einheit, so dass mindestens eines der Unternehmen seine rechtliche Selbstständigkeit verliert.[222] Die Verschmelzung (Fusion) wird jetzt ausdrücklich in Art. 72 Abs. 1 Satz 1 lit. d) ii) VRL als mögliche vergaberechtsfreie Umstrukturierungsmaßnahme genannt.

Die Fallgruppe erfasst außerdem den Wechsel von Mitgliedern einer Bietergemeinschaft. Zwar ist die Bietergemeinschaft in der Regel als Gesellschaft bürgerlichen Rechts organisiert, die als Teilnehmerin selbst Träger von Rechten und Pflichten sein kann.[223] Der Austausch eines oder mehrerer Mitglieder lässt die rechtliche Identität der Bietergemeinschaft daher grundsätzlich unberührt. Allerdings ist den Erwägungsgründen zu entnehmen, dass der Ausnahmetatbestand gerade auch Konstellationen erfassen soll, in denen der Auftrag an eine Gruppe von Unternehmen vergeben wurde.[224] Das spricht dafür, dass auch bei einem nachträglichen Wechsel von Mitgliedern einer Bietergemeinschaft keine Neuausschreibung notwendig sein soll, wenn der neue Wirtschaftsteilnehmer über die entsprechende Eignung verfügt und auch die übrigen Voraussetzungen des Art. 72 Abs. 1 Satz 1 lit. d) ii) VRL vorliegen.

Fraglich ist, wie es sich bei internen Neuorganisationen von Unternehmen verhält, bei denen sich beispielsweise nur die Beteiligungsverhältnisse der auftragsausführenden Gesellschaft ändern. Ausweislich der Erwägungsgründe und mit Blick auf die Rechtsprechung des Europäischen Gerichtshofs[225] sieht der EU-Gesetzgeber derartige Änderungen als typische Fälle einer vergaberechtsfreien internen Umstrukturierung von dem Ausnahmetatbestand des Art. 72 Abs. 1 Satz 1 lit. d) ii) VRL umfasst.[226] Begründet wird dies damit, dass interne Umorganisationen beim Vertragspartner des öffentlichen Auftraggebers dem Grunde nach nicht implizieren, dass öffentliche Verträge an andere Unternehmen, die zuvor nicht dem Wettbewerb unterstellt waren, weitergereicht werden. Solche unternehmensinternen Umstrukturierungen stellen deshalb keine nach außen wirkenden marktrelevanten Vorgänge dar.

Der Anwendungsbereich des Art. 72 Abs. 1 Satz 1 lit. d) ii) VRL ist insoweit allerdings nicht sauber definiert. Denn danach bezieht sich der Ausnahmetatbestand auf Fälle, in denen ein neuer Auftragnehmer den bisherigen ersetzt bzw. ganz oder teilweise an

---

[222] OLG Düsseldorf, Beschluss v. 18.10.2006, Az. VII Verg 30/06; VK Bund, Beschluss v 22.02.2008, Az. VK 1-4/08; a.A. OLG Celle, Beschluss v. 15.9.2007, Az. 13 Verg 9/07.

[223] BGH, Urteil v. 29.1.2001, Az. II ZR 331/00.

[224] Erwägungsgrund (110) VRL.

[225] EuGH, Urteil v. 19.6.2008, Rs. C-454/06 OLG (*„Pressetext“*); vgl. auch OLG Naumburg, Beschluss v. 29.4.2010, Az. 1 Verg 3/10.

[226] Vgl. Erwägungsgrund (110) VRL, der ausdrücklich auf *„rein interne Umstrukturierungen Bezug“* nimmt.

dessen Stelle tritt. Das findet bei einer bloßen Änderung der Beteiligungsverhältnisse des Auftragnehmers nicht statt. Dass der EU-Gesetzgeber gerade aber auch diese Konstellationen einbeziehen wollte, folgt daraus, dass Art. 72 Abs. 1 Satz 1 lit. d) ii) VRL ausdrücklich auch die Übernahme und den Erwerb als relevante Umstrukturierungsmaßnahmen aufführt; mithin also auch solche Maßnahmen einbezieht, die die Person des Auftragnehmers und das Auftragsverhältnis zum öffentlichen Auftraggeber regelmäßig unberührt lassen.

3. Übernahme der Verpflichtungen des Auftragnehmers gegenüber Unterauftragnehmern

Eine dritte Fallgruppe knüpft an die Vorschrift in Art. 71 Abs. 3 VRL an. Danach können die Mitgliedstaaten in ihren nationalen Vergabegesetzen vorsehen, dass der öffentliche Auftraggeber auf Wunsch des Unterauftragnehmers die (Zahlungs-)Verpflichtungen des Hauptauftragnehmers übernimmt und direkt an den Unterauftragnehmer leistet. Der hierdurch bewirkte Wechsel des Leistungsverhältnisses soll gemäß Art. 72 Abs. 1 Satz 1 lit. d) iii) VRL ebenfalls vergaberechtsneutral sein. Denn in diesen Fällen wird kein neuer Marktteilnehmer in das Auftragsverhältnis einbezogen, sondern lediglich intern die Leistungsbeziehungen zwischen den bestehenden Parteien neu geordnet.

VI. Unwesentliche Änderungen

Gemäß Art. 72 Abs. 1 Satz 1 lit. e) VRL sind schließlich solche Auftragsänderungen von der Ausschreibungspflicht ausgenommen, die *„nicht wesentlich"* sind. Wegen der Wesentlichkeit verweist der EU-Gesetzgeber auf Art 72 Abs. 4 VRL, der die Kriterien der Pressetext-Entscheidung des Europäischen Gerichtshofs wiedergibt.

Die Vorschrift erfüllt danach die Funktion eines Auffangtatbestandes für diejenigen Auftragsänderungen, die nicht bereits von den vorgenannten Fallgruppen des Art. 72 VRL erfasst sind, aber dennoch als nicht wesentlich gemäß den Kriterien der Pressetext-Entscheidung des Europäischen Gerichtshofs zu qualifizieren sind. Sollte der deutsche Gesetzgeber diese Regelungssystematik des Art. 72 VRL in das nationale Vergaberecht übernehmen, so ist neben den übrigen Fallgruppen des Art. 72 VRL zukünftig immer auch zu prüfen, ob nicht eine Befreiung von der Ausschreibungspflicht nach den allgemeinen Wesentlichkeitskriterien des Europäischen Gerichtshofs in Betracht kommt. Das gilt hingegen nicht für Auftragnehmerwechsel, die nicht von Art. 72 Abs. 1 Satz 1 lit. d) VRL erfasst sind. Denn insoweit stellt Art. 72 Abs. 4 Satz 2 lit. d) VRL klar, dass jeder andere Auftragnehmerwechsel zwingend eine Pflicht zur Neuausschreibung begründet.

Art. 72 Abs. 1 Satz 1 lit. e) VRL bestimmt, dass es für die Beurteilung der Wesentlichkeit nicht auf den Wert der Änderung ankommt. Die bisher in der Rechtsprechung streitige Frage, ob eine Änderung jedenfalls bereits dann wesentlich ist, wenn die im

Wege der Änderung zu beschaffende (Teil-)Leistung isoliert betrachtet den maßgeblichen Schwellenwert überschreitet,[227] hat der EU-Gesetzgeber damit klar verneint.[228]

Unverständlich ist hingegen, dass der EU-Gesetzgeber in Art. 72 Abs. 4 Satz 1 VRL neben den einleitend genannten drei Kriterien des Europäischen Gerichtshofs ein weiteres Wesentlichkeitskriterium aufstellt. So sollen Auftragsänderungen auch dann wesentlich sein, wenn sie dazu führen, dass sich der geänderte Auftrag von dem ursprünglichen Auftrag *„erheblich unterscheidet"*. Dieses Kriterium besitzt keinen Mehrwert, da es lediglich einen unbestimmten Rechtsbegriff durch einen neuen unbestimmten Rechtsbegriff erklärt. Denkbar wäre, dass mit dem Kriterium der erheblichen Unterscheidung eine Änderung des Gesamtcharakters des ursprünglichen Auftrags gemeint ist.[229] Das entspräche der hier vertretenen Auffassung, dass jede Änderung des Gesamtcharakters eines Auftrags stets auch eine wesentliche Vertragsänderung begründet (nicht aber umgekehrt).[230] In diesem Fall steht allerdings die Frage im Raum, weshalb der EU-Gesetzgeber auf diese in Art. 72 Abs. 1 VRL mehrfach verwendete Formulierung dann nicht auch in Art. 72 Abs. 4 VRL zurückgegriffen, sondern eine abweichende Wortwahl getroffen hat.

VII. Änderungen von geringem Wert

Einen besonderen Stellenwert bei der zukünftigen Prüfung nachträglicher Auftragsänderungen nimmt schließlich die Vorschrift des Art. 72 Abs. 2 VRL ein. Danach sollen – losgelöst von den vorgenannten Fallgruppen – Vertragsänderungen stets dann von der Ausschreibungspflicht freigestellt sein, wenn die damit verbundenen Auftragswertänderungen als geringfügig qualifiziert werden können. Hierbei gilt eine doppelte Wertgrenze. So ist eine Neuausschreibung dann nicht erforderlich, wenn der Wert der Änderung weder den für eine europaweite Vergabe relevanten Schwellenwert überschreitet noch 10 % des ursprünglichen Auftragswertes bei Liefer- und Dienstleistungsaufträgen oder 15 % des ursprünglichen Auftragswertes bei Bauaufträgen übersteigt.[231] Außerdem darf sich der Gesamtcharakter des Auftrags nicht verändern.[232]

Bei nachträglichen Auftragsänderungen lohnt zukünftig also zunächst einmal die Prüfung, ob die genannten Geringfügigkeitsschwellen überhaupt überschritten sind, bevor man die weiteren Ausnahmetatbestände des Art. 72 VRL heranzieht.

---

[227] Vgl. u. a. OLG Celle, Urteil v. 29.10.2009, Az. 13 Verg 8/09, OLG Brandenburg, Urteil v. 15.07.2010, Az. Verg W 4/10.

[228] Vgl. hierzu auch Abschnitt G.II.4.

[229] So *Gröning*, Die neue Richtlinie für die öffentliche Auftragsvergabe – ein Überblick, VergabeR 2014, S. 339 ff., der dies aus einem Gegenschluss zu Art. 72 Abs. 1 lit.c (ii) und Abs. 2 VRL ableitet.

[230] Zur Änderung des Gesamtcharakters eines Auftrags vgl. Abschnitt G.II.3.

[231] Diese Grenzwerte haben bereits in der heutigen Rechtsprechung Bedeutung: vgl. u. a. OLG Düsseldorf, Beschluss v. 12.2.2014, Az. VII – Verg 32/13.

[232] Vgl. hierzu auch Abschnitt G.II.3.

Die Gefahr, dass der öffentliche Auftraggeber den Auftrag in mehrere kleinere Aufträge missbräuchlich unterteilt, um die Geringfügigkeitsgrenzen nicht zu überschreiten, liegt dabei auf der Hand. Aus diesem Grund bestimmt Art. 72 Abs. 2 Satz 3 VRL, dass bei mehreren aufeinander folgenden Änderungen der kumulierte Nettowert sämtlicher Änderungen maßgeblich sein soll.[233]

Klarstellend ist anzumerken, dass die Geringfügigkeitsregel nur eine negative Abgrenzung vollzieht, bis zu welchem Wert eine Auftragsänderung nicht als wesentlich anzusehen ist. Keinesfalls kann daraus der Umkehrschluss gezogen werden, dass ab Erreichen des Schwellenwertes oder ab einer Quote von 10 % bzw. 15 % des ursprünglichen Auftragswertes eine zwingend ausschreibungspflichtige Vertragsänderung vorliegt. Das Gegenteil ist der Fall. Der EU-Gesetzgeber hat in Art. 72 Abs. 4 VRL klargestellt, dass der Geldwert der Änderung für sich genommen gerade keine Aussage über die Ausschreibungspflicht einer Auftragsänderung erlaubt. So kann auch oberhalb der Geringfügigkeitsgrenzen des Art. 72 Abs. 2 VRL eine Einzelfallprüfung anhand der beschriebenen Fallgruppen des Art. 72 Abs. 1 VRL ergeben, dass keine ausschreibungspflichtige Vertragsänderung vorliegt.

VIII. Kündigungsrecht im Falle einer wesentlichen Änderung

Nehmen die Vertragsparteien während der Vertragslaufzeit eine ausschreibungspflichtige Änderung des Auftrags vor, ohne jedoch ein Vergabeverfahren durchzuführen, liegt eine unzulässige de-facto-Vergabe vor. Der öffentliche Auftraggeber muss in diesem Fall die Möglichkeit haben, das vergaberechtswidrige Auftragsverhältnis während seiner Laufzeit schnellstmöglich zu beenden. Ist ein vertragliches Kündigungsrecht aber nicht vereinbart, so verbleibt dem öffentlichen Auftraggeber nur der Rückgriff auf die gesetzlichen außerordentlichen Kündigungsrechte, insbesondere § 314 BGB. Die danach vorgesehenen Kündigungsvoraussetzungen lassen sich auf den Fall einer de-facto-Vergabe jedoch nicht ohne weiteres übertragen.

Art. 73 VRL verpflichtet daher die Mitgliedstaaten erstmals, in ihren nationalen Vergabegesetzen sicherzustellen, dass dem öffentlichen Auftraggeber ein gesetzliches Kündigungsrecht im Falle einer wesentlichen Auftragsänderung eingeräumt wird. Außerdem müssen die Bedingungen festgelegt werden, unter denen die Kündigung erfolgen soll. Das betrifft insbesondere die Regelung etwaiger Ersatzansprüche. Hierbei wird zu berücksichtigen sein, in wessen Verantwortungs- oder Risikobereich die wesentliche Vertragsänderung fällt. Außerdem scheint in diesem Zusammenhang eine Haftungsbegrenzung bei Verträgen mit mehrjährigen Vertragslaufzeiten, Dauerschuldverhältnisse, Rahmenvereinbarungen oder Bauprojekten mit mehrjähriger Bauzeit sachgerecht. Hier bleibt abzuwarten, wie der deutsche Gesetzgeber die ihm zur Verfügung stehenden Gestaltungsspielräume nutzt.

---

[233] Im Unterschied hierzu die Regelungen in Art. 72 Abs. 1 Satz 1 lit. b) und c) VRL, vgl. Abschnitte G.III.3. und G.IV.3.

IX. Prüfungsschema

Sollte der deutsche Gesetzgeber Art. 72 VRL unverändert in das nationale Recht umsetzen, so empfiehlt sich bei nachträglichen Auftragsänderungen zukünftig folgende Prüfungsreihenfolge. Erst wenn sämtliche Tatbestände verneint werden, muss eine (Neu-)Ausschreibung erfolgen:

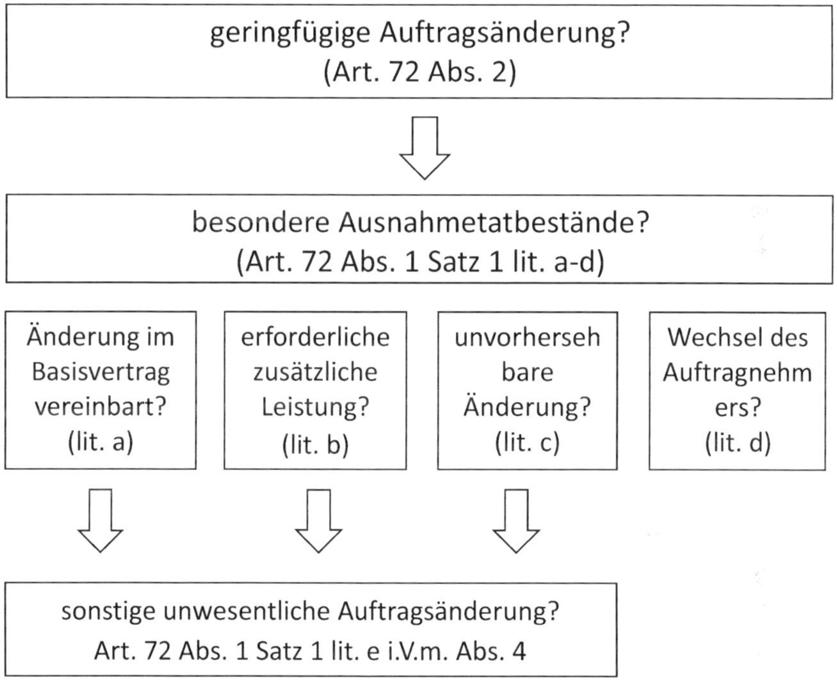

Abbildung Prüfungsschema

H. Soziale und andere besondere Dienstleistungen

I. Überblick

Titel III der VRL trägt die Überschrift „Besondere Beschaffungsregelungen". Für soziale und andere besondere Dienstleistungen enthält Kapitel I mit den Art. 74 bis 77 einige Sondervorschriften. Welche Dienstleistungen im Einzelnen hierunter fallen, bestimmt Anhang XIV.

II. Richtlinie 2004/18/EG

Die Richtlinie 2004/18/EG differenzierte bisher bezüglich ihres Anwendungsbereichs zwischen vorrangigen, sogenannten „prioritären Dienstleistungen“ und nachrangingen, „nichtprioritären Dienstleistungen“. Die Anhänge II A und B enthalten Kataloge, in denen Dienstleistungen – jeweils mit den zugehörigen CPV-Referenznummern[234] – genannt sind, die als prioritär (Anhang II A) oder nichtprioritär (Anhang II B) einzustufen sind. Korrespondierend hierzu bestimmt Art. 20, dass Dienstleistungen im Sinne von Anhang II A nach den Art. 23 bis 55 vergeben. Auf die Vergabe von Dienstleistungen nach Anhang II B sind hingegen lediglich die Vorschriften der Art. 23 (Technische Spezifikationen) und 35 Abs. 4 (Bekanntmachung über vergebene Aufträge) anwendbar. Umgesetzt wird dies im deutschen Vergaberecht über § 1 Abs. 2 bzw. Abs. 3 EG-VOL/A i. V. m. § 4 Abs. 2 S. 1 Nr. 1 bzw. Nr. 2 VgV[235].

Seinen Grund hatte die Unterscheidung zwischen prioritären und nichtprioritären Dienstleistungen darin, dass an Aufträgen über letztere nach Überzeugung des europäischen Gesetzgebers auf Grund ihrer Natur allenfalls ein geringes grenzüberschreitendes Interesse besteht. Hierzu heißt es in Erwägungsgrund (19 der Richtlinie 2004/18/EG:

> *„Die volle Anwendung dieser Richtlinie auf Dienstleistungsaufträge sollte für eine Übergangszeit auf Aufträge beschränkt werden, bei denen ihre Bestimmungen dazu beitragen, alle Möglichkeiten für eine Zunahme des grenzüberschreitenden Handels voll auszunutzen. Aufträge für andere Dienstleistungen sollten in diesem Übergangszeitraum beobachtet werden, bevor die volle Anwendung dieser Richtlinie beschlossen werden kann. Es ist daher ein entsprechendes Beobachtungsinstrument zu schaffen. Dieses Instrument sollte gleichzeitig den Betroffenen die einschlägigen Informationen zugänglich machen.“*

Der geringeren Bedeutung nichtprioritärer Leistungen für einen funktionierenden Binnenmarkt sollte dadurch begegnet werden, dass die Mitgliedstaaten weitgehend frei in der Ausgestaltung des Verfahrens für diese sind.

III. Richtlinie 2014/24/EU

Die Unterscheidung zwischen prioritären und nichtprioritären Dienstleistungen ist zwar zunächst mitsamt der Anhänge II A und II B weggefallen. Die Nachfolgerichtlinie greift diese Unterscheidung aber in ähnlicher Form wieder auf. Auch die Erwägungen zu ei-

---

[234] Verordnung (EG) Nr. 213/2008 der Kommission vom 28.11.2007 zur Änderung der Verordnung (EG) Nr. 2195/2002 des Europäischen Parlaments und des Rates über das Gemeinsame Vokabular für öffentliche Aufträge (CPV) und der Vergaberichtlinien des Europäischen Parlaments und des Rates 2004/17/EG und 2004/18/EG im Hinblick auf die Überarbeitung des Vokabulars, ABl. EU 2008, L 74/1 vom 15.3.2008.

[235] In der Fassung der Siebten Verordnung zur Änderung der Verordnung über die Vergabe öffentlicher Aufträge vom 15.10.2013 , BGBl. I, 2013, S. 3854 vom 24.10.2013.

ner Ausklammerung der vorstehenden Leistungen aus dem allgemeinen Vergaberecht sind im Wesentlichen dieselben, die schon bei Verabschiedung der Richtlinie 2004/18/EG von Bedeutung waren. Hierzu heißt es in Erwägungsgrund (114):

> *„Bestimmte Dienstleistungskategorien haben aufgrund ihrer Natur nach wie vor lediglich eine begrenzte grenzüberschreitende Dimension, insbesondere die sogenannten personenbezogenen Dienstleistungen, wie etwa bestimmte Dienstleistungen im Sozial-, im Gesundheits- und im Bildungsbereich. Diese Dienstleistungen werden in einem besonderen Kontext erbracht, der sich aufgrund unterschiedlicher kultureller Traditionen in den einzelnen Mitgliedstaaten stark unterschiedlich darstellt. Für öffentliche Aufträge zur Erbringung dieser Dienstleistungen sollte daher eine spezifische Regelung festgelegt werden und ein höherer Schwellenwert gelten als der, der für andere Dienstleistungen gilt."*

Der neue Anhang XIV enthält eine Übersicht über alle Leistungen, die als soziale oder andere besondere Dienstleistungen gelten. Hinzu gekommen sind insbesondere Postdienste, die bisher unter Anhang II A, Kategorie 4 als prioritäre Dienstleistungen definiert waren. Weitere Dienstleistungen sind insbesondere

- Arbeitsmarktdienstleistungen
- Dienstleistungen des Gesundheits- und Sozialwesens[236]
- Rechtsberatungsleistungen[237]
- Rettungsdienste[238]
- Kommunale Dienstleistungen.

1. *Besonderer Schwellenwert (Art. 74)*

Art. 4 lit. d) der VRL führt für soziale und andere besondere Dienstleistungen einen weiteren Schwellenwert ein. Hiernach gilt die Richtlinie für diese Leistungen erst ab Erreichen eines Auftragswerts in Höhe von EUR 750.000.[239] Die Bestimmungen zur Ermittlung des Schwellenwerts nach Art. 5 der VRL gelten im Übrigen auch hier.

2. *Bekanntmachungen (Art. 75)*

Öffentliche Aufträge, die unter Anhang XIV fallen und deren Auftragswert den Schwellenwert erreicht, müssen auf einem der folgenden Wege bekannt gemacht werden:

---

236 Vgl. Erwägungsgrund (114).

237 Vgl. Erwägungsgrund (116).

238 Vgl. Erwägungsgrund (117).

239 Der Vorschlag für eine Richtlinie des Europäischen Parlaments und des Rates über die öffentliche Auftragsvergabe vom 20.12.2011 – KOM(2011) 896 endgültig/2011/0438 (COD) – sah noch einen Schwellenwert in Höhe von EUR 500.000 vor.

- Auftragsbekanntmachung (nach Anhang V Teil H) oder
- Vorinformation (nach Anhang V Teil I).

Die Pflicht zur Bekanntmachung entfällt, wie bei anderen öffentlichen Aufträgen auch, im Falle eines Verhandlungsverfahrens ohne vorherige Bekanntmachung. Nach dem Wortlaut von Art. 75 Abs. 1 UAbs. 2 reicht hierfür aus, dass die Voraussetzungen nach Art. 32 überhaupt vorliegen.

Eine Auftragsbekanntmachung muss nach Anhang V Teil H folgende Mindestangaben enthalten:

- Bezeichnung des Auftraggebers
- NUTS-Code und CPV-Codes
- Kurzbeschreibung des Auftrags
- Teilnahmebedingungen
- Fristen für die Teilnahme
- Kurzbeschreibung des Verfahrens.

Eine Vorinformation muss nach dem hierfür geltenden Anhang V Teil I mindestens die nachfolgenden Angaben enthalten:

- Bezeichnung des Auftraggebers
- NUTS-Code und CPV-Codes
- Kurzbeschreibung des Auftrags
- Zeitrahmen für Leistungserbringung
- Teilnahmebedingungen
- Kurzbeschreibung des Verfahrens
- Hinweis zur Interessenbekundung nebst Frist.

Schließlich verlangt Art. 75 Abs. 2 eine Mitteilung über vergebene Aufträge nach Maßgabe von Anhang V Teil J.

3. Mindestanforderungen (Art. 76)

Abgesehen von den Art. 74 bis 76 macht die neue Richtlinie keine Vorgaben an die Ausgestaltung des Verfahrens zur Vergabe von Aufträgen über soziale und andere besondere Dienstleistungen. Die genauere Ausgestaltung der Verfahren bleibt – ähnlich den früheren nichtprioritären Dienstleistungen – den Mitgliedstaaten vorbehalten.

Nach Art. 76 Abs. 1 muss das nationale Verfahren aber jedenfalls den Grundsätzen der Transparenz und der Gleichbehandlung der Wirtschaftsteilnehmer genügen. Der Wettbewerbsgrundsatz findet keine Erwähnung. Im Übrigen sollen die Mitgliedstaaten selbst entscheiden, wie den Besonderheiten der jeweiligen Dienstleistung am besten Rechnung getragen werden kann. Erwägungsgrund (114) empfiehlt jedoch, dass die Mitgliedstaaten Art. 14 AEUV sowie das Zusatzprotokoll Nr. 26 zum AEUV über Dienste von allgemeinem wirtschaftlichem Interesse berücksichtigen.

Bemerkenswert sind die Regelungen in Art. 76 Abs. 2. In dessen Satz 1 gibt der europäischen Gesetzgeber den Mitgliedstaaten auf zu gewährleisten, dass die öffentlichen Auftraggeber die Notwendigkeit, Qualität, Kontinuität, Zugänglichkeit, Bezahlbarkeit, Verfügbarkeit und Vollständigkeit der Dienstleistungen sicherstellen können. Außerdem sollen sie in die Lage versetzt werden, den spezifischen Bedürfnissen verschiedener Nutzerkategorien, einschließlich benachteiligter und schutzbedürftiger Gruppen, der Einbeziehung und Ermächtigung der Nutzer und dem Aspekt der Innovation Rechnung tragen können.

Schließlich gibt Art. 76 Abs. 2 S. 2 den Mitgliedstaaten die Entscheidung darüber in die Hand, ob sie verlangen, dass die Auswahl der Dienstleister auf der Grundlage des Angebots mit dem besten Preis-Leistungs-Verhältnis unter Berücksichtigung von Qualitäts- und Nachhaltigkeitskriterien für soziale Dienstleistungen getroffen wird. Damit ist nichts anders gemeint als mit der vergleichbaren Regelung des Art. 67 Abs. 2 UAbs. 3, wonach den Mitgliedstaaten die Möglichkeit eingeräumt wird, für bestimmte Dienstleistungen eine reine Preiswertung zu verbieten.

4. Exkurs: Arbeitsmarktdienstleistungen

Insbesondere bei der Ausschreibung von Arbeitsmarktdienstleistungen wird die Vergabe nach dem alleinigen Kriterium des niedrigsten Preises aufgrund des damit einhergehenden kontinuierlichen Qualitätsverlusts und der zunehmenden Ausdünnung des Bietermarktes kritisiert.[240] Hier liegt es in der Verantwortung des Gesetzgebers, das Heft des Handels in die Hand zu nehmen und Mindestvorgaben an die Angebotswertung zu stellen, die eine qualitativ hochwertige Leistungserbringung dauerhaft sicherstellen.

Einen ersten Schritt in diese Richtung ist der Gesetzgeber mit der am 25.10.2013 in Kraft getretenen 7. VgV-Novelle[241] und der darin vollzogenen Aufweichung des Gebots der Trennung von Eignungs- und Zuschlagskriterien[242] gegangen. Gemäß § 4 Abs. 2 S. 2–4 dürfen öffentliche Auftraggeber bei der Vergabe nichtprioritärer Dienst-

[240] Vgl. hierzu oben E.II.1 sowie das „Schwarzbuch 3 – Vergabe von Aus- und Weiterbildungsdienstleistungen" der Gewerkschaft Erziehung und Wissenschaft.

[241] Siebte Verordnung zur Änderung der Verordnung über die Vergabe öffentlicher Aufträge vom 15.10.2013, BGBl. I, 2013, S. 3854 vom 24.10.2013.

[242] Vgl. etwa EuGH, Urteil v. 24.1.2008, Rs. C-532/06; Vgl. auch EuGH, Urteil v. 12.11.2009, Rs. C-199/07; OLG Düsseldorf vom 2.5.2008, Az. VII-Verg 26/08; OLG Düsseldorf, Beschluss v. 2.11.2009, Az. VII-Verg 12/09; OLG Düsseldorf, Beschluss v. 3.8.2011, Az. VII-Verg 16/11.

leistungen, die den Schwellenwert erreichen, die Organisation, die Qualifikation und die Erfahrung des für die Auftragsausführung vorgesehenen Personals mit einer Gewichtung von bis zu 25 % als Zuschlagskriterien berücksichtigen, wenn das Personal einen erheblichen Einfluss auf die Qualität der Auftragsausführung haben kann. Dies kann insbesondere durch Bewertung des Erfolgs und der Qualität von bisher erbrachten Leistungen geschehen.[243] Für nichtprioritäre freiberufliche Leistungen oberhalb der Schwellenwerte gilt dies nach § 5 Abs. 1 S. 2 – 4 VgV entsprechend.

5. *Dienstleistungen unterhalb des Schwellenwerts*

Öffentliche Aufträge, die Leistungen nach Anhang XIV betreffen, deren geschätzter Auftragswert jedoch unterhalb des Schwellenwerts von EUR 750.000 liegt, fallen schon nicht unter die VRL. Mangels Gesetzgebungskompetenzen des europäischen Richtliniengebers bleibt den Mitgliedstaaten die Ausgestaltung des Verfahrens für die Vergabe solcher Leistungen selbst überlassen.

Zwar kann derzeit nur vermutet werden, ob und inwieweit die Regelungen für solche Dienstleistungen im Zuge der Umsetzung der Richtlinien ebenfalls geändert werden. Als sicher wird aber gelten dürfen, dass hierzu ein dem Abschnitt 1. der VOL/A vergleichbares Regelungsregime zu beachten sein wird. Für Aufträge, denen trotz Unterschreitens der Schwellenwerte eine ausreichende Binnenmarktrelevanz zukommt, ergibt sich dies schon aus dem Unionsrecht.[244] Für die übrigen Aufträge ist nicht davon auszugehen, dass die haushaltsrechtlichen Verweise des Bundes-[245] und Landesrechts[246] ersatzlos wegfallen.

6. *Bestimmten Dienstleistungen vorbehaltene Aufträge (Art. 77)*

Nach Art. 77 soll den Mitgliedstaaten das Recht vorbehalten bleiben, die Teilnahme an bestimmten Vergabeverfahren ausschließlich solchen Organisationen vorzubehalten, die die Anforderungen nach Abs. 2 erfüllen.

Es handelt sich um eine eng begrenzte Ausnahmevorschrift. Sie hat ihren Grund in der Überzeugung, dass durch die Beauftragung von Organisationen im Sinne von Art. 77 Abs. 2 die Kontinuität der betreffenden Dienstleistungen in besonderem Maß gewährleistet wird.[247] Wie aus Art. 77 Abs. 4 hervorgeht, entbindet die Vorschrift den jeweiligen Auftraggeber aber nicht von der Pflicht, unter mehreren in Frage kommenden Or-

[243] Vgl. BT-DRs. 17/10113 vom 28.6.2012 sowie BR-DRs. 610/13 vom 31.7.2013.

[244] Vgl. *Deling*, NZBau 2011, 725; Deling, NZBau 2012, 17.

[245] Vgl. insbesondere §§ 7, 55 BHO i. V. m. den Verwaltungsvorschriften zu § 55 BHO und § 30 HGrG.

[246] Zumeist enthalten die Gemeindehaushaltsverordnungen der Länder Verweise auf den 1. Abschnitt der VOL/A (etwa § 31 GemHVO BW, § 30 KommHV-Doppik Bayern, § 25a GemHV Bbg, § 29 GemHVO Hessen, § 21 GemHVO-Doppik MV, § 26a GemHVO Nds, § 25 GemHVO NRW, § 22 GemHVO RP, § 24 SaarKomHVO, § 29 GemHVODoppik SachsAnh, § 31 ThürGemHV). Hinzu kommen regelmäßig Anwendungserlasse, die insbesondere Konkretisierungen zu den zulässigen Vergabearten enthalten.

[247] Vgl. Erwägungsgrund (118).

ganisationen einen Wettbewerb zu veranstalten. Aus Art. 77 Abs. 2 lit. d) ergibt sich zudem eine Verpflichtung zur Streuung der Aufträge. Hiernach kommen für eine Beauftragung nur Organisationen in Frage, die innerhalb der letzten drei Jahre nicht bereits auf Grundlage dieses Artikels von demselben Auftraggeber beauftragt wurden. Nach Art. 77 Abs. 3 darf die Laufzeit eines auf dieser Grundlage vergebenen Auftrags drei Jahre nicht überschreiten.

Die neue Sektorenrichtlinie

Die neue EU-Sektorenvergaberichtlinie RL 2014/25/EU des Europäischen Parlaments und des Rates vom 26. Februar 2014 über die Vergabe von Aufträgen durch Auftraggeber im Bereich der Wasser-, Energie- und Verkehrsversorgung sowie der Postdienste[1]

Erläuterungen zu ausgewählten Bereichen und Vorschriften

Hans-Peter Müller, Dipl. Verwaltungswirt

---

[1] ABl. EU 2014 Nr. L 94/243.

- - - - - - - - - - - - - - - - - - -

I. Einleitung

Mit der Vorlage eines Grünbuches über die Modernisierung der europäischen Politik im Bereich des öffentlichen Auftragswesens – Wege zu einem effizienten europäischen Markt für öffentliche Aufträge am 27. Januar 2011 (COM (2011)15 final) leitete die Europäische Kommission eine umfassende Überarbeitung der europäischen Vergaberechtsvorschriften aus dem Jahr 2004 ein. Der für Binnenmarkt und Dienstleistungen zuständige EU-Kommissar Michel Barnier erklärte „Wir müssen die Vorschriften im Bereich des öffentlichen Auftragswesens klarer fassen, um den Behörden in Europa wie auch den Unternehmen, die sich um Aufträge bewerben, das Leben zu erleichtern“ Das Grünbuch benannte einen Fragenkatalog, der etliche Reformbereiche aufzeigte: Die Vereinfachung von Vergabeverfahren, Reduzierung von Bürokratieaufwand für alle Beteiligten, Ausweitung grenzüberschreitender Beschaffungen, Förderung kleiner und mittlerer Unternehmen sowie Schaffung von Rechtssicherheit durch Übernahme von EuGH-Rechtsprechung in Bereichen wie etwa der so genannten Inhouse-Vergabe oder Vertragsänderungen. Nicht zuletzt ging es auch um die Frage nach der verstärkten Berücksichtigung von „strategischen Aspekten“, also soziale, umweltbezogene und innovative Gesichtspunkte.

Die Überarbeitung der bisherigen Richtlinien wurde notwendig vor dem Hintergrund der wirtschaftlichen, sozialen und politischen Entwicklung. Zudem spielt die öffentliche Auftragsvergabe im Rahmen der „Strategie Europa 2020“ für intelligentes, nachhaltiges und integratives Wachstum eine zentrale Rolle als eines der marktwirtschaftlichen Instrumente, die für diese Zwecke genutzt werden sollen.[2]

Die von der EU-Kommission angestoßene Konsultation zur Reform mündete im Dezember 2011 in die Entwürfe dreier neuer Vergaberichtlinien für die Bereiche des klassischen und Sektorenvergaberechts sowie in eine völlig neue Konzessionsvergaberichtlinie zur Vergabe von Dienstleistungs- und Baukonzessionen.

Gegenstand der nachfolgenden Betrachtungen ist die nach Abschluss des europäischen Gesetzgebungsverfahrens am 28.3.2014 im Amtsblatt der EU veröffentliche o. a. RL 2014/25/EU, durch die die Richtlinie 2004/17/EG des Europäischen Parlaments und des Rates vom 31. März 2004 zur Koordinierung der Zuschlagser-

---

[2] Erwägungsgrund 4, RL 2014/25/EU vom 26. Februar 2014, ABl. EU 2014 Nr. L 94/243.

teilung durch Auftraggeber im Bereich der Wasser-, Energie- und Verkehrsversorgung sowie der Postdienste[3] ersetzt wird.

II. Allgemeiner Überblick über wichtige Veränderungen

Es bleibt dabei, dass es für die Bereiche der Wasser-, Energie- und Verkehrsversorgung sowie der Postdienste eigene, flexible Regeln gibt, die nicht nur für klassische Auftraggeber (Bund, Länder, Kommunen) gelten sondern auch für – wie sie die Richtlinie bezeichnet – öffentliche oder private Unternehmen. Die Schwellenwerte, ab denen die Richtlinie gilt, werden sich für Liefer- und Dienstleistungsaufträge auch künftig von denen der klassischen Auftragsvergabe unterscheiden.[4]

Erfasst werden Auftragsvergaben, die im Zusammenhang mit Tätigkeiten in den genannten Bereichen – also zur Durchführung der entsprechenden Sektorentätigkeit – erfolgen. Gegenüber der bisherigen Richtlinie wurden Tätigkeiten im Zusammenhang mit der Erschließung von Erdöl und Erdgas sowie bestimmte mit Postdiensten verbundene Dienstleistungen (u. a. Finanz- und Logistikdienste) aus dem Anwendungsbereich herausgenommen.

Das mit der Binnenmarktrelevanz begründete unterschiedliche Regime für vorrangige und nachrangige Dienstleistungen gibt es nach der neuen RL 2014/25/EU nicht mehr. An dessen Stelle tritt in Titel III der Richtlinie (Besondere Beschaffungsregelungen), Kapitel I (Artikel 91 ff.) ein Sonderregime für „soziale und andere besondere Dienstleistungen“, welches ab einem Schwellenwert von 1 Mio. Euro Anwendung findet.

Als neuer Grundsatz der Auftragsvergabe regelt Artikel 36 Absatz 2 (vgl. auch Artikel 18 Absatz 2 RL 2014/24/EU), dass die Mitgliedstaaten geeignete Maßnahmen treffen, um sicherzustellen, dass Wirtschaftsteilnehmer bei der Durchführung öffentlicher Aufträge die geltenden umwelt-, sozial- und arbeitsrechtlichen Verpflichtungen einhalten, die durch Rechtsvorschriften der Union, nationale Rechtsvorschriften, Tarifverträge oder die internationalen umwelt-, sozial- und arbeitsrechtlichen Vorschriften (s. Anhang XIV RL 2014/25/EU) festgelegt sind. Gleiches gilt auch und vor allem für das klassische Vergaberecht.

Waren bisher die Auftraggeber im Sektorenbereich gemäß § 1 Absatz 1 Satz 3 Sektorenverordnung[5] (SektVO) nicht verpflichtet, besondere Regeln zur Vergabe von Bau- oder Dienstleistungskonzessionen einzuhalten, so haben sie künftig bei der Konzessionsvergabe die Vorschriften der Richtlinie 2014/23/EU des Europäischen Par-

---

[3] ABl. EU 2004 Nr. L 134/1.

[4] Zur Höhe der Schwellenwerte: s. Erläuterungen zu Artikel 1.

[5] Sektorenverordnung vom 23. September 2009 (BGBl. I S. 3110), die zuletzt durch Artikel 7 des Gesetzes vom 25. Juli 2013 (BGBl. I S. 2722) geändert worden ist.

laments und des Rates vom 26. Februar 2014 über die Konzessionsvergabe[6] einzuhalten (im Einzelnen siehe dort).

Parallel zur klassischen Auftragsvergabe wurden in der RL 2014/25/EU die Bereiche „Inhouse-Vergaben/ interkommunale Kooperation“ (Artikel 28, der allerdings ausschließlich für Aufträge durch „öffentliche Auftraggeber“ gem. Artikel 3 gilt!) sowie „Vertragsänderungen während der Laufzeit“ (Artikel 89) und „Kündigungsmöglichkeiten“ (Artikel 90) geregelt. Ebenso wurden im Gleichklang mit dem klassischen Vergaberecht die Mindestverfahrensfristen (Teilnahme- und Angebotsfristen) bei den einzelnen Vergabearten (Artikel 44 ff.) verkürzt. Zur Stärkung kleinerer und mittlerer Unternehmen wurden Vorschriften zur Losvergabe (Artikel 65) eingeführt, die jedoch hinter den in Deutschland bereits vorhandenen Vorschriften zur Mittelstandsförderung des § 97 Absatz 3 GWB[7] zurückbleiben.

In insgesamt 142 Erwägungsgründen werden die nun 110 Artikel des neuen Regelwerks für die Sektorenauftragsvergabe eingehend dargestellt und umfassend erläutert. Die Vermehrung an einzelnen Normen hat zu einer erheblich größeren Regelungsdichte in der neuen Richtlinie geführt. Die Anpassung vieler Verfahrensregeln an die klassische Vergaberichtlinie (z. B. zusätzliche Vergabearten, Regeln im Falle von Interessenkonflikten, weitere Ausnahmen, Vorschriften zu Vertragsänderungen und Kündigung, Verpflichtung der Auftragnehmer zur Einhaltung von Umwelt-, Sozial- und Arbeitsrechtsstandards) führt zudem zu einer Einschränkung der Spielräume, die die Auftraggeber im Sektorenbereich bisher hatten. Dies ist bedauerlich. Ob durch die neue Sektorenvergaberichtlinie das mit der Novellierung angestrebte Ziel der Vereinfachung, Flexibilisierung und effizienteren Durchführung von Vergabeverfahren erreicht wird, darf deshalb angezweifelt werden. Positiv sei jedoch angemerkt, dass durch die eingeführten Vorschriften zu Inhouse-Vergaben/Interkommunale Zusammenarbeit und nachträglichen Vertragsänderungen/Kündigungen durchaus mehr Rechtssicherheit im Vergabeprozess geschaffen wurde.

III. Anwendungsbereich

1. Gegenstand und Anwendungsbereich

Artikel 1

Im Gegensatz zur Vorgängerrichtlinie, die mit „Begriffsbestimmungen“ begann, findet sich nun, ganz unserem Verständnis vom Normenaufbau entsprechend, in Artikel 1 die Darstellung des Regelungsbereiches. Damit wird erstmals in der Richtlinie deren Regelungsbereich in einer kompakten Vorschrift unmittelbar zu Beginn bestimmt. Al-

---

6 ABl. EU 2014 Nr. L 94/1.

7 Gesetz gegen Wettbewerbsbeschränkungen in der Fassung der Bekanntmachung vom 26. Juni 2013 (BGBl. I S. 1750, 3245), das durch Artikel 5 des Gesetzes vom 21. Juli 2014 (BGBl. I S. 1066) geändert worden ist.

lerdings erschließt sich der vollständige Anwendungsbereich nur im Zusammenhang mit den Artikeln 2 („Begriffsbestimmungen"), 3 („öffentliche Auftraggeber") und 4 („Auftraggeber") sowie den Artikeln 7 ff. (Sektorentätigkeiten).

Daneben wird klargestellt, dass durch die Richtlinie weder die nationalen Vorschriften über die Soziale Sicherheit noch nichtwirtschaftliche Dienstleistungen von allgemeinem Interesse berührt werden. Die Mitgliedstaaten bestimmen diesen Rechtsbereich weiterhin autonom und unabhängig vom Vergaberecht.

Zunächst erfolgt die Bezugnahme auf die in Artikel 15 festgelegten und ab dem 01. Januar 2014 geltenden Schwellenwerte (sachlicher Geltungsbereich), ab derer die Vorschriften der Richtlinie anzuwenden sind. Sie betragen für Liefer- und Dienstleistungen 414.000 Euro und für Bauleistungen 5.186.000 Euro. Für soziale und andere besondere Dienstleistungen (Artikel 91 ff.), die in Anhang XVII aufgeführt sind, beträgt der Schwellenwert 1 Mio. Euro.

In Absatz 2 wird der Begriff der „Auftragsvergabe" eingeführt: Der Erwerb von Bau-, Liefer- und Dienstleistungen mittels Bau-, Liefer- und Dienstleistungsauftrag, der von einem/mehreren Auftraggebern mit von ihnen ausgewählten Auftragnehmern geschlossen wird. Damit rückt der Beschaffungszweck im Einklang mit der Rechtsprechung des EuGH[8] in den Vordergrund.

Es wird bewusst ein relativer Gleichklang mit der klassischen Auftragsvergabe herbeigeführt.[9] Sowohl bei der klassischen als auch der Sektorenauftragsvergabe sollen die Vorschriften für die öffentliche Auftragsvergabe nicht alle Arten von (öffentlichen) Ausgaben abdecken. Vielmehr werden die Vorschriften der öffentlichen Auftragsvergabe auf den Erwerb von Bau-, Liefer- und Dienstleistungen begrenzt.[10]

Die europäischen Vorschriften sehen keine unterschiedlichen Regelwerke zu den einzelnen Leistungsarten (Bau-, Liefer- und Dienstleistung) vor. Innerhalb der Dienstleistungen wird ebenfalls nicht unterschieden sondern alle Arten von Dienstleistungen unterliegen gleichermaßen denselben Vorschriften. Eine Aufteilung, wie sie das deutsche Vergaberecht kennt, in Vorschriften zur Vergabe getrennt nach Bauleistungen und Liefer-/Dienstleistungen und innerhalb dieser noch in „freiberufliche Dienstleistungen" gibt es in den europäischen Vergaberichtlinien nicht.

Der Begriff „Erwerb" ist in einem weiten Sinn zu verstehen und setzt nicht zwingend die Erlangung des Eigentums voraus. Schon die Erlangung des Nutzens der Leistung ist ausreichend.[11]

---

[8] Vgl. EuGH, Urteil vom 25.3.2010, Az.: Rs C-451/08, NZBau 2010, 321.

[9] Erwägungsgrund 6 RL 2014/25/EU vom 26. Februar 2014, ABl. EU 2014 Nr. L 94/243.

[10] Erwägungsgrund 4 RL 2014/24/EU vom 26. Februar 2014, ABl. EU 2014 Nr. L 94/65.

[11] Erwägungsgrund 4 RL 2014/24/EU vom 26. Februar 2014, UAbs. 2 S. 1, ABl. EU 2014 Nr. L 94/65.

Die Vorschrift spricht davon, dass die Wirtschaftsteilnehmer, mit denen ein Bau-, Liefer- oder Dienstleistungsauftrag geschlossen wird, von den ausschreibenden Auftraggebern ausgewählt werden. Es läßt sich folglich die Frage stellen, ob das Element der Auswahl nunmehr zum Tatbestandsmerkmal der öffentlichen Auftragsvergabe geworden ist. Bejahte man diese Frage, so wäre eine Auftragsvergabe, bei der kein Auswahlprozess unter Wirtschaftsteilnehmern stattfindet, schon mangels Tatbestandsvoraussetzung keine öffentliche Auftragsvergabe. Gleichzeitig hätte es der Auftraggeber aber selbst in der Hand, zu bestimmen ob er einen Auswahlprozess gestaltet oder nicht. Dies kann nicht gewollt sein und ist es auch nicht. Ein Auswahlprozess gehört zum Vergabeverfahren dazu und darf nicht ohne Grund vernachlässigt werden. Dies ergibt sich schon aus dem allgemeinen Wettbewerbsgrundsatz. Es gibt aber Fälle, in denen Wirtschaftsteilnehmern, wenn sie bestimmte Voraussetzungen erfüllen, zulässigerweise Aufgaben ohne einen Auswahlprozess übertragen werden können, wie zum Beispiel bei Arzneimittelzulassungen oder ärztlichen Dienstleistungen.[12] Von solchen Fällen soll der Begriff der Auftragsvergabe unterschieden werden. Demnach dürfte die Erwähnung des Begriffs „ausgewählt“ nicht als Tatbestands- sondern als Abgrenzungsmerkmal zur Möglichkeit der Aufgabenübertragung ohne Auswahl zu verstehen sein.[13]

Im Gegensatz zur klassischen Auftragsvergabe reicht es für die Anwendungspflicht der Vorschriften nicht aus, dass ein Auftraggeber einen öffentlichen Auftrag vergeben will, sondern die Auftragsvergabe muss dem Zweck einer Sektorentätigkeit (Artikel 7 ff. RL 2014/25/EU) dienen. Nur wenn diese Voraussetzung zusätzlich gegeben ist, ist der persönliche Anwendungsbereich des Sektorenvergaberechts eröffnet. Das Sektorenvergaberecht gilt umgekehrt also nicht, wenn die Auftragsvergabe anderen Zwecken als der Durchführung der Sektorentätigkeit dient.[14] Dies ergibt sich insbesondere auch im Umkehrschluss aus Artikel 19 RL 2014/25/EU.[15]

Die Vorschriften der RL 2014/25/EU stehen dem Artikel 346 AEUV[16] nicht entgegen. Sind dessen Voraussetzungen gegeben, so treten die Vorschriften der Richtlinien zur öffentlichen Auftragsvergabe zurück. Nach Artikel 346 AEUV ist ein Mitgliedstaat nicht verpflichtet, Auskünfte zu erteilen, deren Preisgabe seines Erachtens seinen wesentlichen Sicherheitsinteressen widerspricht (Artikel 346 Absatz 1 Buchst. a AEUV). Ebenso kann jeder Mitgliedstaat Maßnahmen ergreifen, die seines Erachtens für die Wahrung seiner wesentlichen Sicherheitsinteressen erforderlich sind, soweit sie die Erzeugung von Waffen, Munition und Kriegsmaterial oder den Handel damit betreffen; diese Maß-

[12] Erwägungsgrund 4 RL 2014/24/EU vom 26. Februar 2014, UAbs. 2 S. 3, ABl. EU 2014 Nr. L 94/65.

[13] Das OLG Düsseldorf hat einen Rechtsstreit über einen im Wege eines Zulassungsverfahrens vergebenen Arzneimittelrabattvertrag dem EuGH zur Vorabentscheidung vorgelegt (OLG Düsseldorf, Beschluss v. 13.8.2014 – VII-Verg 13/14). Zu klären ist die Frage, ob Voraussetzung für einen öffentlichen Auftrag die „Auswahl“ eines/mehrerer Unternehmen durch den öffentlichen Auftraggeber ist. (*Brackmann*, Das open-house-Modell – am Vergaberecht vorbei?, in: NZBau 2014, 529).

[14] Vgl. *Greb*, in: Greb/Müller, Kommentar zur SektVO, Köln 2010, § 1, Rn. 119.

[15] Hierzu die Erläuterungen zu Artikel 19.

[16] Vertrag über die Arbeitsweise der Europäischen Union, ABl. EU 2008, Nr. C 115/47.

nahmen dürfen auf dem Binnenmarkt die Wettbewerbsbedingungen hinsichtlich der nicht eigens für militärische Zwecke bestimmten Waren nicht beeinträchtigen (Artikel 346 Absatz 1 Buchst. b AEUV).

Die Mitgliedstaaten behalten die Freiheit, im Einklang mit dem Gemeinschaftsrecht festzulegen, welche Dienstleistungen sie als von allgemeinem wirtschaftlichem Interesse erachten. Der Begriff der „Dienstleistungen von allgemeinem wirtschaftlichem Interesse" (DAWI) kommt u. a. in Artikel 14 AEUV vor, wird jedoch im Gemeinschaftsrecht nicht definiert. Grundsätzlich lassen sich folgende Anhaltspunkte festhalten:

Nach der Rechtsprechung des EuGH sind „DAWI Dienstleistungen", an denen ein allgemeines wirtschaftliches Interesse besteht, das sich von dem Interesse an anderen Tätigkeiten des Wirtschaftslebens besonders unterscheidet.[17] Nach ständiger EuGH-Rechtsprechung ist eine wirtschaftliche Tätigkeit jede Tätigkeit, bei der Waren oder Dienstleistungen auf einem bestimmten Markt angeboten werden.[18] Diese muss mit besonderen Gemeinwohlverpflichtungen verbunden sein und im Interesse der Allgemeinheit erbracht werden.[19] Vom EuGH als DAWI anerkannt wurde beispielsweise die Pflicht zur diskriminierungsfreien und umfassenden Stromversorgung.[20]

Es wird klargestellt, dass die Sektorenvergaberichtlinie in keiner Weise die Freiheit der Mitgliedstaaten berühren will, ihre Sozialsysteme zu gestalten. Schließlich werden nichtwirtschaftliche Dienstleistungen von allgemeinem Interesse nicht von der Richtlinie erfasst. Diese Vorschrift dürfte allerdings im Sektorenbereich kaum von Relevanz sein, da Sektorentätigkeiten überwiegend gegen Entgelt erbracht werden und damit wirtschaftlicher Natur sind.[21]

Artikel 19

Eingebettet ist Artikel 19 in den Abschnitt 2 der Sektorenvergaberichtlinie (Ausgeschlossene Aufträge und Wettbewerbe; . . .). Vom Regelungsgehalt her handelt es sich jedoch eher um eine Bestimmung zum unmittelbaren Anwendungsbereich. Wird doch klargestellt, dass solche Aufträge, die nicht den Zwecken einer Sektorentätigkeit i. S. d. Artikel 8 bis 14 dienen, nicht unter die Richtlinie fallen. Es unterliegen im Umkehrschluss also nur diejenigen Aufträge dem Anwendungsbereich, die im Zusammenhang mit einer Sektorentätigkeit stehen. Folglich knüpft das Sektorenvergaberecht neben den Begriffen des öffentlichen Auftraggebers und des öffentlichen Auftrages an die konkrete Tätigkeit, nämlich eine der genannten Sektorentätigkeiten an. Erst wenn alle drei Merkmale, „Auftraggeber, öffentlicher Auftrag, zum Zweck einer

[17] EuGH, Urteil vom 18. Juni 1998, Az.: Rs. C-266/96, Slg. 1998, S. I – XXX, Rn. 45.

[18] EuGH, Urteil vom 12. September 2000, Rs. C-180/98, Slg. 2000, I – 6451.

[19] Vgl. Europäische Kommission, Weißbuch zu Dienstleistungen von allgemeinem Interesse, KOM(2004)374 endg. Anhang I S. 27.

[20] EuGH, Urteil vom 27. April 1994, Rs. C-393/92, Slg. 1994, I – 1477.

[21] So auch: *Opitz*, Was bringt die neue Sektorenvergaberichtlinie?, in: VergabeR 3-2014, S. 370.

Sektorentätigkeit" kumulativ vorliegen, ist der Anwendungsbereich des Sektorenvergaberechts eröffnet.

Die Richtlinie findet keine Anwendung für Aufträge zur Ausübung einer Sektorentätigkeit in einem Drittland, wenn sie nicht mit der physischen Nutzung eines Netzes oder geografischen Gebiets in der EU verbunden ist.[22]

2. Der Begriff des Auftraggebers

Artikel 3

Der Auftraggeberbegriff (bisher: Artikel 2 RL 2004/17/EG[23]) wurde neu strukturiert. Wurden die Untergliederungen „öffentliche Auftraggeber" (s. Artikel 2 Absatz 1 lit. a) RL 2004/17/EG) und „öffentliche Unternehmen" (s. Artikel 2 Absatz 1 lit b) RL 2004/17/EG) bisher in einem Artikel erfasst, finden sie sich nun in zwei getrennten Vorschriften, nämlich dem Artikel 3 („öffentliche Auftraggeber") und dem Artikel 4 („Auftraggeber") RL 2014/25/EG.

Die Tatbestandsmerkmale des Artikels 2 Absatz 1 lit. a) RL 2004/17/EG finden sich unverändert im neuen Artikel 3 („öffentliche Auftraggeber") Nummer 1 und 4 RL 2014/25/EU wieder. In Nummer 2 und 3 der neuen Vorschrift werden Erläuterungen zur Begriffsbestimmung gegeben, um ein klareres inhaltliches Verständnis zu ermöglichen. Der persönliche Geltungsbereich der Richtlinie bleibt unverändert.[24] Entsprechend ändert sich auch nichts an der funktionalen Auslegung des öffentlichen Auftraggeberbegriffs.[25]

Als öffentlichen Auftraggeber definiert Artikel 3 zunächst in Nummer 1 den Staat, die Gebietskörperschaften sowie die Einrichtungen öffentlichen Rechts oder die Verbände, die aus einer oder mehrerer dieser Körperschaften oder Einrichtungen des öffentlichen Rechts bestehen. Grundmerkmal ist die öffentlich rechtliche Eigenschaft der Einrichtung. Ist diese gegeben, so ist die Einrichtung öffentlicher Auftraggeber im Sinne des Artikel 3 Nummer 1 RL 2014/25/EU.

In Nummern 2 und 3 wird beispielhaft klargestellt, was entsprechend der Richtlinie unter Gebietskörperschaften zu verstehen ist. Hierzu wird die Verordnung EG Nr. 1059/2003 des Europäischen Parlaments und des Rates vom 26. Mai 2003 über die Schaffung einer gemeinsamen Klassifikation der Gebietseinheiten für die Statistik (NUTS)[26] herangezogen. In der NUTS-Klassifikation wird das Wirtschaftsgebiet der Mitgliedstaaten in Gebietseinheiten unterteilt. Jede Gebietseinheit ist mit einem be-

---

[22] Vgl. *Prieß/Stein*, Die neue EU-Sektorenrichtlinie, in: NZBau 2014, S. 323.

[23] ABl. EU 2004 Nr. L 134/1.

[24] Erwägungsgrund 12 RL 2014/25/EU vom 26. Februar 2014, ABl. EU 2014 Nr. L 94/243.

[25] EuGH, Urteil vom 20. September 1988, Rs. C-31/87, Slg. 1988, 4635, Rn. 11.

[26] ABl. EU 2003 Nr. L 154/1.

sonderen Code und einem Namen versehen. Die NUTS-Klassifikation ist hierarchisch aufgebaut. Sie unterteilt jeden Mitgliedstaat in Gebietseinheiten der NUTS-Ebene 1, die wiederum in Gebietseinheiten der NUTS-Ebene 2 unterteilt werden, die letztlich in Gebietseinheiten der NUTS-Ebene 3 unterteilt werden.[27]

Der Code für Deutschland ist DE. Die Gebietseinheit der NUTS-Klassifikation 1 sind die Bundesländer. Baden-Württemberg hat den Code DE1. Die nächste Untergliederung (NUTS-Klassifikation 2) sind die Regierungsbezirke. Der Regierungsbezirk Stuttgart hat den Code DE11. Schließlich finden sich auf der dritten Untergliederung (NUTS-Klassifikation 3) die Land-/Stadtkreise. Der Stadtkreis Stuttgart etwa hat den Code DE111.

Nach Nummern 2 und 3 werden der Bund selbst, die Bundesländer, die Regierungsbezirke und die Land-/Stadtkreise als Gebietskörperschaften verstanden. Hinzukommen können auch kleinere Verwaltungseinheiten (Kommunen). Die Auflistung in der VO (EG) Nr. 1059/2003 ist nicht abschließend.

In Nummer 4 werden die „Einrichtungen des öffentlichen Rechts" definiert. Gegenüber der Vorgängerrichtlinie ändert sich inhaltlich nichts. Demnach sind Einrichtungen des öffentlichen Rechts solche, die zu dem Zweck gegründet wurden, im Allgemeininteresse liegende Aufgaben nicht gewerblicher Art zu erfüllen und Rechtspersönlichkeit besitzen. Sie werden überwiegend vom Staat, Gebietskörperschaften oder von anderen Einrichtungen des öffentlichen Rechts finanziert oder unterstehen hinsichtlich ihrer Leitung der Aufsicht dieser Körperschaften oder Einrichtungen, oder sie verfügen über ein Verwaltungs-, Leitungs- beziehungsweise Aufsichtsorgan, das mehrheitlich aus Mitgliedern besteht, die vom Staat, von Gebietskörperschaften oder von anderen Einrichtungen des öffentlichen Rechts ernannt worden sind.

In dieser Vorschrift konkretisiert sich der funktionale Auftraggeberbegriff, wie ihn der EuGH in seiner Beentjies-Entscheidung[28] entwickelt hat. Dementsprechend gehören neben den Rechtspersönlichkeiten des öffentlichen Rechts auch solche des Privatrechts dazu. Entscheidend ist, dass die Rechtspersönlichkeit tatsächlich im Allgemeininteresse liegende Tätigkeiten nicht gewerblicher Art wahrnimmt.[29] Nicht im Allgemeininteresse handeln Einrichtungen, die unter marktüblichen Bedingungen arbeiten, gewinnorientiert sind und die mit der Ausübung ihrer Tätigkeit einhergehenden Verluste tragen, da diese Aufgaben von gewerblicher Art anzusehen sind.[30] Vielmehr handelt es sich um Aufgaben, die der Staat grundsätzlich selbst erfüllen oder bei denen er einen entscheidenden Einfluss behalten will.[31] Das Allgemeininteresse ist mit den in Deutschland geläufigen Gemeinwohlbelangen gleichzusetzen, ebenso mit Aufgaben,

[27] Artikel 2 und 3 VO (EG) Nr. 1059/2003.

[28] EuGH, Urteil vom 20. September 1988, Rs. C-31/87, Slg. 1988, 4635, Rn. 11.

[29] Vgl. *Pünder*, in: Pünder/Schellenberg, Vergaberecht, Baden-Baden, 2011, § 98 GWB, Rn. 23 m. w. N.

[30] Erwägungsgrund 12 RL 2014/25/EU vom 26. Februar 2014, ABl. EU 2014 Nr. L 94/243.

[31] Vgl. EuGH, Urteil vom 10. April 2008, Rs. C-393/06.

die mit dem Begriff der Daseinsvorsorge (Grundversorgung der Bevölkerung) besetzt sind.[32]

In seiner Entscheidung vom 10. April 2008[33] hat der EuGH die in Erwägungsgrund 12[34] dargelegten Merkmale zur „Gewerblichkeit" entwickelt. Entsprechend kann die „Nichtgewerblichkeit" umgekehrt hergeleitet werden. Schaut man in die englische oder französische Version der Richtlinie, so heißt es zum Begriff gewerblich: „commercial or industrial nature; caractère industirel ou commercial". Allerdings haben die Merkmale nur Indizwirkung. Es kommt zusätzlich zu den o. g. Merkmalen auf die wirtschaftliche Ausrichtung der Einrichtung insgesamt an.

In Erwägungsgrund 12 wird auf die Rechtsprechung des EuGH[35] verwiesen und klargestellt, dass eine überwiegende Finanzierung vorliegt, wenn öffentliche Auftraggeber mehr als die Hälfte der benötigten Finanzmittel bereitstellen.

Artikel 4

Die eigentliche Festlegung des Geltungsbereiches ist Artikel 4 RL 2014/25/EG („Auftraggeber") vorbehalten, weshalb dieser auch der wesentlichere von beiden Artikeln sein dürfte. Wie bisher ist der Begriff „Auftraggeber" als Obergriff zu betrachten, der den Begriff „öffentlicher Auftraggeber" umfasst. Das Ausüben von Sektorentätigkeiten i. S. d. Artikel 8 bis 14 ist als Tatbestandsmerkmal zu verstehen. Damit stellt diese Vorschrift den notwendigen Bezug zur Sektorentätigkeit her, ohne den ein Auftraggeber nicht dem Sektorenvergaberecht unterworfen wäre (vgl. bisher: Artikel 2 Absatz 2 lit. a RL 2004/17/EG). In Verbindung mit Artikel 1 legt Artikel 4 Absatz 1 der neuen Richtlinie damit umfassend den persönlichen Anwendungsbereich fest.

Unter den Auftraggeberbegriff fallen öffentliche Auftraggeber nach Artikel 3, öffentliche Unternehmen im Sinne des Artikel 4 Absatz 2 sowie diejenigen Einrichtungen, wenn sie weder öffentliche Auftraggeber noch öffentliche Unternehmen sind, die eine oder mehrere Sektorentätigkeiten auf der Grundlage von besonderen oder ausschließlichen Rechten ausüben, die von einer zuständigen Behörde gewährt wurden.

Die gegenüber der bisherigen Sektorenvergaberichtlinie unveränderte Definition des „öffentlichen Unternehmens" (Artikel 2 Absatz 1 lit. b RL 2004/17/EG) findet sich in Absatz 2. Demnach ist ein öffentliches Unternehmen ein solches, auf das der öffentliche Auftraggeber mittelbar oder unmittelbar einen beherrschenden Einfluss ausüben kann. Dies aufgrund entweder der Eigentumsverhältnisse (dem öffentlichen Auftraggeber gehört das Unternehmen), der finanziellen Beteiligung an dem Unternehmen

---

[32] *Greb*, in: Greb/Müller, Kommentar zur SektVO, Köln 2010, § 1, Rn. 30 m. w. N.

[33] Vgl. EuGH, Urteil vom 10. April 2008, Rs. C-393/06.

[34] Erwägungsgrund 12 RL 2014/25/EU vom 26. Februar 2014, ABl. EU 2014 Nr. L 94/243.

[35] EuGH, Urteil vom 3. Oktober 2000, Rs. C-380/98.

oder von für das Unternehmen geltende Bestimmungen (z. B. der Gesellschaftervertrag).

Sind bestimmte Tatsachen gegeben, so wird fiktiv ein beherrschender Einfluss des öffentlichen Auftraggebers angenommen. Diese Fiktion greift, wenn der öffentliche Auftraggeber unmittelbar oder mittelbar die Mehrheit des gezeichneten Kapitals des Unternehmens hält, über die Mehrheit der mit den Anteilen am Unternehmen verbundenen Stimmrechte verfügt oder mehr als die Hälfte der Mitglieder in Verwaltungs-/Aufsichtsgremien des Unternehmens ernennen kann.

Der beherrschende Einfluss muss stets von einem öffentlichen Auftraggeber i. S. d. Artikels 3 ausgeübt werden können. Eine beherrschende Einflussmöglichkeit lediglich eines privaten Unternehmens lässt ein Unternehmen nicht zum „öffentlichen" Unternehmen werden.

Hintergrund des Merkmals „Beherrschung" ist folgender: Eine juristische Person soll nur dann einem staatlichen (öffentlichen) Auftraggeber gleichgestellt werden, wenn zwischen der staatlichen Stelle und der juristischen Person zwar eine formaljuristische Unterscheidung, aber praktisch kein Unterschied besteht.[36]

Der Begriff der besonderen oder ausschließlichen Rechte ist insoweit bedeutsam für den Anwendungsbereich, als Stellen, die weder öffentliche Auftraggeber noch öffentliche Unternehmen sind, nur dann dass Sektorenvergaberecht anwenden müssen, wenn sie eine Sektorentätigkeit aufgrund der Inhaberschaft solcher besonderen oder ausschließlichen Rechte ausüben.

Besondere oder ausschließliche Rechte sind solche, die von einer zuständigen Behörde im Wege einer Rechts- oder Verwaltungsvorschrift gewährt wurden, um die Ausführung von Sektorentätigkeiten auf eine oder mehrere Stellen zu beschränken, wodurch die Möglichkeit anderer Stellen zur Ausübung dieser Tätigkeit wesentlich eingeschränkt wird. Es handelt sich dabei um Regelungen, die einer begrenzten Anzahl von Unternehmen einen Schutz zuerkennen, der die Fähigkeit anderer Unternehmen, die fragliche Tätigkeit im selben Gebiet zu im Wesentlichen gleichen Bedingungen auszuüben, wesentlich beeinträchtigen kann.[37] Danach liegt ein ausschließliches Recht vor, wenn einem Unternehmen die Befugnis zur Ausübung der betreffenden Sektorentätigkeit durch staatlichen Akt exklusiv für das gesamte Hoheitsgebiet eines Mitgliedstaates oder einen Teil davon vorbehalten worden ist.[38]

Die neue Sektorenvergaberichtlinie stellt klar, dass aufgrund bestimmter Verfahren erworbene Rechte keine besonderen Rechte im genannten Sinn darstellen. Es sind dies Verfahren die auf objektiven Kriterien beruhen und bei denen eine gewisse Publizität

---

[36] *Zeiss*, in: Heiermann/Zeiss, juris PraxisKommentar Vergaberecht, 4. Auflage, Saarbrücken 2013, § 98, Rn. 125.

[37] EuGH, Urteil vom 25.10.2001, Rs. C-475/99, Slg. 2001, I-8089, Rn. 24.

[38] *Ziekow*, in: Ziekow/Völlink, Vergaberecht, 2. Auflage, München 2013, § 98, Rn. 138 m. w. N.

eingehalten wurde. Hierunter fallen insbesondere Verfahren, die sich aus europäischen Richtlinien herleiten. So begründet etwa ein aufgrund eines transparenten und wettbewerblichen Verfahrens nach den europäischen Vergaberichtlinien erworbenes Recht kein besonderes oder ausschließliches Recht in obigem Sinn.

In Anhang II der RL 2014/25/EU sind Genehmigungsverfahren aufgrund bestimmter EU-Rechtsakte aufgeführt, die ebenfalls nicht zu besonderen oder ausschließlichen Rechten führen:

- Erteilung einer Genehmigung für den Betrieb von Erdgasanlagen nach Artikel 4 Richtlinie 2009/73/EG des Europäischen Parlaments und des Rates vom 13. Juli 2009 über gemeinsame Vorschriften für den Erdgasbinnenmarkt und zur Aufhebung der Richtlinie 2003/55/EG,[39]
- Genehmigung oder Aufforderung zur Angebotsabgabe für den Bau neuer Stromerzeugungsanlagen gemäß der Richtlinie 2009/72/EG des Europäischen Parlaments und des Rates vom 13. Juli 2009 über gemeinsame Vorschriften für den Elektrizitätsbinnenmarkt und zur Aufhebung der Richtlinie 2003/54/EG.[40]

Beide Richtlinien waren Bestandteil des 3. Energiepaketes der EU und hatten zum Ziel die Trennung des Netzbetriebes von Versorgung und Erzeugung. Sie sind umgesetzt im Energiewirtschaftsgesetz (EnWG).[41]

- Genehmigungen in Bezug auf Postdienste, die nicht reserviert sind oder nicht reserviert werden dürfen nach Artikel 9 der Richtlinie 97/67/EG des Europäischen Parlaments und des Rates vom 15. Dezember 1997 über gemeinsame Vorschriften für die Entwicklung des Binnenmarktes der Postdienste der Gemeinschaft und die Verbesserung der Dienstequalität.[42]

Die Richtlinie ist umgesetzt im Postgesetz (PostG)[43] sowie der Postuniversaldienstleistungsverordnung (PUDLV).[44]

- Richtlinie 94/22/EG des Europäischen Parlaments und des Rates vom 30. Mai 1994 über die Erteilung und Nutzung von Genehmigungen zur Prospektion, Exploration und Gewinnung von Kohlenwasserstoffen.[45]

---

[39] ABl. EU 2003 Nr. L 211/94.

[40] ABl. EU 2003 Nr. L 211/55.

[41] Energiewirtschaftsgesetz vom 7. Juli 2005 (BGBl. I S. 1970, 3621), das durch Artikel 6 des Gesetzes vom 21. Juli 2014 (BGBl. I S. 1066) geändert worden ist.

[42] ABl. EU 1998 Nr. L 15/14.

[43] Postgesetz vom 22. Dezember 1997 (BGBl. I S. 3294), das zuletzt durch Artikel 4 Absatz 106 des Gesetzes vom 7. August 2013 (BGBl. I S. 3154) geändert worden ist.

[44] Post-Universaldienstleistungsverordnung vom 15. Dezember 1999 (BGBl. I S. 2418), die zuletzt durch Artikel 3 Absatz 26 des Gesetzes vom 7. Juli 2005 (BGBl. I S. 1970) geändert worden ist.

[45] ABl. EU 1994 Nr. 164/3.

Die Richtlinie ist im Bundesberggesetz (BBergG)[46] umgesetzt.

- Vergabe öffentlicher Dienstleistungsaufträge auf der Grundlage eines wettbewerblichen Vergabeverfahrens gemäß Artikel 5 Absatz 3 der Verordnung (EG) Nummer 1370/2007 des Europäischen Parlaments und des Rates vom 23. Oktober 2007 über öffentliche Personenverkehrsdienste auf Schiene und Straße.[47]

Die Verordnung ist in Teilen im Personenbeförderungsgesetz (PBefG)[48] umgesetzt. Ansonsten gilt sie als EU-Verordnung unmittelbar.

Die EU-Kommission wird nach Absatz 4 ermächtigt, das nicht abschließende Verzeichnis der in Anhang II aufgeführten Rechtsakte zu ändern.

3. Der Begriff „öffentlicher Auftrag"

Die Sektorenvergaberichtlinie ist anzuwenden auf den Prozess des Zustandekommens von öffentlichen Aufträgen, die Auftraggeber im Zusammenhang mit der Ausübung einer Sektorentätigkeit mit einem Auftragnehmer schließen. Der Begriff „öffentlicher Auftrag" selbst ergibt sich nicht aus der Sektorenvergaberichtlinie. In Artikel 2 Nummer 1 werden Liefer-, Bau- und Dienstleistungsaufträge definiert als zwischen einem oder mehreren in Artikel 4 Absatz 1 genannten Auftraggebern und einem oder mehreren Wirtschaftsteilnehmern schriftlich geschlossene entgeltliche Verträge über die Lieferung von Waren, das Erbringen von Bauleistungen oder die Erbringung von Dienstleistungen. Diese Definition ist identisch mit der des „öffentlichen Auftrags" in Artikel 2 Absatz 1 Nummer 5 der neuen klassischen Vergaberichtlinie. Es spricht also nichts dagegen, bei Liefer-, Bau und Dienstleistungsaufträgen i. S. d. Artikel 2 Nummer 1 der RL 2014/25/EU von einem „öffentlichen Auftrag" zu sprechen.[49]

Das Vorliegen eines öffentlichen Auftrags setzt voraus, dass das fragliche Rechtsgeschäft einen Beschaffungscharakter aufweist.[50] Der Beschaffungszweck besteht darin, dass der öffentliche Auftraggeber eine Leistung erhält, die im unmittelbaren wirtschaftlichen Interesse des Auftraggebers liegt. Für das Bestehen eines derartigen wirtschaftlichen Interesses des Auftraggebers ist es zwar in jedem Fall ausreichend, dass der Auftraggeber Eigentümer der betreffenden Leistung wird, ohne dass dies jedoch zwingend erforderlich wäre.[51]

---

[46] Bundesberggesetz vom 13. August 1980 (BGBl. I S. 1310), das zuletzt durch Artikel 4 Absatz 71 des Gesetzes vom 7. August 2013 (BGBl. I S. 3154) geändert worden ist.

[47] ABl. EU 2007 Nr. L 315/1.

[48] Personenbeförderungsgesetz vom 21. März 1961 (BGBl. I S. 241), das zuletzt durch Artikel 2 Absatz 147 des Gesetzes vom 7. August 2013 (BGBl. I S. 3154) geändert worden ist.

[49] Erwägungsgrund 6 RL 2014/25/EU v. 26. Februar 2014, ABl. EU 2014 Nr. L 94/243.

[50] *Ziekow*, in: Ziekow/Völlink, Vergaberecht, 2. Auflage, München 2013, § 99, Rn. 42.

[51] *Ziekow*, in: Ziekow/Völlink, Vergaberecht, 2. Auflage, München 2013, § 99, Rn. 44 m. w. N.

4. Sektorentätigkeiten

Verallgemeinert dargestellt handelt es sich bei dem Grundtatbestand der Sektorentätigkeiten um die Bereitstellung und das Betreiben fester Netze zur Versorgung der Allgemeinheit sowie das Einspeisen in diese Netze.

Für die Sektorenbereiche Trinkwasser und Energie bedeuten feste Netze stets ein mit dem Erdboden fest verbundenes Netz.[52] Provisorien oder nur einen vorübergehenden Zweck erfüllende Netze fallen nicht hierunter.[53] Eigentum an den Netzen ist nicht erforderlich. Um die Auftraggebereigenschaft zu erfüllen genügt es, Mieter und Betreiber eines Netzes zu sein.[54] Ein Netz zur Versorgung stellt bereit oder betreibt, wer ein solches Netz errichtet oder instand setzt oder unterhält.[55]

Im Wesentlichen wurden die Inhalte der Sektorentätigkeiten beibehalten. Allerdings wird der Bereich der Elektrizität nun in einem eigenen Artikel geregelt. Auch der Bereich Häfen und Flughäfen findet sich in einem eigenen Artikel. Er war bisher gemeinsam mit der Öl- und Gasförderung geregelt. Zusätzlich hat es im Bereich der Öl-/Gasförderung und im Verkehrsbereich kleinere inhaltliche Änderungen gegeben.[56]

Die Tätigkeiten in den Bereichen Gas und Wärme, Elektrizität sowie Wasser, die bei Auftraggebern, die nicht öffentliche Auftraggeber sind, nicht als Sektorentätigkeiten betrachtet werden, sind gegenüber der Vorgängerrichtlinie ebenfalls unverändert geblieben.

Im Rahmen der Richtlinienverhandlungen hatte das Europäische Parlament vorgeschlagen, den Bereich der Kälteversorgung in den Katalog der Sektorentätigkeiten aufzunehmen. Dieser Vorschlag setzte sich letztlich nicht durch. Für die öffentliche Auftragsvergabe im Bereich der Kälteversorgung haben öffentliche Auftraggeber nach Artikel 3 die Vorschriften der RL 2014/24/EU (klassische Auftragsvergabe) anzuwenden. Öffentlich-rechtliche und privatrechtliche Unternehmen im Sinne des Artikels 4 sind im Bereich der Kälteversorgung keinen Vergabevorschriften unterworfen.[57] Allerdings soll die Lage im Kältesektor (Wettbewerbslage, grenzüberschreitende Auftragsvergaben) im Rahmen der Bewertung der Richtlinie 2014/23/EU über die Konzessionsvergabe überprüft werden.[58]

---

[52] Bezüglich Verkehrsleistungen: s. Artikel 11.

[53] Vgl. *Greb*, in: Greb/Müller, Kommentar zur SektVO, Köln 2010, § 1, Rn. 56 m. w. N.

[54] So auch *Greb*, in: Greb/Müller, Kommentar zur SektVO, Köln 2010, § 1, Rn. 56 m. w. N.

[55] Vgl. *Ziekow*, in: Ziekow/Völlink, Vergaberecht, 2. Auflage, München 2013, § 99, Rn. 124.

[56] Im Einzelnen hierzu: s. Artikel 14.

[57] Erwägungsgrund 21 RL 2014/25/EU vom 26. Februar 2014, ABl. EU 2014 Nr. L 94/243.

[58] Erwägungsgrund 22 RL 2014/25/EU vom 26. Februar 2014, ABl. EU 2014 Nr. L 94/243.

Artikel 7

Diese Vorschrift ist klarstellender Natur. Sie besagt zum einen, dass der Begriff „Einspeisung" sowohl die Erzeugung/Produktion von Gas, Wärme, Elektrizität und Wasser als auch den Groß- und Einzelhandel betrifft. Der ursprüngliche Anwendungsbereich der Richtlinie bleibt unberührt.[59]

Zum anderen fällt die Erzeugung von Gas in Form dessen Förderung nicht unter Artikel 8 sondern unter die Vorschrift des Artikels 14.[60]

Artikel 8

Bei der Sektorentätigkeit im Bereich Gas und Wärme handelt es sich um die Bereitstellung und das Betreiben fester Netze zur Versorgung der Allgemeinheit im Zusammenhang mit der Erzeugung, der Fortleitung und der Abgabe von Gas und Wärme sowie die Einspeisung von Gas und Wärme in diese Netze.

Die Tätigkeit durch einen Auftraggeber, der nicht öffentlicher Auftraggeber ist, gilt nicht als Sektorentätigkeit, wenn sich die Erzeugung von Gas oder Wärme zwangsläufig aus einer anderen als einer Sektorentätigkeit ergibt und die Netzeinspeisung nur darauf abzielt, die Erzeugung wirtschaftlich zu nutzen (nicht für die Sektorentätigkeit erforderliche Gas- oder Wärmeerzeugung). Dabei darf die Umsatzmenge nicht mehr als 20 % des Umsatzes des Auftraggebers im Durchschnitt der letzten drei Jahre, einschließlich des laufenden Jahres betragen.

Artikel 9

Diese Vorschrift beinhaltet die in der Vorgängerrichtlinie bisher gemeinsam mit Gas- und Wärme geregelte Tätigkeit im Bereich der Elektrizität. Unter die Richtlinie fallen die Bereitstellung und das Betreiben fester Netze zur Versorgung der Allgemeinheit im Zusammenhang mit der Erzeugung, der Fortleitung und der Abgabe von Elektrizität sowie die Einspeisung von Elektrizität in diese Netze.

Ausgenommen für Auftraggeber, die nicht öffentliche Auftraggeber sind, ist die Erzeugung von Elektrizität, weil ihr Verbrauch für die Ausübung einer anderen als einer Sektorentätigkeit erforderlich ist. Dabei darf die Einspeisung in das Netz nur vom Eigenverbrauch abhängig sein und im Durchschnitt der letzten drei Jahre einschließlich des laufenden Jahres nicht mehr als 30 % der gesamten Energieerzeugung dieses Auftraggebers ausmachen.

Artikel 10

Bezüglich Wasser gelten die Vorschriften der Richtlinie für die Bereitstellung und das Betreiben fester Netze zur Versorgung der Allgemeinheit im Zusammenhang mit der

---

[59] Erwägungsgrund 23 RL 2014/25/EU vom 26. Februar 2014, ABl. EU 2014 Nr. L 94/243.

[60] Im Einzelnen hierzu: s. Artikel 14.

Gewinnung, der Fortleitung und der Abgabe von Trinkwasser sowie die Einspeisung von Trinkwasser in diese Netze.

Unter die Richtlinie fallen auch Aufträge sowie Wettbewerbe nach Artikel 95 ff. (Auslobungsverfahren), die im Zusammenhang stehen mit Wasserbauvorhaben sowie Bewässerungs- und Entwässerungsvorhaben und von Auftraggebern vergeben/ausgerichtet werden, die eine Sektorentätigkeit ausüben. Dabei darf die zur Trinkwasserversorgung bestimmte Wassermenge nicht mehr als 20% der mit den entsprechenden Vorhaben beziehungsweise Bewässerungs- oder Entwässerungsanlagen zur Verfügung gestellten Gesamtwassermenge ausmachen.

Ebenso fallen Aufträge und Wettbewerbe, die mit der Abwasserbeseitigung oder -behandlung im Zusammenhang stehen und von Auftraggebern vergeben/ausgerichtet werden, die eine Sektorentätigkeit ausüben, unter die Richtlinie.

Auftraggebern im Trinkwassersektor, die über die Trinkwasserversorgung hinausgehende Tätigkeiten in den Bereichen Wasservorhaben, Bewässerung, Entwässerung, Ableitung sowie Klärung von Abwässern ausüben, sollen auf diese Weise alle in der Richtlinie vorhandenen Verfahren zur Verfügung stehen.[61]

Tätigkeiten im Trinkwasserbereich von Auftraggebern, die nicht öffentliche Auftraggeber sind, fallen nicht unter die Richtlinie, wenn die Trinkwassererzeugung für eine andere als eine Sektorentätigkeit erforderlich ist und die Einspeisung in das öffentliche Netz nur vom Eigenverbrauch des Auftraggebers abhängt und diese Menge nicht mehr als 30% der gesamten Trinkwassererzeugung des Auftraggebers ausmacht.

Artikel 11

Sektorentätigkeit im Verkehrsbereich beinhaltet die Bereitstellung oder das Betreiben von Netzen zur Versorgung der Allgemeinheit mit Verkehrsleistungen per Eisenbahn, automatischen Systemen, Straßenbahn, Trolleybus, Bus oder Seilbahn.

Zusammengefasst fallen hierunter der gesamte Bahn- und Busverkehr (Schienenverkehr sowie öffentliche Personenbeförderung). Gestrichen wurde die bisherige Ausnahme, wonach der Betrieb des öffentlichen Busverkehrs nicht in den Anwendungsbereich der Richtlinie fällt, sofern andere Unternehmen entweder allgemein oder für ein besonderes, geografisch abgegrenztes Gebiet die Möglichkeit haben, die gleiche Aufgabe unter den gleichen Bedingungen wie der betreffende Auftraggeber zu übernehmen. Da diese Ausnahmeregelung bisher in Deutschland ohne Relevanz war, wird sich durch die Streichung dieser Ausnahme auch künftig nichts ändern.

Im Verkehrsbereich gilt ein Netz als vorhanden, wenn die Verkehrsleistung entsprechend den von der zuständigen Behörde vorgegebenen Bedingungen erbracht

[61] Erwägungsgrund 24 RL 2014/25/EU vom 26. Februar 2014, ABl. EU 2014 Nr. L 94/243.

wird. Zu diesen Leistungen gehören auch die Festlegung der Strecken, die Transportkapazitäten und die Fahrpläne.

Hinzuweisen ist hier auf Artikel 5 Absatz 1 der Verordnung (EG) Nr. 1370/2007 des Europäischen Parlaments und des Rates vom 23. Oktober 2007 über öffentliche Personenverkehrsdienste auf Schiene und Straße.[62] Dort wird klargestellt, dass die klassische und die Sektorenvergaberichtlinie für Dienstleistungsaufträge und für öffentliche Dienstleistungsaufträge für öffentliche Personenverkehrsdienste mit Bussen und Straßenbahnen gelten, während die Verordnung (EG) Nr. 1370/2007 weiterhin für öffentliche Dienstleistungsaufträge sowie für Dienstleistungskonzessionen für öffentliche Personenverkehrsdienste auf der Schiene und per Untergrundbahn gilt.[63] Entsprechend wird in Artikel 21 Buchstabe g) der neuen Sektorenvergaberichtlinie eine besondere Ausnahme für öffentliche Personenverkehrsdienste auf Schiene und per Untergrundbahn vorgesehen.[64]

Artikel 12

Sektorentätigkeiten sind auch Tätigkeiten im Zusammenhang mit der Nutzung eines geographisch abgegrenzten Gebietes mit dem Zweck, für Luft-, See- oder Binnenschifffahrtsverkehrsunternehmen Flughäfen, See- oder Binnenhäfen oder andere Terminaleinrichtungen bereitzustellen.

Diese Tätigkeit war bisher gemeinsam in einer Vorschrift mit der Tätigkeit des Aufsuchens und der Förderung von Erdöl, Gas, Kohle und anderen festen Brennstoffen geregelt. Durch die Umstrukturierung hat sich materiell nichts geändert. Auch die Änderung des Begriffs „Verkehrsendeinrichtung" in „Terminaleinrichtung" ändert inhaltlich nichts. Es wurde lediglich in der deutschen Übersetzung statt der Bezeichnung „Endeinrichtung" die englische Bezeichnung hierfür „Terminal" beibehalten.

Artikel 13

Die Regelungen des Artikels 13 bezüglich der Tätigkeiten im Bereich der Postdienste sind in Abstimmung mit der EU-Kommission bisher nicht in deutsches Recht umgesetzt worden. Auch bei der Umsetzung der neuen Sektorenvergaberichtlinie wird der Postsektor ausgespart bleiben. Die Gründe hierfür sind zweierlei: Zum einen ist der Postsektor in Deutschland weitestgehend liberalisiert und zum anderen gibt es in Deutschland im Postsektor keine Einrichtungen die die Voraussetzungen des Auftraggeberbegriffs (s. o.) erfüllen.

Der Katalog der „anderen Dienste als Postdienste", die nur zu den Sektorentätigkeiten zählen, soweit sie von Stellen erbracht werden, die auch Postdienste erbringen und nur dann, wenn sie nicht auf Wettbewerbsmärkten ausgeübt werden, wurde um die elek-

[62] ABl. EU 2007 Nr. 315/1.

[63] Erwägungsgrund 35 RL 2014/25/EU vom 26. Februar 2014, ABl. EU 2014 Nr. L 94/243.

[64] Vgl. zur Abgrenzung im Einzelnen die Ausführungen unter IV. Ausgewählte Ausnahmen, Artikel 21.

tronischen Mehrwertdienste, Finanzdienstleistungen, philatelistische Dienstleistungen und logistische Dienstleistungen bereinigt.[65]

Vom Anwendungsbereich der Richtlinie erfasst sind Tätigkeiten im Zusammenhang mit (originären) Postdiensten und anderen Diensten als Postdiensten, bei diesen vorausgesetzt, dass diese von Stellen erbracht werden, die auch Postdienste erbringen und die Tätigkeit nicht unmittelbar dem Wettbewerb auf einem Markt ohne Zugangsbeschränkung erbracht wird.[66]

Postdienste betreffen die Abholung, das Sortieren, den Transport und die Zustellung von Postsendungen. Erfasst sind sowohl Universaldienste nach der Richtlinie 97/67/EG des Europäischen Parlaments und des Rates vom 15. Dezember 1997 über gemeinsam Vorschriften für die Entwicklung des Binnenmarktes der Postdienste der Gemeinschaft und die Verbesserung der Dienstequalität[67] als auch Dienste die nicht darunter fallen.

Eine Postsendung ist eine adressierte Sendung in der endgültigen Form in der sie befördert wird. Es kann sich dabei um Briefsendungen, Bücher, Kataloge, Postpakete mit Wareninhalt etc. handeln. Dabei spielt jeweils das Gewicht keine Rolle.

Andere Dienste als Postdienste sind zum einen Management Dienste für Postversandstellen, also Dienste vor und nach dem Versand, wie etwa das „Mailroom Management“ (Verarbeiten und sortieren der gesamten eingehenden/zu versendenden Post in entsprechenden Räumlichkeiten). Zum anderen fallen hierunter Dienste, die Sendungen betreffen, die keine Postsendungen sind (z. B. nicht adressierte Postwurfsendungen).

Artikel 14

Entsprechend der Regelung in Artikel 7 fällt die Erzeugung von Gas in Form der Förderung unter Artikel 14. Der Begriff Erzeugung entspricht der Gewinnung von Erdöl und Erdgas und umfasst die Errichtung einer angemessenen Infrastruktur für die künftige Erzeugung (Rohrleitungen, Terminaleinrichtungen etc.).[68] Daneben regelt die Vorschrift die Förderung von Öl, sowie die Exploration und Förderung von Kohle oder anderen festen Brennstoffen.

Beschaffungen zum Zweck der Exploration von Öl und Gas sind dem Anwendungsbereich der Richtlinie entzogen worden. Dies ist erfolgt, weil nach allgemeiner Auffassung in diesem Bereich ausreichender Wettbewerb herrscht, sodass keinerlei zusätzliche Wettbewerbsvorschriften mehr erforderlich sind.[69] Exploration bedeutet in

---

[65] Vgl. *Opitz*, Was bringt die neue Sektorenvergaberichtlinie?, in: VergabeR 3-2014, S. 370.

[66] Im Einzelnen hierzu: s. Artikel 34.

[67] ABl. EU 1998 Nr. L 15/14.

[68] Erwägungsgrund 25 RL 2014/25/EU vom 26. Februar 2014, ABl. EU 2014 Nr. L 94/243.

[69] Erwägungsgrund 25 RL 2014/25/EU vom 26. Februar 2014, ABl. EU 2014 Nr. L 94/243.

diesem Zusammenhang Tätigkeiten zur Feststellung, ob Erdöl und Erdgas in einem bestimmten Gebiet vorhanden sind einschließlich der Feststellung der gewerblichen Nutzbarkeit.[70]

Artikel 33 relativiert den Anwendungsbereich für Deutschland. Artikel 1 der Entscheidung der Europäischen Kommission 2004/73/EG vom 15. Januar 2004[71] legt fest, dass die Nutzung geografisch abgegrenzter Gebiete zum Zwecke der Suche nach oder der Förderung von Erdöl, Gas, Kohle oder anderen Festbrennstoffen in Deutschland seit dem 15. Januar 2004 nicht mehr als Tätigkeit und das Sektorenvergaberecht fallend gilt.

5. Gemischte Aufträge und verschiedene Tätigkeiten

Zu vergebende Aufträge können im Zusammenhang mit der Ausübung unterschiedlicher Tätigkeiten stehen und nur in Teilen das Sektorenvergaberecht betreffen (Verschiedene Tätigkeiten), während sich andere Aufträge aus mehreren Leistungsarten – Bau-, Liefer- oder Dienstleistung, also einem „Leistungsmix“ – (Gemischte Aufträge) zusammensetzen. Auch kann es sein, dass unterschiedliche Elemente verschiedenen Regelungsregimen unterfallen. Für diese Fälle sehen die Artikel 5 und 6 entsprechende Regelungen vor. Dabei gilt der Grundsatz, dass eine gemeinsame oder getrennte Auftragsvergabe vorzuschreiben, nicht bezweckt ist.[72] Entsprechend regelt die Richtlinie, dass sich Auftraggeber unter bestimmten Voraussetzungen entscheiden können, einen getrennten oder einen gemeinsamen (Gesamt-)Auftrag zu vergeben.

Während Artikel 5 (Vergabe gemischter Aufträge für ein und dieselbe Tätigkeit) neu geschaffen wurde, entspricht Artikel 6 (Vergabe von verschiedenen Tätigkeiten umfassenden Aufträgen) im Wesentlichen dem Artikel 9 (Aufträge, die mehrere Tätigkeiten betreffen) der bisherigen Sektorenvergaberichtlinie.

Die Abgrenzung der beiden Vorschriften ist danach zu treffen, ob es sich um einen „gemischten“ Auftrag handelt oder um einen „nicht gemischten“ Auftrag, der jedoch mehrere verschiedene Tätigkeiten und damit Regelungsregime betrifft. Artikel 5 ist stets anwendbar, wenn es sich um einen gemischten Auftrag handelt, auch wenn einzelne Teile der „Mischung“ nach Abs. 4 einem anderen Regelungsregime unterfallen. Artikel 6 ist auf „nicht gemischte“ Aufträge anwendbar, die im Falle einer getrennten Vergabe der verschiedenen Tätigkeiten verschiedenen Regelungsregimen unterfallen. Dies ist beispielsweise dann der Fall, wenn es sich bei den Tätigkeiten einerseits um Sektorentätigkeiten und andererseits um dem allgemeinen Vergaberecht unterfallende Tätigkeiten oder um Sektorentätigkeiten und nicht Ausschreibungspflichten unterlie-

[70] Erwägungsgrund 25 RL 2014/25/EU vom 26. Februar 2014, ABl. EU 2014 Nr. L 94/243.

[71] ABl. EU 2004 Nr. L 116/57.

[72] Erwägungsgrund 10 RL 2014/25/EU vom 26. Februar 2014, ABl. EU 2014 Nr. L 94/243.

gende Tätigkeiten handelt.[73] So ist es beispielsweise denkbar, dass ein einheitlicher Auftrag (z. B. Lieferauftrag) in Teilen im Zusammenhang mit Sektorentätigkeiten steht, andere Teile der Lieferung aber unter das klassische Vergaberegime fallen, weil sie nicht im Zusammenhang mit einer Sektorentätigkeit stehen.[74]

Artikel 5

Die Vorschrift behandelt einerseits gemischte Aufträge, die vollständig unter das Sektorenvergaberecht fallen, andererseits auch gemischte Aufträge, die in Teilen unter andere oder möglicherweise unter gar keine Rechtsvorschriften fallen können. Denkbare andere Rechtsvorschriften können beispielsweise die Richtlinie 2014/23/EU über die Konzessionsvergabe[75] oder die Verordnung (EG) Nr. 1370/2007 über öffentliche Personenverkehrsdienste auf Schiene und Straße sein.[76]

Eine korrekte Zuordnung ob Bau- oder Liefer-/Dienstleistungsauftrag ist bedeutend, wenn es um die Frage des Erreichens der maßgeblichen Schwellenwerte geht. Immerhin muss bei Bauaufträgen das Sektorenvergaberecht erst ab einem Schwellenwert von derzeit 5.186.000 Euro angewendet werden. Auch gibt es im Bereich des Verhandlungsverfahrens ohne vorherigen Teilnahmewettbewerb Fälle, die nur auf bestimmte Auftragsarten anwendbar sind (z. B. gilt Artikel 50 Buchstabe e nur für Lieferleistungen, Buchstabe f nur für Bau-/Dienstleistungen).

Fallen Aufträge unter verschiedene rechtliche Regelungen, kann auch die Zulässigkeit der Freien Wahl der Vergabeart eine wichtige Rolle spielen.

Bei gemischten Aufträgen, deren verschiedene Arten alle unter das Sektorenvergaberecht fallen, wird der Auftrag nach den Bestimmungen für die Art von Beschaffungen vergeben, die dem Hauptgegenstand des betreffenden Auftrags zuzuordnen ist. Es gilt also der Grundsatz des „Hauptgegenstandes“ (main-object-Theorie). Liegt der Schwerpunkt auf einer Bauleistung, so wird ein Bauauftrag vergeben mit der Konsequenz, dass die Richtlinie erst ab dem entsprechenden Schwellenwert für Bauleistungen gilt. Liegt umgekehrt der Schwerpunkt im Bereich Lieferungen, so gilt die Richtlinie ab dem niedrigeren Schwellenwert für Liefer-/Dienstleistungen.

Bestehen Teile des Auftrages aus sozialen und anderen besonderen Dienstleistungen (Artikel 91 ff.) und anderen Dienstleistungen, oder teilweise aus Dienstleistungen und

---

[73] *Ziekow*, in: Ziekow/Völlink, Vergaberecht, Kommentar, 2. Auflage, München 2013, § 99 GWB, Rn. 227.

[74] Vgl. *Opitz*, Was bringt die neue Sektorenvergaberichtlinie?, in: VergabeR 3-2014, S. 370.

[75] ABl. EU 2014 Nr. L 94/1.

[76] Die Aufzählung ist nicht abschließend. Denkbar sind u. a. auch gemischte Aufträge, die in Teilen als verteidigungs-/sicherheitsrelevant gemäß der RL 2009/81/EG des Europäischen Parlaments und des Rates vom 13. Juli 2009 über die Koordinierung der Verfahren zur Vergabe bestimmter Bau-, Liefer- und Dienstleistungsaufträge in den Bereichen Verteidigung und Sicherheit, ABl. EU 2009 Nr. L 216/76, einzustufen sein können oder die unter das klassische Vergaberegime fallen, weil ein Teil des Auftrages nicht im Zusammenhang mit einer Sektorentätigkeit steht.

teilweise aus Lieferleistungen, bestimmt sich der Hauptgegenstand nach dem geschätzten höchsten Wert des jeweiligen Teils des Auftrags (main-value-Theorie).

Für die Fälle, in denen gemischte Aufträge unter verschiedene Regelungsregime fallen, wird die objektive Trennbarkeit des Auftrages als Bestimmungsmaßstab zu Grunde gelegt. Sind die verschiedenen Elemente eines gemischten Auftrages objektiv trennbar, hat der Auftraggeber die Wahl, ob er einen gemeinsamen Auftrag vergeben will oder ob er die verschiedenen „Teilaufträge" einzeln nach den für sie jeweils geltenden Regeln vergibt.

Entschließt sich der Auftraggeber, den gemischten Auftrag als einen einzigen Auftrag zu vergeben, so gilt nach Artikel 5 Absatz 4 RL 2014/25/EU ungeachtet der Tatsache, dass Teile des Auftrages nicht unter das Sektorenvergaberecht fallen würden, gleichwohl das Sektorenvergaberecht, sofern der maßgebliche Schwellenwert erreicht oder überschritten wird. Dabei gilt, dass der geschätzte Wert nur des Teils des Auftrages, der dem Sektorenvergaberecht zuzuordnen ist, den Schwellenwert erreichen oder überschreiten muss.

Sind die verschiedenen Elemente eines gemischten Auftrages, für dessen Elemente auch andere Regelungsregime gelten, objektiv nicht trennbar, so wird das anwendbare Regelungsregime nach dem Hauptgegenstand des Auftrags bestimmt. Unterfällt beispielsweise der Bauanteil dem klassischen Vergaberecht und stellt dieser das Hauptelement des Auftrages dar, die anderen, als Nebenelemente zu betrachtenden Teile, unterfallen dem Sektorenvergaberecht, so ist der Auftrag gemäß Artikel 5 Absatz 3 i. V. m. Absatz 5 RL 2014/25/EU als Bauauftrag nach der klassischen Vergaberichtlinie einzuordnen.

Artikel 25

Sind bei einem gemischten Auftrag neben einer Tätigkeit zum Zwecke einer Sektorentätigkeit auch verteidigungs- und sicherheitsrelevante Elemente im Sinne der Richtlinie 2009/81/EG des Europäischen Parlaments und des Rates vom 13. Juli 2009 über die Koordinierung der Verfahren zur Vergabe bestimmter Bau-, Liefer- und Dienstleistungsaufträge in den Bereichen Verteidigung und Sicherheit,[77] enthalten oder fällt gar ein Teil der Beschaffung unter Artikel 346 AEUV,[78] so kommt Artikel 25 RL 2014/25/EU zur Anwendung.

Auch hier gilt als Maßstab der Zuordnung zu einem Vergaberegime die objektive Trennbarkeit des Auftrages. Sind nämlich die einzelnen Teile des gemischten Auftrages objektiv trennbar, kann der Auftraggeber entweder einen einzigen Auftrag oder mehrere für die jeweiligen Teile getrennte Aufträge vergeben.

---

77 ABl. EU 2009 Nr. L 216/76.

78 Vertrag über die Arbeitsweise der Europäischen Union, ABl. EU 2008, Nr. C 115/47.

Im Falle der getrennten Vergabe richten sich die auf die Einzelaufträge anzuwendenden Regeln nach den Merkmalen des jeweiligen Teils des gemischten Auftrags. Das heißt beispielsweise, der Teil, der der einer Sektorentätigkeit dient, ist nach dem Sektorenvergaberegime zu vergeben, der Teil, der verteidigungs- und sicherheitsrelevant ist, ist nach dem Verteidigungs- und Sicherheitsvergaberegime zu vergeben.

Beschließt der Auftraggeber, einen einzigen Auftrag zu vergeben, so hat er zunächst zu prüfen, ob die Vergabe eines einzigen Auftrages aus objektiven Gründen gerechtfertigt ist. Die Gründe hierfür müssen sich aus übergeordneten staatlichen Sicherheitsinteressen ableiten lassen, welche geringere Transparenzanforderungen rechtfertigen.[79]

Liegen objektive Gründe der besagten Art vor, gilt folgende Regelung:

Unterliegt ein Teil des gemischten Auftrags dem Artikel 346 AEUV[80], so unterliegt die Vergabe des gemischten Auftrags keinen vergaberechtlichen Vorgaben. Dies gilt auch für den Fall, dass Teile des gemischten Auftrages sowohl dem Artikel 346 AEUV als auch der RL 2009/81/EG unterliegen.

Beinhaltet ein Teil des Auftrags Verteidigungs- und Sicherheitsaspekte i. S. d. RL 2009/81/EG, so kann der Auftrag gemäß jenen Bestimmungen vergeben werden. Dabei bleiben die Bestimmungen der RL 2009/81/EG zu den Schwellenwerten und Ausnahmen vom Anwendungsbereich unberührt.

Die beiden letztgenannten Alternativen sind „kann-Bestimmungen“. Das heißt, hier liegt lediglich eine Nachrangigkeit des Sektorenvergaberegimes aber kein Ausschluss vor. Es steht dem Auftraggeber frei, von der Regelung Gebrauch zu machen oder nicht und ggf. dann das Sektorenvergaberecht anzuwenden.

Die Entscheidung für die Vergabe eines einzigen Auftrags darf jedoch nicht zu dem Zweck getroffen werden, Aufträge von der Anwendung des Sektorenvergaberegimes oder der Richtlinie 2009/81/EG auszuschließen.[81]

Ist eine objektive Trennbarkeit der einzelnen Teile des Auftrags nicht gegeben, so kann der Auftrag in den Fällen, in denen er Teile enthält, die unter Artikel 346 AEUV fallen, ohne Anwendung eines Vergaberegimes vergeben werden. In den Fällen, in denen Teile unter die RL 2009/81/EG fallen, kann jene Richtlinie zur Anwendung kommen.

Artikel 6

Betrifft ein Auftrag mehrere Tätigkeiten, können Auftraggeber entscheiden, ob sie einen gemeinsamen Auftrag vergeben wollen, oder für die verschiedenen Tätigkeiten jeweils

---

[79] Vgl. *Ziekow*, in: Ziekow/Völlink, Vergaberecht, Kommentar, 2. Auflage, München 2013, § 99 GWB, Rn. 233.

[80] Vertrag über die Arbeitsweise der Europäischen Union, ABl. EU 2008, Nr. C 115/47.

[81] S. hierzu auch die Ausführungen zu Artikel 6.

getrennte Einzelaufträge. Beschließen sie, getrennte Einzelaufträge zu vergeben, so gelten diejenigen rechtlichen Vorschriften, die auf die Tätigkeit anzuwenden sind, auf die der getrennte einzelne Auftrag in erster Linie abzielt. Hierzu sind die jeweiligen Merkmale des einzelnen Auftrages zu prüfen und es sollten die Erfordernisse, zu deren Erfüllung der betreffende Auftrag vergeben werden soll, analysiert werden.[82]

Die Wahl, einen gemeinsamen Auftrag oder mehrere getrennte Aufträge zu vergeben, darf nicht mit der Absicht erfolgen, den Auftrag dem Vergaberecht zu entziehen. Durch dieses Umgehungsverbot soll eine Manipulation bei der Schätzung des Auftragswertes und damit der Bestimmung des Anwendungsbereiches der Richtlinie verhindert werden. Absicht bedeutet in diesem Zusammenhang, dass die Umgehung bewusst und zielgerichtet erfolgt. Es muss dem Auftraggeber darauf ankommen, den Auftrag dem Anwendungsbereich der Richtlinie zu entziehen.[83]

Beschließt der Auftraggeber, einen einzigen Auftrag zu vergeben, so gelten die Bestimmungen, die für die Tätigkeit gelten, für die der Auftrag hauptsächlich vorgesehen ist. Ist objektiv nicht feststellbar, für welche Tätigkeit der Auftrag hauptsächlich vorgesehen ist, gilt grundsätzlich das jeweils strengere Vergaberegime (Anwendungshierarchie):

Unterliegt eine der verschiedenen Tätigkeiten des Auftrages dem klassischen Vergaberecht und eine der Tätigkeiten dient einer Sektorentätigkeit, so gilt das strengere klassische Vergaberegime der RL 2014/24/EU.

Unterliegt eine der verschiedenen Tätigkeiten des Auftrages dem Konzessionsvergaberegime und die andere Tätigkeit dient einer Sektorentätigkeit, so gilt das in diesem Fall strengere Sektorenvergaberegime der RL 2014/25/EU.

Dient eine der verschiedenen Tätigkeiten einer Sektorentätigkeit und mit der anderen Tätigkeiten ist sonst kein Vergaberegime betroffen, so gilt auch hier das Sektorenvergaberegime.

Artikel 26

Betreffen Tätigkeiten eines Auftrags mehrere Tätigkeiten, haben Auftraggeber die Wahl, einen einzigen Auftrag zu vergeben oder für jede Tätigkeit getrennte Aufträge zu vergeben, die nach dem Vergaberegime vergeben werden, welches sich nach den der Tätigkeit entsprechenden Merkmalen richtet.

Die Entscheidung, einen einzigen oder getrennte Aufträge zu vergeben, darf nicht zu dem Zweck getroffen werden, den Auftrag dem Sektoren- oder dem Verteidigungs- und Sicherheitsvergaberegime, also der RL 2009/81/EG[84], zu entziehen.[85]

---

[82] Erwägungsgrund 16 RL 2014/25/EU vom 26. Februar 2014, ABl. EU 2014 Nr. L 94/243.

[83] Vgl. *Greb*, in: Ziekow/Völlink, Vergaberecht, Kommentar, 2. Auflage, München 2013, § 3 VgV, Rn. 21.

[84] S. ABl. EU 2009 Nr. L 216/76.

[85] S. hierzu auch die Ausführungen zu Artikel 6.

Entschließt sich der Auftraggeber, einen einzigen Auftrag zu vergeben, so ist der Vorrang des Verteidigungs- und Sicherheitsvergaberegimes zu beachten. Bei Aufträgen, die zum einen eine Tätigkeit im Zusammenhang mit Sektorentätigkeiten betreffen und zum anderen entweder dem Verteidigungs- und Sicherheitsvergaberegime oder dem Artikel 346 AEUV unterliegt, ist das Sektorenvergaberegime nachrangig.

Betrifft der Auftrag eine Tätigkeit, die dem Sektorenvergaberegime unterliegt und eine Tätigkeit, die der RL 2009/81/EG[86] unterliegt, kann er im Einklang mit jener Richtlinie vergeben werden. Fällt neben der Sektorentätigkeit eine andere Tätigkeit unter Artikel 346 AEUV[87] und ggf. eine weitere Tätigkeit gleichzeitig unter die RL 2009/81/EG, kann der Auftrag ohne Anwendung der Sektorenvergaberichtlinie vergeben werden. Die in der RL 2009/81/EG genannten Schwellenwerte und Ausnahmen bleiben unberührt.

Der Vorrang des Verteidigungs- und Sicherheitsvergaberegimes greift nur dann, wenn die Vergabe eines einzigen Auftrages aus objektiven Gründen gerechtfertigt ist[88] und die Entscheidung zu einem einzigen Auftrag nicht zu dem Zweck getroffen wurde, Aufträge der Anwendung des Sektorenvergaberegimes zu entziehen.

IV. Ausgewählte Ausnahmen

Artikel 20 und 21

Das Sektorenvergaberegime findet keine Anwendung auf Auftragsvergaben, die nach internationalen Regeln durchzuführen sind. Hierunter fallen völkerrechtliche Verpflichtungen wie Vergaberegeln internationaler Organisationen.

Gegenüber der bisherigen Regelung wurden die Ausnahmen vom sachlichen Anwendungsbereich erweitert. Die Richtlinie findet demnach u. a. keine Anwendung auf die Vergabe von forensischen juristischen Dienstleistungen, Rechtsdienstleistungen von Notaren, Treuhändern oder ernannten Vormunden, Finanzdienstleistungen im Zusammenhang mit Wertpapieren, Krediten und Darlehen sowie Arbeitsverträge.[89]

1. Personenverkehrsdienste auf Schiene und per Untergrundbahn

Zur Abgrenzung zwischen der Sektorenvergaberichtlinie und der Verordnung (EG) Nr. 1370/2007 wird in Artikel 21 Buchstabe g) ausdrücklich vorgesehen, dass die Sektorenvergaberichtlinie nicht für Dienstleistungsaufträge im Zusammenhang mit der

[86] ABl. EU 2009 Nr. L 216/76.

[87] Erwägungsgrund 6 RL 2014/25/EU vom 26. Februar 2014, ABl. EU 2014 Nr. L 94/243.

[88] Vgl. *Opitz*, Was bringt die neue Sektorenvergaberichtlinie?, in: VergabeR 3-2014, S. 370.

[89] Vgl. *Prieß/Stein*, Die neue EU-Sektorenrichtlinie, in: NZBau 2014, S. 323.

Bereitstellung von öffentlichen Personenverkehrsdiensten auf der Schiene oder mit der Untergrundbahn gilt. Solche Vergaben bleiben der Verordnung (EG) Nr. 1370/2007 vorbehalten.[90] Damit besteht mit dieser europäischen Verordnung für Dienstleistungsaufträge und Dienstleistungskonzessionen, die Leistungen im öffentlichen Personenverkehr zum Gegenstand haben, eine Spezialregelung, die im Bereich des öffentlichen Personenverkehrs auf vielfältige Weise in das deutsche Vergaberecht eingreift und für die Vergabe von innerstaatlichen und grenzüberschreitenden Personenverkehrsdienstleistungen durch öffentliche Aufgabenträger ein vergaberechtliches Sonderregime schafft.[91]

2. Ausnahme für den Kauf von Wasser und für die Lieferung von Energie oder von Brennstoffen für die Energieversorgung

Artikel 23

Einkaufsvorgänge von Sektorenauftraggebern innerhalb ihres Sektors sind unter den Voraussetzungen des Artikels 23 nicht von der Sektorenvergaberichtlinie erfasst. Demnach können Verträge von Wasserversorgern über den Kauf von Wasser und von Energieversorgern über die Lieferung von Energie oder von Brennstoffen für die Energieerzeugung vergaberechtsfrei geschlossen werden. Wegen des Näheprinzips[92] wird eine Ausschreibung hier nicht für erforderlich gehalten.[93]

Wasserversorger sind in diesem Zusammenhang Auftraggeber, die die Sektorentätigkeit „Wasser" gemäß Artikel 10 Absatz 1 bezüglich „Trinkwasser" ausüben. Energieversorger sind diejenigen Auftraggeber, die Tätigkeiten nach Artikel 8 Absatz 1 (Gas und Wärme), Artikel 9 Absatz 1 (Elektrizität) ausüben oder Artikel 14 (Förderung von Öl und Gas und Exploration oder Förderung von Kohle oder anderen festen Brennstoffen).

Damit will der Richtliniengeber bei den leitungsgebundenen Versorgungsunternehmen die Beschaffung der Vorleistung für die Hauptaktivität des Sektorenauftraggebers aus dem Anwendungsbereich heraushalten.[94] Einkaufshandlungen für den Kernbereich des Auftraggebers sind vom Vergaberecht befreit. Die Ware, die zur Auftraggeber- und Auftragseigenschaft führt, soll jedenfalls bei deren Einkauf nicht vergaberechtsrelevant sein.[95]

---

[90] Erwägungsgrund 35 RL 2014/25/EU vom 26. Februar 2014, ABl. EU 2014 Nr. L 94/243.

[91] *Marx*, in: Vergaberecht für Versorgungsbetriebe, Baden Baden 2011, 2. Kapitel, Das Anwendungsfeld des Vergaberechts, Rn. 57.

[92] Erwägungsgrund 26 RL 2004/17/EG vom 31. März 2004, ABl. EU 2004 Nr. L 134/1.

[93] *Schellenberg*, in: Pünder/Schellenberg, Vergaberecht, Baden Baden 2011, § 100 GWB, Rn. 50.

[94] *Marx*, in: Vergaberecht für Versorgungsbetriebe, Baden Baden 2011, 2. Kapitel, Das Anwendungsfeld des Vergaberechts, Rn. 65.

[95] *Greb*, in: Greb/Müller: Kommentar zur SektVO, Köln 2010, § 1, Rn. 133.

3. Inhouse-Vergaben und Interkommunale Zusammenarbeit

Artikel 28

Die Reform der EU-Vergaberichtlinien diente auch dem Zweck der Schaffung von mehr Rechtssicherheit. Hierzu wurden in den Richtlinien durch die Rechtsprechung des EuGH entwickelte Rechtssätze normiert. Dazu gehören die Vorschriften zur sogenannten „Inhouse-Vergabe" und der „Interkommunalen Kooperation". Ihren Niederschlag fanden die neu normierten Regeln nicht nur in der klassischen Vergaberichtlinie sondern auch in der Sektorenvergaberichtlinie und der Richtlinie über die Konzessionsvergabe. Nach dem Willen des europäischen Richtliniengebers soll damit eine Rechtsunsicherheit bezüglich der Anwendung dieser Regeln durch Sektorenauftraggeber beseitigt werden.[96]

Die durchaus berechtigte Frage, ob überhaupt Raum für eine Anwendung der EuGH-Rechtsprechung im Sektorenbereich besteht, ist damit mit einem „ja" beantwortet worden.[97] Zu beachten ist, dass die „Inhouse-Ausnahme" ausschließlich für öffentliche Auftraggeber im Sinne des Artikels 3 gilt. Damit sind privatrechtlich organisierte Auftraggeber von der Anwendung dieser Ausnahme ausgeschlossen. Ihnen bleibt nur der Rückgriff auf das „Konzernprivileg".[98] Die ursprünglich verfolgte Gleichbehandlung von öffentlich rechtlichen und privatrechtlichen Auftraggebern im Sektorenbereich wird damit durchbrochen.

Möglicherweise ist aber der Rückgriff auf das „Konzernprivileg" für nicht-öffentliche Auftraggeber attraktiver als eine „Inhouse-Beauftragung". Immerhin gilt eine private Beteiligung an einem beauftragten Unternehmen weiterhin grundsätzlich als inhouse-schädlich, während private Beteiligungen an verbundenen Unternehmen für die Zulässigkeit des Rückgriffs auf das „Konzernprivileg" irrelevant sind.[99]

Die neue Norm des Artikels 28 greift die bisher entwickelte Rechtsprechung des EuGH[100] auf und erweitert bzw. ergänzt sie an verschiedenen Stellen. Die Vergabe eines öffentlichen Auftrages, der einer Sektorentätigkeit dient, durch einen öffentlichen Auftraggeber, ist künftig vergaberechtsfrei, wenn die Voraussetzungen des Artikels 28 vorliegen.

Bemerkenswert in diesem Zusammenhang ist, dass alle neuen Richtlinien von der Vergabe eines „öffentlichen Auftrages" sprechen. Konnte man doch bislang davon

---

[96] Erwägungsgrund 38 RL 2014/25/EU vom 26. Februar 2014, ABl. EU 2014 Nr. L 94/243.

[97] Zu dieser Diskussion auch *Opitz*, Was bringt die neue Sektorenvergaberichtlinie?, in: VergabeR 3-2014, S. 370, 375 m. w. N.

[98] S. hierzu die Ausführungen zu den Artikeln 29 und 30.

[99] S. im Einzelnen die Ausführungen unter „Ausnahme für verbundene Unternehmen und Joint Ventures".

[100] U. a.: EuGH, Urteil vom 18. November 1999, Rs. C-107/98, „Teckal"; EuGH, Urteil vom 11. Januar 2005, Rs. C-26/03, „Stadt Halle"; EuGH, Urteil vom 9. Juni 2009, Rs. C-480/06, „Stadtreinigung Hamburg".

ausgehen, dass ein vergaberechtsfreies Inhouse-Geschäft oder eine Interkommunale Zusammenarbeit gerade keinen öffentlichen Auftrag i. e. S. darstellt. Zwar verlangt der EuGH in seiner „Teckal-Entscheidung"[101] für das Vorliegen eines Vertrages, dass dieser zwischen einem öffentlichen Auftraggeber und einer rechtlich von diesem verschiedenen Person geschlossen wird, gleichsam ergänzt er jedoch eine funktionale Betrachtungsweise, wonach ein öffentlicher Auftrag ausnahmsweise nicht vorliegt, wenn ein Vertrag zwar zwischen verschiedenen Rechtssubjekten geschlossen wird, aber ein sog. „Inhouse-Geschäft" vorliegt.[102] Anders ausgedrückt, liegt ein öffentlicher Auftrag nicht vor, wenn der öffentliche Auftraggeber nicht am Markt einkauft, sondern innerhalb der staatlichen Organisation von einer anderen staatlichen Organisation Leistungen entgegennimmt.[103] Insofern überrascht der Wortlaut der neuen EU-Vergaberechtsvorschriften schon. Allerdings ist nicht davon auszugehen, dass hierdurch von der grundsätzlichen Rechtsprechung des EuGH abgewichen werden sollte. Schließlich wird unmissverständlich klargestellt, dass sich die Normierung der Ausnahme auf die Rechtsprechung des EuGH stützt und diese präzisiert.[104]

Zu den inhaltlichen Voraussetzungen der Ausnahmevorschrift im Einzelnen wird auf die Ausführungen bei der klassischen Vergaberichtlinie verwiesen.

4. Ausnahme für verbundene Unternehmen und Joint Ventures

Unternehmen im Bereich der Sektorentätigkeiten werden weitgehend dadurch geprägt, dass sie privatrechtlich organisierte kommunale Unternehmen sind. Sie stehen häufig in rechtlicher Beziehung zu weiteren vergleichbaren Unternehmen. Diese Verflechtung hat häufig den Zweck, speziell Lieferungen und Dienstleistungen der Unternehmensgruppe zur Verfügung zu stellen, der es angehört und nicht, diese Leistungen auf dem Markt anzubieten.[105] Diese konzerninterne Bereitstellung von Leistungen sollte schon immer dann nicht dem Sektorenvergaberecht unterfallen, wenn die gleichzeitige Tätigkeit am Markt bestimmte Grenzen nicht überschreitet.

So sah die Vorgängerrichtlichtlinie aus dem Jahr 2004 bereits in Artikel 23 eine Ausnahme für Aufträge vor, die von einem Auftraggeber an ein mit ihm „verbundenen Unternehmen" oder an ein von ihm ggf. mit anderen Auftraggebern gebildeten „joint venture" (gemeinsames Unternehmen). Diese als „Konzernprivileg" bezeichnete Ausnahme wird in der novellierten Sektorenvergaberichtlinie – zwar nur marginal, aber mit großer Wirkung (s. u.) – leicht verändert fortgeführt.

---

[101] Vgl. *Prieß*, Die neue EU-Sektorenrichtlinie, in: NZBau 2014, S. 323.

[102] *Ziekow*, in: Ziekow/Völlink, Vergaberecht, Kommentar, 2. Auflage, München 2013, § 99 GWB, Rn. 92.

[103] Vgl. *Hausmann*, in: 15 Jahre GWB-Vergaberecht, Festschrift für Fridhelm Marx, München 2013, 15 Jahre GWB – 15 Jahre In-house-Rechtsprechung des EuGH m. w. N.

[104] Erwägungsgrund 31 RL 2014/24/EU vom 26. Februar 2014, ABl. EU 2014 Nr. L 94/65.

[105] Erwägungsgrund 32 RL 2004/17/EG vom 31. März 2004, ABl. EU 2004 Nr. L 134/1.

Artikel 29

Zunächst wird der Begriff des „verbundenen Unternehmens“ anhand der neuen „EU-Bilanzrichtlinie“ 2013/34/EU des Europäischen Parlaments und des Rates vom 26. Juni 2013 über den Jahresabschluss, den konsolidierten Abschluss und damit verbundene Berichte von Unternehmen bestimmter Rechtsformen[106] definiert. Danach ist ein „verbundenes Unternehmen“ jedes Unternehmen, dessen Jahresabschlüsse gemäß der neuen EU-Bilanzrichtlinie mit denen des Auftraggebers konsolidiert werden.

Ein Unternehmen, welches nicht in den Anwendungsbereich der EU-Bilanzrichtlinie fällt, ist dann als „verbunden“ zu betrachten, wenn es mittelbar oder unmittelbar einem beherrschenden Einfluss des Auftraggebers unterliegen kann, einen beherrschenden Einfluss auf den Auftraggeber ausüben kann oder gemeinsam mit dem Auftraggeber aufgrund der Eigentumsverhältnisse, der finanziellen Beteiligung oder der für das Unternehmen geltenden Bestimmungen dem beherrschenden Einfluss eines anderen Unternehmens unterliegt.

Inhaltlich hat der Begriff „beherrschender Einfluss“ dieselbe Bedeutung wie in Artikel 4 Absatz 2 Unterabsatz 2[107].

Der geregelte Ausnahmetatbestand umfasst zwei Varianten. Zum einen sind Auftragsvergaben, die ein Auftraggeber an ein mit ihm verbundenes Unternehmen vergibt, vergaberechtsfrei. Der Leistungsaustausch ist vergleichbar mit der „vertikalen Inhouse-Beauftragung“ eines öffentlichen Auftraggebers an eine von ihm beherrschte Tochter.

Die zweite Variante betrifft Auftragsvergaben eines Gemeinschaftsunternehmens an ein Unternehmen, welches mit einem Auftraggeber verbunden ist, der zu den Gründern des Gemeinschaftsunternehmens gehört. Auch solche Auftragsvergaben sollen vergaberechtsfrei erfolgen können.

Das Gemeinschaftsunternehmen muss von einer Anzahl von Auftraggebern für den Zweck gebildet worden sein, Sektorentätigkeiten im Sinne der Artikel 8 bis 14 auszuüben. Ist dies der Fall, kann es von der Ausnahmeregelung Gebrauch machen.

Neben der „Verbundenheit“ muss allerdings eine weitere Voraussetzung erfüllt sein. Vergaberechtsfrei dürfen entsprechende Aufträge nämlich nur dann durch einen Auftraggeber an ein verbundenes Unternehmen oder durch ein Gemeinschaftsunternehmen an ein Unternehmen, das mit dem das Gemeinschaftsunternehmen gründenden Auftraggeber verbunden ist, vergeben werden, wenn ein überwiegender Mindestumsatz für den Auftraggeber oder ein mit ihm verbundenes Unternehmen erbracht wurde.

---

[106] ABl. EU 2013 Nr. L 182/19.

[107] S. hierzu die Erläuterungen zu Artikel 4.

Dieser Umsatz muss unter Berücksichtigung jeweils aller Dienstleistungen oder Lieferaufträge oder Bauaufträge während der letzten drei Jahre mindestens 80% des insgesamt erzielten durchschnittlichen Umsatzes dieses Unternehmens aus der Erbringung für den Auftraggeber oder andere mit ihm verbundene Unternehmen stammen. Das bedeutet, dass maximal 19,99% Drittgeschäft außerhalb des Konzernverbundes erbracht werden dürfen.

Damit wird diese Vorschrift zwar geringfügig, aber entscheidend gegenüber der bisherigen Vorschrift abgeändert. Bei der Berechnung des Umsatzkriteriums werden nämlich nun alle von dem verbundenen Unternehmen erbrachten Leistungen (Bau-, Liefer-, Dienstleistungen) herangezogen. Bisher ging die herrschende Ansicht von einer Zulässigkeit einer Umsatzsegmentierung nach Art der Tätigkeit, die mit dem zu vergebenden Auftrag vergleichbar ist, aus.[108]

Werden die gleichen oder gleichartige Leistungen von mehr als einem mit dem Auftraggeber verbundenen Unternehmen erbracht, wird die Prozentzahl unter Berücksichtigung des Gesamtumsatzes errechnet, den diese verbundenen Unternehmen mit der Erbringung dieser Leistung erzielen.[109]

Kann das verbundene Unternehmen noch keine Umsätze der letzten drei Jahre nachweisen, weil es noch nicht so lange existiert oder erst vor kurzem mit der Wahrnehmung der Tätigkeit begonnen hat, so ist das Erreichen des Mindestumsatzes anhand von realistischen und nachvollziehbaren Prognosen glaubhaft darzulegen.

Artikel 30

Diese Vorschrift regelt ebenfalls zwei Fallkonstellationen. Die erste Konstellation stellt Aufträge vergaberechtsfrei, die ein Gemeinschaftsunternehmen an einen Auftraggeber vergibt, der das Gemeinschaftsunternehmen mit gegründet hat.

Die zweite Fallkonstellation betrifft Aufträge, die ein Auftraggeber, der ein Gemeinschaftsunternehmen mit gegründet hat, an dieses vergibt. Auch solche Aufträge können vergaberechtsfrei vergeben werden.

Voraussetzung für beide Konstellationen ist allerdings, dass das Gemeinschaftsunternehmen die vorgesehene Tätigkeit für mindestens drei Jahre ausüben muss und dass die das Gemeinschaftsunternehmen gründenden Auftraggeber diesem mindestens für denselben Zeitraum angehören. Dies ist im Gründungsakt des Gemeinschaftsunternehmens festzulegen.

Weitere Vorgaben, beispielsweise zu Mindestumsätzen, die für den Auftraggeber erbracht werden müssen oder zu maximalen Drittgeschäften, macht die Richtlinie zu diesem Ausnahmetatbestand nicht. Diese Tatsache wird es Auftraggebern im Sekto-

[108] Vgl. *Opitz*, Was bringt die neue Sektorenvergaberichtlinie?, in: VergabeR 3-2014, S. 370 m. w. N.

[109] *Greb*, in: Greb/Müller, Kommentar zur SektVO, Köln 2010, § 1, Rn. 139.

renbereich durchaus überlegenswert erscheinen lassen, für die Durchführung von größeren und komplexen Projekten im Versorgungsbereich die Gründung eines Joint Venture ins Auge zu fassen.

5. Ausnahme für Tätigkeiten, die unmittelbar dem Wettbewerb ausgesetzt sind

Artikel 34

Sinn und Zweck der Vergabereglungen ist es, den Wettbewerb um öffentliche Aufträge zu öffnen und zu fördern. Dies bedeutet, dass dort, wo Märkte noch nicht in ausreichendem Maß entwickelt und relativ geschlossen sind, durch einen künstlichen, durch das Vergaberecht initiierten und gestaltenden Wettbewerb eine Marktöffnung erfolgen muss. Umgekehrt macht ein solches Vorgehen, sprich, ein vergaberechtlicher Wettbewerb dort, wo liberalisierte Märkte schon ausreichend Wettbewerb gewährleisten, keinen Sinn. Deshalb sieht die Richtlinie im Sektorenbereich, der ja bereits in großen Teilen dem freien Wettbewerb unterliegt und der sich stets in Richtung Liberalisierung der Märkte weiterentwickelt, einen dementsprechenden Ausnahmetatbestand vor.

Die Richtlinie gilt weder für Aufträge, die die Ausübung einer von ihr erfassten Tätigkeit ermöglichen sollen, noch für Wettbewerbe (Auslobungsverfahren) zur Ausübung einer solchen Tätigkeit, wenn diese Tätigkeit auf Märkten ohne Zugangsbeschränkung dem direkten Wettbewerb ausgesetzt ist. So war es auch nach der bislang geltenden Sektorenvergaberichtlinie.

Sowohl der Mitgliedstaat als auch Auftraggeber haben die Möglichkeit, eine solche Feststellung von der Kommission in einem formalisierten Verfahren gemäß der Artikel 34 und 35 zu beantragen.

Ein freier Marktzugang wird unterstellt, wenn der Mitgliedstaat die in Anhang III der Sektorenvergaberichtlinie aufgelisteten Rechtsakte der Union umgesetzt hat. Gegenüber der bisherigen Regelung wurde eine Aktualisierung vorgenommen. Ergänzt wurden zum einen Richtlinien im Bereich der Energieversorgung (Erdgasbinnenmarktrichtlinie 2009/73/EG[110] sowie Elektrizitätsbinnenmarktrichtlinie 2009/72/EG).[111] Ebenso wird im Bereich der Eisenbahndienste (Verkehr) die Richtlinie 2012/34/EU[112] zur Schaffung eines einheitlichen europäischen Eisenbahnraums aufgeführt.

[110] ABl. EU 2009, Nr. L 211/94.

[111] U. a.: EuGH, Urteil vom 18. November 1999, Rs. C-107/98, „Teckal"; EuGH, Urteil vom 11. Januar 2005, Rs. C-26/03, „Stadt Halle"; EuGH, Urteil vom 9. Juni 2009, Rs. C-480/06, „Stadtreinigung Hamburg".

[112] ABl. EU 2012, Nr. L 343/32.

Kann ein freier Marktzugang nicht auf der Grundlage umgesetzter EU-Rechtsakte nachgewiesen werden, muss der Antragsteller auf andere geeignete Weise nachweisen, dass der freie Marktzugang faktisch und rechtlich gegeben ist.

Der unmittelbare Einfluss des Wettbewerbs, also die zweite Voraussetzung dieses Ausnahmetatbestands, wird nach objektiven Kriterien festgestellt und erfolgt hinsichtlich des relevanten geografischen Marktes, in dem die betreffende Tätigkeit oder Teile davon durchgeführt werden. Dabei muss der relevante geografische Markt nicht zwangsläufig mit dem Hoheitsgebiet des betreffenden Mitgliedstaats übereinstimmen.[113] Die objektiven Kriterien haben die Besonderheiten des jeweiligen betroffenen Sektors zu berücksichtigen. Es muss gewährleistet sein, dass die Auftragsvergabe ohne Anwendung des Vergaberechts wettbewerblich, transparent und nichtdiskriminierend erfolgt.

Wettbewerbliche Kriterien können beispielsweise Merkmale der betreffenden Leistung, Preise oder die tatsächliche oder mögliche Existenz mehrerer Anbieter der betreffenden Leistungen sein.

Artikel 35

Ist ein Mitgliedstaat oder ein Auftraggeber (vorausgesetzt die nationalen Rechtsvorschriften lassen dies zu) der Ansicht, dass die Voraussetzungen der Ausnahme vorliegen, kann er bei der Kommission eine entsprechende Freistellungsfeststellung beantragen. Dem Antrag kann eine Stellungnahme der für die Tätigkeit zuständigen nationalen Behörde (in Deutschland bspw. das Bundeskartellamt) beigefügt werden. Ebenso hat der Antragsteller alle sachdienlichen Informationen und Nachweise der Kommission zu übermitteln.

Liegt keine begründende Stellungnahme der zuständigen nationalen Behörde bei, fordert die Kommission eine solche bei dem Mitgliedstaat an. Die Freistellung ist erlassen, wenn die Kommission innerhalb einer Frist von 130 den Ausnahmetatbestand feststellt. Diese Frist betrug bisher lediglich 90 Tage. Ergeht innerhalb dieser Frist keine Feststellung, gilt die Freistellung als erlassen.

Nach bisher geltendem Recht hat die Kommission mit Durchführungsbeschluss vom 24.4.2012 zur Freistellung der Erzeugung und des Großhandels von Strom aus konventionellen Quellen in Deutschland von der Anwendung der Richtlinie 2004/17/EG, C (2012) 2426[114] die Erzeugung und den Großhandel von Strom aus konventionellen Quellen vom Anwendungsbereich der Sektorenvergaberichtlinie freigestellt. Gleichzeitig jedoch wurde der Ausnahmetatbestand für die Erzeugung und den Großhandel von Strom aus erneuerbaren Energien nicht bestätigt. Diese Entscheidung wird (natürlich) unter der neuen Sektorenvergaberichtlinie unverändert fortbestehen.[115]

[113] Vgl. Erwägungsgrund 44, 45 RL 2014/25/EU vom 25. Februar 2014, ABl. EU 2014 Nr. L 94/243.

[114] ABl. EU 2012, Nr. L 114/21.

[115] Erwägungsgrund 43 RL 2014/25/EU vom 25. Februar 2014, ABl. EU 2014 Nr. L 94/243.

V. Vergabeverfahren

1. Interessenkonflikte, Markterkundung, vorherige Einbeziehung von Bewerbern oder Bietern

Neu hinzugekommen in der Richtlinie sind Regelungen zu Konstellationen, in denen Personen ein direktes oder indirektes persönliches, finanzielles oder wirtschaftliches Interesse an dem zu vergebenden Auftrag haben können. Ebenso Regelungen, die es zulassen, dass Auftraggeber im Vorfeld einer Ausschreibung unabhängige Marktinformationen einholen dürfen, sofern sie nicht wettbewerbsverzerrend sind und schließlich Regelungen über die Einbeziehung von späteren Bewerbern oder Bietern in die Vergabevorbereitung.

Vergleichbare Regelungen gibt es im deutschen Vergaberecht bereits, sie sind also nicht neu. Die Vorschriften lassen sich auf die Grundprinzipien der Gleichbehandlung, Transparenz und fairen Wettbewerb zurückführen, allerdings bisher eben nicht auf unmittelbare Vorgaben aus den Richtlinien. Dies ist auch der Grund dafür, warum sich in der SektVO[116] keine der Vergabeverordnung[117]/VgV (§ 16 „Ausgeschlossene Personen" VgV) und den Vergabe- und Vertragsordnungen für Bauleistungen VOB/A[118] (§ 2 EG Absatz 4, „Grundsätze" und § 6 EG Absatz 7 „Teilnehmer am Wettbewerb" VOB/A) sowie für Leistungen VOL/A[119] (§ 2 EG Absatz 3 „Grundsätze und § 6 EG Absatz 7 „Teilnehmer am Wettbewerb" VOL/A) entsprechende Regelungen findet. Nunmehr haben sie ein unmittelbares Gegenüber in der Richtlinie, was im Rahmen der Richtlinienumsetzung zu einer entsprechenden Ergänzung in der SektVO wird führen müssen.

Artikel 42

Die Mitgliedstaaten haben künftig dafür Sorge zu tragen, sprich nationale Vorschriften zu schaffen, um Interessenkonflikte bei der Durchführung von Vergabeverfahren zu verhindern. Hierdurch soll eine mögliche Wettbewerbsverzerrung verhindert und mehr Gleichbehandlung im Vergabeprozess gewährleistet werden. Damit setzt die Verpflichtung zur Gleichbehandlung bereits vor der Einleitung des Vergabeverfahrens an. Die Verpflichtung für die Mitgliedstaaten bezieht sich allerdings nur auf öffentliche Auftraggeber i. S. v. Artikel 3. Es sind jedoch keine Gründe ersichtlich, warum bei der nationalen Umsetzung hier nicht alle Auftraggeber einbezogen werden sollten.

---

[116] Sektorenverordnung vom 23. September 2009 (BGBl. I S. 3110), die zuletzt durch Artikel 7 des Gesetzes vom 25. Juli 2013 (BGBl. I S. 2722) geändert worden ist.

[117] Vergabeverordnung in der Fassung der Bekanntmachung vom 11. Februar 2003 (BGBl. I S. 169), die zuletzt durch Artikel 1 der Verordnung vom 15. Oktober 2013 (BGBl. I S. 3854) geändert worden ist.

[118] Vergabe- und Vertragsordnung für Bauleistungen, Teil A, Fassung 2012, Bekanntmachung vom 24. Oktober 2011, BAnz. Nr. 182a vom 2. Dezember 2011; BAnz AT 7.5.2012 B1; BAnz AT 13.7.2012 B3.

[119] Vergabe- und Vertragsordnung für Leistungen, Teil A vom 20 November 2009, BAnz. Nr. 196a, ber. 2010, S. 755.

Unter Interessenkonflikt versteht die Richtlinie Situationen, in denen am Vergabeverfahren beteiligte Mitarbeiter oder Beauftragte des öffentlichen Auftraggebers mittelbar oder unmittelbar ein finanzielles, wirtschaftliches oder sonstiges persönliche Interesse am Ausgang des Vergabeverfahrens haben können. Hierdurch entsteht die Gefahr, dass die erforderliche Neutralität der mit dem Verfahren betrauten Personen nicht mehr gewährleistet ist und dadurch der Wettbewerb verzerrt werden kann.

Im deutschen Vergaberecht besteht bereits eine entsprechende Regelung mit § 16 VgV, „Ausgeschlossene Personen", die u. a. in Folge einer Entscheidung des OLG Brandenburg[120] in das Vergaberecht eingeführt wurde. Diese Regelung wird im Rahmen der Richtlinienumsetzung auf das Sektorenvergaberecht zu übertragen sein.

Artikel 58

Sowohl zur vorherigen Planung ihrer Auftragsvergabe als auch zur Information über ihre geplanten Auftragsvergaben erlaubt es die Richtlinie den Auftraggebern, Marktkonsultationen durchzuführen. Eingeholt werden können beispielsweise Stellungnahmen von unabhängigen Experten oder von Marktteilnehmern. Allerdings darf die Nutzung der aus der Marktkonsultation gewonnenen Informationen nicht zu einer Wettbewerbsverzerrung führen. Die Grundsätze der Transparenz und Nichtdiskriminierung müssen gewahrt bleiben.

Im deutschen Vergaberecht bestehen sowohl in der VOB/A als auch der VOL/A[121] Regelungen, die vorherige Marktkonsultationen verbieten. Die Vorschriften sollen verhindern, dass Marktkonsultationen unzulässigerweise als „Scheinausschreibungen" missbraucht werden, weil man möglichst genaue Informationen von den Marktteilnehmern erhalten will.

Auf den ersten Blick erscheint die deutsche Regelung im Widerspruch zur jetzigen Richtlinienregelung zu stehen, denn hier wird eine Marktkonsultation als zulässiges Instrument zur Informationsbeschaffung erlaubt, während die deutsche Regel als Verbotsnorm ausgestaltet ist. Bei genauem Hinschauen löst sich der Widerspruch jedoch auf. Vom Regelungsinhalt entsprechen sich die Vorschriften nämlich. Auch das neue Richtlinienrecht verbietet unter dem Strich eine Wettbewerbsverzerrung durch Marktkonsultationen. Nichts anderes regelt das deutsche Vergaberecht.

In Deutschland existiert mit dem haushaltsrechtlichen Interessenbekundungsverfahren ein auf der Grundlage des § 7 BHO[122] formalisiertes Verfahren, in dem private Anbieter darlegen können, ob sie eine staatliche Aufgabe oder zu öffentlichen Zwecken die-

---

[120] OLG Brandenburg, Beschluss vom 3.8.1999, Az. 6 Verg 1/99.

[121] Vergabe- und Vertragsordnung für Leistungen, Teil A vom 20 November 2009, BAnz. Nr. 196a, ber. 2010, S. 755.

[122] Bundeshaushaltsordnung vom 19. August 1969 (BGBl. I S. 1284), die zuletzt durch Artikel 2 des Gesetzes vom 15. Juli 2013 (BGBl. I S. 2395) geändert worden ist.

nende wirtschaftliche Tätigkeit möglicherweise besser erbringen können als der öffentliche Auftraggeber. Ein Interessenbekundungsverfahren darf jedoch niemals zu einer unmittelbaren Auftragsvergabe führen.[123]

Artikel 59

Die neue Vorschrift des Artikels 59 ist im deutschen Vergaberecht ebenfalls bereits vorhanden.[124] Geregelt wird hier die so genannte „Projektantenproblematik". Diese besagt, dass der Auftraggeber jedweglichen Informationsvorsprung, den ein im Rahmen der Vorbereitung des Verfahrens beteiligter Wirtschaftsteilnehmer erlangt hat, gegenüber den anderen Wirtschaftsteilnehmern auszugleichen hat.

Dieser Ausgleich muss in einer Weise erfolgen, dass die anderen Wirtschaftsteilnehmer auf den gleichen Wissens- und Informationsstand gebracht werden, wie ihn der „Projektant" aufgrund seiner Befassung im Vorfeld des Vergabeverfahrens erlangt hat. Dabei darf der Ausschluss des Projektanten nur die „ultima ratio" sein. Nur wenn eine Gleichstellung der anderen Wirtschaftsteilnehmer auf andere Art und Weise nicht erreicht werden kann, darf der Projektant ausgeschlossen werden. Und dies erst dann, nachdem ihm vom Auftraggeber Gelegenheit gegeben wurde, nachzuweisen, dass sein Wissensvorsprung nicht zu einer Wettbewerbsverzerrung und Ungleichbehandlung führt. Gelingt ihm nämlich dieser Nachweis, darf kein Ausschluss erfolgen.

Dies entspricht auch der Rechtsprechung des EuGH.[125] Danach ist zwar die Vorbefassung eines „Projektanten" grundsätzlich geeignet, den Wettbewerb zu verfälschen, einen genereller Ausschluss deswegen hält der EuGH jedoch für unverhältnismäßig. In jedem Einzelfall ist zunächst Aufklärung zu betreiben ob tatsächlich eine Benachteiligung im konkreten Fall eingetreten oder zu befürchten ist.

2. Wahl der Vergabeart

Artikel 44

Den Auftraggebern stehen unterschiedliche Vergabearten zur Durchführung einer Beschaffung zur Verfügung, die sie nach Maßgabe der Richtlinie anwenden können. Die bisherige Wahlfreiheit, im Bereich des Sektorenvergaberechts zwischen den Vergabearten „Offenes Verfahren", „Nicht offenes Verfahren" und „Verhandlungsverfahren mit vorherigem Teilnahmewettbewerb" frei wählen zu können, bleibt bestehen. Die damit verbundenen wesentlichen Erleichterungen bleiben und Auftraggeber können das aus ihrer Sicht für die individuelle Beschaffung effizienteste Verfahren wählen.

---

123 Mehr zum Interessenbekundungsverfahren (IBV): Rundschreiben des BMF vom 24.9.2012-IIA3-H/1005/07/0002.

124 S. § 6 EG Absatz 7 VOL/A und § 6 EG Absatz 7 VOB/A.

125 EuGH, Urteil vom 3. März 2005, Rs. C-21/03, „Fabricom".

Die freie Auswahl bedeutet weiterhin, dass die Entscheidung für eine bestimmte Vergabeart nicht zwingend zu dokumentieren ist. Die Entscheidung unterliegt auch nicht der Möglichkeit einer Nachprüfung vor einer Nachprüfungsbehörde. Gleichwohl ist es ratsam, Anhaltspunkte bezüglich der Auswahlentscheidung in der Dokumentation festzuhalten.

Es bleibt damit bei der Möglichkeit, dass Auftraggeber den Grundsatz der Verfahrenseffizienz als ein maßgebliches Kriterium für die Wahl der Vergabeart berücksichtigen können. Sie können sich also daran orientieren, ob der Verfahrensaufwand in einem angemessenen Verhältnis zum erwarteten Ergebnis steht.[126]

Neu zur Verfügung stehen die Vergabearten „Innovationspartnerschaften"[127] (Artikel 49) und der „Wettbewerbliche Dialog" (Artikel 48). Während der Wettbewerbliche Dialog im Rahmen der Angleichung des Sektorenvergaberechts an das klassische Vergaberecht als weiteres, bisher nicht zur Verfügung stehendes Verfahren in die Sektorenvergaberichtlinie aufgenommen wurde, stellt die Vergabeart „Innovationspartnerschaften" eine mit der Novellierung neu geschaffene Vergabeart, die auch im klassischen Vergaberecht Eingang gefunden hat, dar.

Beide Vergabearten stehen nicht zur „freien" Verfügung wie die genannten Vergabearten Offenes Verfahren, Nichtoffenes Verfahren und Verhandlungsverfahren mit vorherigem Teilnahmewettbewerb, sondern können nur bei Vorliegen der jeweiligen Voraussetzungen durch die Auftraggeber angewendet werden.

Der Grundsatz der Transparenz ist eines der das Vergaberecht tragenden Prinzipien. Folglich muss grundsätzlich jeder Auftragsvergabe eine dementsprechende Vergabebekanntmachung (Aufruf zum Wettbewerb) erfolgen. Dabei ist zu unterscheiden zwischen einem „einfachen" Wettbewerbsaufruf, der im Offenen Verfahren erfolgt und nicht mehr und nicht weniger aus der Bekanntmachung besteht und „Aufrufe zu einem Teilnahmewettbewerb", die regelmäßig bei allen anderen außer dem Offenen Verfahren stattzufinden haben.

Folgende Möglichkeiten, zu einem Wettbewerb aufzurufen sieht Artikel 44 vor:

Erfolgt die Auftragsvergabe in einem Nichtoffenen Verfahren oder einem Verhandlungsverfahren, steht die regelmäßige, nichtverbindliche Bekanntmachung nach Artikel 67 zur Verfügung. In diesem Fall werden diejenigen Wirtschaftsteilnehmer, die ihr Interesse an dem Auftrag bekunden, vor konkreter Vergabedurchführung aufgefordert, ihr Interesse erneut zu bestätigen (s. Artikel 74).

Soll der Auftrag in einem Nichtoffenen Verfahren, einem Verhandlungsverfahren, im Rahmen einer Innovationspartnerschaft oder in einem Wettbewerblichen Dialog ver-

---

[126] Vgl. *Müller*, in: Greb/Müller, Kommentar zur SektVO, Köln 2010, § 6 Rn. 56 m. w. N.

[127] S. im Einzelnen die Erläuterungen zu Artikel 49.

geben werden, so kann der Wettbewerbsaufruf als Bekanntmachung eines Qualifizierungssystems (s. Artikel 68) erfolgen.

Die genannten Wettbewerbsaufrufe stellen einen „Aufruf zum Teilnahmewettbewerb" dar, der als dem Auswahlverfahren vorgeschaltete Eignungsprüfung der Bewerber dient.

Der „einfache" Wettbewerbsaufruf kann für alle Vergabearten genutzt werden. Er erfolgt nach der Vorschrift des Artikels 69.

In Artikel 50 sind die konkreten Voraussetzungen genannt, die vorliegen müssen, damit die Auftraggeber zulässigerweise ein Verhandlungsverfahren ohne vorherigen Aufruf zum Teilnahmewettbewerb durchführen dürfen. Die dortige Aufzählung ist abschließend. Ein Verhandlungsverfahren ohne vorherigen Aufruf zum Teilnahmewettbewerb darf in keinen anderen als den genannten Fällen gestattet werden. Der Wortlaut macht klar, dass die Mitgliedstaaten an dieser Stelle keinen Umsetzungsspielraum haben.

3. Einzuhaltende Teilnahme- und Angebotsfristen

Die Novellierung der Vergaberichtlinien hatte u. a. zum Ziel, Vergabeverfahren zu beschleunigen und effizienter zu gestalten. Vor allem die künftig vorgeschriebene vollständige elektronische Abwicklung der Vergabeverfahren führt zu Zeitersparnissen, sodass die einzuhaltenden Fristen auf ein Mindestmaß reduziert werden konnten.[128] So wurden etwa die Teilnahmefristen von bisher 37 Tagen auf grundsätzlich 30 Tage verkürzt. Für Angebotsfristen im Offenen Verfahren gelten künftig statt 52 Tage nur noch 35 Tage.

Im Nichtoffenen Verfahren sowie im Verhandlungsverfahren mit vorherigem Teilnahmewettbewerb kann die Angebotsfrist zwischen Auftraggeber und Bieter einvernehmlich festgelegt werden. Eine Mindestvorgabe besteht hier dann, wenn keine einvernehmliche Fristfestlegung erreicht werden kann. In diesen Fällen beträgt die Mindestangebotsfrist 10 Tage.

Die neuen Fristenregelungen finden sich nicht mehr wie bisher, in einer eigenständigen Vorschrift, sondern sie sind nun unmittelbar in die Vorschriften zu den jeweiligen Vergabearten integriert. Ob diese Neustrukturierung zu mehr Übersichtlichkeit führt, wird die Praxis zeigen müssen. Jedenfalls hätten die Mitgliedstaaten durchaus die Möglichkeit, die Fristenregelungen im Rahmen der Umsetzung quasi vor die Klammer zu ziehen und wie bisher, in einer eigenständigen Vorschrift zusammenzufassen.

Man kann durchaus hinterfragen, ob die Fristen gerade bei komplexen, umfangreichen Vergabeverfahren ausreichend sind. Zu denken ist besonders an Vergaben im IT-

[128] Erwägungsgrund 89 RL 2014/25/EU vom 26. Februar 2014, ABl. EU 2014 Nr. L 94/243.

Bereich oder an umfangreiche Planungsleistungen. Es sei jedoch daran erinnert, dass es sich um Mindestfristvorgaben handelt. Eine Verlängerung ist durchaus zulässig und manchmal sogar geboten. Ist doch in jedem Fall die Grundsatzvorschrift des Artikels 66 „Fristsetzung" zu beachten. Demnach gilt, dass Auftraggeber bei der Fristsetzung insbesondere die Komplexität des Auftrages und die Zeit, die die Auftragnehmer zur Angebotserstellung benötigen, berücksichtigen müssen.

In bestimmten Fällen, etwa wenn Ortsbesichtigungen erforderlich sind, müssen die Fristen unter Umständen verlängert werden. Eine Pflicht zur Fristverlängerung besteht, wenn Auftraggeber angeforderte Zusatzinformationen nicht spätestens innerhalb von sechs bzw. vier Tagen vor Ablauf der Angebotsfrist an die Bewerber übermitteln können oder wenn an den Auftragsunterlagen wesentliche Änderungen vorgenommen werden. Als solche zu verstehen sind alle diejenigen Änderungen, bei denen klar ist, dass die Wirtschaftsteilnehmer zusätzliche Zeit zur Angebotserstellung benötigen werden.[129]

4. Innovationspartnerschaften

Artikel 49

Mit ihrer Mitteilung zur „vorkommerziellen Beschaffung" vom 14. Dezember 2007[130] hat die Kommission deutlich gemacht, welchen Stellenwert das Thema „innovative Beschaffung" nach ihrer Auffassung hat. Dabei bezieht sich die vorkommerzielle Beschaffung auf die Forschungs- und Entwicklungsphase vor der Markteinführung. Es geht ausschließlich um Forschung- und Entwicklungsleistungen (Lösungserkundung, Lösungsentwurf, begrenzte Neuentwicklung). Für den anschließenden Wettbewerb in der Vermarktungsphase gelten dann die Regeln des Vergaberechts.

Dieses Modell zur Förderung innovativer Beschaffungen soll auch künftig zur Verfügung stehen. Gleichwohl sollen Auftraggeber innerhalb der Vergaberichtlinien ein adäquates Verfahren zur Verfügung haben, um innovative Lösungen durch Beschaffung zu fördern, indem die anschließende Beschaffung des entwickelten innovativen Produkts integriert ist. Ein solches Verfahren wird mit der neuen Vergabeart „Innovationspartnerschaften" zur Verfügung gestellt.[131]

Voraussetzung zur Anwendung der Innovationspartnerschaft ist, dass es sich bei dem Bedarf um ein innovatives Produkt, eine innovative Dienstleistung oder innovative Bauleistung handelt, welcher nicht durch den Erwerb bereits auf dem Markt vorhandener Lösungen befriedigt werden kann. Ziel muss es sein, ein noch nicht existierendes innovatives Produkt, bzw. Dienstleistung oder Bauleistung zu entwickeln sowie

[129] Erwägungsgrund 90 RL 2014/25/EU vom 26. Februar 2014, ABl. EU 2014 Nr. L 94/243.

[130] KOM(2007) 799 endg. vom 14.12.2007.

[131] Erwägungsgrund 57 RL 2014/25/EU vom 26. Februar 2014, ABl. EU 2014 Nr. L 94/243.

der anschließende Erwerb der im Rahmen der Innovationspartnerschaft entwickelten Leistung.

Auftraggeber können eine Innovationspartnerschaft mit einem oder mehreren Partnern zur Entwicklung der Lösung eingehen.

Strukturell gleicht das Verfahren dem Verhandlungsverfahren. Die einzuhaltenden Regeln sind nachprüfbar und unterliegen den Vorschriften zum Rechtsschutz bei Vergabeverfahren. Die Grundsätze Transparenz und Gleichbehandlung sind von besonderer Bedeutung. Daher sind an die Dokumentationspflichten in jeder Phase des Verfahrens hohe Anforderungen zu stellen.

Eingeleitet wird das Verfahren durch einen Aufruf zum Wettbewerb gemäß Artikel 44 Absatz 4 lit. b) und c). Der Auftraggeber hat die verlangten Eignungskriterien festzulegen. Daneben sind Mindestanforderungen darzustellen. Die Darstellung muss dergestalt sein, dass die interessierten Wirtschaftsteilnehmer Art und Umfang der geforderten Lösung erkennen können um zu entschieden, ob sie sich an der Innovationspartnerschaft beteiligen wollen.

Die Kriterien sollten sich auf die Fähigkeit der Bewerber auf dem Gebiet der Forschung und Entwicklung sowie die anschließende Umsetzung der entwickelten innovativen Lösung beziehen. Nur diejenigen Bewerber, die der Auftraggeber letztlich auffordert, können auf die beschriebenen Bedürfnisse abgestimmte Forschungs-/Innovationsprojekte einreichen über die dann verhandelt wird.

Diejenigen Bewerber, die die festgelegten Eignungskriterien sowie Mindestanforderungen erfüllen, werden in das weitere Verfahren einbezogen. Dabei kann der Auftraggeber die Zahl derer, die an dem Verfahren beteiligt werden sollen, gemäß Artikel 78 Absatz 2 begrenzen. Die zugrunde liegenden Kriterien hierzu muss er vorab bekanntgeben.

Die Innovationspartnerschaft ist entsprechend dem Forschungs- und Innovationsprozess in aufeinanderfolgende Phasen aufzuteilen. Die Aufteilung kann bereits die Herstellung der geforderten Leistung umfassen. Festzulegen sind ebenfalls Zwischenziele sowie angemessene Vergütungsregeln für die einzelnen Phasen. Am Ende jeder Phase kann der Auftraggeber auf der Basis der festgelegten Zwischenziele entscheiden, ob er ggf. die Innovationspartnerschaft, wenn er sich für mehrere Partner entschieden hatte, mit einem oder mehreren Partnern oder gar vollständig beendet. Will der Auftraggeber von dieser Möglichkeit Gebrauch machen, so muss er bereits in den Vergabeunterlagen darauf hinweisen.

Grundsätzlich soll es die Innovationspartnerschaft den Auftraggebern ermöglichen, eine langfristige Zusammenarbeit für die Entwicklung und die anschließende Beschaffung neuer, innovativer Produkte, Dienstleistungen oder Bauleistungen zu begründen, sofern hierfür die vereinbarten Leistungs- und Kostenniveaus eingehalten werden, ohne dass ein gesondertes anschließendes Vergabeverfahren erforderlich wird.[132]

Das Verfahren ist auf Verhandlungen mit den Bietern angelegt. Die Verhandlungen erfolgen mit allen Bietern über deren Erst- und alle Folgeangebote um diese inhaltlich zu verbessern. Die festgelegten Mindestanforderungen sowie die Zuschlagskriterien sind nicht verhandelbar. Über die finalen Angebote darf nicht mehr verhandelt werden. Diese werden auf der Grundlage der Zuschlagskriterien bewertet, um das wirtschaftlichste Angebot zu ermitteln.

Alle Bieter sind im Verfahren gleich zu behandeln. Vor allem dürfen Informationen von Teilnehmern nicht ohne deren Zustimmung an andere Teilnehmer weitergegeben werden. Eine erteilte Zustimmung ist niemals allgemeiner Natur. Sie gilt stets nur für den erteilten Fall.

Werden im Rahmen der Verhandlungen Änderungen besprochen und festgelegt, erhalten die Bieter ausreichend Gelegenheit, ihre Angebote entsprechend nachzubessern und modifizierte Angebote einzureichen. Vorkehrungen über Rechte am geistigen Eigentum sind bereits in den Vergabeunterlagen anzugeben.

Die Auftraggeber können die Verhandlungen in Phasen einteilen, in deren Rahmen sie die Anzahl der Angebote verringern. Das Gebrauch machen von dieser Option muss der Auftraggeber bekanntmachen und hierfür entsprechende objektive Kriterien festlegen.

Der Zuschlag erfolgt auf der Basis des besten Preis-Leistungs-Verhältnisses[133], da dieses für innovative Angebote am besten geeignet ist.[134] Der Schätzwert der im Anschluss an die Entwicklung zu beschaffenden Leistung darf gegenüber der Investition in ihre Entwicklung nicht im Missverhältnis stehen.

5. Rahmenvereinbarungen

Artikel 51

Auftraggeber können Rahmenvereinbarungen schließen. Die Regelungen hierzu sind, wie bereits in der bisherigen Sektorenvergaberichtlinie, recht kurz gehalten und beschränken sich auf wenige Vorgaben. Allerdings sind gegenüber bisher markante Änderungen zu verzeichnen.

---

[132] Erwägungsgrund 59 RL 2014/25/EU vom 26. Februar 2014, ABl. EU 2014 Nr. L 94/243.

[133] S. hierzu die Erläuterungen zu Artikel 82.

[134] Erwägungsgrund 59 RL 2014/25/EU vom 26. Februar 2014, ABl. EU 2014 Nr. L 94/243.

Rahmenvereinbarungen sind per definitionem Vereinbarungen zwischen einem oder mehreren Auftraggebern und einem oder mehreren Wirtschaftsteilnehmern, die dazu dienen, die Bedingungen für die Aufträge, die im Laufe eines bestimmten Zeitraums vergeben werden sollen, festzulegen, insbesondere in Bezug auf den Preis und gegebenenfalls die in Aussicht genommenen Mengen.

Die Definition macht deutlich, dass es sich um eine Vertragsart und keinesfalls um eine Vergabeart handelt. Dies wird bestätigt auch durch die nachfolgenden Ausführungen. Daraus geht nämlich hervor, dass zum Abschluss einer Rahmenvereinbarung eines der in der Richtlinie genannten Vergabeverfahren angewendet werden muss.

Für Rahmenvereinbarungen stehen den Auftraggebern nach den jeweiligen rechtlichen Vorgaben die üblichen Verfahrensarten (z. B.: Offenes Verfahren, Nichtoffenes Verfahren, Verhandlungsverfahren) zur Verfügung. Nach deutschem Vergaberecht gilt auch die grundsätzliche Verpflichtung zur Losaufteilung.[135]

Auftraggeber können Rahmenvereinbarungen schließen, sofern sie die in der Richtlinie genannten Verfahren (gemeint sind vor allem die aufgeführten Vergabearten), anwenden. Der Wortlaut „. . . können anwenden, sofern . . . " heißt zum einen, dass die Vereinbarung von Rahmenvereinbarungen in das Ermessen der Auftraggeber gestellt ist. Es besteht also keine Verpflichtung zur Vereinbarung. Zum anderen lässt sich ein erster markanter Unterschied zur bisherigen Regelung aus diesem Wortlaut ableiten.

Die Richtlinie 2004/17/EG[136] erlaubte es den Auftraggebern, Rahmenvereinbarungen auch außerhalb des Sektorenvergaberechts zu schließen. Allerdings waren sie dann verpflichtet, bei Vergabe der Einzelaufträge eine Veröffentlichung bekannt zu machen worauf sich dann auch Nichtrahmenvertragspartner um den Auftrag bewerben konnten.[137] Dies dürfte der jetzige Wortlaut der Vorschrift nicht mehr zulassen. Vielmehr ist die Regelung so zu verstehen, dass Rahmenvereinbarungen nur geschlossen werden können „sofern", also falls die Verfahren der Richtlinie angewendet werden. Die Vereinbarung von Rahmenverträgen ist vergaberechtlich also nur zulässig, wenn die Verfahren der Richtlinie angewendet werden. Der Abschluss einer Rahmenvereinbarung ohne Anwendung des Sektorenvergaberechts ist vergaberechtlich unzulässig.

Ein zweiter Unterschied zur bisherigen Regelung besteht in der zeitlichen Begrenzung von Rahmenvereinbarungen. Bisher durften nach dem Sektorenvergaberecht geschlossene Rahmenvereinbarungen eine unbefristete Laufzeit haben. Nunmehr sieht die Richtlinie eine grundsätzliche Begrenzung auf maximal 8 Jahre vor. In Ausnahmefällen, die hinreichend zu begründen sind, ist eine längere Laufzeit zulässig. Gründe hierfür können beispielsweise sein, der Amortisierungszeitraum bezüglich der benö-

---

135 Vgl. *Portz*, Flexible Vergaben durch Rahmenvereinbarungen, in: VergabeR 4-2014, S. 523.

136 ABl. EU 2004 Nr. L 134/1.

137 Im Einzelnen zur bisherigen Verfahrensweise: *Müller*, in: Greb/Müller: Kommentar zur SektVO, Köln 2010, § 9, Rn. 18 ff.

tigten Ausrüstung. In Frage kommen u. a. Rahmenvereinbarungen über außerordentliche Instandhaltungen für Netze, die teure Ausrüstungen benötigen.[138]

Rahmenvereinbarungen sind ein anerkanntes Instrument zur effizienten Beschaffung insbesondere beim Einkauf wiederkehrender Leistungen. Allerdings bedarf es für die Einzelabrufe Regelungen, um auf dieser Ebene den Wettbewerb zu stimulieren.[139] Daher sind für die Vergabe von Einzelaufträgen, die auf der Grundlage einer Rahmenvereinbarung abgerufen werden, objektive und nichtdiskriminierende Kriterien festzulegen und in den Auftragsunterlagen bekannt zu machen.

Die Vergabe eines Einzelauftrages kann beispielsweise im Rahmen eines Kleinstwettbewerbes oder eines erneuten Wettbewerbsaufrufes unter den Teilnehmern der Rahmenvereinbarung erfolgen. Hierzu ist eine ausreichende Frist festzulegen, um den Bietern die Abgabe von Angeboten zu ermöglichen.

Der Einzelauftrag wird sodann an denjenigen Bieter vergeben, der anhand der festgelegten Kriterien das „beste Angebot" eingereicht hat. Dieser Wortlaut lässt es zu, dass als Zuschlagskriterium bei der Vergabe der Einzelaufträge nicht ausschließlich das „wirtschaftlich günstigste Angebot" gemäß Artikel 82 in Frage kommen muss, sondern auch andere individuelle, mit dem Auftragsgegenstand im Zusammenhang stehende objektive Kriterien zulässig sind um das „beste Angebot" zu ermitteln. Ansonsten hätte der Richtliniengeber das Kriterium gemäß Artikel 82 ausdrücklich genannt.

Aufgrund bisher bestehender Unsicherheiten bei der Einzelauftragsvergabe sind die obigen Minimalregelungen zu begrüßen. Sie dürften durchaus zu mehr Rechtssicherheit führen.

Als Einschränkung der bisherigen Flexibilität ist die erfolgte Begrenzung der Laufzeit von Rahmenverträgen auf acht Jahre zu sehen. Ob eine Begrenzung der Laufzeit tatsächlich erforderlich war, darf für den Sektorenbereich durchaus bezweifelt werden. Aus der Vergangenheit sind keine Fälle bekannt, in denen Rahmenverträge infolge unbegrenzter Laufzeit zu Wettbewerbseinschränkungen geführt hätten.

Die Rahmenvereinbarung darf nicht dazu missbraucht werden, den Wettbewerb um die benötigte Leistung einzuschränken, zu behindern oder zu verfälschen. Ein solcher Missbrauch kann zum Beispiel vorliegen, wenn in einer Rahmenvereinbarung mehrere unterschiedliche Leistungen vereinbart werden. Auch bei der Frage der Abrufberechtigung ist Vorsicht geboten. Grundsätzlich sind an Einzelabrufen nur diejenigen Wirtschaftsteilnehmer zugelassen, die Vertragspartner der Rahmenvereinbarung sind, denn nur diejenigen sind im Zweifel auch an der Bedarfsermittlung im Vorfeld beteiligt gewesen.

---

[138] Erwägungsgrund 72 RL 2014/25/EU vom 26. Februar 2014, ABl. EU 2014 Nr. L 94/243.

[139] Erwägungsgrund 71 RL 2014/25/EU vom 26. Februar 2014, ABl. EU 2014 Nr. L 94/243.

VI. Eignung und Auswahl

1. Qualifizierungssysteme

Artikel 77

Aufgrund der besonderen Strukturen im Sektorenbereich sind effiziente Vergabeverfahren häufig nur dann möglich, wenn der potenzielle Bieterkreis bereits im Vorfeld einer Vergabe feststeht. Eine diesbezügliche Notwendigkeit ergibt sich unter anderem aus regelmäßig wiederkehrendem Beschaffungsbedarf sowie den komplexen hochtechnisierten Systemen, die zum Teil sehr kurzfristig beschafft werden müssen, um die festen Netze im Versorgungsbereich instand zu halten und betreiben zu können.

Bereits im bisherigen Sektorenvergaberecht gab es eine spezielle Vorschrift hierzu, die eine abstrakte, vom Beschaffungsvorgang losgelöste Eignungsprüfung zuließ. Diese wurde in die neue Richtlinie übernommen. Allerdings nennt sich die Vorschrift nun nicht mehr „Prüfungssystem", sondern „Qualifizierungssystem". Es ermöglicht den Auftraggebern, für bestimmte Kategorien von Beschaffungen bereits in deren Vorfeld die Eignung in Frage kommender Wirtschaftsteilnehmer zu prüfen. Im Beschaffungsfall kann dann auf diese bereits als geeignet festgestellten Bewerber zurückgegriffen werden.

Die Einrichtung eines Qualifizierungssystems ist optional, also nicht verpflichtend für den Auftraggeber. Die Bekanntmachung der Einrichtung eines Qualifizierungssystems gilt als „Aufruf zum Wettbewerb".[140] Wirtschaftsteilnehmer müssen jederzeit die Aufnahme in ein Qualifizierungssystem beantragen können.

Für den Ausschluss[141] sowie die Auswahl der Wirtschaftsteilnehmer müssen die Auftraggeber objektive Kriterien festlegen. Ebenso Vorschriften über die Funktionsweise des Qualifizierungssystems, wie etwa die regelmäßige Aktualisierung oder die Aufrechterhaltung des Systems. Diese Kriterien werden den Wirtschaftsteilnehmern auf Antrag zur Verfügung gestellt. Auch sind den interessierten Wirtschaftsteilnehmern Aktualisierungen mitzuteilen.

Enthalten die Kriterien technische Spezifikationen, so muss der Auftraggeber diesbezüglich die Vorschriften der Artikel 60 (Technische Spezifikationen) und 62 (Testberichte, Zertifizierung und sonstige Nachweise) beachten.

Auftraggeber können auch bestehende Qualifizierungssysteme anderer Auftraggeber in Anspruch nehmen. In diesem Fall ist dies den interessierten Wirtschaftsteilnehmern unter Nennung der entsprechenden Kontaktdaten mitzuteilen.

---

[140] S. hierzu die Ausführungen zu Artikel 44.

[141] S. hierzu die Ausführungen zu Artikel 80.

Über die anhand der Kriterien zugelassenen Bewerber wird eine Liste geführt. Die konkrete Vergabe einer Bau-, Dienst- oder Lieferleistung, die unter ein Qualifizierungssystem fallen, erfolgt in einem Nichtoffenen Verfahren oder Verhandlungsverfahren unter ausschließlicher Teilnahme derjenigen Wirtschaftsteilnehmer, die im Qualifizierungssystem als geeignet zugelassen und gelistet sind.

Will der Auftraggeber Gebühren von den Wirtschaftsteilnehmern für deren Teilnahme am Qualifizierungssystem erheben, so ist dies grundsätzlich zulässig. Allerdings muss die Gebührenhöhe im Verhältnis zu dem Kostenaufwand des Qualifizierungssystems stehen. Dies bedeutet, dass maximal eine kostendeckende Gebühr erhoben werden darf. Als Maßstab könnte hier das so genannte „Äquivalenzprinzip“[142] aus dem öffentlichen Gebührenrecht dienen.

Aus hiesiger Sicht dürfte für die Mitgliedstaaten die Möglichkeit bestehen, im Rahmen der Umsetzung in der nationalen Vorschrift das Erheben einer Gebühr zu untersagen. Einen Verstoß gegen europäisches Recht sollte der Mitgliedstaat damit nicht begehen, kann er doch durchaus national strengere Maßstäbe als es das EU-Recht verlangt, anlegen. Aus Sicht der Bieter wäre eine Gebührenfreiheit sicher begrüßenswert. Ob damit aber die Führung von Qualifizierungssystemen durch Auftraggeber und damit mehr Effizienz im Vergabeverfahren gefördert wird, darf bezweifelt werden.

Insofern wird wohl eine 1:1-Umsetzung zu erwarten sein und man überlässt die Frage, ob Gebühren im Einzelfall erhoben werden oder nicht, dem Auftraggeber.

2. Ausschlussgründe

Artikel 80

Die Zuverlässigkeit stellt neben der Fachkunde und Leistungsfähigkeit eines der drei Elemente der Eignung im deutschen Vergaberecht dar. Da öffentliche Aufträge nur an geeignete Bieter vergeben werden können, sind im Umkehrschluss unzuverlässige Bewerber nicht geeignet, einen öffentlichen Auftrag auszuführen. Welche Bewerber insbesondere unzuverlässig sind, ergibt sich aus Artikel 80.

Diese Vorschrift legt im Sektorenvergaberecht selbst keine speziellen Kriterien, fest, sondern verweist hierzu auf Artikel 58 der klassischen Vergaberichtlinie. Danach können die festzulegenden Kriterien beispielsweise die Befähigung zur Berufsausübung sowie der wirtschaftlichen, finanziellen, technischen und beruflichen Leistungsfähigkeit enthalten. Im Hinblick auf die wirtschaftliche und finanzielle Leistungsfähigkeit wird insbesondere auf die Anforderung an die Jahresumsätze nach Artikel 58 Absatz 3 Unterabsatz 2 der klassischen Vergaberichtlinie verwiesen.

[142] Das Äquivalenzprinzip bedeutet, dass ein angemessenes Verhältnis zwischen Leistung und Gegenleistung gegeben sein muss. Es geht also um die Frage, wie hoch eine Gebühr tatsächlich sein darf. In keinem Fall darf sie in einem Missverhältnis stehen zu der von der öffentlichen Gewalt gebotenen Leistung (BVerfGE 20, 257; BVerwG 11 C 5.99).

Ausschlussgründe für Vergaben im Sektorenbereich werden ebenfalls nicht festgelegt. Auch hier wird auf die klassische Vergaberichtlinie verwiesen. Danach können die objektiven Kriterien zur Eignungsfeststellung die in Artikel 57 der klassischen Vergaberichtlinie vorgegebenen Ausschlussgründe enthalten.

Je nachdem, ob es sich um einen öffentlichen Auftraggeber i. S. d. Artikel 3 handelt oder um einen Auftraggeber nach Artikel 4 Absatz 1 lit. b) oder Absatz 2, gelten unterschiedliche Vorgaben zu den „zwingenden" Ausschlussgründen. Während öffentliche Auftraggeber verpflichtet sind, in den Kriterien die „zwingenden" Ausschlussgründe des Artikels 57 Absatz 1 und 2 der klassischen Vergaberichtlinie festzulegen, haben Auftraggeber nach Artikel 4 Absatz 1 lit. b) und Absatz 2 einen Ermessensspielraum.

Die zwingenden Ausschlussgründe sind diejenigen, die einen Ausschluss vom Vergabeverfahren wegen rechtskräftiger Verurteilungen aufgrund bestimmter Straftatbestände unumgänglich machen. Dasselbe gilt, wenn dem Auftraggeber bekannt ist, dass der Bewerber/Bieter seiner Verpflichtung zur Zahlung von Steuern oder Sozialabgaben nicht nachgekommen ist und dies durch eine Gerichts- oder Verwaltungsentscheidung festgestellt wurde.

Umsetzungsspielraum im Sektorenvergaberecht besteht bei den „fakultativen" Ausschlussgründen des Artikels 57 Absatz 4 der klassischen Vergaberichtlinie. Die Mitgliedstaaten können entscheiden, ob diese fakultativen Gründe im Sektorenvergaberecht übernommen werden sollen oder nicht. Demnach können die Mitgliedstaaten vorschreiben, dass ein Wirtschaftsunternehmen ausgeschlossen werden kann, wenn der Auftraggeber beispielsweise auf geeignete Weise dem Wirtschaftsunternehmen nachweisen kann, gegen Verpflichtungen zur Einhaltung von umwelt-, sozial- und arbeitsrechtlichen Vorschriften verstoßen[143] haben, wenn der Wirtschaftsteilnehmer zahlungsunfähig ist, er eine schwere Verfehlung begangen hat, die sein Zuverlässigkeit, bzw. Integrität in Frage stellt, wenn ein Interessenkonflikt[144] auf andere Weise als Ausschluss nicht gelöst werden kann.[145]

Bezüglich der Nachweismöglichkeiten ihrer Eignung gelten ebenfalls die Vorschriften der klassischen Vergaberichtlinie, nämlich zur Einheitlichen Europäischen Eigenerklärung/EEE (Artikel 59 RL 2014/24/EU), zu Nachweisen (Artikel 60 RL 2014/24/EU) sowie zur Möglichkeit auf den Rückgriff auf das europäische Dokumentenarchiv „e-certis" (Artikel 61 RL 2014/24/EU).

Die Einheitliche Europäische Eigenerklärung (EEE) wird eine standardisierte Eigenerklärung des Bewerbers/Bieters darstellen, mit der die wesentlichen Eignungsanforderungen als erfüllt erklärt werden können. Sie ist vom Auftraggeber zu akzeptieren.[146] Wie

[143] S. Artikel 18 Absatz 2 RL 2014/24/EU und Artikel 36 Absatz 2 RL 2014/25/EU.

[144] S. hierzu die Ausführungen zu Artikel 42.

[145] Die fakultativen Ausschlussgründe sind in Artikel 57 Absatz 4 RL 2014/24/EU im Einzelnen aufgelistet.

[146] S. im Einzelnen hierzu Artikel 59 Absatz 1 und 2 RL 2014/24/EU, ABl. EU 2014 Nr. L 94/65.

die Anwendung der EEE konkret aussehen soll und ob allein aufgrund dieser Eigenerklärung eine vollständige Eignungsprüfung durchgeführt werden kann, erschient nicht nur im Sektorenbereich zweifelhaft. Je nach Komplexität und Technisierungsgrad müssen auch individuelle Eignungsanforderungen, die sich konkret auf die zu beschaffende Leistung im Einzelfall beziehen, festgelegt werden. Diese lassen sich nicht unbedingt durch die EEE abdecken. Es wird weiterhin erforderlich sein, auch andere Eignungsnachweise zuzulassen. Dies wird im Rahmen der Umsetzung bedacht werden müssen.[147]

Die Art und Weise der Regelung durch Verweis auf das klassische Vergaberecht und die Möglichkeit von Optionen belässt den Auftraggebern wie bisher einen relativen Spielraum bei der Festlegung von Eignungskriterien und insbesondere Ausschlussgründen. Dies ist angesichts der ansonsten weithin erfolgten Angleichung vieler Verfahrensvorschriften des Sektorenvergaberechts an das klassische Vergaberecht zu begrüßen und sollte bei der nationalen Umsetzung berücksichtigt werden.

3. Zuschlagskriterien

Artikel 82

Die Zuschlagskriterien stellen ein ganz wesentliches Element der öffentlichen Auftragsvergabe dar. Sie sind Ausdruck dessen, welche Qualität der Auftraggeber in den Angeboten erwartet und wie er diese bewerten will. Als übergeordnetes Konzept wird nunmehr in den Vergaberichtlinien das „wirtschaftlich günstigste Angebot" verwendet.[148]

Sowohl für das Sektorenvergaberecht als auch das klassische Vergaberecht galten bisher als Zuschlagskriterien entweder das „wirtschaftlich günstigste Angebot" oder „ausschließlich der Preis".[149] Hier erfolgte für beide Vergaberechtsregime mit der Novellierung eine Änderung. Als Zuschlagskriterium gilt nunmehr das „wirtschaftlich günstigste Angebot".

Die dahinterstehenden Elemente sind der Preis oder die Kosten mittels eines Kosten-Wirksamkeits-Ansatzes[150] und können das beste Preis-Leistungs-Verhältnis beinhalten, welches auf der Grundlage objektiver Wertungskriterien ermittelt wird. Es wird erstmals klargestellt, dass das wirtschaftlichste Angebot auf der Grundlage des besten Preis-Leistungs-Verhältnisses ermittelt werden sollte, welches stets eine Preis- oder Kostenkomponente beinhalten sollte.[151] Damit übernimmt das europäische Ver-

[147] Kritisch zur EEE auch: *Opitz*, Was bringt die neue Sektorenvergaberichtlinie?, in: VergabeR 3-2014.

[148] Erwägungsgrund 94 RL 2014/25/EU vom 26. Februar 2014, ABl. EU 2014 Nr. L 94/243.

[149] Artikel 55 RL 2004/17/EG vom 31. März 2004, ABl. EU 2004 Nr. L 134/1 und Artikel 53 RL 2004/18/EG vom 31. März 2004, ABl. EU 2004 Nr. L 134/114.

[150] Hierzu erläutert Artikel 83 den Begriff und die Anwendungsweise von Lebenszykluskosten.

[151] Erwägungsgrund 95 RL 2014/25/EU vom 26. Februar 2014, ABl. EU 2014 Nr. L 94/243.

gaberecht das deutsche Verständnis, dass dasjenige Angebot das wirtschaftlichste ist, das unter Berücksichtigung aller im konkreten Fall wesentlichen und zuvor angegebenen Aspekte das beste Preis-Leistungs-Verhältnis bietet.[152]

Möglich bleibt die alleinige Festlegung des Preises oder der Kosten zur Auswahl des wirtschaftlichsten Angebotes. Dies ergibt sich zum einen aus dem Wortlaut der Richtlinie[153] zum anderen auch aus dem Umkehrschluss des erklärten Willens des Richtliniengebers selbst. Um nämlich eine stärkere Ausrichtung der öffentlichen Auftragsvergabe auf die Qualität zu fördern, soll es den Mitgliedstaaten gestattet sein, die Anwendung des alleinigen Preis- oder Kostenkriteriums zur Bestimmung des wirtschaftlich günstigsten Angebots zu untersagen oder einzuschränken, sofern sie dies für zweckmäßig halten.[154]

Hier könnten im Sektorenbereich insbesondere Beratungs-, Planungs- und Architektenleistungen in Frage kommen, die sich ohnehin aufgrund ihrer Natur nicht für eine Bewertung ausschließlich nach dem Preis eignen. Es würde Sinn machen, für die Vergabe solcher Leistungen das Kriterium des wirtschaftlichsten Angebotes auf der Grundlage allein des besten Preis-Leistungs-Verhältnisses zu bestimmen.

Die festzulegenden qualitativen Kriterien können umwelt- und sozialbezogene Aspekte beinhalten. Neu ist weiterhin, dass nun auch personen-/bieterbezogene Elemente wie Organisation, Qualifikation und Erfahrung des mit der Durchführung des Auftrags betrauten Personals bei der Bewertung der Angebote berücksichtigt werden können. Nämlich dort, wo die Qualität des eingesetzten Personals erheblichen Einfluss auf die Qualität der Leistung haben kann.

Auch hier ist insbesondere an persönliche Dienstleistungen wie geistig-schöpferische Leistungen, Beratungs- und Planungsleistungen zu denken.

Diese Neuerung stellt keine grundsätzliche Abkehr von dem Grundsatz „kein Mehr an Eignung“[155] dar. Maßgeblich ist, dass sich die Qualitätsmerkmale, die im Rahmen der Zuschlagserteilung berücksichtigt werden können, nicht mit den im Rahmen der Eignungsprüfung gemachten Feststellungen zur Eignung des Bieters decken. Es muss sich um auftragsbezogene Umstände handeln, die sich auf die Qualität der Auftragsausführung auswirken können. [156] Es geht also darum, dass Bieter in ihren Angeboten mittels Konzepten eine Verknüpfung der zu bewertenden personenbezogenen Kriterien zur Erbringung der konkreten Dienstleistung und dem hierbei einzusetzenden Personals herstellen müssen um auf diese Weise deutlich zu machen, in welcher Art und

---

[152] S. *Fehling* in Pünder/Schellenberg, Vergaberecht, Baden Baden 2011, § 97 GWB Rn. 180 m. w. N.

[153] Artikel 82 Abs. 2 UAbs. 2 RL 2014/25/EU vom 26. Februar 2014, ABl. EU 2014 Nr. L 94/243.

[154] Erwägungsgrund 95 RL 2014/25/EU vom 26. Februar 2014, ABl. EU 2014 Nr. L 94/243.

[155] Vgl. BGH, Urteil vom 15.4.2008 – X ZR 109/96, NJW 1998, 3644.

[156] Vgl. OLG Düsseldorf, Beschluss vom 7.3.2012, VII-Verg 82/11; OLG Celle, Beschluss vom 12.1.2012, 13 Verg 9/11.

Weise die Qualität der konkret geforderten Leistung optimal sichergestellt werden soll.[157] Ergänzend ist vom Bieter darzulegen, mit welchen vertraglichen Mitteln er sicherstellen will, dass die zur Auftragsausführung eingesetzten Mitarbeiter die geforderten Qualitätsnormen effektiv erfüllen.[158]

Auftragsbezogen sind die Kriterien dann, wenn sie sich in irgendeiner Weise und in irgendeiner Phase ihres Lebenszyklus auf die gemäß dem Auftrag zu erbringenden Leistungen beziehen einschließlich im Zusammenhang mit Faktoren des Herstellungsprozesses oder der Bereitstellung der Leistung.

Damit wird künftig die Auftragsbezogenheit ein mehr oder weniger weit auszulegendes Kriterium sein.

Im Weiteren wird auf die Ausführungen hierzu bezüglich der klassischen Vergaberichtlinie verwiesen.

VII. Vertragskündigung

Artikel 90

Nach dem Vergaberecht geschlossene Verträge können – wie alle anderen geschlossenen Verträge – durchaus Veränderungen unterliegen. Die Frage, die sich in solchen Fällen stellt ist, ob die Reaktion der Vertragsparteien auf solche Veränderungen durch das Vergaberecht (mit-) bestimmt wird oder ob die Parteien gemäß der im deutschen Zivilrecht herrschenden Privatautonomie gänzlich frei in der weiteren Gestaltung des Vertrages sind. Da das Vergabeverfahren mit dem Zuschlag, der gleichzeitig den Vertragsschluss bedeutet, endet, erlischt an dieser Stelle zumindest formell auch die Geltung des Vergaberechts.

Es gilt jedoch zu bedenken, dass eintretende Änderungen durchaus einen erneuten vergaberechtlichen Tatbestand begründen können, der ohne einen bereits vorliegenden Vertrag eine Ausschreibungsverpflichtung bedeuten würde. Würde man vertragliche Anpassungen zulassen, ohne dass auf solche vergaberechtlichen Sachverhalte Rücksicht genommen werden muss, eröffnete man auf diese Weise Möglichkeiten einer Umgehung des Vergaberechts. Auftraggeber können sich auch mit Situationen konfrontiert sehen, die eine vorzeitige Kündigung des geschlossenen Vertrages erforderlich machen.[159]

Um solche Umstände auffangen zu können und ihnen vergaberechtlich gerecht zu werden, sind mit der Novellierung der Vergaberichtlinien als Novum die Mitgliedstaaten verpflichtet, für bestimmte Sachverhalte Kündigungsmöglichkeiten in ihren nationalen

[157] Vgl. 1. Vergabekammer des Bundes, Beschluss vom 16.6.2014, VK 1-38/14.

[158] Erwägungsgrund 99 RL 2014/25/EU vom 26. Februar 2014, ABl. EU 2014 Nr. L 94/243.

[159] Erwägungsgrund 118 RL 2014/25/EU vom 26. Februar 2014, ABl. EU 2014 Nr. L 94/243.

Regelungen vorzusehen. Die neue Sektorenvergaberichtlinie sieht folgende Kündigungsgründe vor:

Wurde am Auftrag eine Veränderung vorgenommen, die ein neues Vergabeverfahren erforderlich gemacht hätte, so ist eine entsprechende Kündigungsmöglichkeit vorzusehen. Die Voraussetzungen hierfür sind in Artikel 89, Auftragsänderungen während der Vertragslaufzeit, geregelt (s. im Einzelnen die Ausführungen im Rahmen der klassischen Richtlinie).

Eine weitere Kündigungsmöglichkeit muss künftig gegeben sein, wenn zum Zeitpunkt der Zuschlagserteilung ein zwingender Ausschlussgrund (Artikel 80 Absatz 1 Unterabsatz 2 RL 2014/25/EU i. V. m. Artikel 57 Absatz 1 RL 2014/24/EU) unerkannt geblieben ist. Voraussetzung in diesen Fällen für einen zwingenden Ausschluss ist eine rechtskräftige Verurteilung des Vertragspartners wegen bestimmter Straftaten.

Schließlich ist eine Kündigungsmöglichkeit vorzusehen für die Fälle, in dnen der Gerichtshof der Europäischen Union in einem Verfahren nach Artikel 258 AEUV („Vertragsverletzungsverfahren") festgestellt hat, dass die Vergabe unter einer schweren Verletzung der Verpflichtungen aus dem AEUV und den Vergaberichtlinien erfolgt ist und daher nicht hätte erfolgen dürfen.

Bezüglich der Umsetzung dieser Vorschriften in deutsches Recht ist zu prüfen, ob das deutsche Zivilrecht im Bürgerlichen Gesetzbuch[160] (BGB) gegebenenfalls bereits Kündigungsmöglichkeiten enthält, die den obigen Anforderungen der neu eingeführten vergaberechtlichen Kündigungsmöglichkeiten genügen würden.

Bei der Kündigungsmöglichkeit im Falle von wesentlichen Vertragsänderungen handelt sich um einen vergaberechtlichen Kündigungsgrund, der den zivilrechtlichen Grundsatz, dass die Vertragsparteien jederzeit Vertragsänderungen vereinbaren dürfen, ohne dass das BGB daran Kündigungsrechte knüpft, überlagert.

Das Vorliegen eines zwingenden Ausschlussgrundes (rechtskräftige Verurteilung wegen bestimmter Straftaten) könnte möglicherweise einen „wichtigen" Kündigungsgrund i. S. d. §§ 314, 626 BGB darstellen. Es ist jedoch stets eine Abwägung der beiderseitigen Interessen im Einzelfall erforderlich. Eine generelle Kündigungsmöglichkeit lässt sich aus dem BGB nicht ableiten.

Letztlich lässt sich auch aus dem vergaberechtswidrigen Abschluss eines Vertrages aus dem BGB kein allgemeines Kündigungsrecht ableiten.

Das BGB hält also keine Kündigungsmöglichkeiten, wie von der Richtlinie gefordert, bereit. Demnach wird es einer eigenständigen Regelung im Rahmen der Richtlinienumsetzung bedürfen. Da es sich um vergaberechtliche Kündigungsgründe han-

---

[160] Bürgerliches Gesetzbuch in der Fassung der Bekanntmachung vom 2. Januar 2002 (BGBl. I S. 42, 2909; 2003 I S. 738), das durch Artikel 1 des Gesetzes vom 22. Juli 2014 (BGBl. I S. 1218) geändert worden ist.

delt, sind diese vernünftigerweise im Vergaberecht zu regeln. Diese eigenständigen Regelungen werden auch Aussagen zu den Rechtsfolgen, vor allem zu Vergütungsansprüchen, einer Kündigung treffen müssen. Beispielsweise könnte der Auftragnehmer für die bis zum Zeitpunkt der Kündigung ordnungsgemäß erbrachte Leistung entsprechend vergütet werden.[161]

Schließlich wäre die Frage der Kompensation, bzw. Schadensersatz für den Auftragnehmer zu klären, denn grundsätzlich kommt bei jeder schuldhaften Pflichtverletzung nach § 280 Absatz 1 BGB ein Schadensersatzanspruch in Betracht. Es wäre also zu prüfen, inwieweit bei den geregelten Kündigungskonstellationen möglicherweise eine Pflichtverletzung des Auftraggebers vorliegt.

Für die erstgenannte Konstellation (Kündigung bei wesentlicher Vertragsänderung) wäre zu klären, inwieweit die wesentliche Vertragsänderung, die zur Kündigung geführt hat, von wem zu vertreten ist und sodann, ob und wem ein schuldhaftes Verhalten zur Last gelegt werden kann. Zu beachten sind dabei die Rechte und Pflichten, die sich aus den üblicherweise bei öffentlichen Aufträgen vereinbarten „Allgemeinen Vertragsbedingungen", nämlich der Vergabe- und Vertragsordnung für Bauleistungen-Teil B[162] (VOB/B) und der Vergabe- und Vertragsordnung für Leistungen-Teil B[163] (VOL/B), ergeben.

Im Falle der Kündigung aufgrund eines im Nachhinein bekanntgewordenen zwingenden Ausschlussgrundes dürfte regelmäßig keine Pflichtverletzung des Auftraggebers vorliegen. Und im Falle eines vergaberechtswidrig zustande gekommenen öffentlichen Auftrags wird es darauf ankommen, ob der Auftraggeber oder der Auftragnehmer die EU-Vergaberechtsverletzung begangen hat.

Ob allerdings angesichts der existierenden zivilrechtlichen Schadensersatzregelungen eigenständige Regelungen im Vergaberecht erforderlich sind, erscheint zumindest zweifelhaft.

[161] So auch: *Opitz*, Was bringt die neue Sektorenvergaberichtlinie?, in: VergabeR 3-2014, S. 370.

[162] Allgemeine Vertragsbedingungen für die Ausführung von Bauleistungen – Ausgabe 2012 – vom 31. Juli 2009 (BAnz. Nr. 155a), geändert durch Nr. II Änd. Der VOB/A Abschnitt 1 und Änd. Der VOB/B vom 26.6.2012 (BAnz AT 13.7.2012 B3).

[163] Allgemeine Vertragsbedingungen für die Ausführung von Leistungen (VOL/B) in der Fassung der Bekanntmachung vom 5. August 2003 (BAnz. Nr. 178a).

Die neue Konzessionsrichtlinie

Dr. Christian Braun, Rechtsanwalt und Fachanwalt für Verwaltungsrecht

- - - - - - - - - - - - - - - - - -

A. Entwicklung der Dienstleistungskonzessionsrichtlinie

Die jetzt erstmalig in einer EU-Richtlinie[1] normierten Dienstleistungskonzessionen betreffen heutzutage fast alle Bereiche der entgeltlichen Daseinsvorsorge, z. B. den Betrieb von Häfen, Abfallentsorgungsanlagen, Sportstätten, Intensivtransporthubschraubern, Breitbandnetzen, Feuerbestattungsanlagen, Kantinen- und Verpflegungsdienste, Verkehrs- und Personenbeförderungswesen, Verbesserung des Entlassungsmanagements und Stadtmöblierung, Rettungsdienst, Krankentransport. Die auswählenden Institutionen benutzen bereits jetzt intensiv das Supplement zum Amtsblatt der Europäischen Union zur vorherigen Bekanntmachung und Angebotsaufforderung.[2]

Der Begriff der Konzession taucht im Kontext in der verwaltungsrechtlichen Rechtsprechung seit den fünfziger Jahren des letzten Jahrhunderts bei der Konzessionierung neuer Apotheken auf.[3] Nach z. B. preußischen Vorschriften, basierend aus der Mitte des 19. Jahrhunderts, bedurften Apotheker, die sich nicht im Besitz des Realprivilegiums einer bestehenden Apotheke befanden, einer Konzession durch den Oberpräsidenten. Unter einer Mehrzahl von Bewerbern sollte dann bei gleicher Eignung das Betriebsrecht derjenige Bewerber erhalten, der das höchste Betriebsberechtigungsalter hatte. Diese Vorschriften schotteten den Markt ab und stellten somit Neuverleihungen des Rechts zum Betrieb einer Apotheke völlig in das Ermessen der Verwaltungsbehörde.[4] Bereits damals fand trotzdem eine detaillierte Prüfung und Abwägung der unterschiedlich betroffenen Rechtsgüter statt. Ausgehend von der Prüfung der Existenzbedrohung des örtlichen Droschkengewerbes[5] beschäftigen sich die Gerichte seit diesem Zeitpunkt mit der Frage der Vergabe von Taxikonzessionen sehr intensiv.[6]

Die vorherige Bekanntmachung zur Deckung der öffentlichen Nachfrage war früher in Deutschland nicht üblich. Dienstleistungskonzessionen wurden regelmäßig ohne wettbewerbliches Verfahren vergeben. Die Feststellung des EU-Gesetzgebers, wonach das Fehlen klarer Bestimmungen zur Vergabe von Konzessionen auf Unionsebene zu Rechtsunsicherheit, Behinderungen des freien Dienstleistungsverkehrs und Verzerrungen des Binnenmarkts führe, kann allerdings nicht ohne weiteres auf die aktuelle deutsche Rechtslage übertragen werden.[7] Richtig ist aber zunächst an dieser

---

[1] Richtlinie 2014/23/EU des Europäischen Parlaments und des Rates über die Konzessionsvergabe, ABl. v. 28.3.2014, L 94/10, im Folgenden „Konzessionsvergaberichtlinie" oder „KVR".

[2] http://ted.europa.eu/TED/search/searchResult.do, vgl. allgemein zur Dienstleistungskonzession: *Braun*, VergabeR 2014, S. 324; *ders.*, EuZW 2012, 451, *ders.*, NZBau 2011, 400; *ders.* FS Marx 2013, S. 39; vgl. *Opitz*, NVwZ 2014, 753, 754 („boomendes Zukunftsmodell.").

[3] Vgl. BVerwG, Urteil vom 22.11.1956, BVerwG I C 221/54, NJW 1957, S. 345.

[4] Vgl. BVerwG, Urteil vom 22.11.1956, BVerwG I C 221/54, NJW 1957, S. 345 m. w. N.

[5] BayVerwGH München, Urteil vom 14.2.1962 – 171 II 60, NJW 1962, 2219.

[6] Vgl. z. B. zuletzt: VG Karlsruhe, Urteil vom 27.5.2014 – 1 K 1748/12; OVG Münster, Beschluss vom 11.6.1990 – 13 B 1283/90.

[7] Erwägungsgrund Nr. 1.

Feststellung, dass die Vergabenachprüfungsinstanzen – mangels Rechtsgrundlagen – für die Überprüfung von Dienstleistungskonzessionen nicht zuständig sind.[8] Deutschland verfügt trotzdem über eine differenzierte verwaltungs- und zivilgerichtliche Rechtsprechungstradition zu Dienstleistungskonzessionen.[9] In dieses ausdifferenzierte System wird durch die jetzige Konzessionsvergaberichtlinie nachhaltig eingegriffen. Dies wird zu einem erheblichen Strukturwandel im Verteilungsverwaltungsverfahren führen.

I. Ausgangspunkt: EuGH-Rechtsprechung

Ausgangspunkt für die Novellierung ist die Rechtsprechung des EuGH, die in den Erwägungsgründen zur Begründung der Richtlinientexte zitiert wird.[10] Der EuGH wird damit zum Ideengeber und Motor der europäischen Rechtsetzung, auch wenn dies in dieser Form nicht geplant war.

Der EuGH analysierte im Jahr 2000 das europäische Gesetzgebungsverfahren und hob hervor, dass der Rat im Gesetzgebungsverfahren sämtliche Bezugnahmen auf Dienstleistungskonzessionen gestrichen habe. Der Grund sei, dass in den einzelnen Mitgliedstaaten hinsichtlich der Übertragung von Befugnissen bei der Verwaltung von öffentlichen Dienstleistungen und hinsichtlich der Zugangsmöglichkeiten zu diesen Konzessionsaufträgen eine große Unausgewogenheit entstehen würde.[11] Nachdem aber der EuGH verbindlich geklärt hatte, dass Auftraggeber die Grundregeln des Vertrages im Allgemeinen und das Verbot der Diskriminierung aus Gründen der Staatsangehörigkeit im Besonderen zu beachten haben, gewährten auch die deutschen Gerichte zunehmend Rechtsschutz. Die Auftraggeber müssen nach der EuGH-Rechtsprechung auch derzeit ohne die jetzt gültige Konzessionsvergaberichtlinie Dienstleistungskonzessionen transparent vergeben. Danach muss der Auftraggeber zu Gunsten potenzieller Bieter einen angemessenen Grad von Öffentlichkeit sicherstellen, der den Dienstleistungsmarkt dem Wettbewerb öffnet und die Nachprüfung ermöglicht, ob das Vergabeverfahren unparteiisch durchgeführt wurde.[12]

---

[8] Vgl. OLG Düsseldorf; Beschluss vom 7.3.2012, Verg 78/11 (Anhängige Verfahren sind an die zuständige Gerichtsbarkeit zu verweisen); zur Abgrenzung z. B. KG, Beschluss vom 16. September 2013,Verg 4/13, NZBau 2014, S. 62, OLG Düsseldorf, Beschluss vom 19.10.2011 – Verg 51/11; OLG Brandenburg, Beschluss vom 28.8.2012 – Verg W 19/11.

[9] Vgl. z. B. zuletzt: VGH Baden-Württemberg, Beschl. v. 22.8.2013, 1 S 1047/13, Rn. 27 m. w. N. auf die EuGH-Rspr.; vgl. *Braun*, EuZW, 2012, S. 451 ff; *ders.* „KommunalPraxis spezial – Heft 3/2014.

[10] So z. B. im Erwägungsgrund Nr. 4, 18, 21, 29, 45, 64, 65, 75.

[11] EuGH, Urteil vom 7.12.2000 – C-324/98, NZBau 2001, 148, Rn. 48.

[12] EuGH, Urteil vom 7.12.2000 – C-324/98, EuZW 2001, 90, Rn. 61; EuGH, Rs. C-92/00 Urteil vom 18.6.2002, Rn. 47; EuGH, Urteil vom 13.4.2010 – C-91/08, Rn. 40, 41; EuGH, Urteil vom 3.6.2010 – C-J02/08, Rn. 33; EuGH, Urteil vom 10.3.2011 – C-274/0; Rn. 24 ff.; EuGH, Urteil vom 14.11.2013 – C-221/12, Rn. 28 ff.; vgl. *Braun*, NZBau 2011, 400; vgl. auch: *Gabriel/Voll*, NZBau 2014, 155.

II. Allgemeine Überlegungen im Gesetzgebungsverfahren

Nach Auffassung der Union wurde vor dem Hintergrund der wirtschaftlichen, sozialen und politischen Entwicklung und aktueller Haushaltszwänge eine Reform sämtlicher Vergaberegeln notwendig. Sie sollten einerseits vereinfacht und für die öffentlichen Auftraggeber[13] sowie die Unternehmen praxisgerechter gestaltet werden. Sie sollten andererseits eine öffentliche Beschaffung zum besten Preis-Leistungs-Verhältnis und unter Achtung der Transparenz- und Wettbewerbsgrundsätze ermöglichen.[14] Nach einem längeren Gesetzgebungsprozess ist dann neben der Novellierung der bestehenden Richtlinien die Richtlinie 2014/23/EU des Europäischen Parlaments und des Rates über die Konzessionsvergabe verkündet worden.[15] Sämtliche Regelungen müssen national umgesetzt werden und werden auch Änderungen im nationalen Recht nach sich ziehen. Bereits die ersten und teilweise sehr kritischen Reaktionen auf die Novellierungen zeigen auf, welche offenen Fragen im Hinblick auf die Umsetzung bestehen.[16] Bei der Novellierung wird auch die Systemfrage erörtert werden müssen, d. h. die Frage, ob ein einheitliches Vergabegesetz kommen soll oder ob die Änderungen nur im bestehenden System erfolgen sollen.[17]

III. Bisherige nationale Überlegungen, erste Reaktionen auf die KVR

Bereits die ersten und teilweise kritischen Reaktionen zeigen auf, welche offenen Fragen im Hinblick auf die Umsetzung bestehen.[18] Der Koalitionsvertrag zwischen CDU, CSU und SPD (18. Legislaturperiode – Deutschlands Zukunft gestalten) führt unter der Überschrift „Europäische Wirtschaftspolitik" aus: „Wir wollen EU-Vorgaben ‚eins zu

---

[13] Die Richtlinie verwendet den Begriff „Öffentliche Auftraggeber" in Art. 6 KVR für nach deutschem Verständnis „Auftraggeber" und den Begriff „Auftraggeber" in Art. 7 KVR für Sektorenauftraggeber (jeweils nach deutschem Verständnis). Um der Wortwahl der Richtlinie zu folgen, müsste auch in der Abhandlung stets von öffentlicher Auftraggeber und Auftraggeber" gesprochen werden. Hier wird – nach deutschem Verständnis – der Begriff „vergebende Stelle" als Oberbegriff verstanden, um nicht eine weitere oder gar abweichende neue Definition zu verwenden.

[14] Die Reform des Vergabewesen aus europäischer Sicht ist nachzulesen unter: http://ec.europa.eu/internal_market/publicprocurement/modernising_rules/reform_proposals/index_de.htm.

[15] ABl. v. 28.3.2014, L 94/10, im Folgenden „Konzessionsvergaberichtlinie" oder „KVR".

[16] *Dabringhausen*, VergabeR 2014, 514; *Gröning*, Die neue Richtlinie für die öffentliche Auftragsvergabe – ein Überblick, VergabeR 2014, 339; *Neun/Otting*, EuZW 2014, 446; *Müller/Klostermann*, ZfBR 2014, 347; *Opitz*, NVwZ 2014, 753; *ders.*, VergabeR 2014, 369; *Portz*, VergabeR 2014, 523; *Prieß/Stein*, NZBau 2014, 323; *Schwab/Giesemann*, VergabeR 2014, 351; *Prieß/Stein*, VergabeR 2014, 499; *Rechten*, NZBau 2004, 366; *Rosenkötter/Fritz*, VergabeR 2014, 290; *Schenek*, BWGZ 2014, 327 vgl. aber auch: Stellungnahme des Deutschen Anwaltvereins durch den Ausschuss Vergaberecht, VergabeR 2014, 384.

[17] Nach hiesiger Auffassung erscheint die Schaffung eines einheitlichen Vergabegesetzes aus Gründen der Übersicht und Rechtsklarheit zielführend. Die Rechtssetzung hat durch das Parlament und nicht durch nicht demokratisch legitimierte Vergabe- und Vertragsausschüsse zu erfolgen; vgl. auch: *Neun/Otting*, EuZW 2014, 446.

[18] Vgl. *Byok*, NJW 2014, 1492; *Dabringhausen*, VergabeR 2014, 514; *Gröning*, VergabeR 2014, 339; *Knauff*, EuZW 2014, 486; *Knauff/Badenhausen*, NZBau 2014, 395; *Meißner*, ZfBR 2014, 453; *Neun/Otting*, EuZW 2014, *Müller/Klostermann*, ZfBR 2014, 347; *Opitz*, NVwZ 2014, 753; *ders.*, VergabeR 2014, 369; *Portz*, VergabeR 2014, 523; *Prieß/Stein*, VergabeR 2014, 351; *Prieß/Stein*, VergabeR 2014, 499; *Rosenkötter/Fritz*, VergabeR 2014, 290; Stellungnahme DAV, VergabeR 2014, 384.

eins' umsetzen." Dies sichere Chancengleichheit im europäischen Binnenmarkt. „Eins zu eins" bedeutet dem Grunde nach, dass keine neuen deutschen Regelungen, die von den europäischen Vorgaben abweichen oder diese gar verschärfen würden, geschaffen werden. Dies deckt sich mit dem Wunsch der Koalitionäre auf Bundesebene zum Bürokratieabbau. Gesetze sollen einfach, verständlich und zielgenau ausgestaltet werden, damit Bürokratielasten vermieden oder so gering wie möglich gehalten werden.[19] Die Schaffung eines einheitlichen Bundesvergabegesetzes erscheint aus Gründen der Übersicht und der Rechtsklarheit zielführend. Die Rechtsetzung hat zudem durch das Parlament und nicht durch nicht demokratisch legitimierte Vergabe- und Vertragsausschüsse zu erfolgen.[20]

B. Anwendungsbereich, allgemeine Grundsätze und Begriffsbestimmungen

Der KVR sind – wie bei EU-Richtlinien üblich – zahlreiche Erwägungsgründe vorangestellt.[21] Sie sind einerseits – als Kompromiss einer politischen Auseinandersetzung – eine uneinheitliche Aufzählung der Motive für die jeweilige Gesetzgebung, andererseits sollen sie helfen, den Sinn und Zweck der jeweiligen Normen sowie die Vorstellungen des Richtliniengebers zu verstehen. Durchgängig wird in den Erwägungsgründen hervorgehoben, dass durch die neuen Regeln die Konzessionsvergabe einfacher,[22] flexibler[23] und schneller[24] werden soll. Dies soll den öffentlichen Auftraggebern als auch den teilnehmenden Unternehmen nutzen. „Einfach" im Sinne von „leicht" ist nur schwer mit „flexibel" in Einklang zu bringen. Flexible Systeme müssen anpassungsfähig, an diversen Stellen offen gestaltet sein, was eine zunehmende Komplexität mit sich bringt. Dies ist aber das genaue Gegenteil von „einfach".

Die Strategie für intelligentes, nachhaltiges und integratives Wachstum („Strategie Europa 2020") hat nach Auffassung des Richtliniengebers eine zentrale Rolle inne. Sie ist eines der marktwirtschaftlichen Instrumente, die ein intelligentes, nachhaltiges und integratives Wachstum fördern und gleichzeitig eine möglichst effiziente Nutzung öffentlicher Mittel sicherstellen.[25] Welche Ziele den Vorrang haben sollen, wird nicht erläutert. Daher wird bereits zu Beginn des RL-Textes ersichtlich – wie in anderen Erwägungen zu den Motiven der KVR auch –, dass Zielkonflikte nicht entschieden, sondern offen gelassen werden.

---

[19] Vgl. *Braun,* NZBau aktuell 2013, Heft 12, S. VIII.

[20] In diesem Sinne auch: *Knauff/Badenhausen,* NZBau 2014, 395, *Neun/Otting*, EuZW 2014, 446.

[21] Vgl. zu den Veröffentlichungsregeln der EU: http://publications.europa.eu/code/de/de-10000.htm.

[22] Vgl. Erwägungsgründe Nr. 2, 39, 74 KVR; vgl. zur Heterogenität diese Gründe: *Antweiler*, Gutachten, S. 17.

[23] Vgl. Erwägungsgründe Nr. 1, 8, 76 KVR.

[24] Vgl. Erwägungsgrund Nr. 74 KVR.

[25] Vgl. Erwägungsgrund Nr. 3 KVR, vgl. zu den Zielkonflikten der KVR: *Opitz*, NVwZ 2014, 753.

Der Richtliniengeber erkennt, dass möglicherweise unterschiedliche Rechtstraditionen vorliegen, die unterschiedlich umgesetzt werden können.[26] Die Richtlinie will auf europäischer Ebene – und nur dazu besteht die Kompetenz des Gesetzgebers – etwaige Gegensätze durch vorherige Zuordnung auflösen. Die gemeinschaftsrechtliche Regelung löst jedoch nicht die deutschen dogmatischen Fragestellungen. Dennoch: Die Bestimmungen des Rechtsrahmens für die Konzessionsvergabe sollen – nach dem Willen des EU-Gesetzgebers – die Konzessionsbesonderheiten im Vergleich zu öffentlichen Aufträgen gebührend widerspiegeln und keinen übermäßigen bürokratischen Aufwand verursachen.[27] Im Vergleich zu den anderen Richtlinien zeichnet die Verwirklichung ein zwiespältiges Bild. Die KVR enthält zwar weniger formale Vorgaben, aber warum sollten die auswählenden Institutionen und (daran nachfolgend die Nachprüfungsinstanzen) gravierend andere Auswahl- und Überprüfungsmechanismen anwenden, wenn die Grundvorgaben in allen Richtlinien vergleichbar sind?[28]

Ob und inwieweit dies dann tatsächlich erreicht wird, dürfte primär von der nationalen Umsetzung abhängen.

I. Legale Definition der Konzession

Der Begriff der Dienstleistungskonzession wird in der KVR legal definiert. Nach Auffassung des Richtliniengebers haben Schwierigkeiten bei der Auslegung der Begriffe „Konzession" und „öffentlicher Auftrag" zu einer anhaltenden Rechtsunsicherheit unter den Beteiligten geführt und zahlreiche Urteile des Gerichtshofs der Europäischen Union nach sich gezogen. Die Definition des Begriffs „Konzession" ist daher legal geklärt, wobei insbesondere auch das Betriebsrisiko erläutert ist.[29] Als Oberbegriff wird vom Begriff der Konzession ausgegangen, der sowohl Dienstleistungskonzessionen als auch Baukonzessionen umfasst (Art. 5 S. 1 Nr. 1 KVR).

1. Baukonzession

In der KVR wird sowohl die Baukonzession als auch die Dienstleistungskonzession legal definiert. Eine „Baukonzession" ist gem. Art. 5 S. 1 Nr. 1a KVR ein entgeltlicher, schriftlich geschlossener Vertrag, mit dem ein oder mehrere öffentliche Auftraggeber oder Auftraggeber einen oder mehrere Wirtschaftsteilnehmer mit der Erbringung von Bauleistungen beauftragen, wobei die Gegenleistung entweder allein in dem Recht zur

---

[26] Vgl. Erwägungsgrund Nr. 31 KVR.

[27] Erwägungsgründe Nr. 2 KVR.

[28] Auch für nachrangige Dienstleistungen hat die Vergaberechtsprechung eine umfassende Überprüfbarkeit angenommen, vgl. EuGH, Urteil vom 10.10.2013, Rs. C-336/12; OLG Düsseldorf, Beschluss vom 12.2.2014 – VII-Verg 32/13; vgl. *Weyand*: 9.4.7. Nachprüfungsverfahren hinsichtlich Dienstleistungen der Anlage 1 Teil B der VgV 2011, Vergaberecht, 14. Aktualisierung 2014, Stand: 16.6.2014, Rn. 80-1. m. w. N.

[29] Vgl. Erwägungsgrund 1, 18 KVR.

Nutzung des vertragsgegenständlichen Bauwerks oder in diesem Recht zuzüglich einer Zahlung besteht.

2. *Dienstleistungskonzession*

Eine „Dienstleistungskonzession" ist gem. Art. 5 S. 1 Nr. 1b KVR ein entgeltlicher, schriftlich geschlossener Vertrag, mit dem ein oder mehrere öffentliche Auftraggeber oder Auftraggeber einen oder mehrere Wirtschaftsteilnehmer mit der Erbringung und der Verwaltung von Dienstleistungen betrauen, die nicht in der Erbringung von Bauleistungen nach Art. 5 S. 1 Nr. 1a KVR bestehen, wobei die Gegenleistung entweder allein in dem Recht zur Verwertung der vertragsgegenständlichen Dienstleistungen oder in diesem Recht zuzüglich einer Zahlung besteht.[30] Neu an dieser Definition ist die Unterscheidung zwischen „Öffentliche Auftraggeber" i. S. des Art. 6 KVR und „Auftraggeber" gem. Art. 7 KVR (im Wesentlichen Sektorenauftraggeber). Diese Unterscheidung hat die Ursache darin, dass „Öffentlichen Auftraggebern" (im Gegensatz zu „Auftraggebern") umfassendere Verpflichtungen auferlegt werden.[31]

Bis auf diese Tatsache ist diese Definition nicht so weit weg von der bisher gebräuchlichen Formel in der deutschen Rechtsprechung. Nach dieser liegt eine Dienstleistungskonzession vor, wenn der Vertragspartner des öffentlichen Auftraggebers ein Entgelt ganz oder zum Teil nur in Form eines Rechts zur vorübergehenden Nutzung seiner Dienstleistung erhält, also eine geldwerte Verwertungsmöglichkeit statt einer unmittelbaren Zahlung durch den Auftraggeber oder einen Dritten. Erforderlich ist, dass der Vertragspartner des öffentlichen Auftraggebers trotz der Vertragsbindungen in der Weise den Risiken des Marktes ausgesetzt bleibt, dass er das damit einhergehende Betriebsrisiko ganz oder zumindest zu einem wesentlichen Teil übernimmt.[32]

a) Entgeltlicher, schriftlich geschlossener Vertrag – kein Verwaltungsakt

Konzessionen sind entgeltliche Verträge, mit denen ein oder mehrere öffentliche Auftraggeber oder Auftraggeber einen oder mehrere Wirtschaftsteilnehmer mit der Erbringung von Bauleistungen oder der Erbringung und der Verwaltung von Dienstleistungen beauftragen. Ziel solcher Verträge ist die Beschaffung von Bau- oder Dienstleistungen durch eine Konzession, wobei die Gegenleistung entweder in dem Recht zur Nutzung des Bauwerks beziehungsweise Verwertung der Dienstleistungen oder in diesem Recht zuzüglich einer Zahlung besteht. Solche Verträge können, müssen aber nicht notwendigerweise einen Eigentumsübergang auf den öffentlichen Auftraggeber oder den Auftraggeber vorsehen, doch steht den öffentlichen Auftrag-

---

30 Vgl. Erwägungsgrund Nr. 1 KVR.

31 Vgl. Erwägungsgrund Nr. 26 im Bereich des Kältesektors; siehe auch Erläuterungen in Fußnote 9.

32 Vgl. OLG Naumburg, Beschluss vom 22.12.2011 – 2 Verg 10/11, BeckRS 2012, 02518 m. w. Nachw.; EuGH, Urt. v. 10.3.2011 – C-274/09, EuZW 2011, 352, Rn. 24, 25; vgl. *Braun,* VergabeR 2011, 199; vgl. *Braun,* NZBau 2011, 400; *Braun,* VergabeR 2011, 384; *Braun,* VergabeR 2012, 456.

gebern oder Auftraggebern stets der Nutzen der betreffenden Bau- oder Dienstleistung zu.[33]

Bereits vor dem Beginn eines Verfahrens kann damit die auswählende Behörde Einfluss auf die gerichtliche Überprüfbarkeit – auch nach der KVR – nehmen. Ein entgeltlicher Vertrag liegt nicht vor, wenn die auswählende Behörde durch einen einseitigen Verwaltungsakt handelt, wodurch die Zuständigkeit der Verwaltungsgerichtsbarkeit auftragswertunabhängig begründet wird.[34] Nach der Verwaltungsrechtsprechung ist der Vergaberechtsweg nur gegeben bei einem Auftrag und einem Vertrag, nicht jedoch bei einseitigen Verwaltungsakten. Eine Vereinbarung ist dann kein Vertrag, wenn er in Wirklichkeit ein einseitiger Verwaltungsakt ist, der eine Verpflichtung allein für den Auftragnehmer vorsieht und der deutlich von den normalen Bedingungen eines kommerziellen Angebotes abweicht. Wesentliches Kriterium für das Vorliegen eines Vertrages ist die Existenz eines gewissen Maßes an Spielraum für den Auftragnehmer bei der Ausgestaltung der Auftragsbedingungen. Bei der Konkretisierung einer gesetzlich bestehenden Leistungspflicht durch Verwaltungsakt ist kein Vergaberecht anwendbar. Wenn die erteilte Genehmigung zur Durchführung einer Leistung nicht das Ergebnis einer konsensualen Verhandlung über die Vertragsbedingungen ist, sondern die einseitige hoheitliche Regelung eines Lebenssachverhaltes durch die öffentlich-rechtliche Körperschaft, ist das materielle Verwaltungsrecht und nicht das materielle Vergaberecht anwendbar.[35] Verträge, gerade im Bereich der Konzession, unterfallen unterhalb der Schwellenwerte der Überprüfung der ordentlichen Gerichtsbarkeit.[36]

Existiert keine zwingende gesetzliche Vorgabe, dann kann die Behörde weitgehend frei zwischen Verwaltungsakt und Vergabeverwaltungsvertrag wählen. Sie kann ihren Einkauf stets im Rahmen eines zivilrechtlichen Vertrages mit Antrag gemäß § 145 BGB und Annahme gemäß § 147 BGB regeln. Dann liegt unstreitig ein öffentlicher Auftrag gemäß § 99 GWB vor. Sie kann auch einen öffentlich-rechtlichen Vertrag gemäß § 54 VwVfG wählen, der aber dann der vergaberechtlichen Überprüfung unterliegt. Auf den Rechtscharakter des Vertrages als ein öffentlich-rechtlich geprägtes Rechtsverhältnis kommt es aus vergaberechtlicher Sicht nicht an. Das europäische Konzessionsvergaberecht unterscheidet nicht zwischen privatrechtlichen und öffentlich-rechtlichen Verträgen.[37]

---

33 Erwägungsgrund Nr. 1.

34 Vgl. ausführlich: *Braun*, Festschrift für Marx, 2013, S. 39; *ders.*, VergabeR 2014, S. 324 ff.; vgl. z. B. OVG Sachsen-Anhalt, Urt. v. 22.2.2012, 3 L 259/10, BeckRS 2012, 51428.

35 OVG Magdeburg, Urt. v. 22.2.2012, 3 L 259/10, BeckRS 2012, 51428; EuGH, Urt. v. 18.12.2007 – C-220/06, VergabeR 2008, 196, 200.

36 Vgl. z. B. LG Leipzig, Urteil vom 12.11.2013 – 05 O 2530/13.

37 BGH, Beschl. v. 1.12.2008, X ZB 31/08, BeckRS 2008, 26912, Rn. 17; OLG Naumburg, Beschl. v. 22.12.2011 – 2 Verg 10/11B, NZBau 2012, 258.

b) Übertragung des Betriebsrisikos

Die Definition dessen, was unter der Übertragung des Betriebsrisikos zu verstehen ist, gehört zu dem zentralen Anliegen der Reform. Dies wird auch durch die Erörterung in den Erwägungsgründen Nr. 18, 19, 20 und 52 deutlich. Ob dies die bisherige Diskussion zu der Frage, wie eigentlich das Betriebsrisiko definiert wird, beendet, sei zumindest angezweifelt.[38]

Mit der Vergabe einer Bau- oder Dienstleistungskonzession geht gem. Art. 5 S. 2 KVR auf den Konzessionsnehmer das Betriebsrisiko für die Nutzung des entsprechenden Bauwerks beziehungsweise für die Verwertung der Dienstleistungen über, wobei es sich um ein Nachfrage- und/oder ein Angebotsrisiko handeln kann. Das Betriebsrisiko gilt gem. Art. 5 S. 3 KVR als vom Konzessionsnehmer getragen, wenn unter normalen Betriebsbedingungen nicht garantiert ist, dass die Investitionsaufwendungen oder die Kosten für den Betrieb des Bauwerks oder die Erbringung der Dienstleistungen, die Gegenstand der Konzession sind, wieder erwirtschaftet werden können. Der Teil des auf den Konzessionsnehmer übergegangenen Risikos umfasst gem. Art. 5 Nr. 1 S. 4 KVR, den Unwägbarkeiten des Marktes tatsächlich ausgesetzt zu sein, sodass potenzielle geschätzte Verluste des Konzessionsnehmers nicht rein nominell oder vernachlässigbar sind.

Die drei Sätze des EU-Gesetzgebers geben deutliche Hinweise darauf, dass die Risikoübertragung nicht nur zum Schein erfolgt sein soll. Sicherlich nicht ausreichend ist, dass ein substanzielles Risiko, dass die Investitionen und Kosten des Konzessionärs nicht ausgeglichen werden, als spekulatives Element bei diesem verbleibt.[39] Für die bisherige Rechtslage galt, dass im Einzelnen die Frage eines fehlenden Betriebsrisikos, welches zu einem klassischen Dienstleistungsauftrag führt, strittig war.[40] Bisher wurde vertreten, dass es sich um eine Einzelfallfrage handele, die einer generalisierenden Klärung eher nicht zugänglich sei.[41] Im Richtlinientext wird mit den Risikogruppen Betriebsrisiko, Angebots- und Nachfragerisiko gearbeitet.[42] Diese Regelung greift die Rechtsprechung des EuGH nur teilweise auf. An einer konkreten Aussage bezüglich der Höhe und des Umfangs des zu übernehmenden Betriebsrisikos mangelt es weiter. Die Richtlinienvorgaben werden dazu führen, dass es bei einer Einzelfallentscheidung bleiben wird.[43]

Das Hauptmerkmal einer Konzession, nämlich das Recht, die betreffenden Bauwerke oder Dienstleistungen zu nutzen, beziehungsweise zu verwerten, schließt stets die Übertragung eines Betriebsrisikos wirtschaftlicher Art auf den Konzessionsnehmer ein,

---

38 Vgl. z. B. *Hövelsberndt,* NZBau 2010, 599; *Teufel*, KommJur 2012, 87.

39 So aber *Opitz,* NVwZ 2014, 753, 756.

40 Vgl. EuGH, Urteil vom 10.11.2011 – C-348/10, EuZW 2012, 147; vgl. *Kraus*, VergabeR 2012, 171.

41 Kritisch: *Kraus,* VergabeR 2012, 171, 173.

42 Erwägungsgründe Nr. 18, 19, 20 KVR.

43 Vgl. *Knauff/Badenhausen,* NZBau 2014, 395, 396 m. w. N.; vgl. auch *Opitz,* NVwZ 2014, 753, 756 mit Hinweis auf die bisher unterschiedlichen Interpretationsmöglichkeiten.

einschließlich der Möglichkeit, dass die Investitionsaufwendungen und die Kosten für den Betrieb des Bauwerks oder die Erbringung der Dienstleistungen unter normalen Betriebsbedingungen nicht wieder erwirtschaftet werden können, auch wenn ein Teil des Risikos bei den öffentlichen Auftraggebern oder Auftraggebern verbleibt.[44] Dieses Risiko muss substantiell sein, damit die Konturen der Dienstleistungskonzession nicht völlig verwässert werden.

Eine Dienstleistungskonzession liegt nicht vor, wenn die vergebende Stelle den Wirtschaftsteilnehmer von jedem möglichen Verlust freistellt, indem ihm Einnahmen mindestens in Höhe der bei der Durchführung des Vertrags entstehenden Investitionsaufwendungen und Kosten garantiert werden. Vereinbarungen, die ausschließlich von einem öffentlichen Auftraggeber oder einem Auftraggeber vergütet werden, gelten als Konzessionen, wenn die Erwirtschaftung der Investitionsaufwendungen und Kosten des Betreibers für die Erbringung der Bau- oder Dienstleistungen von der tatsächlichen Nachfrage nach der Dienstleistung oder dem Vermögenswert oder von deren Erbringung beziehungsweise dessen Lieferung abhängt.[45]

Sieht eine branchenspezifische Regelung den Wegfall des Risikos für den Konzessionsnehmer durch einen garantierten Ausgleich seiner Investitionen und der aufgrund der Vertragsdurchführung anfallenden Kosten vor, gilt ein solcher Vertrag trotzdem nicht als Dienstleistungskonzession.[46] Diese Fallgruppe betrifft Dienstleistungen der Daseinsvorsorge, die einen hohen Sicherheitsfaktor für die Bevölkerung haben. Andererseits betont die Richtlinie, dass auch dann eine Dienstleistungskonzession vorliegen könnte, wenn ein Risiko nicht durch Vertrag, sondern anderweitig beschränkt ist. Dies kann beispielsweise in Branchen mit vorgeschriebenen Tarifen der Fall sein. Dies kann auch der Fall sein, wenn das Betriebsrisiko durch solche vertragliche Vereinbarungen begrenzt wird, die einen teilweisen Ausgleich sowie einen Ausgleich im Falle der vorzeitigen Kündigung der Konzession aus vom Auftraggeber zu vertretenden Gründen oder im Falle höherer Gewalt vorsehen.[47]

Aus einem Betriebsrisiko ergeben sich Faktoren, die sich dem Einfluss der Vertragsparteien entziehen. Risiken, wie solche, die im Zusammenhang mit Missmanagement, vertraglichen Ausfällen des Wirtschaftsteilnehmers oder Fällen höherer Gewalt stehen, sind für die Einstufung als Konzession nicht ausschlaggebend, da derartige Risiken jedem Vertrag, sei es ein öffentlicher Auftrag oder eine Konzession, innewohnen.[48] Ein Betriebsrisiko wird daher als das Risiko, den Unwägbarkeiten des Marktes ausgesetzt zu sein, verstanden, wobei es sich um ein Nachfrage- oder ein Angebotsrisiko oder um beides zugleich handeln kann. Nachfragerisiko ist das Risiko der tatsächlichen Nach-

[44] Erwägungsgrund Nr. 18 KVR.

[45] Erwägungsgrund Nr. 18 KVR.

[46] Erwägungsgrund Nr. 19 KVR.

[47] Erwägungsgrund Nr. 19 KVR.

[48] Erwägungsgrund Nr. 20 KVR.

frage nach den Bau- oder Dienstleistungen, die Gegenstand des Vertrags sind. Angebotsrisiko ist das mit der Erbringung der Bau- oder Dienstleistungen, die Gegenstand des Vertrags sind, verbundene Risiko, insbesondere das Risiko, dass die bereitgestellten Dienstleistungen nicht der Nachfrage entsprechen. Zur Einschätzung des Betriebsrisikos ist daher der Nettogegenwartswert aller Investitionen, Kosten und Einkünfte des Konzessionsnehmers in kohärenter und einheitlicher Weise heranzuziehen.[49]

Bemerkenswert ist, dass bei der Definition für ein Dienstleistungsrisiko zentral auf das finanzielle Risiko abgestellt wird, während bei den Zuschlagskriterien die Risikoübernahme, im Gegensatz zu sozialen, ökologischen Kriterien, fast keine Rolle spielt.[50] Konzessionen werden gem. Art. 41 Abs. 1 KVR auf der Grundlage objektiver Kriterien vergeben, die einen wirtschaftlichen Gesamtvorteil für den Auftraggeber erkennen lassen (so dem Wortlaut des Artikels nach) müssen. Der „wirtschaftliche Gesamtvorteil" kann auch aus Faktoren bestehen, die aus der Sicht des Auftraggebers den Wert eines Angebots beeinflussen (Ökologie, soziale Kriterien, Innovation).[51] Es wird an der Rechtsprechung sein, diese Vorgaben zu konkretisieren. Anderenfalls würde es auf ein freies Ermessen des Auftraggebers hinauslaufen. Ein Begriff „wirtschaftlicher Gesamtvorteil", der weder etwas mit „Wirtschaft" noch mit „Gesamtvorteil" zu tun hat und jeglichen Bezug zu den Grundsätzen der sparsamen und wirtschaftlichen Haushaltsführung verloren hat, ist – zumindest nach deutschem verfassungsrechtlichen Verständnis – zu unbestimmt. Es wäre auch ein Rückschritt in die Konzessionsvergabe der Mitte des letzten Jahrhunderts, die von subjektiven und nicht nachvollziehbaren Kriterien geprägt war.

II. Keine Verpflichtung zur Privatisierung

Durch die Regelungen sollen keine Verpflichtungen zu einer Privatisierung geschaffen werden (Art. 2 Abs. 2 KVR).[52] Dies ist eine rein deklaratorische Bestimmung und ist im Regelungstext der Dienstleistungskonzession überflüssig.

In Art. 1 Abs. 4 KVR wird klargestellt, dass Vereinbarungen, Beschlüsse oder andere Rechtsinstrumente, die die Übertragung von Befugnissen und Zuständigkeiten für die Ausführung öffentlicher Aufgaben innerhalb der öffentlichen Hand regeln und die keine Vergütung für vertragliche Leistungen vorsehen, als Angelegenheit der internen Organisation des betreffenden Mitgliedstaats (und nicht als vergabepflichtig) betrachtet werden. Sie werden in keiner Weise von dieser Richtlinie berührt. In diese Richtung geht auch die Regelung des Art. 2 Abs. 1 KVR. Zudem ist gemäß Artikel 345 AEUV dafür zu

[49] Erwägungsgrund Nr. 20 KVR.

[50] Vgl. z. B. Erwägungsgrund Nr. 64 KVR.

[51] Vgl. Erwägungsgrund Nr. 73 KVR.

[52] Ausdrücklich z. B. Erwägungsgrund Nr. 7 KVR.

sorgen, dass die Eigentumsordnungen in den Mitgliedstaaten unberührt bleiben.[53] Auch diese Bestimmungen sind rein deklaratorisch und dürften sinnvollerweise keine ausdrückliche Normierung im deutschen Recht finden, da sie schlicht überflüssig sind.

III. Verfahrensgrundsätze

Die Verfahrensgrundsätze für alle Vergaben, mithin auch für Konzessionsvergaben, sind zunächst die Grundsätze des freien Warenverkehrs, der Niederlassungsfreiheit und der Dienstleistungsfreiheit, sowie die davon abgeleiteten Grundsätze, wie Gleichbehandlung, Nichtdiskriminierung, gegenseitige Anerkennung, Verhältnismäßigkeit und Transparenz.

Obwohl Dienstleistungskonzessionen auf Unionsebene von keiner Regelung erfasst werden, ist auf diese Einkaufsform nach ständiger EuGH-Rspr. anwendbares Recht im Licht des Primärrechts und insbesondere der vom AEUV vorgesehenen Grundfreiheiten zu prüfen.[54] Der Gleichbehandlungsgrundsatz, das Verbot der Diskriminierung aus Gründen der Staatsangehörigkeit legt der konzessionserteilenden Stelle eine Verpflichtung zur Transparenz auf. Diese besteht darin, dass zugunsten der potenziellen Bieter ein angemessener Grad an Öffentlichkeit sicherzustellen ist, der das Vergabeverfahren dem Wettbewerb öffnet und die Nachprüfung ermöglicht, ob dieses Verfahren unparteiisch durchgeführt worden ist, ohne notwendigerweise eine Verpflichtung zur Vornahme einer Ausschreibung zu umfassen.[55] Die Richtlinie greift mit den allgemeinen Grundsätzen die ständige EuGH-Rspr. auf, wonach die nicht geregelten Konzessionen nach den Grundregeln des AEUV zu vergeben sind, zu denen das Verbot der Diskriminierung aus Gründen der Staatsangehörigkeit und den Gleichbehandlungsgrundsatz sowie die sich daraus ergebende Transparenzpflicht zu beachten sind, wenn an dieser Konzession ein sicheres grenzüberschreitendes Interesse besteht.[56] In den Erwägungsgründen wird daher die diesbezügliche Rechtsprechung des EuGH referiert.[57]

Der Richtliniengeber ist überzeugt, dass es erforderlich ist, die Grundsätze des AEUV in allen Mitgliedstaaten auf Unionsebene einheitlich anzuwenden, um hartnäckigen Verzerrungen des Binnenmarktes ein Ende zu setzen.[58] Die Mitgliedstaaten werden jetzt nach dem Erlass der Richtlinie geeignete Verfahren für die Konzessionsvergaben einführen müssen, um die Wahrung der Grundsätze der Transparenz und der Gleichbehandlung der Wirtschaftsteilnehmer sicherzustellen. Gleichzeitig soll aber den Be-

---

[53] Erwägungsgrund Nr. 24 KVR.

[54] Vgl. zuletzt: EuGH, Urteil vom 14.11.2013, C-388/12, Rn. 28 m. w. N.

[55] EuGH, Urteil vom 14.11.2013, C-388/12, Rn. 28 ff. m. w. N.

[56] Vgl. z. B. zuletzt: EuGH, Urteil vom 14.11.2013 – C-221/12, Rn. 28 m. w. N.

[57] Erwägungsgründe Nr. 4, 18, 21, 29, 45, 64, 65, 75.

[58] Erwägungsgrund Nr. 4, 6, 8 KVR. Diese Feststellungen zu den Verzerrungen basieren u. a. auf einer Online-Konsultation aus dem Jahr 2010, vgl. Vorschlag für die Richtlinie, nachzulesen unter Kom(2011) 897 endg. v. 20.12.2011.

sonderheiten der jeweiligen Dienstleistungen Rechnung getragen werden.[59] Diesen Besonderheiten hat der Gesetzgeber durch zahlreiche Ausnahmen Rechnung getragen, die es im Einzelnen zu würdigen gilt.[60]

Gleich zwei Bestimmungen widmen sich den allgemeinen Grundsätzen. Der Auftraggeber behandelt zunächst gem. Art. 3 Abs. 1 S. 1 KVR alle Wirtschaftsteilnehmer gleich[61] und in nichtdiskriminierender Weise[62] und wahrt in seinem Handeln Transparenz[63] und Verhältnismäßigkeit.[64] Ähnlich wie im deutschen Recht wird beim Verhältnismäßigkeitsgrundsatz vom EuGH die Erforderlichkeit geprüft. Es wird gefragt, ob das Ziel nicht ebenso wirksam durch andere Maßnahmen erreicht werden kann, die das zu schützende Gut weniger beeinträchtigen.[65] Das Konzessionsvergabeverfahren – einschließlich der Schätzung des Vertragswertes – darf gem. Art. 3 Abs. 1 S. 2 KVR nicht mit der Absicht konzipiert werden, es vom Anwendungsbereich dieser Richtlinie auszunehmen oder bestimmte Wirtschaftsteilnehmer beziehungsweise bestimmte Bauleistungen, Lieferungen oder Dienstleistungen auf unzulässige Weise zu bevorzugen oder zu benachteiligen.

Die vergebende Stelle kann gem. Art. 30 Abs. 1 KVR das Verfahren zur Wahl des Konzessionsnehmers vorbehaltlich der Einhaltung der KVR frei gestalten. Das Konzessionsvergabeverfahren wird gem. Art. 30 Abs. 2 S. 1 KVR unter Einhaltung der Grundsätze nach Art. 3 KVR (Gleichbehandlung, Nichtdiskriminierung, Transparenz und Verhältnismäßigkeit) konzipiert. Insbesondere enthält sich der öffentliche Auftraggeber oder der Auftraggeber gem. Art. 30 Abs. 2 S. 2 KVR während des Konzessionsvergabeverfahrens jeder diskriminierenden Weitergabe von Informationen, durch die bestimmte Bewerber oder Bieter gegenüber anderen begünstigt werden könnten. Die KVR löst den Konflikt nicht auf, den Art. 42 S. 2 KVR schafft. Wenn gem. Art. 42 S. 2 KVR die Zuschlagskriterien ökologische, soziale oder innovationsbezogene Kriterien enthalten können und dies von geneigter Seite als gleichrangig zu den in Art. 3 KVR gesehen wird, dann ist eine erlaubte Diskriminierung nicht fern. Wenn innovative oder nicht ökologische Produkte oder Dienstleistungen bevorzugt werden, dann werden nicht innovative oder nicht ökologische Produkte oder Dienstleistungen benachteiligt, auch wenn diese möglicherweise preiswerter sind. Auch die Bezahlbarkeit der Leistungen kann leiden.

---

[59] Erwägungsgrund Nr. 53 KVR.

[60] Siehe unten unter C.

[61] Der Grundsatz der Gleichbehandlung wird in den Erwägungsgründen Nr. 4, 6, 24, 53, 55, 61, 67, 68, 73, 77 KVR hervorgehoben.

[62] Der Grundsatz der „Nichtdiskriminierung" oder „diskriminierungsfrei" wird in den Erwägungsgründen Nr. 1, 4, 6, 13, 54, 55, 63, 65 KVR hervorgehoben.

[63] Der Grundsatz der „Transparenz" wird in den Erwägungsgründen Nr. 4, 6, 33, 53, 54, 61, 67, 68, 72, 73, 74, 77 KVR hervorgehoben.

[64] Der Grundsatz der „Verhältnismäßigkeit" bzw. des „verhältnismäßigen" Verhaltens wird in den Erwägungsgründen Nr. 4, 9, 87 KVR hervorgehoben.

[65] Vgl. *Calliess/Ruffert*, EUV/AEUV, 4. Auflage 2011, Art. 5 EUV, Rn. 44.

IV. Die Auftraggebereigenschaft: Öffentliche Auftraggeber und Auftraggeber

In den Richtlinien wird in Art. 1 Abs. 2 KVR zwischen „Öffentlichen Auftraggebern" und „Auftraggeber, wenn die Bau- oder Dienstleistungen für die Ausübung einer der in Anhang II genannten Tätigkeiten bestimmt sind", unterschieden. Wie gesetzestechnisch (rein begrifflich) die Unterscheidung zwischen „Öffentlichen Auftraggebern" und „Auftraggebern" erfolgen soll, wird mit Spannung zu betrachten sein, zumal bisher die Begriffe in Deutschland synonym verwandt wurden. Die deutsche Norm knüpft an die Richtlinienvorgaben zum Auftraggeberbegriff an und transponiert sie in das Kartellvergaberecht, ohne die unionsrechtliche Terminologie wörtlich zu übernehmen. Vor allem der Begriff der „Einrichtung des öffentlichen Rechts", den VKR und SKR zur Definition des „öffentlichen Auftraggebers" verwenden, hat im deutschen Rechtssystem keine Entsprechung bisher gefunden.[66] Richtig dürfte in diesem Zusammenhang eine funktionelle Sichtweise des Auftraggeberbegriffs sein.[67] Es wird bei der Überarbeitung des deutschen Rechts zu prüfen sein, welche Definitionen fortgeführt oder neu geschaffen werden.[68]

Weiterhin bleibt festzuhalten, dass unterschiedliche Definitionen des „Öffentlichen Auftraggebers" in den Richtlinien existieren (Vgl. Art. 6 VRL). Für die Zwecke der VRL bezeichnet gem. Art. 6 Nr. 1 VRL der Ausdruck „öffentliche Auftraggeber" den Staat, die Gebietskörperschaften, die Einrichtungen des öffentlichen Rechts oder die Verbände, die aus einer oder mehreren dieser Körperschaften oder Einrichtungen des öffentlichen Rechts bestehen. Art. 6 KVR bezeichnet weitergehend „Öffentliche Auftraggeber" im Sinne der KVR den Staat, die Gebietskörperschaften, Einrichtungen des öffentlichen Rechts sowie Verbände, die aus einer oder mehreren solcher Körperschaften oder einer oder mehreren solcher Einrichtungen des öffentlichen Rechts bestehen, die nicht zu denjenigen Körperschaften, Einrichtungen oder Verbänden gehören, die einer der in Anhang II genannten Tätigkeiten (also im Bereich der Sektoren) nachgehen und eine Konzession zum Zweck der Ausübung einer dieser Tätigkeiten vergeben. Damit hat sich der Richtliniengeber für eine funktionelle, verbunden mit einer institutionellen Beschreibung des Auftraggebers, entschieden. Die in der Richtlinie genannten Vorgaben für die ausschreibenden Stellen, Zentralstaat, lokale oder regionale Gebietskörperschaften, Einrichtungen des öffentlichen Rechts, öffentliche Unternehmen oder andere Einrichtungen, die besondere oder ausschließliche Rechte genießen, Einrichtungen, die nach nationalem Recht für das Erbringen von Dienstleistungen im Zusammenhang mit einer der in Anhang II genannten Tätigkeiten zuständig sind, derartige Tätigkeiten auszuüben,[69] werden zu keiner Änderung der bisherigen deutschen Regelung führen müssen.

---

[66] Vgl. *Dörr*, in: *Dreher/Motzke*, Beck'scher Vergaberechtskommentar, 2. Auflage 2013, § 98 GWB, Rn. 17.

[67] Vgl. *Ziekow,* in: Ziekow/Völlink, Vergaberecht, 2. Auflage 2013, § 98 GWB, Rn. 30–33.

[68] Vgl. für die letzte Novelle bereits: *Kratzenberg*, NVwZ 2009, 103.

[69] Erwägungsgrund Nr. 24 KVR.

V. Schwellenwert

Die KVR gilt gem. Art. 8 Abs. 1 KVR für Konzessionen, deren Vertragswert mindestens 5.186.000 EUR beträgt. Gemäß Art. 8 Abs. 2 KVR entspricht der Wert der Konzession dem vom öffentlichen Auftraggeber oder vom Auftraggeber geschätzten Gesamtumsatz ohne MwSt., den der Konzessionsnehmer während der Vertragslaufzeit erzielt, als Gegenleistung für die Bau- und Dienstleistungen, die Gegenstand der Konzession sind, sowie für die damit verbundenen Lieferungen. Damit gilt die KVR nur für einen verschwindend geringen Teil aller Dienstleistungskonzessionen, da die meisten Konzessionen diesen Schwellenwert nicht überschreiten. Dann gelten die allgemeinen Vergabe- und Nachprüfungsregeln, die auch durch die KVR nicht betroffen sind.[70]

Die Berechnung des Schwellenwertes ist nicht unproblematisch. Bei Konzessionen ist die Koppelung der Schätzung des Schwellenwertes an den Wert der Gegenleistung der Bau- und Dienstleistung, die der Konzessionär nach Erteilung der Konzession erwirtschaften kann, Gegenstand der Bemessung des Schwellenwertes. Der wahre Konzessionswert kann sich nur aus dem wirtschaftlichen Interesse ableiten lassen, das der Konzessionär mit der von ihm begehrten Konzession verfolgt und zu erwirtschaften beabsichtigt. Damit wird der Auftraggeber die schwierige Aufgabe haben, die etwaigen Umsatzerlöse und damit die Kalkulation des späteren Konzessionärs zu ermitteln, die ihm nicht immer bekannt sein dürften.[71] Der gesamte Vorgang wird nicht dadurch einfacher, dass ökologische, soziale und innovative Motive bei der Konzessionsvergabe im Vordergrund stehen können.

Die Ermittlung der Tätigkeit, für die die Konzession in erster Linie bestimmt ist, kann auf einer Analyse der von der Konzession zu erfüllenden Anforderung beruhen, die der Auftraggeber zur Schätzung des Konzessionswertes und zur Erstellung der Konzessionsunterlagen vornimmt.[72] Die wirtschaftliche Berechnung hat allerdings auf objektiver Grundlage zu erfolgen und wird dadurch der vollen Überprüfung der Nachprüfungsinstanzen unterliegen.

C. Ausschlüsse und Ausnahmen, besonders geregelte Sachverhalte

Ausschlüsse sind bestimmend für die KVR, deren Erlass politisch umstritten war.[73] Die Gegner der Kodifizierung konnten Ausnahmen durchsetzen, die das Konzessionsvergabesystem insgesamt löchrig und inkohärent erscheinen lassen. Die Gefahr des Missbrauchs ist dem Richtliniengeber mehr als bewusst, denn schon fast flehend heißt

[70] Vgl. *Braun,* Festschrift für Marx, 2013, S. 39 ff.

[71] Vgl. *Schenek,* BWGZ, 2014, 327, 328.

[72] Vgl. Erwägungsgrund Nr. 31 KVR zum objektiven Maßstab.

[73] Vgl. *Braun,* NZBau 2011, S. 400 ff.; EuZW, 2012, S. 451.

es in Erwägungsgrund 36, eine bestimmte Ausnahme (von gemeinnützigen Organisationen oder Vereinigungen erbrachte Notfalldienste) möge nicht über das notwendigste Maß hinaus ausgeweitet werden. Jeder Verwaltungspraktiker rechnet damit, dass die begünstigten Lobbygruppen genau dies durchsetzen werden.

Neben den üblichen Ausschlüssen, die auch in den anderen Richtlinien vorhanden sind (Art. 10 KVR), gibt es zahlreiche, nur für die KVR geltende Ausschlüsse und Ausnahmen, die in letzter Konsequenz zur Folge haben dürften, dass – unter Einbeziehung des sehr hohen Schwellenwertes i. H. v. 5.186 Mio. EUR gem. Art. 8 Abs. 1 KVR – nur ein Bruchteil aller Konzessionen unter die Bestimmungen der KVR fallen dürfte. Der Hauptteil der zu vergebenden Konzessionen dürfte auch in Zukunft nach der jetzt geltenden Rechtslage vergeben werden.[74]

I. Rechtfertigung für Ausnahmen

In der KVR sind zahlreiche Ausnahmen, Ausschlüsse und Abweichungen von dem Standardverfahren festgelegt worden. Gerechtfertigt werden die Ausnahmen und Ausschlüsse,

- weil es den Mitgliedstaaten möglich bleiben müsse, aufgrund ihrer Verpflichtungen zum Schutz der öffentlichen und sozialen Ordnung den Bereich Spieltätigkeiten auf nationaler Ebene zu regeln;[75]
- weil dieser Ausschluss nicht zu Wettbewerbsverzerrungen zugunsten der Unternehmen oder Gemeinschaftsunternehmen führe, die mit den Auftraggebern verbunden seien;[76]
- da Wasser als öffentliches Gut für alle Bürger der Union von grundlegendem Wert sei;[77]
- da der spezielle Charakter bestimmter von gemeinnützigen Organisationen oder Vereinigungen erbrachte Notfalldienste nur schwer gewahrt werden könnte, wenn die Dienstleistungserbringer nach den in der KVR festgelegten Verfahren ausgewählt werden müssten.[78]

Zwar nicht als Ausnahme oder Ausschluss werden die erleichterten Vergaberegeln für sogenannte „besondere Sachverhalte“ benannt. Dazu gehören die „vorbehaltenen

[74] Wenn das Verhältnis der Vergaben von Konzessionen oberhalb zu unterhalb der Schwellenwerte auch nur annähernd wie das Verhältnis der Vergabe von Dienstleistungsverträgen oberhalb zu unterhalb der Schwellenwerte ist, dann dürfte allenfalls ein niedriger einstelliger Prozentsatz aller Dienstleistungskonzessionen in den Anwendungsbereich der neuen Regelungen fallen.

[75] Erwägungsgrund Nr. 35 KVR.

[76] Erwägungsgrund Nr. 38 KVR.

[77] Erwägungsgrund Nr. 40 KVR.

[78] Erwägungsgrund Nr. 36 KVR.

Konzessionen" gem. Art. 24 KVR. Geschützten Werkstätten und Wirtschaftsteilnehmern, deren Hauptziel die gesellschaftliche und berufliche Integration von Menschen mit Behinderungen oder benachteiligten Personen ist, können bestimmte Konzessionen vorbehalten bleiben. Dienstleistungskonzessionen auf dem Gebiet der Forschung und Entwicklung sind gem. Art. 25 KVR von der Anwendung der Richtlinie ausgenommen, wenn beide der nachfolgenden Bedingungen erfüllt sind:

a) die Ergebnisse stehen ausschließlich dem öffentlichen Auftraggeber oder dem Auftraggeber für die Verwendung in seinem eigenen Geschäftsbetrieb zu und

b) die Dienstleistung wird vollständig durch den öffentlichen Auftraggeber oder den Auftraggeber vergütet.

Diese Ausnahmen entsprechen den bisherigen Regelungen bestehender Vergaberichtlinien. Sie führen aber – im Zusammenwirken mit allen weiteren Ausnahmen, Besonderheiten und Ausschlüssen – zu einer Umkehr des Regel/Ausnahmeverhältnisses. Dass die KVR angewandt werden muss, ist aber die Regel und nicht umgekehrt die Ausnahme.

Die ausgenommenen Sachverhalte bedeuten aber nicht, dass die nicht geregelten Bereiche nicht dem Rechtschutz und der gerichtlichen Überprüfung unterliegen.[79]

II. Öffentlich-öffentliche Zusammenarbeit

Auch die öffentlich-öffentliche Konzessionszusammenarbeit soll ausschreibungsfrei sein. Da das Wesensmerkmal der Konzession die Risikoübernahme ist, stellt sich die Frage, welche öffentlich-rechtliche Körperschaft für einen anderen Auftraggeber ein Konzessionsrisiko übernehmen würde. Der Anwendungsbereich der öffentlich-öffentlichen Zusammenarbeit bei Dienstleistungskonzessionen dürfte, im Gegensatz zu der klassischen und der Sektorenrichtlinie, bis auf wenige Ausnahmen nicht sehr groß sein. (Frühere) öffentliche Unternehmen, wie z. B. Stadtwerke, die an Konzessionen Interesse haben, bewerben sich im Wettbewerb und fallen damit per se aus der klassischen öffentlich-öffentlichen Zusammenarbeit heraus.[80] Gerichtsentscheidungen, in denen sich ein Dritter gegen eine Konzessionserteilung im Rahmen einer öffentlich-öffentlichen Zusammenarbeit gewandt hätte, sind dem Autor nicht bekannt. Auch eine intensive weitere Recherche brachte keinen einzigen veröffentlichten Fall einer öffentlich-öffentlichen Zusammenarbeit ans Licht.[81]

Die KVR regelt neu, welche Verträge Einrichtungen des öffentlichen Sektors, ein Begriff der im deutschen Recht bisher nicht vorkommt, untereinander schließen können, ohne

---

[79] Siehe ausführlich unten unter G. (Rechtsschutz), vgl. z. B. aktuell für Sportwetten: VG Berlin, Urteil vom 23.5.2014 – VG 23 K 512.12, BeckRS 2014, 54058.

[80] Konzessionsverträge, Handlungsoptionen für Kommunen und Stadtwerke, Stadtwerk der Zukunft IV – aktualisierte Neuauflage, Verband kommunaler Unternehmen e. V. (VKU), Stand September 2012.

[81] Für Hinweise anderer Art ist der Autor sehr verbunden.

der Richtlinie zu unterliegen. Die Regeln beruhen auf der Rechtsprechung des EuGH.[82] Sie sollen zu einer effizienteren Aufgabenwahrung und Rechtssicherheit beitragen.[83] Mindestens das letzte Argument ist zwar gut gemeint, aber nicht wirklich schlüssig. In den Erwägungsgründen wird hervorgehoben, dass erhebliche Rechtsunsicherheit darüber bestehen würde, inwieweit Verträge, die zwischen Einrichtungen des öffentlichen Sektors geschlossen werden, von den Vorschriften über die Vergabe erfasst werden sollten. Die einschlägige Rechtsprechung des Gerichtshofs der Europäischen Union werde in den Mitgliedstaaten und sogar von den einzelnen öffentlichen Auftraggebern und Auftraggebern unterschiedlich ausgelegt. Daher gelte es zu präzisieren, in welchen Fällen im öffentlichen Sektor geschlossene Verträge von der Anwendung der Vorschriften dieser Richtlinie ausgenommen sind.[84] Wenn der Richtliniengeber die unterschiedlichen kulturellen Traditionen bei bestimmten Dienstleistungen anerkennt,[85] gibt es auch unterschiedliche tradierte Rechtsordnungen, die die Richtlinien selbstverständlich unterschiedlich auslegen werden. Daran werden auch noch so detaillierte Vorgaben in den Richtlinien nichts ändern, weil die Richtlinien – zumindest in Deutschland – in ein tradiertes verwaltungsrechtliches Rechtssystem integriert werden müssen. Weiterhin gibt der EU-Gesetzgeber Begriffe vor, die in Deutschland entweder nicht oder in anderem Kontext verwandt werden. Unterschiedliche Interpretationen wird es daher weiter geben.

Die Ausnahmen betreffen neben der Konzessionsvergabe an ein verbundenes Unternehmen (Art. 13 KVR), Konzessionsvergabe an ein Gemeinschaftsunternehmen oder an einen Auftraggeber, das/der an einem Gemeinschaftsunternehmen beteiligt ist, (Art. 14 KVR) die In-House-Vergaben (Art. 17 KVR).

Einem Unternehmen kann unter drei Bedingungen ein öffentlicher Auftrag ohne Ausschreibungsverfahren erteilt werden: Der Auftraggeber muss erstens gem. § 17 Abs. 1a KVR über das Unternehmen eine ähnliche Kontrolle wie über seine eigenen Dienststellen ausüben.[86] Das kontrollierte Unternehmen muss zweitens vorwiegend für den kontrollierenden Auftraggeber tätig sein, d. h. mehr als 80 % seiner Tätigkeiten müssen der Ausführung der vom kontrollierenden Auftraggeber übertragenen Aufgaben dienen (§ 17 Abs. 1b KVR). Als dritte Voraussetzung darf keine private Beteiligung am Kapital des kontrollierten Unternehmens (§ 17 Abs. 1c KVR) vorhanden sein. Ausnahmen sind lediglich für Fälle vorgesehen, in denen die Beteiligung eines privaten Partners gesetzlich vorgeschrieben ist. Dabei darf die Beteiligung jedoch nicht mit Beherrschung, einer Sperrminorität oder einem anderen ausschlaggebenden Einfluss auf das Unternehmen verbunden sein.

---

[82] Erwägungsgrund Nr. 45 KVR.

[83] Erwägungsgrund Nr. 45, 46, 47 KVR; vgl. zweifelnd: *Dabringhausen*, VergabeR 2014, 514.

[84] Erwägungsgrund Nr. 45, 46, 57 KVR.

[85] Vgl. Erwägungsgrund Nr. 53 KVR.

[86] Erwägungsgrund Nr. 46 KVR.

Die neuen Richtlinien erfassen auch Fälle, in denen die Auftraggeber Verträge untereinander abschließen, ohne ein kontrolliertes Unternehmen zu schaffen („horizontale Zusammenarbeit").[87] Das kann beispielsweise der Fall sein, wenn gem. Art. 13 Abs. 4 VRL eine Zusammenarbeit zwischen den beteiligten Auftraggebern dahingehend begründet wird, dass von ihnen die zu erbringenden öffentlichen Dienstleistungen im Hinblick auf die Erreichung gemeinsamer Ziele ausgeführt werden. Die Durchführung dieser Zusammenarbeit muss ausschließlich durch Überlegungen im Zusammenhang mit dem öffentlichen Interesse bestimmt werden. Weiterhin dürfen die beteiligten Auftraggeber auf dem offenen Markt nur weniger als 20 % der durch die Zusammenarbeit erfassten Tätigkeiten erbringen.

Der nicht berücksichtigte Bieter kann – wie bei jeder anderen Ausnahme auch – gerichtlich überprüfen lassen, ob die Ausnahme vorliegt. Insgesamt ist – wenn auch der Anwendungsbereich eher gering sein dürfte – von einem positiven Regelungsansatz auszugehen. Problematisch bleibt, dass die Regeln zur öffentlich-öffentlichen Zusammenarbeit zwischen den unterschiedlichen Richtlinien differieren, was eine einheitliche, systematische Rechtsetzung nicht gerade fördert.[88]

III. Allgemein vergabefreie Bereiche

Unabhängig von den gesetzlich geregelten Ausnahmen gibt es vergabefreie Bereiche, die keinerlei Auswahlverfahren unterliegen. Dabei handelt es sich um Fälle, bei denen keine, auch nicht eine mittelbare, Beschaffung vorliegt.[89] Dies kann z. B. in einem bloßen Zulassungsverfahren („Open-House-Modell") liegen, welches nicht dem Vergaberecht unterfällt.[90] Ausschreibungsfrei sollen auch Kundenwahl- und Dienstleistungsgutscheinsysteme sein, bei denen ohne gezielte Auswahl alle Wirtschaftsteilnehmer, die bestimmte Voraussetzungen erfüllen, die Leistung anbieten können.[91]

Nicht ausschreibungspflichtig – ebenfalls analog den anderen Richtlinien – ist weiterhin die nicht wesentliche Änderung bestehender Verträge. Wesentliche Vertragsänderungen, die zur Ausschreibung verpflichten, sind insbesondere gegeben, wenn durch eine Änderung ein anderer Bieterkreis zugelassen werden müsste.[92]

Zudem sind Vereinbarungen über die Gewährung von Wegerechten hinsichtlich der Nutzung öffentlicher Liegenschaften für die Bereitstellung oder den Betrieb fester Leitungen oder Netze, über die eine Dienstleistung für die Allgemeinheit erbracht werden

---

[87] Vgl. zur bisherigen Rechtslage: *Hertwig*, NZBAu 2013, 278; *Sonder*, LKV 2014, 207.

[88] Vgl. *Knauff*, EuZW 2014, 286, 290.

[89] Vgl. OLG München, Beschluss vom 22.1.2012 – Verg 17/11, BeckRS 2012, 03166; vgl. *Braun*, in: Ziekow/Völlink, Vergaberecht, Rn. 24 u. 35 zu § 101b GWB.

[90] OLG Düsseldorf, Beschluss vom 13.8.2014 – VII-Verg 13/14, BeckRS 2014, 16548.

[91] Vgl. Erwägungsgrund Nr. 13 KVR.

[92] Vgl. EuGH, Urteil vom 19.6.2008 – C-454/06, NZBau 2008, 518 ff.; OLG Celle, Beschluss vom 29.10.2009 – 13 Verg 8/09, NZBau 2010, 194; OLG Düsseldorf, OLG Düsseldorf, Beschluss vom 28.7.2011 – Verg 20/11, BeckRS 2011, 21311.

soll, ebenfalls nicht in der KVR geregelt, sofern derartige Vereinbarungen weder eine Lieferverpflichtung auferlegen, noch den Erwerb von Dienstleistungen durch den öffentlichen Auftraggeber oder den Auftraggeber für sich selbst oder für Endnutzer vorsehen.[93]

IV. Ausnahmen im Sozial-, Gesundheits- und Bildungswesen

Ein großes Diskussionsfeld bei der Novellierung der Richtlinie waren die Ausnahmen im Sozial-, Gesundheits- und Bildungswesen.

1. Ausgangspunkt für die Ausnahmen im Sozial-, Gesundheits- und Bildungswesen

Nach Auffassung des Richtliniengebers ist es angezeigt, von der vollständigen Anwendung der Richtlinie nur diejenigen Dienstleistungen auszuschließen, die von begrenztem grenzüberschreitendem Interesse sind. Dies sind bestimmte Dienstleistungen im Sozial-, Gesundheits- oder Bildungswesen. Dieselben werden vor einem Hintergrund erbracht, der in den einzelnen Mitgliedstaaten aufgrund unterschiedlicher kultureller Traditionen stark unterschiedlich ist.[94]

2. Ausnahme im Bereich Rettungsdienst

Die KVR gilt gem. Art. 10 Abs. 8g KVR nicht für Dienstleistungskonzessionen, die zum Gegenstand haben: Dienstleistungen des Katastrophenschutzes, des Zivilschutzes und der Gefahrenabwehr. Ebenso gilt die Richtlinie nicht für Dienstleistungen, die von gemeinnützigen Organisationen oder Vereinigungen erbracht werden und die unter ausdrücklich genannte CPV-Nummern fallen.[95] Die Ausnahmen sind kein wie auch immer gearteter Freibrief für freihändige Vergaben ohne jeglichen Teilnahmewettbewerb. Im Erwägungsgrund 28 wird hervorgehoben, dass die Ausnahme nicht über das notwendigste Maß hinaus ausgeweitet werden sollte. Es ist daher über die CPV-Nummern in der Richtlinie festgelegt, dass der Einsatz von Krankenwagen zur Patientenbeförderung der Anwendung der Richtlinie unterliegt.

Für die Herausnahme der Leistungen im Sozial-, Gesundheits- oder Bildungsbereich aus dem förmlichen Vergaberegime wird geltend gemacht, dass diese Leistungen vor

[93] Vgl. Erwägungsgrund Nr. 16 KVR.

[94] Vgl. Erwägungsgrund Nr. 53 KVR.

[95] Die genannten CPV-Nummern sind: 75250000-3, Dienstleistungen der Feuerwehr und von Rettungsdiensten, 75251000-0, Dienstleistungen der Feuerwehr, 75251100-1, Brandbekämpfung, 75251110-4, Brandverhütung, 75251120-7, Waldbrandbekämpfung, 75252000-7, Rettungsdienste, 75222000-8, Zivilverteidigung, 98113100-9, Dienstleistungen im Bereich der nuklearen Sicherheit.

einem unterschiedlichen kulturellen Hintergrund erbracht werden.[96] Angesichts der Bedeutung des kulturellen Kontexts und des sensiblen Charakters dieser Dienstleistungen soll nach Auffassung der Kommission den Mitgliedstaaten ein weiterer Ermessensspielraum eingeräumt werden, damit sie die Auswahl der Dienstleister in einer Weise organisieren können, die sie für am besten geeignet erachten. Voraussetzung für eine derartige Ausnahme sei, dass ein solches System eine ausreichende Bekanntmachung gewährleiste und den Grundsätzen der Transparenz und Nichtdiskriminierung genüge.[97]

Gegen jeglichen Ausnahmeansatz ist einzuwenden, dass das Ziel der Binnenmarktförderung und der gleichberechtigten Marktzutrittschancen gemeinschaftsweite Bedeutung hat. Die Analyse der aktuellen Dienstleistungskonzessionen zeigt erhebliche Inhomogenität und damit in letzter Konsequenz schwerwiegende Verzerrungen des Binnenmarkts auf.

In den Gründen sind zutreffend die Wettbewerbsverzerrungen und Marktabschottungen bei der Vergabe von Konzessionen in den verschiedenen Mitgliedstaaten ohne einen einheitlichen europäischen Rechtsrahmen beschrieben.[98] Die vorherigen Veröffentlichungen oder nachträglichen Bekanntmachungen im elektronischen Amtsblatt decken nur einen Bruchteil der tatsächlich vergebenen Aufträge ab, wie ein Blick in die einschlägigen Onlinebranchenmedien verrät, in denen die jeweiligen Vertragsabschlüsse mit der öffentlichen Hand bekanntgegeben werden.

Bei der Umsetzung der Sicherstellung der rettungsdienstlichen Versorgung der Bevölkerung durch Notfallrettung, arztbegleiteten Patiententransport und Krankentransport ist im deutschen Recht der Föderalismus zu beachten. Das Recht der öffentlichen Sicherheit, der allgemeinen vorbeugenden Gefahrenabwehr und der Gesundheitsfürsorge ist Gegenstand der ausschließlichen Gesetzgebungskompetenz der Länder nach Art. 70 GG. Das begründet aber nicht das Recht, das bundeseinheitliche Vergaberecht umzugestalten.[99] Solange nicht eine vollständige Neuregelung sowohl auf Bundes- als auf Landesebene erfolgt, bleibt es bei dem allgemeinen Ausschreibungsgrundsatz.

Auf Bundesebene muss eine gründliche Abwägung bei der Vergaberechtsnovellierung stattfinden. Bei der gewerblichen Tätigkeit der Rettungsdienstunternehmer, die in der Regel die Durchführung von Krankentransporten und Notfallrettung zum Gegenstand hat, handelt es sich um einen eigenständigen, durch Art. 12 GG geschützten Beruf. Ein Eingriff in die Berufsfreiheit durch eine objektive Berufszugangsvoraussetzung, wie sie sich hier für Dritte aufgrund der Vorrangstellung der Hilfsorganisationen ergibt, kann nur unter zwei Bedingungen Bestand haben: Zum einen muss die Regelung den Schutz

96 Vgl. Erwägungsgrund 53 KVR.

97 Vgl. Erwägungsgrund 54 KVR.

98 Vgl. Erwägungsgrund 1 KVR.

99 BayVerfGH, Entscheidung vom 24.5.2012 – Vf. 1-VII-10.

eines überragend wichtigen Gemeinschaftsguts bezwecken, dem der Vorrang vor der Freiheit des Einzelnen, im Beruf des Rettungsdienstunternehmers tätig zu werden, einzuräumen ist. Dabei müssen die Gefahren, von denen das Gemeinschaftsgut bedroht ist, schwer sowie nachweisbar oder wenigstens höchstwahrscheinlich sein. Zum anderen muss die angegriffene Regelung als Mittel zur Abwehr dieser Gefahren unentbehrlich sein. Eine Vorrangstellung der Hilfsorganisationen ist nach diesen Grundsätzen nicht gerechtfertigt und verstößt gegen die Berufsfreiheit anderer privater Rettungsdienstunternehmer.[100] Daraus folgt, dass zwar vergaberechtlich eine Befreiung vom Rettungsdienst im Hinblick auf die EU-Regelung erörtert werden könnte, dies aber aus Gründen des Verfassungsrechts nur schwer denkbar ist.

Letztendlich muss die ausschreibende Stelle überlegen, welche Interessen im Fokus stehen. Ziel von Landesrettungsdienstgesetzen ist es, regelmäßig die flächendeckende Versorgung mit rettungsdienstlichen Leistungen durch einen öffentlichen Rettungsdienst sicherzustellen sowie eine effektive und wirtschaftliche Durchführung zu gewährleisten. Der Schutz von bestimmten Leistungserbringern steht damit nicht im Fokus, sondern es geht um den Schutz der Bevölkerung und der Haushalte. Es hat sich gezeigt, dass der Interessenausgleich am besten in einem transparenten, wettbewerblichen und auf Gleichbehandlung basierenden Auswahlprozess, gleichgültig ob in einem vergabe- oder verwaltungsrechtlichen Auswahlverfahren, erzielt werden kann. Ein solches Auswahlverfahren dient insbesondere der Sicherstellung einer sicheren Versorgung der Bevölkerung mit Krankentransport- und Rettungsdienstleistungen.

Erkennt der Gesetzgeber das grundsätzliche Bedürfnis nach einer Kodifikation auf europäischer Ebene an, so fragt sich als nächstes, ob und welche Ausnahmen es geben soll. Die jetzigen Ausnahmen sind nicht systematisch strukturiert erklärbar, aber sie sind vom EU-Gesetzgeber jetzt erst einmal vorgegeben. Problematisch ist, dass unstreitig bei der Vergabe von Dienstleistungskonzessionen kein rechtsfreier Raum existieren kann, da die Grundrechte auch unterhalb der Schwellenwerte umfassend gelten.[101] Die Konsequenz einer Herausnahme hat dann nur zur Folge, dass zwar keine vergaberechtliche Nachprüfung stattfindet, die vollumfängliche Überprüfung durch die ordentliche und die Verwaltungsgerichtsbarkeit indessen bestehen bleibt.[102]

Insbesondere im Rettungsdienst sind schwerwiegende Wettbewerbsverzerrungen und eine beträchtliche Marktabschottung zu beobachten. Sämtliche, seit 2009 nachträglich bekanntgemachten Dienstleistungskonzessionen, sind ausschließlich an

[100] BayVerfGH, Entscheidung vom 24.5.2012 – Vf. 1-VII-10.

[101] Vgl. *Braun*, VergabeR 2014, S. 324 ff.; *ders.* Festschrift für Marx, 2013, S. 39; *Braun,* EuZW, 2012, S. 451; *ders.*, NZBau 2011, S. 400; *ders.* , SächsVBl. 2006, S. 249 ff.

[102] Vgl. *Braun,* NZBau 2012, 251.

deutsche Unternehmen vergeben worden,[103] obwohl es ausländische Bewerber gibt. Dabei wird auch von den Gegnern einer weitergehenden Regulierung stets allgemein betont, dass eine Konzessionserteilung ermessensfehlerfrei erfolgen müsse, d. h. nachvollziehbare Kriterien festgelegt werden müssten. Bestimmte Grundsätze wie Chancengleichheit, Nichtdiskriminierung und das Transparenzgebot seien selbstverständlich zu beachten.

Schließlich müssen auch Ausnahmen allgemein am Primärrecht gemessen werden.[104] Die bereits erörterte Zielsetzung des Richtlinienvorschlags und der vom EuGH entwickelte Grundsatz der effektiven Durchsetzung europäischen Rechts („effet utile") bewirken, dass Ausnahmen von der Geltung einer Richtlinie nur zurückhaltend und in möglichst geringer Zahl aufgenommen werden dürfen. Denn im Fall des Richtlinienvorschlags der Kommission hätte jede Ausnahme zur Folge, dass in weiteren Wirtschaftszweigen ein Markteintritt europäischer Interessenten in nationale Konzessionsmärkte weitgehend verhindert würde. Mit anderen Worten: Je mehr Ausnahmen aufgenommen werden, desto weniger Wettbewerb findet statt. Ziel der Richtlinie (wie des Unionsrechts insgesamt) ist aber die Verwirklichung des Binnenmarktes gemäß Art. 26 AEUV, also die Marktöffnung für alle europäischen Wettbewerber. Der funktionierende Binnenmarkt gewährleistet nach Art. 26 Abs. 2 AEUV den freien Verkehr von Waren, Personen, Dienstleistungen und Kapital und garantiert damit unter anderem die Dienstleistungsfreiheit und die Niederlassungsfreiheit innerhalb der Europäischen Union und die daraus abgeleiteten Grundsätze der Gleichbehandlung, Nichtdiskriminierung, gegenseitigen Anerkennung, Verhältnismäßigkeit und Transparenz. Schon in Art. 27 AEUV ist festgehalten, dass Ausnahmeregelungen z. B. für bestimmte Mitgliedstaaten vorübergehender Natur sein müssen und das Funktionieren des Binnenmarktes so wenig wie möglich stören dürfen.

Insgesamt sind die Ausnahmevorschriften sehr eng auszulegen.[105] Ein wettbewerbliches Verfahren, welches den in Art. 3 Abs. 1 KVR genannten Grundprinzipien entspricht, wird dem Grunde nach stets durchzuführen sein.

D. Allgemeine Bestimmungen

Die allgemeinen Bestimmungen enthalten neue gesetzliche Vorgaben, die bisher in dieser Form nicht im deutschen Recht enthalten sind.

---

[103] Nachzulesen unter: http://ted.europa.eu/.

[104] Vgl. auch *Antweiler,* Gutachten, S. 20 ff.

[105] Vgl. auch *Antweiler,* Gutachten, S. 29 ff.

I. Laufzeit der Konzession

Bisher konnten nach deutschem Recht zeitlich unbefristete Konzessionen durch Verwaltungsakte erteilt werden.

1. Bisherige deutsche Rechtslage

Eine begünstigende Dienstleistungskonzession muss, wie jedes staatliche Handeln, das Übermaßverbot wahren. Gerade bei der Vergabe einer Dienstleistungskonzession geht es nicht nur um eine reine Leistungsverwaltung, sondern um die Zuteilung einer knappen Ressource, aus der der Konzessionär wirtschaftlichen Vorteil ziehen kann. Die Begünstigung des einen Unternehmens ist zugleich eine Belastung der unterlegenen Konkurrenz.

Der Anlass für eine Aufhebung der begünstigenden Genehmigung kann intern aus der Verwaltung heraus, z. B. wenn sich die Gegebenheiten geändert haben oder auf externen Druck erfolgen. Der letztgenannte Fall ist dann besonders spannungsgeladen, wenn sich keine tatsächlichen oder rechtlichen Änderungen ergeben haben, die sogar aus Sicht des Bestandsleistungserbringers eine Änderung erlauben würden. Eine Aufhebung des Verwaltungsaktes ist unstreitig möglich, wenn es die Verwaltung in den Nebenbestimmungen vorgesehen hat. Wenn sich die tatsächlichen Gegebenheiten ändern, könnte eine inhaltliche Änderung der Genehmigung im Sinne einer Auftragserweiterung sinnvoll sein.

Spezialgesetzlich ist dies im Bereich des Sozialrechts in § 48 SGB X geregelt. Nach § 48 Abs. 1 Satz 1 SGB X ist eine Änderung eines Verwaltungsaktes mit Dauerwirkung bei Änderung der tatsächlichen oder rechtlichen Verhältnisse möglich, wenn eine wesentliche Änderung eintritt. Das Gesetz definiert den unbestimmten Begriff der „wesentlichen Änderung" nicht, wobei aus dem Wort „ist" die zwingende Erfüllung des unbestimmten Rechtsbegriffs abzuleiten ist. Die Analogie dieser Norm wird kritisch gesehen, da sie keine allgemeinen Rechtsgrundsätze enthalten soll.[106] Die Änderung bzw. Aufhebung soll nur nach dem insoweit maßgeblichen materiellen Recht durch Änderung der tatsächlichen Verhältnisse rechtswidrig werden, auch wenn sie ursprünglich rechtmäßig waren. Daher kommt für Verwaltungsakte mit Dauerwirkung nur ein Wiederaufgreifen nach § 51 Abs. 1 Nr. 1 VwVfG in Betracht, nur bei ihnen kann sich die Frage stellen, inwieweit die Behörde verpflichtet ist, die fortbestehende Rechtmäßigkeit (ggf. auf Antrag hin) zu überwachen und den VA so „unter Kontrolle" zu halten, und inwieweit für die Aufhebung rechtswidrig gewordener VA § 48 oder § 49 einschlägig ist.[107]

---

[106] *Stelkens*, in: Stelkens/Bonk/Sachs, VwVfG, 8. Auflage 2014, § 35 VwVfG, Rn. 223.

[107] Vgl. *Stelkens*, in: Stelkens/Bonk/Sachs, VwVfG, 8. Auflage 2014, § 35 VwVfG, Rn. 223.

2. *Jetzige Lage: Beschränkung der Zeitdauer?*

Die Laufzeit von Konzessionen ist jetzt auf den ersten Blick gem. Art. 18 Abs. 1 S. 1 KVR beschränkt. Sie wird gem. Art. 18 Abs. 1 S. 2 KVR vom öffentlichen Auftraggeber oder von dem Auftraggeber je nach den geforderten Bau- oder Dienstleistungen geschätzt. Bei Konzessionen mit einer Laufzeit von über fünf Jahren darf gem. Art. 18 Abs. 2 S. 1 KVR die Laufzeit der Konzession nicht länger sein als der Zeitraum, innerhalb dessen der Konzessionsnehmer nach vernünftigem Ermessen die Investitionsaufwendungen für den Betrieb des Bauwerks oder die Erbringung der Dienstleistungen zuzüglich einer Rendite auf das investierte Kapital unter Berücksichtigung der zur Verwirklichung der spezifischen Vertragsziele notwendigen Investitionen wieder erwirtschaften kann. Die für die Berechnung zugrunde gelegten Investitionsaufwendungen umfassen gem. Art. 18 Abs. 2 S. 2 KVR sowohl die zu Anfang getätigten Investitionen, wie auch die während der Laufzeit der Konzession getätigten Investitionen.

Der Satz 2 weicht die fünfjährige Frist wieder völlig auf. Wie soll der Auftraggeber denn die „spezifischen Vertragsziele" bewerten oder was verbirgt sich hinter einem „vernünftigem Ermessen" im Hinblick auf die Investitionsaufwendungen? Ist ein objektiver Maßstab oder der subjektive Maßstab des Investors anzulegen? Der Blick auf die Erwägungen hilft nicht weiter. Die Laufzeit einer Konzession ist in der Richtlinie begrenzt worden, damit der Markt nicht abgeschottet und der Wettbewerb nicht eingeschränkt wird. Konzessionen mit sehr langer Vertragslaufzeit führen meist zur Abschottung des Marktes und behindern damit möglicherweise den freien Dienstleistungsverkehr und die Niederlassungsfreiheit. Eine lange Vertragslaufzeit kann allerdings gerechtfertigt sein, wenn der Konzessionsnehmer nur auf diese Weise die zur Durchführung des Konzessionsvertrags geplanten Investitionen wieder erwirtschaften und außerdem eine Rendite des eingesetzten Kapitals erzielen kann.[108]

Frage zur Laufzeit (und deren Begrenzung) wird daher die Rechtsprechung beantworten müssen. Diese wird bei Laufzeitfragen von einer objektiven Betrachtung und nicht von den subjektiven Wünschen des Konzessionärs auszugehen haben. [109]

II. Soziale und andere besondere Dienstleistungen

Konzessionen zur Erbringung sozialer Dienstleistungen oder anderer in Anhang IV genannter besonderer Dienstleistungen, die in den Anwendungsbereich dieser Richtlinie fallen, unterliegen ausschließlich gem. Art. 19 KVR den aus Art. 31 Abs. 3 KVR und aus den Art. 32, 46 und 47 KVR erwachsenden Verpflichtungen. Die Absicht, eine Konzession zur Erbringung sozialer und anderer besonderer in Anhang IV genannter Dienstleistungen vergeben zu wollen, müssen gem. Art. 31 Abs. 3 KVR durch Veröffentlichung einer Vorinformation bekannt gemacht werden. Eine Veröffentlichung gem.

---

[108] Erwägungsgrund Nr. 52.

[109] Vgl. DAV Stellungnahme, VergabeR 2014, 384, 394.

Art. 31 Abs. 1 KVR ist nicht erforderlich. Weiterhin ist nur eine eingeschränkte nachträgliche Bekanntmachung gem. Art. 32 Abs. 1 KVR notwendig.

Die KVR will gerade keine Liberalisierung von Dienstleistungen von allgemeinem wirtschaftlichen Interesse, die öffentlichen oder privaten Einrichtungen vorbehalten sind, noch die Privatisierung öffentlicher Einrichtungen, die Dienstleistungen erbringen, erreichen.[110] Die Regelungen im sozialen Bereich bleiben gem. Art. 4 Abs. 1 S. 2 KVR ausdrücklich den Mitgliedsstaaten vorbehalten.[111] Neben der Tatsache, dass die Vergabe sozialer Dienstleistungen einem erleichterten Vergaberegime, hin bis zu einer vollständigen Ausnahme unterliegt, wird der soziale Gedanke auf einer anderen Seite betont. Im Hinblick auf die bessere Einbeziehung sozialer und ökologischer Überlegungen in die Konzessionsvergabeverfahren ist es gem. Art. 41 Abs. 2 S. 2 KVR gestattet, ökologische, soziale oder innovationsbezogene Zuschlagskriterien zu verwenden. Es können Zuschlagskriterien oder Bedingungen verwendet werden, die mit dem konkreten Prozess der Erzeugung, Bereitstellung oder des Handelns mit der betreffenden Bau- oder Dienstleistungen oder einem konkreten Prozess in einer späteren Phase ihres Lebenszyklus in Verbindung stehen, auch wenn derartige Faktoren kein materieller Bestandteil der Leistungen sind.[112]

E. Allgemeine Grundsätze

Die allgemeinen Grundsätze geben die allgemeine Leitschnur im Auswahlverfahren, wobei diese durch zahlreiche Bestimmungen wieder aufgeweicht werden. Ob das Reformziel, nämlich die Verringerung des Verwaltungsaufwands,[113] erreicht werden kann, sei daher nachhaltig in Frage gestellt.

I. Freie Verfahrenswahl: Verhandlungsverfahren als Regelverfahren?

Die auswählende Stelle kann gem. Art. 30 Abs. 1 KVR das Verfahren zur Wahl des Konzessionsnehmers vorbehaltlich der Einhaltung der KVR frei gestalten. Dies bedeutet dem Grunde nach, dass alles erlaubt ist, wenn es nicht ausdrücklich von der Richtlinie ausgeschlossen ist. Die Auftraggeber können das Verhandlungsverfahren anwenden, müssen es aber nicht. Sie könne auch das offene oder nicht offene Verfahren anwenden. Sie können zudem auch Rahmenvereinbarungen abschließen, die in der Konzessionsrichtlinie (außer in Art. 46 KVR im Zusammenhang mit der Rechtsmittelrichtlinie) nicht erwähnt sind.

---

[110] Vgl. Erwägungsgrund Nr. 7 KVR.

[111] Vgl. z. B. Erwägungsgrund Nr. 35, 36, 54 KVR.

[112] Erwägungsgrund Nr. 64 KVR.

[113] Erwägungsgrund Nr. 2 KVR; Nr. 2, 120, 132 SRL.

Die in Art. 30 Abs. 1 KVR zunächst hervorgehobene Freiheit wird dann einen Absatz später wieder eingeschränkt. Das Konzessionsvergabeverfahren wird gem. Art. 30 Abs. 2 KVR unter Einhaltung der Grundsätze nach Art. 3 KVR konzipiert. Insbesondere enthält sich gem. Art. 30 Abs. 2 S. 2 KVR die vergebende Stelle während des Konzessionsvergabeverfahrens jeder diskriminierenden Weitergabe von Informationen, durch die bestimmte Bewerber oder Bieter gegenüber anderen begünstigt werden könnten. Die Mitgliedstaaten treffen gem. Art. 30 Abs. 3 KVR geeignete Maßnahmen, um sicherzustellen, dass Wirtschaftsteilnehmer bei der Durchführung von Konzessionsverträgen die geltenden umwelt-, sozial- und arbeitsrechtlichen Verpflichtungen einhalten, die durch Rechtsvorschriften der Union, nationale Rechtsvorschriften, Tarifverträge oder die internationalen umwelt-, sozial- und arbeitsrechtlichen Vorschriften des Anhangs X festgelegt sind.

Der öffentliche Auftraggeber kann gem. Art. 37 Abs. 6 S. 1 KVR Verhandlungen mit den Bewerbern und Bietern führen. Aus dieser Norm ist mithin zu entnehmen, dass Verhandlungen die Regeleinkaufsform für Konzessionen sein sollen. Dies bedeutet aber – wie bereits aufgeführt – nicht, dass die anderen Einkaufsformen ausgeschlossen sein sollen.

Die Durchführung der Verhandlungsrunden und deren Ablauf sind nicht frei gestaltbar, denn in Art. 41 Abs. 2 S. 1 KVR ist festgehalten, dass die Zuschlagskriterien – mit dem Konzessionsgegenstand in Verbindung stehen müssen und gerade keine uneingeschränkte Wahlfreiheit einräumen. Durch die Verwendung des ermessensbegründenden Begriffes „können" in Art. 41 Abs. 2 S. 2 KVR, muss der Auftraggeber sein Ermessen dahingehend ausüben, ob er eine Auswahl unter ökologische, soziale oder innovationsbezogene Kriterien durchführt (oder auch nicht). Wenn er keine Erwägungen vor der Aufnahme der Verhandlungen durchführt, könnte dies ermessensfehlerhaft sein. Als Zwischenfazit bleibt damit festzuhalten, dass nicht mehr viel von einer Wahlfreiheit vorhanden ist, sondern die auswählende Stelle – im Gegensatz zur bisherigen deutschen Regelung – deutlich mehr eingeschränkt ist.

Die Richtlinie enthält weitere Vorgaben zur Bekanntmachung (Art. 31 KVR), wann Auskünfte zu erteilen sind (Art. 34 Abs. 3 KVR); zu der Prüfung der Fachkunde, Zuverlässigkeit und Leistungsfähigkeit (Art. 36 KVR), Mitteilungen an den Bewerber (Art. 40 KVR) und auch zu den Zuschlagskriterien. Der Konzessionsgegenstand, die Zuschlagskriterien und die Mindestanforderungen dürfen gem. Art. 36 Abs. 6 S. 2 KVR während der Verhandlungen nicht geändert werden. Diese Norm ist, da sie der Verwirklichung der Grundsätze gem. Art. 3 Abs. 1 KVR dient, auch drittschützend. Mit anderen Worten: der Auftraggeber ist gut beraten, sich die gewünschte Konzessionsleistung vorab gründlich zu überlegen.

Dies führt insgesamt zu einem strukturierten Verhandlungsverfahren, das dem bisherigen klassisch geregelten Verhandlungsverfahren stark angeglichen ist. Die Freiheit der ausschreibenden Stelle besteht – pointiert formuliert – schlicht nur darin, dass nicht das offene Verfahren als Regelverfahren für das Auswahlverfahren anzuwenden ist.

II. Konzessionen als politisch-strategisches Instrument

Ein Schwerpunkt der Novellierung ist, dass öffentliche Aufträge künftig ein politisch-strategisches Instrument werden sollen. Dieser Paradigmenwechsel hatte bereits zuvor seinen Niederschlag im Koalitionsvertrag der Bundesregierung gefunden. Die strategische Beschaffung wird auch neben der KVR in der anderen neuen Richtlinie propagiert.[114] Auch bereits jetzt gibt es strategische Beschaffungen. Diese werden – auch in einer komplexen Ausgestaltung – von der Rechtsprechung akzeptiert.[115]

Die Auftraggeber können ihre strategischen Vorstellungen insbesondere über die Zuschlagskriterien umsetzen, die gem. Art. 41 Abs. 2 S. 2 KVR unter anderem ökologische, soziale oder innovationsbezogene Kriterien enthalten können. Bemerkenswert ist, dass die Ziele nicht mehr auf eine Haushaltsführung hinweist, die sich durch Sparsamkeit, Wirtschaftlichkeit, Kostenwirksamkeit, Schutz der finanziellen Interessen, Verhältnismäßigkeit der Verwaltungsausgaben und nutzerfreundliche Verfahren auszeichnet.[116]

Auftragnehmer haben bei der Ausführung öffentlicher Aufträge die geltenden umwelt-, sozial- und arbeitsrechtlichen Verpflichtungen einzuhalten, die durch Rechtsvorschriften der Union, einzelstaatliche Rechtsvorschriften, Tarifverträge oder von bestimmten internationalen umwelt-, sozial- und arbeitsrechtlichen Vorschriften festgelegt sind. Dank der neuen Regeln werden öffentliche Aufträge zur Verwirklichung umwelt-, sozial- und industriepolitischer Ziele beitragen. Dies führt u. a. zu einer erheblichen Aufwertung ökologischer Belange im Rahmen der öffentlichen Auftragsvergabe. Systematisch ist die Einhaltung umweltrechtlicher Verpflichtungen künftig ebenso ein vergaberechtlicher Grundsatz, wie die bisher geltenden Grundsätze.[117] Wenn dem so ist, dann treten andere Ziele, wie z. B. der Grundsatz der wirtschaftlichen und sparsamen Haushaltsführung, naturgemäß in den Hintergrund. Die Einhaltung von politisch-strategischen Zielen ist nicht zum Nulltarif zu haben.

Dem öffentlichen Einkäufer werden damit in Zeiten begrenzter öffentlicher Haushaltsmittel schwere und zusätzliche Entscheidungen aufgebürdet: Welchen strategischen Kriterien soll er – bei beschränkten Ressourcen – den Vorzug geben? Bereits jetzt werden in der Würdigung dieser Regelungen mit beachtlichen Argumenten auf die Umsetzungsschwierigkeiten hingewiesen.[118]

---

[114] Erwägungsgrund Nr. 1 KVR.

[115] OLG Düsseldorf, Beschl. v. 4.2.2013 – VII-Verg 31/12, NZBau 2013, 321.

[116] Vgl. Nr. 45 der ausgelaufenen interinstitutionellen Vereinbarung zwischen dem Europäischen Parlament, dem Rat und der Europäischen Kommission über die Haushaltsdisziplin und die wirtschaftliche Haushaltsführung (2006/C 139/01).

[117] So die Auffassung des Umweltbundesamtes, Neue EU-Richtlinien für das Vergaberecht beschlossen, Stand April 2014, S. 11 ff.

[118] Vgl. *Gröning,* VergabeR 2014, 339, 347.

1. *Soziale Kriterien*

Die neuen Regeln sollen unter anderem dazu beitragen, die EU-Politik in den Bereichen Umwelt, soziale Eingliederung und Innovation umzusetzen.[119] Die sozialen Aspekte beschränken sich nicht auf Eingliederung, sondern erstrecken sich auch auf die Achtung, Stärkung und Durchsetzung sozialer Rechte, seien diese im nationalen, internationalen oder EU-Recht oder in Tarifverträgen geregelt.

Die deutschen Behörden sollen die Einhaltung der geltenden Vorschriften am Erfüllungsort der bestellten Leistungen überwachen können. Somit können Unternehmen, die den entsprechenden Verpflichtungen nicht nachkommen, von Vergabeverfahren ausgeschlossen werden. Vergabestellen müssen Angebote ablehnen, deren außergewöhnlich niedriger Preis auf Verstöße gegen Sozial-, Arbeits- oder Umweltschutzbestimmungen zurückgeht.[120] Auch wenn landesgesetzliche Tariftreue- und Vergabegesetze vergleichbare Regelungen schon haben, so ist darauf hinzuweisen, dass verbindliche strategische Vergaberegelungen zu mehr staatlicher Überwachung mit neuen Angestellten oder Beamten führen müssen. Jede (neue) Kontrolle kann nur mit zusätzlichem staatlichen Aufwand durchgesetzt werden.

Beim Einkauf können künftig Umstände der Herstellung gewünschter Waren bzw. Bereitstellung gewünschter Bau- und Dienstleistungen eine Rolle spielen. Einem Unternehmen kann der Zuschlag erteilt werden, weil es die meisten benachteiligten Arbeitnehmer (z. B. Langzeitarbeitslose) beschäftigt. In der Ausschreibung können die Arbeitsbedingungen der Beschäftigten über rein arbeitsrechtliche Bestimmungen hinaus Ausschreibungsgrundlage sein. Allerdings dürfen sich diese Kriterien nur auf die Mitarbeiter beziehen, die an der Herstellung/Bereitstellung, Lieferung bzw. Erbringung der Waren oder Leistungen beteiligt sind, die Gegenstand der Ausschreibung sind. Auftraggeber können also von Unternehmen nicht generell, sondern nur bezogen auf einen Auftrag, eine sozial verantwortliche oder umweltfreundliche Firmenpolitik verlangen, da eine solche Anforderung sich nicht auf die erworbenen Waren oder Leistungen bezieht.[121] Firmen, die im Wesentlichen für die öffentliche Hand tätig sind, werden sich zwingend diesen Regeln anpassen müssen, wenn sie wirtschaftlich überleben wollen. Alle anderen Firmen werden sich gründlich überlegen, ob und inwieweit sie sich noch an Ausschreibungen beteiligen.

Die Überprüfung der Einhaltung der umwelt-, sozial- und arbeitsrechtlichen Bestimmungen sollte in den relevanten Phasen des Vergabeverfahrens bei Anwendung der allgemeinen Grundsätze für die Auswahl der Teilnehmer und die Konzessionsvergabe und bei der Anwendung der Ausschlusskriterien erfolgen.[122]

---

[119] Erwägungsgrund Nr. 73 KVR.

[120] Erwägungsgrund Nr. 55, 58, 64, 72, 73 KVR.

[121] Erwägungsgrund Nr. 64 KVR.

[122] Erwägungsgrund Nr. 58 KVR.

2. *Umwelt- und industriepolitische Kriterien*

Umweltfreundliche Beschaffung ist ein Prozess, in dem Auftraggeber Bau-, Liefer- und Dienstleistungsaufträge mit geringerer Umweltbelastung als vergleichbare Leistungen mit derselben Funktion ausschreiben.[123] Umwelt- und industriepolitische Kriterien haben einen nachhaltigen Niederschlag in die Richtlinie gefunden. Zuschlagskriterium können nunmehr günstigste Lebenszykluskosten sein. Dabei kann etwa die CO_2-Bilanz einer angebotenen Leistung den Ausschlag geben. Gleiches gilt für den Produktionsprozess der erworbenen Waren, Bau- oder Dienstleistungen: Die Beschäftigung benachteiligter Personengruppen und die Verwendung umweltfreundlicher Werkstoffe können für den Zuschlag entscheidend sein.[124] Ökologische Erwägungen sollen stärker auch in Konzessionsauswahlverfahren einbezogen werden. Sie umfassen daher Vorgaben zu Umweltanforderungen, Bestimmungen zur Nutzung von Öko-Labels sowie die Möglichkeit, den Lebenszykluskosten und den Umweltauswirkungen über den gesamten Produktionsprozess Rechnung zu tragen. Anbieter müssen bei der Ausführung öffentlicher Aufträge die Umweltschutzauflagen einhalten, die sich aus dem nationalen, internationalen und EU-Recht ergeben. Zuwiderhandelnde Bewerber können vom Vergabeverfahren ausgeschlossen werden. Produkte, die bestimmte Qualitätsbedingungen und -anforderungen erfüllen, können ein Gütezeichen oder Label tragen. Bei der Festlegung der Umwelteigenschaften von Waren, Bau- oder Dienstleistungen kann auf ein bestimmtes Gütezeichen oder Öko-Label Bezug genommen werden.[125] In Bezug auf Bedingungen für die Konzessionsausführung, d. h. zu Vorgaben für die Gestaltung von Vertragsklauseln für Konzessionsverträge, enthält die Richtlinie keine gesonderten, über die allgemeinen Grundsätze der Gleichbehandlung, Nichtdiskriminierung, Transparenz und Verhältnismäßigkeit hinausgehenden Vorgaben. Die Einbeziehung ökologischer Aspekte in die Bedingungen für die Konzessionsausführung erscheinen jedoch zulässig.[126] Insgesamt können in jeder Phase der Konzessionsbeschaffung damit Umweltkriterien ein Maßstab sein.[127] Damit scheint insbesondere die Berücksichtigung von Umweltkriterien, ungeachtet ihrer besonderen vergaberechtlichen Schwierigkeiten, doch ein Ausdruck des gegenwärtigen Zeitgeistes zu sein, sodass es in Deutschland durchaus zu einer überschießenden Umsetzung kommen könnte.[128]

Es ist ausdrücklich gewollt, dass der Grundsatz der sparsamen und wirtschaftlichen Haushaltsführung zurücktritt, wenn das ansonsten beste Angebot nicht den Zuschlag erhalten darf, weil es die Umweltschutzanforderungen nicht erfüllt. Wie dies mit den Grundsätzen einer sparsamen und wirtschaftlichen Haushaltsführung in Einklang zu

---

[123] Vgl. Rechtsgutachten, Umweltbundesamt, S. 2.

[124] Erwägungsgrund Nr. 64 KVR, Art. 41 KVR.

[125] Erwägungsgrund Nr. 74 KVR.

[126] Vgl. Erwägungsgründe 55, 64 KVR, Rechtsgutachten, Umweltbundesamt, S. 94.

[127] Vgl. Übersicht im Rechtsgutachten, Umweltbundesamt, S. 95–97.

[128] Vgl. *Gröning,* VergabeR 2014, 339, 343.

bringen sein wird, ist zumindest als offen zu bezeichnen. Es scheint aus dem Blick geraten zu sein, dass die Konzessionsleistung am Ende auch vom Bürger bezahlt werden muss. Was nützt eine unbezahlbare ökologisch korrekte Leistung, die – wegen des Preises – nicht nachgefragt wird?

Der Gedanke der Innovation kommt bei der Novellierung verstärkt zur Geltung. Innovation im Sinne von neuen Ideen und Erfindungen und deren wirtschaftliche Umsetzung wird durchgehend als positiv angesehen. Wie in der kommunalen Praxis eine Leistungsbeschreibung für neue Produkte, Dienstleistungen oder Verfahren, die erst beginnen den Markt zu durchdringen, realisiert werden sollen, kann zumindest als offen bezeichnet werden. Die Richtlinie führt eine Innovationspartnerschaft ein. Bei Innovationspartnerschaften kann jeder Wirtschaftsteilnehmer auf eine Auftragsbekanntmachung hin einen Teilnahmeantrag stellen, indem er die Informationen für eine qualitative Auswahl vorlegt, die von dem Auftraggeber verlangt werden.[129]

3. Besserer Zugang zu öffentlichen Aufträgen für kleine und mittelständische Unternehmen (KMU)

Die Beteiligung von KMU an Vergabefahren ist ein großes Anliegen der EU. Auftraggeber sollten daher alle Bieter mit angemessenen Finanzverhältnissen zum Vergabeverfahren zulassen. Künftig soll der geforderte Jahresumsatz in der Regel höchstens das Doppelte des Auftragswertes betragen. Großaufträge können oftmals in mehreren Teilen vergeben werden, was auch kleineren Unternehmen die Beteiligung an den Ausschreibungen ermöglichen soll. Deshalb sollen die öffentlichen Auftraggeber größere Aufträge in mehrere Lose unterteilen. Die Unterteilung ist zwar keine Pflicht, ihre Unterlassung ist aber zu begründen.[130] Für das deutsche Recht wird dies nicht problematisch, da es im Wesentlichen der bisherigen Rechtslage entspricht.

4. Innovation

Die Innnovation als Zuschlagskriterium ist im Bereich der Konzessionsvergabe eine Neuheit. „Innovation" ist gem. Art. 5 Nr. 13 KVR die Einführung von neuen oder deutlich verbesserten Waren, Dienstleistungen oder Verfahren, einschließlich – aber nicht beschränkt auf – Produktions-, Bau- oder Konstruktionsverfahren, einer neuen Vermarktungsmethode oder eines neuen Organisationsverfahrens in Bezug auf Geschäftspraktiken, Abläufe am Arbeitsplatz oder externe Beziehungen, u. a. mit dem Zweck, zur Meisterung gesellschaftlicher Herausforderungen beizutragen oder die „Strategie Europa 2020" zu unterstützen.[131]

[129] Art. 38 KVR.

[130] Vgl. Nr. 29 Erwägungsgrund KVR.

[131] Vgl. Erwägungsgrund Nr. 3 KVR.

Die Zuschlagskriterien können gem. Art. 41 Abs. 2 S. 2 KVR innovationsbezogene Kriterien enthalten. Wird ein Angebot unterbreitet, in dem eine innovative Lösung mit außergewöhnlich hoher funktioneller Leistungsfähigkeit vorgeschlagen wird, die ein Auftraggeber bei aller Umsicht nicht vorhersehen konnte, so kann der Auftraggeber gem. Art. 41 Abs. 3 S. 2 KVR unbeschadet Unterabsatz 1 ausnahmsweise die Reihenfolge der Zuschlagskriterien ändern. So kann er dieser innovativen Lösung Rechnung tragen. In diesem Fall unterrichtet die öffentliche Hand alle Bieter über die geänderte Reihenfolge der Zuschlagskriterien und veröffentlicht unter Einhaltung der Mindestfristen nach Art. 39 Abs. 4 KVR eine neue Aufforderung zur Angebotsabgabe. Wurden die Zuschlagskriterien zum selben Zeitpunkt wie die Konzessionsbekanntmachung veröffentlicht, so veröffentlicht die Vergabestelle unter Einhaltung der Mindestfristen nach Art. 39 Abs. 3 KVR eine neue Konzessionsbekanntmachung.

Es stellt sich die Frage, wie die vergebende Stelle Innovation im Angebot nach dem Maßstäben der Transparenz und Gleichbehandlung bewertet. Die Zahl der Definitionen des Begriffs Innovation scheint seit dessen Erfindung noch rasanter gewachsen zu sein, als die Zahl der Innovationsforscher.[132] „Neu“ im Zusammenhang von Innovation bezieht sich dabei aber nicht nur auf einen zeitlichen Horizont, sondern verweist auch auf eine sachliche und eine soziale Dimension, d. h. also Innovation als Neuheit, als Wandel oder als Vorsprung. Weiterhin stellt sich die Frage zur Abgrenzung zu anderen Zielvorstellungen bei der Vergabe. Es stellt sich die pointierte Frage: Will der Auftraggeber eine innovative oder eine sichere Brücke?

5. *Prävention von Interessenskonflikten, Vetternwirtschaft und Korruption*

Um Interessenskonflikten, Vetternwirtschaft und Korruption vorzubeugen, werden Maßnahmen getroffen. Auch Deutschland ist gehalten, Interessenkonflikte auf Grundlage der jetzt vorliegenden Begriffsbestimmung wirksam zu verhindern, zu ermitteln und auszuräumen. Wer versucht, eine Vergabestelle zu beeinflussen, oder falsche Erklärungen abgibt, kann von dem Vergabeverfahren ausgeschlossen werden. Neben einer Verurteilung für Betrug oder Korruption gelten künftig auch folgende Umstände als Ausschlussgrund: Der Versuch, die Vergabe eines Auftrags in unzulässiger Weise zu beeinflussen und falsche Angaben im Rahmen eines Vergabeverfahrens, namentlich zu den Ausschlussgründen, zur technischen, beruflichen und finanziellen Leistungsfähigkeit oder zur Übermittlung der entsprechenden Bescheinigungen zu tätigen.[133]

Die Korruptionsprävention wird auch durch die Regelung des Art. 45 Abs. 2 KVR verschärft. Die Mitgliedstaaten stellen gem. Art. 45 Abs. 2 S. 1 KVR sicher, dass die Anwendung der Konzessionsvergabevorschriften überwacht wird. Ermitteln die Überwachungsbehörden oder -strukturen bestimmte Verstöße, wie Betrug, Bestechung,

---

[132] http://de.wikipedia.org/wiki/Innovation, Stand: 6.9.2014.

[133] Vgl. Erwägungsgrund 61, 69 KVR, Art. 35 KVR.

Interessenkonflikte und sonstige schwerwiegende Unregelmäßigkeiten oder systembedingte Probleme, so sind diese gem. Art. 45 Abs. 2 S. 2 KVR befugt, diese Verstöße oder Probleme gegenüber nationalen Prüfstellen, Gerichten oder anderen geeigneten Behörden oder Strukturen, wie dem Bürgerbeauftragten, nationalen Parlamenten oder deren Ausschüsse, anzuzeigen. Interessenkonflikte und unlautere Praktiken stehen in Widerspruch zu den Vergabegrundsätzen des Wettbewerbs, der Transparenz und der Gleichbehandlung. Korruption im öffentlichen Auftragswesen kostet nach EU-Angaben die Gesellschaft in der EU jährlich circa zwei Milliarden Euro.[134] Auch die Erörterungen in Deutschland zum Korruptionsaufkommen zeigen, dass es sich nicht um eine theoretische Diskussion handelt.[135] Deshalb mussten aus Sicht des Richtliniengebers die Rechtsvorschriften in diesem Bereich verschärft werden. Der Begriff „Interessenkonflikt" wird gem. Art. 35 S. 2 KVR definiert als jede Situation, in der Personen, die an der Durchführung eines Vergabeverfahrens beteiligt sind oder Einfluss auf dessen Ausgang nehmen können, direkt oder indirekt ein finanzielles, wirtschaftliches oder sonstiges privates Interesse haben, dass ihre Unparteilichkeit und Unabhängigkeit im Rahmen des Verfahrens beeinträchtigen könnte.

Wenn nach Auffassung der Kommission Interessenkonflikte und unlautere Praktiken den regelkonformen Ablauf der Verfahren zur Vergabe öffentlicher Aufträge beeinträchtigen,[136] dann hätte auch eine Erörterung der Interessenkonflikte in den Erwägungsgründen gut angestanden. Größere Verfahrensfreiheiten müssen nicht, aber können korrupten Strukturen Vorschub leisten. Es fällt auf, dass – durch die nachrangige Verwendung des Verhandlungsverfahrens – in den klassischen Vergaberichtlinien diese Gefahr höher gewichtet wird als bei der KVR. Richtig nachvollziehbar ist dies nicht.

6. Keine Regelung von Konsultationen in der KVR

Konzessionsausschreibungen müssen – ebenso wie Konzessionsvergaben – sorgfältig vorbereitet sein. Dies kann nach Auffassung des Richtliniengebers für die klassische Richtlinie einen Kontakt („Konsultation") zu möglichen Bewerbern notwendig machen. Dabei wird der bisher im deutschen Recht nicht verwandte Begriff der Marktkonsultation benutzt.[137] Vor der Einleitung eines Vergabeverfahrens können Auftraggeber Marktkonsultationen zur Vorbereitung der Auftragsvergabe und zur Unterrichtung der Wirtschaftsteilnehmer über ihre Auftragsvergabepläne und -anforderungen durchführen. Hierzu können Auftraggeber beispielsweise den Rat von unabhängigen Sachverständigen oder Behörden beziehungsweise von Marktteilnehmern einholen oder annehmen. Der Rat kann für die Planung und Durchführung

[134] Vgl. Fact sheet 10, http://ec.europa.eu/internal_market/publicprocurement/docs/modernising_rules/reform/fact-sheets/fact-sheet-10-transparency_de.pdf.

[135] Vgl. z. B. Schriftliche kleine Anfrage der Abgeordneten Dr. Roland Heintze und Hjalmar Stemmann (CDU) vom 22.8.14 und Antwort des Hamburger Senats Drucksache Nr. 20/12781 vom 29. August 2014.

[136] Vgl. EU-Fact sheet 10.

[137] Vgl. Art. 40 RL 2014/24/EU (VRL).

des Vergabeverfahrens genutzt werden, sofern die Empfehlung nicht gegen die allgemeinen Vergabegrundsätze (Wettbewerb, Transparenz, Gleichbehandlung) verstößt.[138] Warum die Möglichkeit der Konsultation nicht für die KVR eröffnet wurde, erschließt sich nicht. Allenfalls aus der Regelung des Art. 30 Abs. 1 KVR, wonach das Verfahren zur Wahl des Konzessionsnehmers vorbehaltlich der Einhaltung KVR frei gestaltet werden kann, kann geschlossen werden, dass auch bei Dienstleistungskonzessionen Konsultationen möglich sind.

III. Veröffentlichungspflichten

Den Auftraggeber treffen in Zukunft – analog zu den klassischen Richtlinien – erhebliche Bekanntmachungspflichten. Dies betrifft die Konzessionsbekanntmachungen (Art. 31 KVR), die Zuschlagsbekanntmachung (Art. 32 KVR) und die Form und Modalitäten der Veröffentlichung von Bekanntmachungen (Art. 35 KVR). Diese Bekanntmachungspflichten gab es für Konzessionen bisher nicht.

Wie wichtig die Bekanntmachungspflichten sind, erkennt man durch die Vielzahl der Erwägungsgründe, die sich mit dieser Pflicht beschäftigen.[139] Angesichts der negativen Auswirkungen auf den Wettbewerb ist eine Konzessionsvergabe ohne vorherige Veröffentlichung nur unter sehr außergewöhnlichen Umständen zulässig, die ausdrücklich als Ausnahmen genannt sind. Diese Ausnahmen beschränken sich auf Fälle, in denen von Beginn an klar ist, dass eine Veröffentlichung nicht zu mehr Wettbewerb führen würde, insbesondere weil es objektiv nur einen Wirtschaftsteilnehmer gibt, der den Konzessionsvertrag durchführen kann. Das Fehlen der Möglichkeit, die Konzession an einen anderen Wirtschaftsteilnehmer zu vergeben, darf nicht durch den öffentlichen Auftraggeber oder den Auftraggeber selbst im Hinblick auf das anstehende Vergabeverfahren herbeigeführt worden sein. Außerdem sollte eingehend geprüft werden, ob keine geeigneten alternativen Lösungen zur Verfügung stehen.[140]

Keine Konzessionsbekanntmachungen müssen gem. Art. 31 Abs. 4 KVR veröffentlicht werden, wenn die Bau- oder Dienstleistungen aus folgenden Gründen nur von einem bestimmten Wirtschaftsteilnehmer erbracht werden können:

a) Ziel der Konzession ist die Erschaffung oder der Erwerb eines einzigartigen Kunstwerks oder einer einzigartigen künstlerischen Leistung;

b) nicht vorhandener Wettbewerb aus technischen Gründen;

c) das Bestehen eines ausschließlichen Rechts;

d) der Schutz der Rechte des geistigen Eigentums und anderer als der in Artikel 5 Nummer 10 KRV definierten ausschließlichen Rechte.

---

[138] Art. 40 Abs. 2 KVR.

[139] Vgl. Erwägungsgrund Nr. 33, 50, 53, 54, 63, 68, 73, 74, 86 KVR.

[140] Vgl. Erwägungsgrund Nr. 51 KVR.

Auch die Regelung des Art. 31 Abs. 4 S. 2 KVR, wonach die Ausnahme nach den Buchstaben b, c und d nur Anwendung finden, wenn es keine sinnvolle Alternative oder Ersatzlösung gibt und der fehlende Wettbewerb nicht das Ergebnis einer künstlichen Einengung der Konzessionsvergabeparameter ist, zeigen auf, dass die Nachweise dieser Ausnahmen beim Auftraggeber liegt. Weiterhin sind sämtliche Veröffentlichungspflichten zugunsten übergangener Unternehmen, Bietern und Bewerbern drittschützend.

IV. Elektronische Verfügbarkeit der Konzessionsunterlagen

Ein Reformziel bei der Novellierung, auch im Konzessionsbereich, ist die Durchsetzung der elektronischen Kommunikation. Dies bezeichnet den Austausch von Daten mithilfe moderner elektronischer Übermittlungsverfahren, also z. B. das Versenden von E-Mails (mit Dateianhängen) oder das Einstellen von Daten bzw. von Dateien auf Internetplattformen, wobei eventuell zugleich eine Möglichkeit zum Herunterladen der Dateien vorgesehen ist.[141] Nur in Ausnahmefällen soll es dem Auftraggeber noch gestattet werden, auf die elektronische Kommunikation zu verzichten.[142]

Für die elektronische Kommunikation ist festzuhalten, dass zeitnahe Umsetzungsschritte im Jahr 2017 und 2018 zu erfolgen haben.[143] In den neuen Richtlinien ist ausdrücklich vorgesehen, dass die genutzten elektronischen Kommunikationsmittel nichtdiskriminierend und allgemein verfügbar sein müssen. Im öffentlichen Auftragswesen können nunmehr elektronische Signaturen verwendet werden, um die Identität von Bietern zu zertifizieren. eCERTIS ist ein frei zugängliches Online-Informationssystem für Unternehmen und öffentliche Auftraggeber über die bei der Beteiligung an Ausschreibungen in anderen Ländern benötigten Unterlagen und die bei Verfahren zur Vergabe öffentlicher Aufträge in der EU am häufigsten verlangten Bescheinigungen – so können Bieter besser verstehen, welche Angaben verlangt bzw. übermittelt werden und welche gleichwertigen Nachweise gegenseitig anerkannt werden.[144]

1. Dynamische Beschaffungssysteme (DBS)

Dynamische Beschaffungssysteme (DBS) sind in der KVR ebenfalls nicht geregelt worden, sondern werden nur im Rahmen der Änderung der Richtlinie 89/665/EWG in Art. 46 KVR erwähnt.

---

[141] Vgl. z. B. Erwägungsgrund Nr. 72, 73; Art. 2 Nr. 19, 22 KVR.

[142] Vgl. z. B. Erwägungsgrund Nr. 74 KVR.

[143] Art. 90 Abs. 2, Art. 22 KVR: Umsetzungsfristen Kommunikation und zum Informationsaustausch mithilfe elektronischer Kommunikationsmittel, insbesondere die Einreichung von Angeboten, in Vergabeverfahren einer zentralen Beschaffungsstelle; (bis zum 18.4.2017); Einheitliche Europäische Eigenerklärung (bis zum 18.4.2018); Kommunikation und Informationsaustausch mithilfe elektronischer Kommunikationsmittel, insbesondere die Einreichung von Angeboten, Nutzungspflicht von e-Certis (bis zum 18.10.2018).

[144] Erwägungsgrund Nr. 87 KVR, Art. 61 KVR.

DBS sind elektronische Systeme, die Auftraggebern Zugriff auf eine große Zahl potenzieller Anbieter von standardisierten Waren, Bauleistungen oder Dienstleistungen bieten, deren Leistungsfähigkeit bereits festgestellt wurde.[145] Es handelt sich um ein vollelektronisches Verfahren, das während seiner Gültigkeitsdauer jedem Wirtschaftsteilnehmer offen steht, der die Eignungskriterien erfüllt. Es kann in Kategorien von Waren, Bauleistungen oder Dienstleistungen untergliedert werden, die anhand von Merkmalen der vorgesehenen Beschaffung in der betreffenden Kategorie objektiv definiert werden. Diese Merkmale können eine Bezugnahme auf den höchstzulässigen Umfang späterer konkreter Aufträge oder auf ein spezifisches geografisches Gebiet, in dem spätere konkrete Aufträge auszuführen sind, enthalten.[146]

Elektronische Informations- und Kommunikationsmittel können nach Auffassung des Richtliniengebers die Bekanntmachung von Konzessionen erheblich vereinfachen und Effizienz, Schnelligkeit und Transparenz der Konzessionsvergabeverfahren steigern. Sie könnten zum Standard für Kommunikation und Informationsaustausch im Rahmen von Konzessionsvergabeverfahren werden, da sie die Möglichkeiten von Wirtschaftsteilnehmern zur Teilnahme an Konzessionsvergabeverfahren im gesamten Binnenmarkt stark verbessern.[147] Aus diesem Gedanken heraus und der Tatsache der freien Gestaltung des Verfahrens (Art. 30 Abs. 1 KVR) können also Vergabestellen auch DBS verwenden.

2. *Elektronische Auktionen und elektronische Kataloge*

Elektronische Auktionen und elektronische Kataloge sind ebenfalls nicht in der KVR, sondern nur in der VRL geregelt worden. Das Verfahren für die Durchführung einer elektronischen Auktion unterliegt im Wesentlichen den gleichen Regeln wie herkömmliche Auktionen.[148] In einem konkreten Vergabeverfahren kann nach Einreichung und Prüfung der Angebote eine elektronische Auktion durchgeführt werden, um insbesondere den fälligen Endpreis für die in der Regel standardisierten Waren, Bauleistungen oder Dienstleistungen zu ermitteln. Elektronische Kataloge sind ein neues Instrument des elektronischen Beschaffungswesens für Auftraggeber und Bieter.[149] Mit einem elektronischen Katalog können Unternehmen Angebote in einem strukturierten Format einreichen. Die Angebote können – so der Wunsch des klassischen Richtliniengebers – dann vom e-Vergabesystem des Beschaffenden – kostengünstig und effizient – automatisch geprüft werden. Wie bei den DBS dürfen auch elektronische Auktionen und elektronische Kataloge bei der Vergabe von Dienstleistungskonzessionsvergaben zuständig sein, da die freie Verfahrenswahl gem. Art. 30 Abs. 1 KVR umfassend ist.

---

[145] Erwägungsgrund Nr. 63, 64, 65 Vergaberichtlinie, Art. 34 KVR.

[146] Art. 34 Abs. 1 S. 2–4 KVR.

[147] Erwägungsgrund 74 KVR.

[148] Erwägungsgrund Nr. 67 SRL Art. 35 SRL.

[149] Erwägungsgrund Nr. 57 SRL, Art. 36 SRL.

V. Verfahrensgarantien

Die Verfahrensgarantien sind von zentraler Bedeutung im Konzessionsauswahlverfahren. Auf der einen Seite soll bei der Festlegung und Durchführung des Verfahrens zur Auswahl des Konzessionsnehmers ein großer Spielraum gelassen werden, was sich in dem Grundsatz der freien Verfahrenswahl gem. Art. 30 Abs. 1 KVR niederschlägt.[150] Um jedoch Gleichbehandlung und Transparenz während des gesamten Vergabeverfahrens sicherzustellen, sind grundlegende Garantien in Bezug auf das Vergabeverfahren vorgeschrieben, zu denen unter anderem die Information über Art und Umfang der Konzession, eine Beschränkung der Bewerberzahl, die Weitergabe von Informationen an Bewerber und Bieter sowie die Verfügbarkeit geeigneter Aufzeichnungen gehören. Darüber hinaus ist festgelegt, dass von den ursprünglichen Bestimmungen der Konzessionsbekanntmachung nicht abgewichen werden sollte, um eine unfaire Behandlung potenzieller Bewerber zu vermeiden.[151]

Neben den allgemeinen Verfahrensgarantien in Art. 30 KVR betreffen die Neuerungen die Bekämpfung von Bestechung und Verhinderung von Interessenkonflikten (Artikel 35 KVR), die technischen und funktionellen Anforderungen (Art. 36 KVR) und allgemein gefasste Verfahrensgarantien in Art. 37 KVR. Entscheidend ist aber für die Durchsetzung der Verfahrensgarantien, dass diese nach Änderung der Rechtsmittelrichtlinien in Art. 46 KVR dem Rechtsschutz unterliegen. Der Rechtsschutz muss für die Bewerber und Bieter angemessen sein,[152] was in der Endkonsequenz dazu führen wird, dass die grundlegenden Vergabeprinzipien in Art. 3 Abs. 1 (Gleichbehandlung, Nichtdiskriminierung, Transparenz und Verhältnismäßigkeit) drittschützend sind.

1. Prüfung von Eignung, Zuverlässigkeit und Fachkunde

Die Auswahl angemessener, nichtdiskriminierender und gerechter Eignungskriterien und ihre Anwendung auf die Wirtschaftsteilnehmer sind entscheidend für den tatsächlichen Zugang des Wirtschaftsteilnehmers zu den mit Konzessionen verbundenen wirtschaftlichen Möglichkeiten.[153] Die Überprüfung der umwelt-, sozial- und arbeitsrechtlichen Standards erfolgt in den relevanten Phasen des Vergabeverfahrens bei Anwendung der allgemeinen Grundsätze für die Auswahl der Teilnehmer und die Konzessionsvergabe und bei der Anwendung der Ausschlusskriterien.[154] Es muss daher festgelegt werden, dass sich die Eignungskriterien ausschließlich auf die berufliche und fachliche Befähigung und die finanzielle und wirtschaftliche Leistungsfähigkeit der Wirtschaftsteilnehmer beziehen und im Bezug zum Auftragsgegenstand stehen, in der Konzessionsbekanntmachung genannt werden und einen Wirtschaftsteilnehmer nicht

[150] Vgl. oben Nr. E I.

[151] Vgl. Erwägungsgrund Nr. 68 KVR.

[152] Vgl. Erwägungsgrund Nr. 81 KVR.

[153] Erwägungsgrund Nr. 54, 63 KVR.

[154] Erwägungsgrund Nr. 58 KVR.

daran hindern sollten, außer unter außergewöhnlichen Umständen die Leistungen anderer Unternehmen einzubeziehen, unabhängig davon, welche rechtlichen Beziehungen zwischen ihm und diesen Unternehmen bestehen, sofern er dem öffentlichen Auftraggeber beziehungsweise dem Auftraggeber gegenüber nachweisen kann, dass ihm die erforderlichen Mittel zur Verfügung stehen werden.[155]

Die Prüfung von Eignung, Zuverlässigkeit und Fachkunde regelt Art. 38 KVR. Die Auftraggeber prüfen entsprechend Art. 38 Abs. 1 S. 1 KVR die Erfüllung der Teilnahmebedingungen hinsichtlich der beruflichen und fachlichen Befähigung sowie der finanziellen und wirtschaftlichen Leistungsfähigkeit der Bewerber oder Bieter anhand von Eigenerklärungen oder Referenzen, die als Nachweis einzureichen sind, gemäß den in der Konzessionsbekanntmachung angegebenen Anforderungen. Diese dürfen nicht diskriminierend sein und müssen in einem angemessenen Verhältnis zum Konzessionsgegenstand stehen. Die Teilnahmebedingungen müssen gem. Art. 38 Abs. 1 S. 2 KVR in Bezug und angemessenem Verhältnis zu der Notwendigkeit stehen, die Fähigkeit des Konzessionsnehmers sicherzustellen. Der Konzessionsnehmer muss fähig sein, die Konzession in Anbetracht des Konzessionsgegenstands durchzuführen. Die Teilnahmebedingungen müssen ihren Zweck, echten Wettbewerb zu garantieren, erfüllen.

Beabsichtigt ist – zumindest bei der Novellierung der anderen Richtlinien – eine geringere Überprüfungstiefe bei nicht erfolgreichen Bewerbern. Die Bieter müssen ihre Eignung und ihre finanzielle und technische Leistungsfähigkeit nicht mehr vorab mit umfangreichen Unterlagen nachweisen, sondern können diese mit Eigenerklärungen belegen.[156] Vor dem Zuschlag hat aber – wie bei den bisher geregelten Vergabeverfahren – die Überprüfung der Eignung, Leistungsfähigkeit und Fachkunde stattzufinden. Künftig wird es im klassischen Vergabeverfahren das einheitliche europäische Auftragsdokument geben.[157] In der KVR ist diese Möglichkeit weder erwähnt noch geregelt. Erwähnt ist nur, dass der Bewerber eine Eigenerklärung vorlegen kann (Art. 38 Abs. 1 S. 1 KVR).[158]

Bei der Festsetzung der Fristen für den Eingang von Teilnahmeanträgen oder Angeboten berücksichtigen die Auftraggeber gem. Art. 39 Abs. 1 KVR unbeschadet der Mindestfristen gemäß diesem Artikel insbesondere die Komplexität der Konzession und die Zeit, die für die Ausarbeitung der Angebote oder für die Einreichung der Teilnahmeanträge erforderlich ist.

---

[155] Erwägungsgrund Nr. 63 KVR.

[156] Vgl. z. B. Erwägungsgrund Nr. 38 Abs. 1 KVR.

[157] Z. B. Erwägungsgrund Nr. 92 SRL, auch „einheitliche europäische Eigenerklärung" genannt: Erwägungsgrund Nr. 84 KVR, Art. 59 KVR.

[158] Vgl. auch Anhang V 7c .

2. *Vorgaben für das Verhandlungsverfahren*

Das Verhandlungsverfahren muss strukturiert sein, dies ergeben diverse Einzelbestimmungen, die die allgemeine Regelung des Art. 3 Abs. 1 KVR umsetzt.

Die Vergabestelle kann gem. Art. 38 Abs. 3 KVR die Zahl der Bewerber oder die Zahl der Angebote auf eine angemessene Zahl begrenzen, sofern dies anhand objektiver Kriterien und auf transparente Weise geschieht. Die Zahl der zur Teilnahme beziehungsweise Angebotsabgabe aufgeforderten Bewerber beziehungsweise Bieter muss ausreichend hoch sein, damit ein echter Wettbewerb sichergestellt ist. Die Vergabestelle übermittelt gemäß Art. 38 Abs. 4 S. 1 KVR allen Teilnehmern eine Beschreibung der geplanten Organisation des Verfahrens sowie einen unverbindlichen Schlusstermin. Sämtliche Änderungen werden gemäß Art. 38 Abs. 4 S. 2 KVR allen Teilnehmern mitgeteilt und – sofern diese Inhalte der Konzessionsbekanntmachung betreffen – allen Wirtschaftsteilnehmern bekanntgegeben.

Unter Einhaltung des Vertraulichkeitsgrundsatzes des Art. 28 Abs. 1 KVR sorgt der Auftraggeber gem. Art. 38 Abs. 5 KVR mit den von ihm für geeignet erachteten Mitteln für eine angemessene Protokollierung der Phasen des Verfahrens.

Der öffentliche Auftraggeber oder der Auftraggeber kann gem. Art. 38 Abs. 6 KVR Verhandlungen mit den Bewerbern und Bietern führen. Der Konzessionsgegenstand, die Zuschlagskriterien und die Mindestanforderungen dürfen während der Verhandlungen nicht geändert werden.

3. *Vorgaben für die Zuschlagskriterien*

Die Zuschlagskriterien sind auch ausdrücklich normiert worden. Die Pflicht, eine Vorinformation und eine Zuschlagsbekanntmachung für jede Konzession mit einem Wert mindestens in Höhe des in dieser Richtlinie festgelegten Schwellenwerts zu veröffentlichen, ist ein geeigneter Weg, um sicherzustellen, dass mögliche Bieter über Geschäftsmöglichkeiten informiert werden und dass alle interessierten Kreise Informationen über die Zahl und Art vergebener Konzessionen erhalten.[159]

a) Zielkonflikte bei Zuschlagskriterien

Nirgendwo werden die Zielkonflikte in der Richtlinie so deutlich wie bei den gesetzlichen Vorgaben zu den Zuschlagskriterien. Konzessionen werden auf der einen Seite gem. Artikel 41 Abs. 1 KVR auf der Grundlage objektiver Kriterien vergeben, die den in Art. 3 KVR festgelegten Grundsätzen genügen. Sie müssen sicherstellen, dass die Angebote unter wirksamen Wettbewerbsbedingungen bewertet werden, sodass ein wirtschaftlicher Gesamtvorteil für den Auftraggeber ermittelt werden kann.[160] Die Zu-

[159] Erwägungsgrund Nr. 53 KVR.

[160] Vgl. Erwägungsgrund Nr. 73 KVR.

schlagskriterien stehen weiter gem. Art. 41 Abs. 2 S. 1 KVR mit dem Konzessionsgegenstand in Verbindung und dürfen dem öffentlichen Auftraggeber oder dem Auftraggeber keine uneingeschränkte Wahlfreiheit einräumen. In den Erwägungsgründen wird daher betont, dass die Angebote unter Heranziehung eines oder mehrerer Zuschlagskriterien zu prüfen sind. Zur Sicherstellung der Gleichbehandlung und Transparenz sollten Kriterien für die Konzessionsvergabe stets einigen allgemeinen Standards entsprechen.[161]

Auf der anderen Seiten können Zuschlagskriterien gem. Art. 41 Abs. 2 S. 2 unter anderem ökologische, soziale oder innovationsbezogene Kriterien enthalten. Im Hinblick auf die bessere Einbeziehung sozialer und ökologischer Überlegungen in die Konzessionsvergabeverfahren sollte es öffentlichen Auftraggebern oder Auftraggebern darüber hinaus gestattet sein, von Zuschlagskriterien oder Bedingungen für die Konzessionsausführung Gebrauch zu machen, welche die gemäß der Konzession zu erbringenden Bau- oder Dienstleistungen in jeder Hinsicht und in jeder Phase ihres Lebenszyklus von der Gewinnung der Rohstoffe für die Ware bis zur Entsorgung des Produkts betreffen; hierzu gehören auch Faktoren, die mit dem konkreten Prozess der Erzeugung, Bereitstellung oder dem Handel mit der betreffenden Bau- oder Dienstleistungen oder einem konkreten Prozess in einer späteren Phase ihres Lebenszyklus zusammenhängen, auch wenn derartige Faktoren keine materiellen Bestandteile der Leistungen sind.[162]

Es ist möglich, in Zuschlagskriterien unter anderem ökologische, soziale oder innovationsbezogene Kriterien aufzunehmen.[163] Hierzu gehören auch Faktoren, die mit dem konkreten Prozess der Erzeugung, Bereitstellung oder dem Handel mit der betreffenden Bau- oder Dienstleistungen oder einem konkreten Prozess in einer späteren Phase ihres Lebenszyklus zusammenhängen, auch wenn derartige Faktoren keine materiellen Bestandteile der Leistungen sind. Kriterien und Bedingungen eines derartigen Erzeugungs- oder Bereitstellungsprozesses sind beispielsweise, dass die Dienstleistungen, die Gegenstand der Konzession sind, unter Zuhilfenahme energieeffizienter Maschinen erbracht werden.[164]

Ferner sollten Zuschlagskriterien oder Bedingungen für die Konzessionsausführung die soziale Aspekte des Produktionsprozesses betreffen.[165]

b) Preis als alleiniges Zuschlagskriterium weiter möglich

Es muss – im Hinblick auf die vorgenannten Ausführungen – festgehalten werden, dass im Hinblick auf die Verfahrensfreiheit im Verfahren auch der Preis weiterhin das alleinige

[161] Erwägungsgrund Nr. 73 KVR.

[162] Erwägungsgrund Nr. 64 KVR.

[163] Erwägungsgrund Nr. 73 KVR.

[164] Erwägungsgrund Nr. 64 KVR.

[165] Erwägungsgrund Nr. 65 KVR.

Zuschlagsmerkmal sein kann. Ein wirtschaftlicher Gesamtvorteil gem. Art. 41 Abs. 1 für den Auftraggeber kann auch nur über den Preis ermittelt werden, da die Unionsbürger von hochwertigen Leistungen zu bestmöglichen Preisen profitieren sollen.[166] Preis, Laufzeit und Qualität des Konzessionsvertrages stehen in engem Kontext und sind wertend bei der Vorbereitung des Auswahlverfahrens von der Vergabestelle vorab zu prüfen.[167]

Eine Regelung zum Ausschluss ungewöhnlich niedriger Angebote enthält die Konzessionsrichtlinie nicht.[168]

4. *Sonderregeln für Innovation*

Es sind bemerkenswerte Sonderregeln zur Förderung von Innovation eingeführt worden. Der öffentliche Auftraggeber oder der Auftraggeber gibt gem. Art. 41 Abs. 3 S. 1 KVR die Kriterien in absteigender Reihenfolge ihrer Bedeutung an. Wird dem öffentlichen Auftraggeber oder dem Auftraggeber ein Angebot unterbreitet, dem zufolge eine innovative Lösung mit außergewöhnlich hoher funktioneller Leistungsfähigkeit vorgeschlagen wird, die ein öffentlicher Auftraggeber oder ein Auftraggeber bei aller Umsicht nicht vorhersehen konnte, so kann gem. Art. 41 Abs. 3 S. 2 KVR der öffentliche Auftraggeber oder der Auftraggeber unbeschadet Unterabsatz 1 ausnahmsweise die Reihenfolge der Zuschlagskriterien ändern, um dieser innovativen Lösung Rechnung zu tragen. In diesem Fall unterrichtet der öffentliche Auftraggeber oder der Auftraggeber alle Bieter über die geänderte Reihenfolge der Zuschlagskriterien und veröffentlicht unter Einhaltung der Mindestfristen nach Art. 39 Abs. 4 eine neue Aufforderung zur Angebotsabgabe. Wurden die Zuschlagskriterien zum selben Zeitpunkt wie die Konzessionsbekanntmachung veröffentlicht, so veröffentlicht gem. Art. 41 Abs. 3 S. 3 KVR der öffentliche Auftraggeber oder der Auftraggeber unter Einhaltung der Mindestfristen nach Art. 39 Abs. 3 eine neue Konzessionsbekanntmachung.

Die Änderung der Reihenfolge darf gem. Art. 41 Abs. 3 S. 3 KVR nicht zu Diskriminierung führen. Zutreffend wird kritisch angemerkt, dass es völlig offen ist, wie dies rein tatsächlich durchgeführt werden soll. Der Richtliniengeber hat eine bemerkenswerte Naivität an den Tag gelegt, was den rein tatsächlichen Ablauf des Verfahrens betrifft. Die Regelungen führen zu Neustrukturierungen des Verfahrens, was in der geplanten Form gar nicht möglich sein dürfte.

[166] Vgl. Erwägungsgrund Nr. 1 KVR.

[167] Vgl. Erwägungsgrund Nr. 52.

[168] Vgl. *Opitz*, NVwZ 2014, 753, 758.

F. Vorschriften für die Durchführung von Konzessionen

Ein eigenes Kapitel widmet sich den Vorschriften für die Durchführung der Vergabe von Konzessionen. Dies betrifft die Laufzeit und mögliche Änderungen der Verträge und auch die Vergabe von Unteraufträgen.

I. Die Möglichkeit der Änderung von Verträgen kodifiziert

Konzessionsverträge enthalten typischerweise langfristige technisch und finanziell komplexe Regelungen, die häufig Änderungen der äußeren Umstände unterliegen. Es ist daher in Art. 43 KVR definiert worden, unter welchen Voraussetzungen Änderungen einer Konzession während des Durchführungszeitraums ein neues Konzessionsvergabeverfahren erfordern. Der Richtliniengeber wollte damit der EuGH-Rechtsprechung Rechnung tragen.[169]

Ein neues Konzessionsvergabeverfahren ist erforderlich bei wesentlichen Änderungen der ursprünglichen Konzession, insbesondere des Umfangs und der inhaltlichen Ausgestaltung der gegenseitigen Rechte und Pflichten der Parteien, einschließlich der Zuweisung der Rechte des geistigen Eigentums. Derartige Änderungen sind Ausdruck der Absicht der Parteien, wesentliche Bedingungen der betreffenden Konzession neu zu verhandeln. Dies ist insbesondere dann der Fall, wenn die geänderten Bedingungen, hätten sie bereits für das ursprüngliche Verfahren gegolten, dessen Ergebnis beeinflusst hätten. Änderungen des Konzessionsvertrags, die zu einer geringfügigen Änderung des Vertragswerts bis zu einer bestimmten Höhe führen, sollten jederzeit möglich sein, ohne dass ein neues Konzessionsvergabeverfahren durchgeführt werden muss. Zu diesem Zweck und um Rechtssicherheit zu gewährleisten, sind in der KVR Geringfügigkeitsgrenzen vorgesehen worden, unterhalb deren kein neues Vergabeverfahren erforderlich ist.[170]

Der Gesamtcharakter des Auftrags darf sich aufgrund der Änderung nicht verändern[171]. Änderungen des Auftragswertes müssen unter dem Schwellenwert der Richtlinie bleiben und weniger als 10 % des ursprünglichen Auftragswertes (bei Waren und Dienstleistungen) bzw. 15 % (bei Bauleistungen) betragen. Die Preiserhöhung darf nicht mehr als 50 % des ursprünglichen Auftragswertes betragen.[172] Im Falle mehrerer aufeinander folgender Änderungen darf diese Folge nicht mit dem Ziel aufgestellt sein, die Richtlinie zu umgehen.

[169] Vgl. Erwägungsgrund Nr. 75, 76, 78 KVR; vgl. ausführlich: *Rosenkötter/Fritz,* VergabeR 2014, 290.

[170] Vgl. Erwägungsgrund Nr. 75, 76, 78 KVR; Art. 41 Abs. 1 KVR.

[171] Art. 43 Abs. 1 KVR.

[172] Art. 43 Abs. 1, 2 KVR.

Änderungen des Konzessionsvertrags, die diese Schwellenwerte überschreiten, sind ohne erneutes Vergabeverfahren möglich, sofern diese Änderungen bestimmte Bedingungen erfüllen. Dies könnte beispielsweise bei Änderungen der Fall sein, die erforderlich geworden sind, um Ersuchen von öffentlichen Auftraggebern oder Auftraggebern im Zusammenhang mit Sicherheitsanforderungen Rechnung zu tragen, wobei die Besonderheiten von Aktivitäten, wie der Betrieb von Anlagen für Bergsport und Tourismus, zu berücksichtigen sind, bei denen Rechtsvorschriften möglicherweise an entsprechende Risiken angepasst werden; Voraussetzung ist allerdings, dass solche Änderungen die einschlägigen Bedingungen dieser Richtlinie erfüllen.[173]

Die Grenze ist allerdings in Art. 43 Abs. 1a S. 3, Abs. 1c ii, Abs. 2 S. 2 KVR dahingehend definiert, dass der Gesamtcharakter der Konzession sich allerdings aufgrund der Änderung nicht ändern darf. Den unbestimmten Rechtsbegriff des „Gesamtcharakter der Konzessionen" wird die Rechtsprechung ausfüllen.[174] Sie wird dies nur anhand einer Gesamtwürdigung unter Berücksichtigung der bei dem Auftraggeber vorhandenen Dokumentation können. Es wird also – vorbehaltlich der nationalen Umsetzung – weitreichende Möglichkeiten geben, Vertragsänderungen ausschreibungsfrei zu vereinbaren. Kritisiert wird, dass im Hinblick auf die bestehenden Unklarheiten viele Fragen offen bleiben.[175]

II. Vergabe von Unteraufträgen

Unteraufträge und die Behandlung von Unterauftragnehmern sind in Art. 42 KVR umfassend neu geregelt worden. Dies ist schon erstaunlich, wenn doch eine möglichst große Verfahrensfreiheit vorgesehen ist.

Kriterien und Bedingungen bezüglich des Handels und der damit verbundenen Bedingungen können sich beispielsweise auf das Erfordernis beziehen, Unterauftragnehmern einen Mindestpreis und einen Preisaufschlag zu zahlen. Bedingungen für die Ausführung einer Konzession, die sich auf ökologische Aspekte beziehen, könnten beispielsweise auch Abfallminimierung oder die Ressourceneffizienz betreffen.[176] Auch muss in der Kette der Unterauftragsvergabe eine gewisse Transparenz gewährleistet sein, damit die öffentlichen Auftraggeber und Auftraggeber über Informationen darüber verfügen, wer an Baustellen tätig ist, auf denen Bauleistungen für sie erbracht werden, oder welche Unternehmen Dienstleistungen in oder an Gebäuden, Infrastruktur oder Arealen wie Rathäusern, städtischen Schulen, Sporteinrichtungen, Häfen oder Straßen erbringen, für die die öffentlichen Auftraggeber zuständig sind oder die unter ihrer Aufsicht stehen.[177]

---

173 Vgl. Erwägungsgrund Nr. 64 KVR.

174 Zutreffend kritisch zu dem Begriff: *Rosenkötter/Fritz*, VergabeR 2014, 290, 293.

175 Vgl. *Rosenkötter/Fritz,* VergabeR 2014, 290, 295.

176 Erwägungsgrund Nr. 64 KVR.

177 Erwägungsgrund Nr. 72 KVR.

In den Konzessionsunterlagen kann oder muss – falls von einem Mitgliedstaat verlangt – der Auftraggeber gem. Art. 42 Abs. 2 KVR den Bieter oder den Bewerber auffordern, in seinem Angebot den Teil der Konzession, den er gegebenenfalls im Wege von Unteraufträgen an Dritte zu vergeben gedenkt, sowie die gegebenenfalls vorgeschlagenen Unterauftragnehmer anzugeben. Die Frage der Haftung des Hauptauftragnehmers bleibt von diesem Absatz unberührt.

III. Kündigung von Konzessionen

Die Kündigung von Konzessionen ist erstmalig geregelt worden. Vergabestellen werden nach Überzeugung des Richtliniengebers mitunter mit Umständen konfrontiert, die eine vorzeitige Kündigung eines Konzessionsvertrags erfordern, damit Verpflichtungen gemäß dem Unionsrecht im Bereich der Konzessionen eingehalten werden. Sie verfügen jetzt über die Möglichkeit, einen Konzessionsvertrag während seiner Laufzeit zu kündigen, wenn dies aufgrund des Unionsrechts erforderlich ist.[178]

Der nationale Gesetzgeber wird in Umsetzung des Art. 44 KVR sicherstellen müssen, dass die Vergabestelle über die Möglichkeit verfügt, eine Konzession während ihrer Laufzeit zu kündigen, wenn eine oder mehrere der folgenden Voraussetzungen erfüllt ist/sind:

a) Es wurde eine Änderung der Konzession vorgenommen, die ein neues Konzessionsvergabeverfahren gemäß Art. 43 KVR erforderlich gemacht hätte;
b) der Konzessionsnehmer befand sich zum Zeitpunkt der Konzessionsvergabe in einer der in Art. 38 Abs. 4 KVR genannten Situationen (z. B. Bestechung, Betrug etc.) und hätte daher vom Konzessionsvergabeverfahren ausgeschlossen werden müssen;
c) der EuGH entscheidet in einem Verfahren nach Art. 258 AEUV, dass ein Mitgliedstaat gegen eine Verpflichtung aus den Verträgen dadurch verstoßen hat, dass ein öffentlicher Auftraggeber oder ein Auftraggeber dieses Mitgliedstaats die fragliche Konzession unter Verletzung seiner Verpflichtungen aus den Verträgen und aus dieser Richtlinie vergeben hat.

Gerade die letztgenannte Bedingung ist eine gravierende Änderung. Nach der bisher herrschenden (nationalen) Meinung kann ein einmal geschlossener Vertrag nach Ablauf der Rechtsmittelfrist nicht allein wegen seiner Vergaberechtswidrigkeit aus allgemeinen zivilrechtlichen Gründen als nichtig angesehen werden.[179] Bisher konnte ein Dritter für eine Kündigung eine Beauftragung als Anspruchsgrundlage geltend machen, dass sich eine Kündigung auf Grund eines Folgenbeseitigungsanspruches ergeben könnte. Dieser allgemein anerkannte Anspruch auf Folgenbeseitigung ist jedoch

[178] Erwägungsgrund Nr. 80 KVR.

[179] Vgl. *Braun*, in: Ziekow/Völlink, 2. Aufl., § 101b GWB, Rn. 108–110.

höchst umstritten und keine Gewähr für eine erfolgreiche Durchsetzung des Kündigungsanspruchs.[180]

IV. Dokumentation / Protokollierung

Hervorzuheben ist allerdings, dass die KVR zunächst – im Gegensatz zu den anderen Richtlinien – keine expliziten Regeln über die Dokumentation enthält. Dies bedeutet aber nicht, dass die Regeln über die Dokumentation gegenüber den anderen Richtlinien geringer wären. Dies folgt aus einer Vielzahl von indirekten Bezugnahmen auf Dokumentationsverpflichtungen.

Nirgendwo sonst wird das Spannungsverhältnis zwischen den Freiheiten der Auftraggeber und den Wettbewerbsinteressen der Bieter deutlich.[181] Keine Dokumentation führen zu müssen, bedeutet eine Verfahrensfreiheit für den Auftraggeber und für den Bewerber die fehlende Möglichkeit für einen effektiven Rechtsschutz.

Die inkonsequente Regelungslösung beginnt damit, dass unter Einhaltung des Vertraulichkeitsgrundsatzes des Art. 28 Abs. 1 KVR die Vergabestelle gem. Art. 38 Abs. 5 KVR mit den von ihr für geeignet erachteten Mitteln für eine angemessene Protokollierung der Phasen des Verfahrens zu sorgen hat. Wenn aber eine „angemessene Protokollierung" in dieser Phase notwendig ist, dann können nicht andere Phasen des Verfahrens protokollfrei bleiben. Da die „angemessene Protokollierung" auch der Durchsetzung der allgemeinen Verfahrensgarantien (Art. 3 Abs. 1 KVR) dient, sind diese Regeln drittschützend und mithin gerichtlich überprüfbar.

Weiter ist in Art. 29 Nr. 1c KVR ein Hinweis dahingehend enthalten, dass eine mündliche Mitteilung, auch telefonisch, bei Mitteilungen, die keine wesentlichen Elemente eines Konzessionsvergabeverfahrens betreffen, ausreichend ist. Allerdings muss der Inhalt der mündlichen Mitteilung auf einem dauerhaften Datenträger hinreichend dokumentiert sein. Die Form der Dokumentation ist damit auch indirekt verpflichtend.

Gem. Art. 5 Nr. 12 KVR sind „Konzessionsunterlagen" jede Unterlage, die vom öffentlichen Auftraggeber oder vom Auftraggeber erstellt wird oder auf die er sich bezieht, um Bestandteile der Konzession oder des Verfahrens zu beschreiben oder festzulegen; dazu zählen die Konzessionsbekanntmachung, die technischen Anforderungen und Funktionsanforderungen, die vorgeschlagenen Konzessionsbedingungen, Formate für die Einreichung von Unterlagen durch Bewerber und Bieter, Informationen über allgemeingültige Verpflichtungen sowie etwaige zusätzliche Unterlagen. Da die Dokumentierung oder Protokollierung in Art. 5 Nr. 12 KVR nicht erwähnt ist, gehören diese Bestandteile nicht zu den Konzessionsunterlagen.

---

[180] Vgl. nur *Ossenbühl/Cornils*, Ossenbühl/Cornils, Staatshaftungsrecht, 6. Auflage 2013, Teil. Der grundrechtliche Schutzanspruch auf Unterlassung, Beseitigung und Herstellung.

[181] Vgl. allgemein: *Jaeger*, NZBau 2014, 259, 266.

Der Aufraggeber muss vor Einleitung des Konzessionsverfahrens verschiedene Tätigkeiten durchführen. Die Ermittlung der Tätigkeit, für die die Konzession in erster Linie bestimmt ist, kann auf einer Analyse der von der Konzession zu erfüllenden Anforderungen beruhen, die der Auftraggeber zur Schätzung des Konzessionswertes und zur Erstellung der Konzessionsunterlagen vornimmt.[182] Schätzungen sollten zum Zeitpunkt der Konzessionsvergabe feststehen.[183] Das Konzessionsvergabeverfahren – einschließlich der Schätzung des Vertragswertes – darf gem. Art. 3 Abs. 2 KVR nicht mit der Absicht konzipiert werden, es vom Anwendungsbereich KVR auszunehmen oder bestimmte Wirtschaftsteilnehmer beziehungsweise bestimmte Bauleistungen, Lieferungen oder Dienstleistungen auf unzulässige Weise zu bevorzugen oder zu benachteiligen. Dies ist eine Aufgabe, die im Herrschaftsbereich des Auftraggebers liegt, der nach den allgemeinen Regeln dafür beweispflichtig ist. Nur durch eine umfassende Dokumentation wird er belegen können, dass er seinen Verpflichtungen nachgekommen ist. Als Ergebnis bleibt festzuhalten, dass – auch ohne eine explizite Regelung – eine vergleichbare Dokumentationsverpflichtung wie bei den anderen Vergaberichtlinien besteht.

V. Bekanntmachungsverpflichtungen / Vorinformationen

Die Richtlinie hat umfassende Bekanntmachungsverpflichtungen eingeführt, die es in dieser Form nicht gab.[184]

Diese betreffen sowohl vorherige und nachträgliche sowie aber auch Bekanntmachungsverpflichtungen während des Verfahrens. Begründet wird die Einführung dieser Verpflichtungen im Wesentlichen mit der Durchsetzung der Grundsätze der Gleichbehandlung, Nichtdiskriminierung und Transparenz des Art. 3 Abs. 1 KVR.[185]

Eine neue Bekanntmachungspflicht während des Verfahren ist die gem. Art. 31 Abs. 3 KVR verpflichtend eingeführte Vorinformation. Ein Vertrag im Anschluss an die Zuschlagsentscheidung für eine Konzession darf gem. Art. 31 Abs. 3 KVR frühestens zehn Kalendertage, gerechnet ab dem auf die Absendung der Zuschlagsentscheidung an die betroffenen Bieter und Bewerber folgenden Tag, bei Mitteilung per Fax oder auf elektronischem Weg oder falls andere Kommunikationsmittel genutzt werden, entweder frühestens 15 Kalendertage, gerechnet ab dem auf die Absendung der Zuschlagsentscheidung an die betroffenen Bieter und Bewerber folgenden Tag oder frühestens zehn Kalendertage, gerechnet ab dem Tag nach dem Eingang der Zuschlags-

[182] So z. B. Erwägungsgrund Nr. 31 KVR.

[183] So z. B. Erwägungsgrund Nr. 52 KVR.

[184] Vgl. *Braun* in Ziekow/Völlink, Vergaberecht, 2. Auflage 2013, § 101a GWB, Rn. 103.

[185] Art. 31, 32 KVR, Erwägungsgründe Nr. 33, 50, 53, 64, 63, 68, 73, 74, 86, KVR.

entscheidung geschlossen werden.[186] Sämtliche Bekanntmachungspflichten sind drittschützend.[187]

G. Sonstiges, Umsetzung

Die Umsetzung hat sehr zügig zu erfolgen. Die Richtlinien sind am 17.4.2014 in Kraft getreten und sind innerhalb von 24 Monaten nach ihrem Inkrafttreten (18.4.2016) in nationales Recht umzusetzen.[188] Aufgrund der Vorteile des elektronischen Beschaffungswesens sehen die neuen Richtlinien vor, dass diese schrittweise obligatorisch werden. Ab März 2016 müssen die Bekanntmachung (Übermittlung zu veröffentlichender Bekanntmachungen) und der Zugang zu den Ausschreibungsunterlagen elektronisch erfolgen. Die elektronische Übermittlung der Angebote für zentrale Beschaffungsstellen (im Auftrag öffentlicher Auftraggeber tätige öffentliche Auftraggeber) wird ab März 2017 verbindlich. Letztendlich müssen ab September 2018 alle Angebote den öffentlichen Auftraggebern auf elektronischem Weg übermittelt werden.

Die Umsetzungsfristen werden die öffentlichen Auftraggeber vor große Herausforderungen stellen. Die Verfahrensregelungen der Konzessionsrichtlinie sind in Teilen deckungsgleich mit den parallel erlassenen Richtlinien. Der DAV empfiehlt deshalb zutreffend bei der Umsetzung Doppelungen und Widersprüche zu vermeiden und eine weitere Zersplitterung des Vergaberechts zu verhindern. Soweit auf der Ebene des Gesetzes Verfahrensregelungen wie Regelungen zum Rechtsschutz bereits geregelt sind, sollten diese auch für die Konzessionsvergabe Anwendung finden.[189]

H. Rechtsschutz

Der Rechtsschutz wird komplett neu durch die Änderung der Rechtsmittelrichtlinien an dem vergaberechtlichen Rechtschutz ausgerichtet. Im Zweifelsfalle wird dabei auf die bisherige Rechtslage zu §§ 101a, 10b GWB zurückgegriffen werden.[190] Die oftmals schwierige Frage nach der Abgrenzung zwischen Konzession und Auftrag sollte nicht über den Rechtsweg entscheiden. [191]

Um einen angemessenen Rechtsschutz von Bewerbern und Bietern während des Konzessionsvergabeverfahrens sicherzustellen und für eine wirksame Anwendung dieser Richtlinie und der Grundsätze des AEUV zu sorgen, sind gem. Art. 46 KVR die

---

186 Erwägungsgrund Nr. 53 KVR.

187 Vgl. *Braun*, in: Ziekow/Völlink, Vergaberecht, 2. Auflage 2013, § 101a GWB, Rn. 103.

188 Art. 90 KVR.

189 Vgl. DAV Stellungnahme, VergabeR 2014, 384, 393.

190 Vgl. zur bisherigen Rechtslage: *Braun*, in: Ziekow/Völlink, Vergaberecht, 2. Aufl., §§ 101a, 101b GWB.

191 Vgl. DAV Stellungnahme, VergabeR 2014, 384, 393.

Richtlinien 89/665/ und 92/13/EWG geändert worden.[192] Wenn der Rechtsschutz erst mit der Regelung „angemessen" ist, dann bleibt doch festzuhalten, dass der Rechtschutz vorher unangemessen gewesen sein muss, um die jetzt vorliegende Änderung zu rechtfertigen.

Es wird also zukünftig einen Rechtsschutz oberhalb des Schwellenwertes, i. H. v. 5,196 Mio. EUR geben, der mutmaßlich dem bisherigen vergaberechtlichen Rechtsschutz entspricht. Die spannendste Frage wird sein, wo der Gesetzgeber den Rechtsschutz, insbesondere im Verhältnis zu den Unterschwellenwertvergaben verorten wird. Gegenwärtig verläuft der Rechtsschutz dreispurig. Der Verwaltungsrechtsweg ist gegeben, wenn sich das staatliche Handeln bei der Vergabe von Dienstleistungskonzessionen in den Bahnen des öffentlichen Rechts vollzieht. Wenn eine Dienstleistungskonzession in den Formen des Privatrechts vergeben wird, ist für die Nachprüfung die ordentliche Gerichtsbarkeit zuständig.[193] Bei Baukonzessionen verbleibt es bei der Zuständigkeit der Vergabeinstanzen.[194]

Rechtsschutz wird durch die durchgängigen Transparenzverpflichtungen, die Veröffentlichungen vor, während und nach dem Auswahlverfahren vorsehen, gewährt. Kern für eine effektive Rechtsschutzgewährung ist aber die gem. Art. 31 Abs. 3 KVR verpflichtend eingeführte Vorinformation. Ein Vertrag im Anschluss an die Zuschlagsentscheidung für eine Konzession darf frühestens zehn Kalendertage, gerechnet ab dem auf die Absendung der Zuschlagsentscheidung an die betroffenen Bieter und Bewerber folgenden Tag, bei Mitteilung per Fax oder auf elektronischem Weg oder, falls andere Kommunikationsmittel genutzt werden, entweder frühestens 15 Kalendertage, gerechnet ab dem auf die Absendung der Zuschlagsentscheidung an die betroffenen Bieter und Bewerber folgenden Tag oder frühestens zehn Kalendertage, gerechnet ab dem Tag nach dem Eingang der Zuschlagsentscheidung geschlossen werden.[195] Die Pflicht, eine Vorinformation und eine Zuschlagsbekanntmachung für jede Konzession mit einem Wert mindestens in Höhe des in dieser Richtlinie festgelegten Schwellenwerts zu veröffentlichen, ist ein geeigneter Weg, um sicherzustellen, dass mögliche Bieter über Geschäftsmöglichkeiten informiert werden und dass alle interessierten Kreise Informationen über die Zahl und Art vergebener Konzessionen erhalten.[196]

Oberhalb der Schwellenwerte ist damit die Frage des Rechtsschutzes, der sich an §§ 101a, 101b GWB orientieren wird, geklärt. Es stellt sich die Frage, wie der Rechtsschutz unterhalb der Schwellenwerte ausgestaltet werden wird. Die Tendenz geht dahin, dass ein effektiver Primärrechtsschutz es gebietet, mindestens zwei Wochen nach

[192] Erwägungsgrund Nr. 81 KVR.

[193] BGH, Beschluss vom 23.1.2012 – X ZB 5/11, BeckRS 2012, 04377; vgl. *Braun*, NZBau aktuell 2011, Heft 8, S. VI; *ders.*, NZBau 2011, 400, *ders.*, NZBau 2012, 251; vgl. auch *Teufel*, KommJur 2012, 87, 90f.

[194] BGH, Beschluss vom 23.1.2012 – X ZB 5/11, BeckRS 2012, 04377, Rn. 15, 21.

[195] Erwägungsgrund Nr. 53 KVR, Art. 46 KVR.

[196] Erwägungsgrund Nr. 53 KVR.

Information der Bewerber über den Ausgang des Auswahlverfahrens abzuwarten, ehe mit dem ausgewählten Bewerber der Vertrag abgeschlossen wird.[197]

I. Rechtsschutz bei Umgehungstatbeständen

Nach zutreffender Auffassung ist bei Umgehungstatbeständen die Vergabenachprüfungsinstanz zuständig.[198] Dafür spricht zum einen, dass Vergabenachprüfungsinstanzen immer dann zuständig sind, wenn der Antragsteller geltend macht, durch die beabsichtigte Vergabe in seinen Rechten nach § 97 Abs. 7 GWB verletzt zu sein.[199] Zum anderen liegt – aus vergaberechtlicher Sicht – eine rechtswidrige De-facto-Vergabe vor.

Die Gewährung eines subjektiv-öffentlichen Rechtsschutzes ist durch die EuGH-Rechtsprechung manifestiert worden, zurückzudrehen ist sie nicht mehr. Schnelligkeit und Effizienz sind ein weiteres Argument für die Vergabenachprüfungsinstanzen, während die Nähe zum Fachrecht für die Verwaltungsgerichtsbarkeit spricht. Gegenseitige Vorwürfe helfen bei der Rechtsfindung nicht.[200] De lege ferenda dürfte es aber zielführend sein, dass die Dreiteilung des Rechtsweges aufgehoben und eine Konzentration der Überprüfung sämtlicher Auswahlverfahren bei der Vergabekammer stattfindet. Dies gilt zumal deshalb, weil andernfalls künftig unter Zuständigkeitsgesichtspunkten über die Frage gestritten werden wird, ob eine Umgehung vorliegt.

II. Drittschützende Vergaberegeln

Drittschützende Regeln sind Bestimmungen, auf die sich Unternehmen, Bewerber und Bieter stützen können. Entscheidend ist aber für die Durchsetzung der Verfahrensgarantien, dass diese nach Änderung der Rechtsmittelrichtlinien in Art. 46 KVR dem Rechtsschutz unterliegen. Der Rechtsschutz muss für die Bewerber und Bietern angemessen sein,[201] was in der Endkonsequenz dazu führen wird, dass die grundlegenden Vergabeprinzipien in Art. 3 Abs. 1 (Gleichbehandlung, Nichtdiskriminierung, Transparenz und Verhältnismäßigkeit) drittschützend sind.

Die Frage des Drittschutzes, d. h. wer sich auf die Einhaltung von Vergaberegeln berufen kann, war und ist umstritten.[202] Dieser Ansatz ist – aus Sicht des öffentlichen Auftraggebers – nur folgerichtig.

---

[197] OVG Berlin-Brandenburg, Beschluss vom 30.11.2010 – OVG 1 S 107/10; vgl. *Braun*, NZBau 2011, 400, *ders.*, NZBau 2012, 251.

[198] OLG Brandenburg, Beschluss vom 16.1.2012 – Verg W 19/11, BeckRS 2012, 04308; OLG Düsseldorf, Beschluss vom 19.10.2011 – Verg 51/11, BeckRS 2011, 25863.

[199] OLG Düsseldorf, Beschluss vom 19.10.2011 – Verg 51/11, BeckRS 2011, 25863.

[200] Vgl. zum früheren Streit zwischen OLG Düsseldorf und BSG: *Braun*, VergabeR 2008, 693.

[201] Vgl. Erwägungsgrund Nr. 81.

[202] Vgl. *Braun*, Festschrift für Marx, 2013, S. 39.

1. *Subjektiv-öffentlicher Rechtsschutz für Wirtschaftsteilnehmer, Bewerber und Bieter*

Unterlegene oder nicht berücksichtigte Wirtschaftsteilnehmer haben nach der KVR subjektiv-öffentliche Rechte. Die KVR definiert in Art. 5 Nr. 2 erstmalig für das Konzessionsrecht diesen Begriff dahingehend, dass „Wirtschaftsteilnehmer" eine natürliche oder juristische Person oder öffentliche Einrichtung oder eine Gruppe solcher Personen oder Einrichtungen, einschließlich befristeter Unternehmenszusammenschlüsse, die auf dem Markt die Erbringung von Bauleistungen und/oder die Errichtung von Bauwerken, die Lieferung von Waren oder die Erbringung von Dienstleistungen anbieten, sind. Mit diesem Begriff werden, was beginnend an Erwägungsgrund Nr. 1 deutlich wird, bis zu einer eigenständigen Bestimmung über Wirtschaftsteilnehmer in der Richtlinie (Art. 26 KVR) Rechte verknüpft.

Weiterhin definiert die Richtlinien den „Bewerber" (Art. 5 Nr. 3 KVR). Ein „Bewerber" ist gem. Art. 5 Nr. 3 KVR ein Wirtschaftsteilnehmer, der sich um eine Aufforderung zur Teilnahme an einem Konzessionsvergabeverfahren beworben oder eine solche Aufforderung erhalten hat. Ein „Bieter" ist gem. Art. 5 Nr. 4 KVR ein Wirtschaftsteilnehmer, der ein Angebot eingereicht hat.

Das deutsche Rechtsschutzsystem in der Verwaltungsgerichtsbarkeit ist anfechtungsorientiert, bezogen auf einen subjektiv-öffentlichen Rechtsschutz. Wenn in Art. 3 Abs. 1 KVR festgelegt ist, dass die ausschreibende Stelle alle Wirtschaftsteilnehmer gleich und in nichtdiskriminierender Weise zu behandeln hat und dabei in ihrem Handeln Transparenz und Verhältnismäßigkeit zu wahren hat, dann werden den Wirtschaftsteilnehmern, die ein Angebot abgegeben haben müssen, subjektiv-öffentliche Rechte eingeräumt. Das Konzessionsvergabeverfahren – einschließlich der Schätzung des Vertragswerts – darf gem. Art. 3 Abs. 1 S. 2 KVR nicht mit der Absicht konzipiert werden, es vom Anwendungsbereich dieser Richtlinie auszunehmen oder bestimmte Wirtschaftsteilnehmer, beziehungsweise bestimmte Bauleistungen, Lieferungen oder Dienstleistungen auf unzulässige Weise zu bevorzugen oder zu benachteiligen.

2. *Subjektiv-objektiver Rechtsschutz für Kunden, Bürger, Kostenträger oder sonstige Dritte?*

Fraglich ist, ob ein subjektiv-objektiver Rechtsschutz für Kunden,[203] (Unions-) Bürger,[204] Kostenträger oder sonstige Dritte besteht.

Zunächst kann sich derjenige Bürger, Kostenträger oder sonstige Dritte auf die Einhaltung der Regeln berufen, der die Kosten der nachgefragten Leistung zu tragen hat. Er kann die Beachtung des Vergaberechts unter dem Gesichtspunkt der Kostengeringhaltung verlangen. Bezogen auf den Sitz des Klägers in einem Bundesland be-

---

[203] Erwähnt in Erwägungsgrund Nr. 13 KVR.

[204] Erwähnt in Erwägungsgrund Nr. 1, 40 KVR.

steht aus dem Landesrecht heraus eine Verpflichtung zur Ausschreibung nach Landeshaushalts- und/oder Gemeindehaushaltsrecht.[205] Diese Normen schützen nicht nur den jeweiligen Haushalt, sondern berücksichtigen (auch) drittschützend das Recht jedes Gebühren- oder Beitragszahlers auf Einhaltung genau dieser Regelungen.

Der Grundsatz der Bezahlbarkeit von öffentlichen Dienstleistungen hat in Art. 2 S. 1 KVR seinen Niederschlag gefunden. Die Körperschaften können gem. Art. 2 S. 1 KVR frei entscheiden, wie die Erbringung von Bau- oder Dienstleistungen am besten gesteuert werden kann, damit bei öffentlichen Dienstleistungen insbesondere ein hohes Maß an Qualität, Sicherheit und Bezahlbarkeit, Gleichbehandlung sowie die Förderung des allgemeinen Zugangs und der Nutzerrechte gewährleistet werden können. Die Mitgliedstaaten sollten gewährleisten, dass es öffentlichen Auftraggebern und Auftraggebern gestattet ist, der Notwendigkeit Rechnung zu tragen, für Innovationen zu sorgen – um ein hohes Niveau in Bezug auf Qualität, Sicherheit und Bezahlbarkeit, Gleichbehandlung und Förderung des universellen Zugangs und der Nutzerrechte sicherzustellen.[206] Aus der Verpflichtung zur Gewährleistung bezahlbarer Leistung für die Bürger erwächst für diese mithin ein subjektiv-öffentliches Recht gegenüber der auswählenden Körperschaft, dass der Grundsatz der Bezahlbarkeit auch zugunsten des Empfängers der Konzessionsleistung beachtet wird. Die Verpflichtung zu einer sparsamen und wirtschaftlichen Leistungserbringung, auch bei einer Dienstleistungskonzession, ist mithin drittschützend.

Auf diese Auffassung werden auch die Klagen von Gebühren- oder Beitragspflichtigen gestützt, die sich gegen eine zu teure Leistungserbringung des Staates z. B. im Bereich der kommunalen Daseinsvorsorge wehren. Dieser Gedanke ist auch auf Konzessionsauswahlverfahren zu übertragen, bei denen ökologische, soziale oder innovative Kriterien im Vordergrund stehen (vgl. Art. 41 Abs. 2 S. 2 KVR). Je mehr strategische Ziele bei der Leistungserbringung des Konzessionsnehmers im Vordergrund stehen, desto mehr entfernt sich der Auftraggeber von den Grundsätzen einer sparsamen und wirtschaftlichen Haushaltsführung.

Ein Verstoß gegen Auswahlvorschriften durch unterbliebene öffentliche Konzessionsvergabe bleibt nach einer Auffassung für sich genommen beitragsrechtlich folgenlos. Entscheidend sei – so die Gegenansicht –, ob durch die fehlende Ausschreibung Mehrkosten entstanden seien, wobei sich dies unter Beachtung des gemeindlichen Beurteilungsspielraums beitragsrechtlich erst dann auswirken würde, wenn die Kosten sachlich schlechthin unvertretbar wären.[207] Diese Auffassung verkennt, dass neben dem Schutz der öffentlichen Haushalte auch dem Einzelnen ein subjektives Recht zur Durchsetzung seiner finanziellen Interessen zustehen muss. Sein Erworbenes wird durch die Nichtbeachtung selbst gesetzter Vergaberegeln geschmälert. Dies gibt ihm

---

[205] BVerwG, Urt. v. 31.4.2012 – 3 A 1/11, NVwZ-RR 2012, 787 (Rn. 58 ff.).

[206] Vgl. Erwägungsgrund Nr. 53 mit Hinweis auf Art. 14 AEUV, Protokoll Nr. 26.

[207] VGH München, Beschluss vom 6.11.2012 – 6 ZB 12.187 BeckRS 2012, 59758 m. w. N.

ein subjektiv-öffentliches Klagerecht. Fördermittelgeber können zutreffend von den Geförderten die Einhaltung der Vergaberegeln verlangen. Dies erfordern schon die Grundsätze der sparsamen und wirtschaftlichen Haushaltsführung. Schon immer hat die Verwaltungsgerichtsbarkeit das Vergaberecht bei der Rückforderung von Fördermitteln überprüft.[208] Streitig ist, ob ein schwerer Verstoß gegen eine Auflage Voraussetzung dafür ist, dass gewährte Zuschüsse überhaupt zurückverlangt werden können.[209] Wenn der Staat die Einhaltung dieser Grundsätze aus dem Gedanken der sparsamen und wirtschaftlichen Verwendung von Haushaltsmitteln verlangen kann, muss dies auch für den Bürger gelten, der dies vom Staat einfordern kann. Staatliche Verwaltung funktioniert nur unter Berücksichtigung einer effizienten Kontrolle.

Das Gebot effektiven Rechtsschutzes nach Art. 19 Abs. 4 GG garantiert einen tatsächlich wirksamen Rechtsschutz.[210] Das bedeutet bei beabsichtigten Beauftragungen, dass bezüglich aller zur Beauftragung anstehenden Wirtschaftsteilnehmer ein Anspruch darauf besteht, dass über jede einzelne Bewerbung rechtsfehlerfrei entschieden wird. Dieser Anspruch verändert sich nicht dadurch, dass über die Beauftragungen früher ohne seine Beteiligung entschieden wurde. Jeder Wirtschaftsteilnehmer hat bei einem binnenmarktrelevanten Auftrag ein subjektiv-öffentliches Recht aus Unions- und Verfassungsrecht auf Gleichbehandlung und Transparenz gegenüber öffentlichen Auftraggebern. Wenn der Staat sich auf Grundsätze außerhalb eines transparenten, wettbewerblichen und auf Gleichbehandlung gerichteten Verfahrens zu berufen meint, dann ist die nicht ordnungsgemäße Verwendung staatlicher Mittel nicht weit. Es stellt sich die Frage, welche Ziele der Staat – bei seinem Einkaufsverhalten – außerhalb einer effizienten und dienenden Verwaltung denn setzen will. Die Verpflichtung einer staatlichen Verwaltung für seine Bürger bezahlbare Leistungen liefern zu können, darf nicht aus dem Auge im Hinblick auf ökologische und soziale Kriterien verloren gehen.

3. Binnenmarktrelevante Konzessionsverfahren unterhalb der Schwellenwerte?

Die Frage eines zu verwirklichenden Binnenmarktes ohne Verzerrung spielt für den Erlass der Richtlinie eine zentrale Rolle, wie schon aus dem ersten Satz des ersten Erwägungsgrundes ersichtlich wird.[211] Verzerrungen des Binnenmarkts sollen durch Einführung klarer Ausschreibungsregeln entgegengewirkt werden. Konzessionsverträge, so die Richtlinie, seien wichtige Instrumente für den langfristigen strukturellen Ausbau von Infrastruktur und Dienstleistungen von strategischer Bedeutung und tra-

---

[208] BGH, Urteil vom 17.11.2011 – III ZR 234/10, NZBau 2012, 131; VGH München, Beschluss vom 23.5.2012 – 4 ZB 10.547, NZBau 2012, 663; OVG NRW Urteil vom 20.4.2012 – 4 A 1055/09, NZBau 2012, 589; großzügig bei Vergabefehlern: OVG Koblenz, Urteil vom 25.9.2012 – 6 A 10478/12.OVG, BeckRS 2012, 58276; vgl. auch *Braun*, NZBau 2010, 279.

[209] Streng: BGH NZBau 2012, 131 (Rn. 28); großzügig: OVG Koblenz BeckRS 2012, 58276.

[210] Vgl. BVerwG Beschl. v. 22.11.2012 – 2 VR 5.12 (Rn. 18).

[211] Vgl. auch Erwägungsgründe 3, 4 KVR.

gen zur Entwicklung des Wettbewerbs im Binnenmarkt bei.[212] Es sei daher aus Sicht des Richtliniengebers erforderlich, die Grundsätze des AEUV in allen Mitgliedstaaten auf Unionsebene einheitlich anzuwenden und Unterschiede bei der Auslegung dieser Grundsätze zu beseitigen, um hartnäckigen Verzerrungen des Binnenmarkts ein Ende zu setzen.[213]

Dies gilt aber nur für Konzessionen, die den in der Richtlinie definierten Schwellenwert überschreiten,[214] der in der Richtlinie gem. Art. 8 Abs. 1 KVR auf 5.186.000 EUR festgelegt wurde. Ist damit die Diskussion, ob Vergaben unterhalb dieses Wertes binnenmarktrelevant sein können, erledigt?[215] In einer Vielzahl von gerichtlichen Verfahren ist die Ermittlung des Gegenstandswertes mit erheblichen Schwierigkeiten verbunden, wie sich schon aus dem Streitwertkatalog der Verwaltungsgerichtsbarkeit ergibt. Grundsätzlich gilt, dass die verwaltungsrechtliche Anfechtung einer Auswahlentscheidung keinerlei Schwellenwerte kennt. Jede verwaltungsrechtliche Beauftragung oder Auswahlentscheidung ist ohne irgendwelche Schwellenwerte überprüfbar. Eine Unterscheidung der verwaltungsrechtlichen Überprüfung abhängig von vergaberechtlichen Schwellenwerten kennt die verwaltungsrechtliche Systematik der §§ 40 ff. VwGO nicht. Regelmäßig findet sich in der Verwaltungsrechtsprechung die Wendung, dass die Gemeinde bei der ihr zugewiesenen Auswahlentscheidung über den zukünftigen Beauftragten – in der Regel ein Konzessionär – abgeleitet aus dem europäischen Primärrecht die Einhaltung der Grundsätze der Gleichbehandlung und der Transparenz zu beachten hat.[216]

Unstreitig ist, dass öffentliche Auftraggeber verpflichtet sind, die Grundregeln des AEUV, insbesondere Art. 49, 56 AEUV sowie die daraus fließende Transparenzpflicht zu beachten haben, wenn Gemeinschaftsrecht anzuwenden ist. Akzeptiert ist in diesem Fall, dass die Vergabe nicht schrankenlos möglich ist.[217] Dies gilt aber für vom Gericht festgestellten grenzüberschreitenden Bezug.[218] Die Aufgabe liegt zudem in dem noch allgemein als unklar angesehenen Begriff der Binnenmarktrelevanz.[219] Nur binnenmarktrelevante Aufträge werden vom Gemeinschaftsrecht beeinflusst. Die Entscheidung, inwieweit ein Auftrag möglicherweise für Wirtschaftsteilnehmer eines anderen Mitgliedstaates von Interesse sein könnte, obliegt zunächst dem einzelnen nationalen öffentlichen Auftraggeber. Es ist zunächst seine Sache, vor der Festlegung der Bedingungen der Vergabebekanntmachung ein etwaiges grenzüberschreitendes

---

212 Vgl. Erwägungsgrund Nr. 3 KVR; vgl. auch *Opitz,* NVwZ 2014, 754, 755.

213 Erwägungsgrund Nr. 4 KVR.

214 Vgl. Erwägungsgrund 8, 23 KVR.

215 Vgl. Mitteilung der Kommission zu Auslegungsfragen in Bezug auf das Gemeinschaftsrecht, das für die Vergabe öffentlicher Aufträge gilt, die nicht oder nur teilweise unter die Vergaberichtlinien fallen, ABl. EU 2006/C179/2 v. 1. August 2006, bestätigt durch EuG, Urt. v. 20. Mai 2010, T-258/06; *Braun*, EuZW 2006, 683; *Braun*, SächsVBl. 2006, 249.

216 Vgl. ausführlich *Braun,* Festschrift für Marx, 2013, S. 39 ff.; *ders.* EuZW, 2012, S. 451.

217 EuGH, Urteil vom 10.3.2011 – C-274/09 NZBau 2011, 239 (244, Rn. 49).

218 EuGH, Urteil vom 12.12.2013 – C-292/12, Rn. 69–71.

219 Vgl. *Vavra,* VergabeR 2013, 204.

Interesse zu prüfen.[220] An eine einmal getroffene Entscheidung ist der Auftraggeber aber dann gebunden. Ob Binnenmarktrelevanz vorliegt oder ob nach den vom Europäischen Gerichtshof aufgestellten Kriterien ein konkreter Vorgang als öffentlicher Konzessionsauftrag einzuordnen ist, fällt in die Zuständigkeit der nationalen Gerichte.[221] Die Prognoseentscheidung enthält eine wertende Einschätzung dazu, ob Bieter anderer Mitgliedstaaten des Binnenmarktes Interesse am Auftrag haben können. Bei der Prognose ist auf die konkreten örtlichen und zeitlichen Verhältnisse abzustellen. Es genügt nicht die Feststellung, dass sich bei früheren Ausschreibungen keine ausländischen Bieter beworben haben, vielmehr ist für jeden neuen Auftrag die Beurteilung anhand der jetzt gegebenen örtlichen und zeitlichen Verhältnisse vorzunehmen. Entscheidender Zeitpunkt für die Prognose, ob ein eindeutiges grenzüberschreitendes Interesse vorliegt, ist der Zeitpunkt der Entscheidung über die Ausschreibung, da es bei der Prognose letztlich um eine vorausschauende Wertung der vorliegenden konkreten örtlichen Verhältnisse geht. Ist die Prognose korrekt erfolgt, ist das Ausschreibungsverfahren später nicht angreifbar, auch wenn sich entgegen der Prognose doch ein ausländischer Bieter um den Auftrag bewirbt.[222]

4. Bewerbungsverfahrensanspruch aus den Bestimmungen des Grundgesetzes und des Landesverfassungsrechts

Neben den subjektiv-öffentlichen Rechten, die aus der nationalen Umsetzung der KVR erfolgen könne, ist die grundrechtliche Überprüfung von verwaltungsrechtlichen Auswahlverfahren anerkannt. Der Prüfungskanon erfolgt im Wesentlichen entlang der Bestimmungen von Art. 3 Abs. 1, 12 Abs. 1 und Art. 19 Abs. 4 GG.

Aus Art. 3 Abs. 1 GG i. V. m. Art. 20 Abs. 3 GG steht dem Bewerber ein öffentlich-rechtlicher Bewerbungsverfahrensanspruch zur Seite, der es gebietet, zwischen der Bekanntgabe der Auswahlentscheidung und dem Vertragsabschluss mit dem ausgewählten Bewerber einen angemessenen Zeitraum von jedenfalls zwei Wochen verstreichen zu lassen, um einen effektiven (Primär-) Rechtsschutz i. S. des Art. 19 Abs. 4 GG in Bezug auf die Auswahlentscheidung zu ermöglichen.[223] Dies ist in der Verwaltungsgerichtsbarkeit unstreitig, ebenso wie die Tatsache, dass Verwaltungsgerichte Auswahlentscheidungen im Lichte von Art. 3 Abs. 1, Art. 12 Abs. 1 GG bewerten.[224] Erst die erfolgreiche Anfechtung der Drittbegünstigung schafft die Grundlage dafür, gegebenenfalls in einem zweiten Schritt die eigene Zulassung im Wege der Verpflichtungsklage durchzusetzen. Jeder interessierte Wirtschaftsteilnehmer muss eine faire Chance erhalten, nach Maßgabe der für den spezifischen

---

[220] EuGH Urteil vom 15.5.2008 – C-147/06 und C-148/06 NZBau 2008, 453 (Rn. 34).

[221] Ständige Rechtsprechung des EuGH Urteil vom 15.5.2008 – C-147/06 und C-148/06 NZBau 2008, 453 (Rn. 34); BVerwG BeckRS 2013, 45234 m. H. a. EuGH Urt. v. 10.3.2011 – C-274/09 (Rn. 36); BGH NZBau 2012, 46 (Rn. 12).

[222] Vgl. *Vavra,* VergabeR 2013, 2014.

[223] Vgl. *Braun,* NVwZ 2009, 747 m. w. N.

[224] Vgl. *Braun,* NZBau 2011, 400, 402 m. w. N.

Auftrag wesentlichen Kriterien und des vorgesehenen Verfahrens Berücksichtigung zu finden.[225]

Die Verwaltungsrechtsprechung nimmt die grundrechtlichen Vorgaben dazu, in einer – der vergaberechtlichen Rechtsprechung nicht unähnlichen – Kasuistik ein Vergabeverwaltungsrecht zu entwickeln. Dieses Vergabeverwaltungsrecht lehnt sich an das GWB-Vergaberecht an, wo es der Verwaltungsrechtsprechung dienlich erscheint, lehnt es aber ab, wo es zu formal wirkt. Diese Tendenz wird sich nach der Einführung des Vergaberechtsweges für Konzessionen in Richtung eines einheitlichen Rechtsschutzes verstärken, da stets die gewünschte Einheit der Rechtsordnung eine faktische Angleichung schaffen wird.

I. Zusammenfassung und Ausblick

Die Bewertung der KVR fällt gemischt aus. Positiv ist, dass versucht wurde, überhaupt eine strukturierte Regelung hinzubekommen.

Negativ ist festzuhalten, dass trotz des Vereinfachungswunsches Bürokratie auf- statt abgebaut wird.[226] Die strategischen Ziele, die gleichrangig zu beachten sind, werden zu einem erheblichen Verwaltungsaufwand bei der Durchführung des Verfahrens führen, wenn sie – auf Grund ihrer Komplexität – überhaupt umgesetzt werden können.[227] Es besteht die Gefahr, dass ein korrektes Konzessionsauswahlverfahren zu einem bürokratischen Ungetüm wird. Es bestehen erhebliche Vermeidungstendenzen im Bereich des förmlichen Vergaberechts und es bestand die Hoffnung, dass die Dienstleistungskonzession als Gestaltungsvariante mit hohem Freiheitspotential bleibt. Diese Hoffnung kann durchaus nach dieser Richtlinie als begraben angesehen werden.

Neuen Ansätzen zur Verfahrensflexibilisierung stehen zahlreiche neue Detailbestimmungen gegenüber, die Entscheidungs- und Gestaltungsspielräume der öffentlichen Auftraggeber und der Bieter bei der Verfahrensdurchführung weiter einengen.[228]

Es werden neue Begriffe und nicht zu Ende gedachte Ausnahmetatbestände eingeführt, die mit der deutschen Dogmatik nicht in Einklang zu bringen sind.[229]

Binnenmarktrelevante Dienstleistungskonzessionen müssen in einem willkürfreien, transparenten, wettbewerblichen und verhältnismäßigen Auswahlverfahren nach vor-

---

[225] BVerfG, NVwZ 2010, 1212 (1216, Rn. 123).

[226] Ausdrücklich z. B. Erwägungsgrund Nr. 3, kritisch zur Umsetzung des Vereinfachungswunsches: *Prieß/Stein*, VergabeR 2014, 500, 512; vgl. *Gröning*, VergabeR 2014, 339, 351 „kritische Erhöhung der Regelungsdichte"; zweifelnd auch: *Knauff/ Badenhausen*, NZBau 2014, 395, 401.

[227] Vgl. *Gröning*, VergabeR 2014, 339, 351 „etwas hochfliegend".

[228] In diesem Sinne auch für die Sektorenrichtlinie: *Opitz*, VergabeR 2014, 370, 384.

[229] Vgl. *Dabringhausen*, VergabeR 2014, 514, 523.

heriger Bekanntmachung vergeben werden. Öffentliche Unternehmen, Bieter und Bewerber haben ein subjektiv-öffentliches Recht auf Einhaltung dieser Regeln.

Für den nationalen Gesetzgeber, der neben der hier besprochenen KVR auch die beiden weiteren Richtlinien umzusetzen hat, ist dies das größte gesetzliche Vergabeprojekt des nächsten Jahrzehnts. Der nationale Gesetzgeber wird die Regeln möglichst eins zu eins umzusetzen haben und möglichst keine weiteren Verschärfungen hineinbringen. Bei der Umsetzung der KVR geht es nicht nur – wie bei den anderen Richtlinien – z. B. um die Einführung neuer (elektronischer) Einkaufsformen, geänderter Vergabestrukturen, neuer und im deutschen Recht nicht vorhandener Begrifflichkeiten, sondern um ein vollständig neues Beschaffungsmodell, welches tief in die bisherige verwaltungsrechtliche deutsche Auswahlsystematik eingreift.

Bei Implementierung der KVR in ein verwaltungsrechtlich deutsches Vergabeverwaltungsverfahren, dem ein Denken in Schwellenwerten nicht bekannt ist, wird ein „weiter so" in alten Formen der bisherigen Rechtssetzung verfassungsrechtlich nicht möglich sein. Der deutsche Gesetzgeber wird über die Regelungen der Klagebefugnis schwellenwertabhängig nachzudenken haben. Unterlässt er dies, wird es zu einer Duplizierung der Rechtsschutzmöglichkeiten führen.

In der KVR sind zahlreiche nicht gelöste Zielkonflikte enthalten. Während früher die Wirtschaftlichkeit des Einkaufs im Zentrum der Überlegungen stand, so sollen nunmehr durch die Einbeziehung strategischer Vergabeziele im Bereich Soziales und Umwelt mit dem Einkauf politische Ziele umgesetzt werden. Die staatliche Verwaltung wird sich dadurch vergrößern, da die Entwicklung, Ausarbeitung und Umsetzung von strategischen Zielen mit sehr großem Aufwand verbunden ist. Die gleichrangige Verankerung der strategischen Ziele im Konzessionsauswahlverfahren birgt die Gefahr, dass die Kernfunktion des öffentlichen Beschaffungswesens, nämlich die wirtschaftliche Bedarfsdeckung, weiter außer Betracht gerät.[230]

Durch die neuen nationalen Regeln wird der Systematik des Einkaufs allein durch zwingend neue Formulare eine erhebliche Fortbildungsbereitschaft abverlangt werden.

Weiterhin nutzen die einzelnen Bundesländer rege die bestehenden landesgesetzlichen Möglichkeiten zur Schaffung von Landesvergabegesetzen. Es stellt sich damit die Frage, ob auch Landeskonzessionsvergabegesetze kommen werden, was in einer logischen Folge der Landesvergabegesetze steht.

Durch die KVR ist das Spannungsverhältnis zwischen den Freiheiten der Auftraggeber und den Wettbewerbsinteressen Bieter und Bewerber nicht gelöst, sondern verstärkt worden. Jetzt liegt die Verantwortung für die angemessene Ausbalancierung in der nationalen Umsetzung in Deutschland.[231] Die neuen Nachprüfungsinstanzen für

[230] In diesem Sinne auch für die Sektorenrichtlinie: *Opitz*, VergabeR 2014, 370, 384.

[231] Vgl. für die Basisrichtlinie: *Jaeger*, NZBau 2014, 259, 266.

Dienstleistungskonzessionen werden anschließend für weitere Strukturierung des Verfahrens sorgen. Den Wettbewerb um Konzessionen und zurück in die rechtsschutzlose Vergangenheit wird es nicht geben.

Damit das gesamte Vergabesystem oberhalb und unterhalb der Schwellenwerte kohärent bleibt, erscheint ein einheitliches Bundesvergabegesetz sinnvoll.[232] Die Stellungnahme des Deutschen Anwaltvereins durch den Ausschuss Vergaberecht zur Umsetzung des Richtlinienpakets zur Reform des Vergaberechts zeigt vernünftige Wege auf und sollte vom Gesetzgeber beachtet werden.[233]

232 In diesem Sinne auch: *Knauff/Badenhausen,* NZBau 2014, 395, 401.

233 DAV, VergabeR 2014, 384.

Die elektronische Auftragsvergabe nach den neuen EU-Vergaberichtlinien

Michael Wankmüller, Dipl. Verwaltungswirt

- - - - - - - - - - - - - - - - - - -

A. Einführung

Am 28.3.2014 wurden die neuen europäischen Vergaberichtlinien im Amtsblatt der Europäischen Union veröffentlicht.[1] Es handelte sich hierbei um die Richtlinie 2014/24/EU des Europäischen Parlaments und des Rates vom 26. Februar 2014 über die öffentliche Auftragsvergabe und zur Aufhebung der Richtlinie 2004/18/EG **(Ver-**

[1] ABl. L 94, S. 1, 65, 243 v. 28. März 2014.

gaberichtlinie – VRL), die Richtlinie 2014/25/EU des Europäischen Parlaments und des Rates vom 26. Februar 2014 über die Vergabe von Aufträgen durch Auftraggeber im Bereich der Wasser-, Energie- und Verkehrsversorgung sowie der Postdienste und zur Aufhebung der Richtlinie 2004/17/EG **(Sektorenvergaberichtlinie – SRL)** und erstmals die Richtlinie 2014/23/EU des Europäischen Parlaments und des Rates vom 26. Februar 2014 über die Konzessionsvergabe **(Konzessionsvergaberichtlinie – KVR)**. Die Richtlinien traten am **18.4.2014** in Kraft und sind innerhalb von 24 Monaten nach ihrem Inkrafttreten – somit spätestens zum **18.4.2016** – in nationales Recht umzusetzen. Mit Wirkung vom **18.4.2016** werden zudem die Vorgängerrichtlinien 2004/18/EG und 2004/17/EG[2] aufgehoben.

B. Die Richtlinien als Teil der Strategie „Europa 2020“

Die Richtlinien stehen unter dem Ziel der **Strategie „Europa 2020“** der EU-Kommission für intelligentes, nachhaltiges und integratives Wachstum[3], die auf drei miteinander verzahnten und aneinander verstärkenden Prioritäten basieren: Der Entwicklung einer auf Wissen und Innovation gestützten Wirtschaft, der Förderung einer emmissionsarmen, ressourcenschonenden und wettbewerbsfähigen Wirtschaft und der Förderung einer Wirtschaft mit hoher Beschäftigung und ausgeprägtem sozialen und territorialen Zusammenhalt. Die öffentliche Auftragsvergabe spielt im Rahmen der Strategie „Europa 2020“ eine zentrale Rolle, da sie – als eines der marktwirtschaftlichen Instrumente, die zur Verwirklichung dieser Ziele eingesetzt werden sollen – neben der Berücksichtigung der genannten ökologischen, sozialen und innovativen Ziele auch die wirtschaftliche Nutzung öffentlicher Gelder gewährleisten muss. Unter diesem Aspekt wurden die noch bestehenden Richtlinien 2004/17/EG und 2004/18/EG überarbeitet und modernisiert, damit u. a. die Effizienz der öffentlichen Auftragsvergabe gesteigert wird. In diesem Zusammenhang spielt die Realisierung der künftigen verpflichtenden elektronischen Vergabe öffentlicher Aufträge (e-Vergabe) eine zentrale Rolle.

C. Unterschiedliche elektronische Ansätze in der VRL und SRL einerseits und der KVR andererseits

Die Überarbeitung und Modernisierung der Vorgängerrichtlinien 2004/17/EG und 2004/18/EG macht aber auch deutlich, dass der Schwerpunkt der vergaberechtlichen Regelungen zur e-Vergabe auf den VRL und SRL liegt, da diese das Überarbeitungs-

---

[2] ABl. L 134, S. 1 und 114 v. 30. April 2004.

[3] KOM (2010) 2020.

und Modernisierungsergebnis der noch bestehenden Vorgängerrichtlinien 2004/17/EG und 2004/18/EG sind. Die Bestimmungen zur elektronischen Kommunikation und zum elektronischen Informationsaustausch sind in beiden Richtlinien deckungsgleich. Geringfügige Abweichungen in einzelnen Formulierungen dürften der Übersetzung geschuldet sein.[4] Der Schwerpunkt der neuen KVR hingegen liegt in der Kodifizierung der bisher in der Richtlinie 2004/18/EG enthaltenen Regelungen über die Vergabe öffentlicher Baukonzessionen und **erstmalig** neuer Regelungen über die Vergabe öffentlicher **Dienstleistungskonzessionen** mit grenzüberschreitender Bedeutung. Letztere unterlagen bisher alleine den Grundsätzen des Vertrags über die Arbeitsweise der Europäischen Union (AEUV), insbesondere den Grundsätzen des freien Warenverkehrs, der Niederlassungsfreiheit und der Dienstleitungsfreiheit sowie der davon abgeleiteten Grundsätze wie Gleichbehandlung, Nichtdiskriminierung, gegenseitige Anerkennung, Verhältnismäßigkeit und Transparenz.[5] In diesem Zusammenhang hat die e-Vergabe eine weitaus geringere Bedeutung als in den anderen beiden Richtlinien. Die Erwägungsgründe sprechen lediglich davon, dass „elektronische Informations- und Kommunikationsmittel die Bekanntmachung von Konzessionen erheblich vereinfachen und Effizienz, Schnelligkeit und Transparenz der Konzessionsvergaben steigern können. Sie **„könnten“** zum **Standard für Kommunikation und Informationsaustausch** im Rahmen von Konzessionsvergabeverfahren werden, da sie die Möglichkeit von Wirtschaftsteilnehmern zur Teilnahme an Konzessionsvergabeverfahren im gesamten Binnenmarkt stark verbessern.“[6] Hingegen sprechen die Erwägungsgründe in der VRL und der SRL davon, dass diese elektronischen Informations- und Kommunikationsmittel zum **Standard für Kommunikation und Informationsaustausch** im Rahmen von Vergabeverfahren werden **„sollten“**.

In diesem Zusammenhang wird insbesondere die **ausschließliche elektronische Kommunikation**, das heißt eine Kommunikation durch elektronische Mittel in allen Verfahrensstufen, einschließlich der Übermittlung von Teilnahmeanträgen und insbesondere der Übermittlung der Angebote (elektronische Übermittlung) als künftig verbindlich herausgestellt.[7] Mit Ausnahme der verpflichtenden elektronischen Bekanntmachung und der verpflichtenden elektronischen Verfügbarkeit der elektronischen Konzessionsunterlagen wurde in der KVR lediglich die **Wahlfreiheit** öffentlicher Auftraggeber zwischen elektronischen Mitteln, Post, Fax oder persönlicher Übermittlung für alle Mitteilungen und für den gesamten Kommunikations- und Informationsaustausch festgeschrieben. Dieser Status entspricht dem gegenwärtigen Regelungsinhalt der Richtlinien 2004/17/EG und 2004/18/EG[8]. Viele Aspekte und Änderungen der neuen gegenüber den aktuellen Richtlinien (für klassische Auftraggeber

[4] Z. B. Artikel 22 Abs. 1 Satz 2 VRL: „...nichtdiskriminierend und allgemein verfügbar...“; Artikel 40 Abs. 1 Satz 2 SRL: „...diskriminierungsfrei und allgemein zugänglich...“.

[5] Erwägungsgrund 4 RL KVR.

[6] Erwägungsgrund 74 KVR.

[7] Erwägungsgrund 52 VRL, Erwägungsgrund 63 SRL.

[8] Artikel 42 Abs. 1 RL 2004/18/EG, Artikel 48 Abs. 1 RL 2004/17/EG.

und Sektorenauftraggeber) und deren nationale Umsetzung werden bereits in der Fachwelt diskutiert. Der nachfolgende Beitrag befasst sich im Schwerpunkt mit der Frage, welche Auswirkungen die Richtlinien im Hinblick auf die elektronische Kommunikation haben und mit welchen Umsetzungszeitpunkten zu planen ist. Da die elektronischen Auswirkungen in der KVR weniger umfassend sind, konzentriert sich der Beitrag im Wesentlichen auf die VRL und die SRL.

Darüber hinaus wird auf die in den Richtlinien ausdrücklich geregelten elektronischen Instrumente der elektronischen Auktion, des dynamischen Beschaffungssystems, des Online-Dokumentenarchivs „e-Certis" und des elektronischen Katalogs näher eingegangen.

D. Historischer Rückblick zur e-Vergabe

Um zu verdeutlichen, dass die kommende verpflichtende elektronische Vergabe in den Mitgliedstaaten für öffentliche Auftraggeber kein Blitz aus heiterem Himmel ist, der einen nun vollkommen unvorbereitet trifft, muss man einen Blick in die Historie werfen.

I. Der „Urknall" der e-Vergabe

Es ist nun schon mehr als 16 Jahre (!) her, als die damaligen **EG-Basisrichtlinien aus den Jahren 1992 und 1993**[9] durch die **Richtlinie 97/52/EG** des Europäischen Parlaments und des Rates vom 13. Oktober 1997[10] eine Ergänzung erhielten, die man in Deutschland (und auch in anderen Mitgliedstaaten der Europäischen Gemeinschaft) als ersten Schritt in das Zeitalter der elektronischen Vergabe verstand, obwohl die maßgebliche Bestimmung der Richtlinie 97/52/EG den Begriff der „Elektronik" überhaupt nicht erwähnte. Als wollte man in Brüssel zum damaligen Zeitpunkt den Begriff der „elektronischen Form" wie den leibhaftigen „Gottseibeiuns" lieber nicht beim Namen nennen, wurde die ursprüngliche Norm der EG-Basisrichtlinien, wonach *„die Angebote schriftlich auf direktem Wege oder mit der Post übermittelt werden"*, um den Zusatz ergänzt, dass die Mitgliedstaaten es zulassen können, die Angebote unter bestimmten Voraussetzungen[11] auch **„auf andere Weise"** zu übermitteln. Bekanntlich hat die Bundesregierung diese Option gezogen, indem sie in ebenso zurückhaltender Form eine zentrale Regelung in der **Vergabeverordnung** aufnahm, wonach *„....die*

[9] RICHTLINIE 93/36/EWG RATES v. 14. Juni 1993 über die Koordinierung der Verfahren zur Vergabe öffentlicher Lieferaufträge (ABl. L 199 v. 9.8.1993, S. 1), RICHTLINIE 93/37/EWG DES RATES v. 14. Juni 1993 zur Koordinierung der Verfahren zur Vergabe öffentlicher Bauaufträge (ABl. L 199 v. 9.8.1993, S. 54), RICHTLINIE 92/50/EWG DES RATES v. 18. Juni 1992, über die Koordinierung der Verfahren zur Vergabe öffentlicher Dienstleistungsaufträge (ABl. L 209 v. 24.7.1992, S. 1), RICHTLINIE 93/38/EWG DES RATES v. 14. Juni 1993 zur Koordinierung der Auftragsvergabe durch Auftraggeber im Bereich der Wasser-, Energie und Verkehrsversorgung sowie im Telekommunikationssektor (ABl. L 199 v. 9.8.1993, S. 84).

[10] ABl. L 328, S. 1 v. 28.11.1997.

[11] Vollständigkeit, Vertraulichkeit, fristgerechte Angebotsöffnung und gfl. schriftliche Bestätigung, sofern rechtlich erforderlich.

Auftraggeber es zulassen können, dass die Abgabe der Angebote in anderer Form als schriftlich per Post oder direkt erfolgen kann, sofern sie sicherstellen, dass die Vertraulichkeit der Angebote gewahrt ist“[12]*; wenn man so will, der vergaberechtliche „Urknall“ der e-Vergabe.*

Danach tat sich auf europäischer Ebene lange Zeit nichts Wesentliches, wenn man einmal von einer Mitteilung der EU-Kommission zum öffentlichen Auftragswesen in der Europäischen Union vom 11. März 1998[13] absah, in der die Kommission *„interessierte Auftraggeber und Anbieter sowie Firmen des IKT-Sektors und andere, insbesondere Euro Info Centers, zur aktiven Beteiligung aufrief, um die Entwicklung von Rahmenbedingungen für ein EU-weites elektronisches Auftragswesen zu fördern, in dem ein erheblicher Teil (beispielsweise 25 %) aller Beschaffungstransaktionen im Jahr 2003 elektronisch abgewickelt werden.“* Bekanntlich wurde dieses Ziel nicht erreicht.

II. Wahlfreiheit der Kommunikationsmittel

Erst die Richtlinien 2004/17/EG und 2004/18/EG vom 31. März 2004 brachten die notwendige Gleichstellung der elektronischen Kommunikationsmittel mit den herkömmlichen Kommunikationsmitteln im Vergabeverfahren und die damit verbundene **Wahlfreiheit** für die öffentlichen Auftraggeber. Des Weiteren wurden wesentliche Grundsätze bzgl. der elektronischen Übermittlung von Informationen und Mitteilungen festgeschrieben, zu denen auch Teilnahmeanträge und Angebote gehören.[14] Ebenfalls neu im elektronischen Kontext waren die als Option (an die Mitgliedstaaten) ausgestalteten Regelungen zu den ausschließlich elektronischen Verfahren der elektronischen (inversen) Auktion und des dynamischen Beschaffungssystems, die von der Bundesregierung im Gesetz gegen Wettbewerbsbeschränkungen (GWB) und teilweise in der Vergabe- und Vertragsordnung für Leistungen – Teil A (VOL/A) umgesetzt wurden.[15]

III. Die Kommission als „Dauertreiber“ der e-Vergabe

Von nun an entwickelte sich die EU-Kommission zum „Dauertreiber“ in Sachen e-Vergabe. Wenige Monate nach Inkrafttreten der damals neuen Richtlinien erging am **29. Dezember 2004** der Vorschlag für einen **Aktionsplan zur Umsetzung und Anwendung der Rechtsvorschriften über die elektronische Vergabe öffentlicher Aufträge**[16], ein Programm mit mehr als 30 Initiativen, die innerhalb von 2 Jahren einen

[12] § 15 VgV v. 9. Januar 2001, BGBl I 2001, S. 110.

[13] Mitteilung der Kommission v. 11.3.1998 KOM(1998) 143 endgültig.

[14] Art. 42 RL 2004/18/EG, Art. 48 RL 2004/17/EG.

[15] § 101 Abs. 6 GWB, § 5 EG VOL/A.

[16] Mitteilung der Kommission zur Umsetzung und Anwendung der Rechtsvorschriften über die elektronische Vergabe öffentlicher Aufträge, KOM (2004) 841 v. 29. Dezember 2004.

internationalen Rahmen für die elektronische Vergabe öffentlicher Aufträge schaffen sollten. Das politische Fernziel war ehrgeizig und sah für jedes Unternehmen in Europa mit einem PC und einer Internetverbindung die Möglichkeit vor, sich an einem online vergebenen öffentlichen Auftrag zu beteiligen.

Ein weiterer Aktionsplan folgte eineinhalb Jahre später unter dem Titel **„E-Governement-Aktionsplan im Rahmen der i2010-Initiative: Beschleunigte Einführung elektronischer Behördendienste in Europa zum Nutzen aller“**[17] Obwohl es bei diesem Aktionsplan in der Hauptsache um hunderte von öffentlichen E-Governement-Dienstleistungen ging, die meist kommunal, regional oder national ausgerichtet waren, brauchte man sichtbare Schlüsseldienste mit grenzüberschreitendem Charakter als Vorreiterdienste, deren Einführungsschwerpunkt auf der durch breite Nutzung messbaren Wirkung, statt bloßer elektronischer Zugänglichkeit liegen sollte. Hierzu zählte man die e-Vergabe insbesondere wegen des hohen Auftragsvolumens von 15–20% des Bruttoinlandsprodukts. Und wieder einmal wurde eine Zielmarke gesetzt, wonach die EU-Kommission zusammen mit den Mitgliedstaaten und privaten Akteuren bis 2010 alle öffentlichen Verwaltungen in die Lage versetzen wollten, ihre gesamte Auftragsvergabe zu 100% elektronisch abzuwickeln und mindestens 50% der öffentlichen Aufträge oberhalb bestimmter Grenzwerte[18] **tatsächlich** elektronisch zu vergeben.

IV. Ein Grünbuch zum Ausbau der e-Beschaffung in der EU

Am 18.10.2010 erfolgte die Herausgabe eines **„Grünbuchs zum Ausbau der e-Beschaffung in der EU“**[19], das die analysierten Hindernisse aufgrund einer von der EU-Kommission durchgeführten Untersuchung[20] zum Anlass nahm, weitere Maßnahmen auf EU-Ebene vorzuschlagen. Der Duktus dieser Vorschläge vermittelt streckenweise den Eindruck einer genervten Kommission, die ihr Tremolo unheilschwanger über den zögerlichen Mitgliedstaaten schweben lässt. Mit ihrem Vorschlag *„Beschleunigung der Einführung von e-Procurement mit Zuckerbrot und Peitsche“*[21] erweckte die EU-Kommission verstärkt den Eindruck von einer wohlmeinenden Beraterin zum Wohle der Mitgliedstaaten zur „Domina der e-Vergabe“ zu mutieren. Auch die in diesem Zusammenhang erwogene Möglichkeit zur Verlagerung der Verantwortlichkeit für die Einhaltung bestimmter Rechts- oder Verfahrensvorschriften vom öffentlichen Auftraggeber auf ein „e-Procurement-System“ als *„sicherer Hafen“* für verunsicherte und überforderte Vergabestellen, um diese durch die *„rechtliche Entlastung“* zur schnel-

[17] Mitteilung der Kommission v. 25.4.2006 (KOM (2006) 173 endgültig.

[18] 50 000 Euro für einfache öffentliche Dienstleistungen und 6 Mio. Euro für öffentliche Bauaufträge.

[19] KOM (2010) 571 endgültig.

[20] Siemens time.lex Study on the evaluation of the Action Plan for the implementation of the legal framework for electronic procurement (Phase II) v. 9. Juli 2010.

[21] KOM (2010) 571 endgültig, Kapitel 7.1.

leren Einführung der e-Vergabe zu bewegen, ähnelte eher den Maßnahmen in der Finanzkrise, finanztechnische Risikoprodukte in sog. „Bad Banks" zu verlagern, als einem seriösen Lösungsvorschlag. Dabei dürfte es doch unbestritten sein, dass ein elektronisches System in der Funktion eines „Vergabeautomaten" es bislang nicht leisten kann, das Wissen um die Rechtsmäßigkeit des Handelns – insbesondere die Auslegung unbestimmter Rechtsbegriffe – durch Algorithmen sicherzustellen.[22] Bekanntlich setzen die Richtlinien diese Idee auch nicht um.

Gegenstand des Grünbuchs waren verschiedene Fragen an die Mitgliedstaaten, u. a. die Frage „ob es das EU-Recht erlauben sollte, dass elektronische Verfahren für bestimmte, von EU-Richtlinien erfasste Beschaffungen verbindlich vorgeschrieben werden sollten"[23]. Die Bundesregierung erhob zwar Bedenken, räumte jedoch in ihrer Stellungnahme ein, *„dass im Falle einer verpflichtenden Einführung der e-Beschaffung sowohl den öffentlichen Auftraggebern als auch den potenziellen Bietern eine Übergangsfrist gewährt werden müsste, in der für einen vertretbaren Zeitraum eine Angebotsabgabe parallel sowohl elektronisch als auch in Papierform durchgeführt werden kann."*[24] Das Grünbuch zum Ausbau der e-Beschaffung in der EU sollte der erste Schritt in Richtung einer koordinierten, ambitionierten und umfassenden Überarbeitung des bestehenden Rechtsrahmens für das öffentliche Beschaffungswesen mit Vorschlägen zur Reform des einschlägigen EU-Rechts sein. Als zweiter Schritt folgte ein weiteres **Grünbuch zum Thema „Modernisierung des bestehenden EU-Rechtsrahmens für öffentliche Beschaffungen**"[25]und in Folge die drei in Frage stehenden Richtlinien.

V. Eine Strategie für die e-Vergabe

Bereits am 20. April 2012 – also 24 Monate vor Inkrafttreten der neuen Richtlinien – erging eine weitere **Mitteilung der EU-Kommission unter dem Titel „Eine Strategie für die e-Vergabe"**.[26] Die Strategie bestimmt 15 mit Terminvorgaben versehene Leitaktionen, mit denen das Ziel einer vollständigen e-Vergabe bis Mitte 2016 erreicht werden sollte. Abschließend stellt die EU-Kommission fest, dass die Umstellung auf die vollständige e-Vergabe in erster Linie keine technische oder technologische Herausforderung, sondern eine **wirtschaftliche und politische Herausforderung** darstellt. Das dringende Ersuchen an die Mitgliedstaaten und an das Europäische Parlament, ein *„klares politisches Signal der Entschlossenheit"* zu setzen, sollte insbesondere durch die Verabschiedung des damaligen Legislativpakets (Richtlinienvorschläge) zum öffentlichen Auftragswesen noch vor Ende des Jahres 2012 (!) erfolgen, damit die voll-

[22] Siehe Laux im Vergabeblog v. 6. April 2011 „Kann ein Automat eigenständig rechtssichere Vergaben durchführen?".

[23] KOM (2010) 571 endgültig, Frage 5.

[24] Stellungnahme der Bundesregierung v. 20. Januar 2011, Ziffer 5.

[25] KOM (2011) 15 endgültig v. 27. Januar 2011.

[26] KOM (2012) 179 final v. 20. April 2012.

ständige Umstellung auf e-Vergabe in der EU bis Mitte 2016 erfolgreich durchgeführt werden kann. Bekanntlich verschob sich die Verabschiedung des Legislativpakets durch den Rat und das Europäische Parlament um ca. 13 Monate.[27]

E. Kommunikationsschritte im Vergabeverfahren

Die klassischen Vergabeverfahren stellen praktisch eine auf die Belange öffentlicher Auftraggeber ausgestalteten Verfahrensschritte im zivilrechtlichen Vertragsanbahnungsprozess (§ 145 ff. BGB) dar und lassen sich grob in sechs Teilprozesse mit einer Kommunikation „nach außen" gliedern:

I. Schritt 1) Bekanntmachung

Die Bekanntmachung ist bei EU-weiten Vergaben im Amtsblatt S der EU (heute TED) zu veröffentlichen.

II. Schritt 2) Bereitstellung der Vergabeunterlagen

Die Vergabe- bzw. Teilnahmeunterlagen sind an Bewerber zu übermitteln oder diesen bereitzustellen, die ihr Interesse an der Ausschreibung bekunden.

III. Schritt 3) Bewerberkommunikation

Bei vielen Vergabeverfahren ergeben sich Aufklärungsfragen der Bewerber, die von Seiten der Vergabestellen (diskriminierungsfrei) beantwortet werden müssen sowie die Benachrichtigung über nicht berücksichtigte Bewerbungen.

IV. Schritt 4) Angebotsabgabe / Antrag (§ 145 BGB)

Abgabe der ersten Willenserklärung im Vertragsanbahnungsprozess durch den Bieter. Äußerung eines auf Herbeiführung einer Rechtsfolge gerichteten Willens; hier: Annahme/Zuschlag. Der zentrale Kommunikationsschritt im Vergabeverfahren.

[27] Nach Annahme des Europäischen Parlaments und des Rates am 30. Januar 2014.

V. Schritt 5) Bieterkommunikation

Sowohl im Rahmen der Prüfung und Wertung der Angebote wie auch danach ergeben sich Kommunikationsbedarfe zwischen Vergabestelle und Bieter, seien es Aufklärungsfragen der Vergabestelle an die Bieter oder die Nachforderung von Nachweisen bis hin zur Übermittlung der Mitteilungen nach § 101a GWB, Zusage- oder Absagemitteilungen wie z. B. die Benachrichtigung über nicht berücksichtigte Angebote.

VI. Schritt 6) Zuschlagserteilung / Annahme des Antrags (§§ 147–152 BGB)

Abgabe der zweiten Willenserklärung im Vertragsanbahnungsprozess durch den Auftraggeber. Durch Annahme des Angebots / Antrags kommt der Vertrag zustande.

Ausschließliche e-Vergabe bedeutet praktisch die (vollständige) elektronische Durchführung des Vergabeverfahrens über die Beschaffung von Waren, Bau- und Dienstleistungen. Es geht schlicht um die elektronische Darstellung der o. a. Teilprozesse unter Beachtung der besonderen Anforderungen nach den vergaberechtlichen Bestimmungen. Mit Unterstützung von „Vergabeplattformen“ werden sämtliche Verfahrensschritte in diesem spezifischen Vertragsanbahnungsprozess von Auftraggeber und Bieter elektronisch vorgenommen.

F. Pflicht zur elektronischen Kommunikation im Vergabeverfahren

Zentrale Normen der verpflichtenden elektonischen Kommunikation im Vergabeverfahren sind die Artikel 22 VRL und 40 SRL, die in Abs. 1 Satz 1 eine umfassende Pflicht der Mitgliedstaaten vorsehen, *„die gesamte Kommunikation und den gesamten Informationsaustausch nach diesen Richtlinien unter Anwendung elektronischer Kommunikationsmittel zu gewährleisten“*. Der Katalog der zulässigen Ausnahmen ist sehr restriktiv gehalten (s. Kapitel G). Die KVR regelt hingegen, dass die Mitgliedstaaten die Verwendung elektronischer Kommunikationsmittel für die Konzessionsvergabe vorschreiben können; ansonsten besteht Wahlfreiheit der Kommunikationsmittel.[28] Aus Gründen der Vereinfachung wird im folgenden nicht zwischen „öffentlichem Auftraggeber“ nach der VRL und „Auftraggeber“ nach der SRL unterschieden, sondern nur noch der Begriff des „Auftraggebers“ verwendet, sofern im Einzelfall nicht doch eine Differenzierung erforderlich wird.

---

[28] Art. 29 Abs. 1 KVR.

I. Vollelektronische, medienbruchfreie elektronische Kommunikation im Vergabeverfahren

Hierzu gehört insbesondere die elektronische Einreichung von Angeboten unter Anwendung **elektronischer Kommunikationsmittel** gemäß den Anforderungen, die in diesen zentralen Artikeln beschrieben sind. Die elektronische Kommunikation umfasst danach alle Verfahrensstufen mit Hilfe **elektronischer Mittel**, einschließlich die Übermittlung von Teilnahmeanträgen und insbesondere die Übermittlung von Angeboten.[29] Den Mitgliedstaaten und den Auftraggebern wird zwar freigestellt, auf Wunsch hierüber hinauszugehen, die Richtlinien stellen jedoch andererseits klar, dass die internen Prozesse (z. B. Dokumentation, Auswertung des Teilnahmewettbewerbs und der Angebote), die interne Kommunikation der Auftraggeber und Bestandteile der öffentlichen Auftragsvergabe, die auf die Vergabe des Auftrags folgen, nicht von der Pflicht zur elektronischen Kommunikation erfasst sind.[30] Zu letzterem dürfte die elektronische Rechnungsstellung zählen, die nach Erfüllung von in den Anwendungsbereich der Richtlinien fallenden Aufträgen ausgestellt werden und in der Richtlinie 2014/55/EU des Europäischen Rates und des Parlaments vom 16. April 2014 über die elektronische Rechnungsstellung bei öffentlichen Aufträgen geregelt sind.[31] Grundsätzlich müssen alle vorgenannten sechs Teilprozesse vollelektronisch möglich sein. Werden Angebote elektronisch übermittelt, verkürzt sich die vorgeschriebene Mindestfrist von 35 Tagen für die Eingang der Angebote im Offenen Verfahren bzw. von 30 Tagen für den Eingang der Angebote im nichtoffenen Verfahren um 5 Tage.[32]

II. Begriffe im Zusammenhang mit der elektronischen Kommunikation

Die Richtlinien benutzen unterschiedliche Begriffe im Zusammenhang mit der elektronischen Kommunikation:

1. Elektronische Informations- und Kommunikationsmittel

Hierbei handelt es sich um einen Oberbegriff für Instrumente einer Information und Kommunikation auf elektronischem Wege. Diese Instrumente sollen *„die Bekanntmachung von Aufträgen erheblich vereinfachen und Effizienz und Transparenz der Vergabeverfahren steigern. Sie sollten zum Standard für Kommunikation und Informationsaustausch im Rahmen von Vergabeverfahren werden, da sie die Möglichkeiten von Wirtschaftsteilnehmern zur Teilnahme an Vergabeverfahren im gesamten Binnen-*

[29] Erwägungsgrund 52 Satz 3 VRL und 63 Satz 3 SRL.

[30] Erwägungsgrund 52 Satz 4 VRL, 63 Satz 4 SRL.

[31] ABl. L 133 v. 6.5.2014.

[32] Art. 27 Abs. 4, Art. 28 Abs. 5 VRL, Art. 45 Abs. 4 SRL.

markt stark verbessern. Zu diesem Zweck sollten die Übermittlung von Bekanntmachungen in elektronischer Form, die elektronische Verfügbarkeit der Auftragsunterlagen sowie – nach einem Übergangszeitraum von 30 Monaten (nach Inkrafttreten der Richtlinien, Anm. des Verfassers) – eine ausschließliche Kommunikation, d. h. eine Kommunikation durch elektronische Mittel in allen Verfahrensstufen, einschließlich der Übermittlung von Teilnahmeanträgen und insbesondere der Übermittlung der Angebote (elektronische Übermittlung), verbindlich vorgeschrieben werden".[33] Eine Legaldefinition liefern die Richtlinien nicht – im Gegensatz zum Begriff der „elektronischen Mittel". In der Praxis kommen folgende Instrumente zum Einsatz:

a) Informations- und Kommunikationsplattformen

Für die Erfüllung der elektronischen Anforderungen stehen in der Praxis **Informationsportale / Plattformen** (z. B. www.bund.de oder TED-Tenders electronic daily die Onlineversion des „Supplements zum Amtsblatt der Europäischen Union" für das europäische öffentliche Auftragswesen www.ted.europa.eu) zur Verfügung, die ausschließlich der Veröffentlichungen von ex-Post- und ex-Ante-Bekanntmachungen **ohne Kommunikationsmöglichkeiten** im Vergabeverfahren selbst zum Inhalt haben. Darüber hinaus stehen auch **Transaktionsplattformen** (z. B. www.evergabe-online.de, www.evergabe.nrw.de), zur Verfügung, auf denen neben dem Bekanntmachungstext auch Vergabeunterlagen bereitgestellt werden. Neben der Bekanntmachung können hier auch Vergabeunterlagen, die von der Vergabestelle in elektronischer Form bereitgestellt werden, heruntergeladen werden. Auch die Kommunikation zwischen Bieter und Vergabestelle ist in den meisten Fällen über die Plattform möglich. Einige Plattformen stellen auch Softwarelösungen für Bieter bereit, mit welchen die Angebote auch elektronisch bearbeitet und abgegeben werden können.

b) Vergabemanagementsysteme

Vergabemanagementsysteme haben die Aufgabe, die Abwicklung des gesamten internen, sehr aufwendigen und arbeitsteiligen Vergabeprozesses digital und dabei rechtskonform zu unterstützen. Solche Systeme sind spezifisch für den Einsatz bei öffentlichen Auftraggebern entwickelt worden, da sie die aktuellen vergaberechtlichen Vorschriften beachten müssen. Um den Auftraggeber bzw. den Beschaffer bei der Erstellung und Bearbeitung von Vergaben elektronisch zu unterstützen gibt es eine Reihe unterschiedlicher Ansätze. Es lassen sich hier zwei große Unterscheidungen treffen. Zum einen **Web-basierte Anwendungen**, bei denen der Bearbeiter auf eine im Internet bereitstehende Seite zugreift, um dort Unterlagen zu erstellen und ggf. direkt dem potenziellen Bieter bereitzustellen. Die andere Möglichkeit ist die **Installation einer Software** zur Erstellung der Unterlagen auf als Einzelplatzlösungen oder, bei Vergabestellen mit mehreren Nutzern, als Server-Client-Lösung. Vergabemanagementsysteme

[33] Erwägungsgrund 52 VRL, 63 SRL.

werden von den Richtlinien nicht geregelt, sie dienen jedoch der Effizienz durch einen einheitlichen elektronischen Workflow.

2. *Elektronische Mittel*

Elektronische Mittel sind Mittel, mit denen eine ausschließliche elektronische Kommunikation stattfinden soll.[34] *Elektronische Mittel für die Kommunikation im Vergabeverfahren sind elektronische Geräte/Vorrichtungen für die Verarbeitung (einschl. digitaler Kompression) und Speicherung von Daten, die über Kabel, per Funk, mit optischen Verfahren oder mit anderen elektromagnetischen Verfahren übertragen, weitergeleitet und empfangen werden.*[35] Hierzu dürfte somit auch das Telefaxgerät gehören, da mit ihm eine Bilddatei (optisches Verfahren) entweder analog oder auch mit einem PC versandt wird. Im Gegensatz zu herkömmlichen Vorstellungen sind elektronisch gespeicherte Informationen nach den Richtlinien auch unter den Begriff der „Schriftlichkeit" zu subsumieren und damit nicht mit der „Schriftform" gem. § 126 BGB zu verwechseln. **Schriftlichkeit** im Sinne der Richtlinien ist eine aus Wörtern oder Ziffern bestehende Darstellung, die gelesen, reproduziert und mitgeteilt werden kann, einschließlich anhand „elektronischer Mittel" übermittelter und gespeicherter Informationen.[36] Hierzu gehört somit sowohl die „schwarze Tinte auf weißem Papier" als auch das elektronische Dokument.

III. Allgemeine Anforderungen an die elektronischen Kommunikationsmittel

Des Weiteren werden die **allgemeinen Anforderungen** an die für die elektronischen Kommunikationsmittel zu verwendenden *„Instrumente und Vorrichtungen"* sowie ihre technischen Merkmale festgelegt, die im Vergleich zu den Vorgängerrichtlinien dem Grunde nach unverändert geblieben sind. Sie müssen nicht diskriminierend **(VRL) bzw. diskriminierungsfrei (SRL), allgemein verfügbar (VRL) bzw. zugänglich (SRL) und kompatibel** mit den allgemein verbreiteten Erzeugnissen der Informations- und Kommunikationstechnologie sein und zudem einen **unbeschränkten Zugang** der Wirtschaftsteilnehmer zu den Vergabeverfahren sicherstellen.

Hier stellt sich die Frage, was mit **„Instrumenten und Vorrichtungen"** gemeint ist. Die englische Fassung der Richtlinien spricht in diesem Zusammenhang von „tools" und „devices" (Werkzeuge und Geräte). Demnach dürfte es im engeren Sinne einerseits um **Hardware** (Geräte) andererseits um **Software** (Werkzeuge) und im weiteren Sinne um die **„Netze"** gehen, wie dies bereits in den Vorgängerrichtlinien angelegt war und vom deutschen Verordnungsgeber im Zuge der damaligen Umsetzung in deutsches Recht

---

[34] Erwägungsgrund 52 Satz 3 VRL, 63 Satz 3 SRL.

[35] Art. 2 Abs. 1 Nr. 19 VRL, Artikel 2 Nr. 15 SRL (Legaldefinition).

[36] Art. 2 Abs. 1 Nr. 18 VRL, Artikel 2 Nr. 14 SRL.

so interpretiert und übernommen wurde.[37] Eine ähnliche Regelung beinhaltet auch die KVR, die für das vom Auftraggeber gewählte Kommunikationsmittel und damit auch für den Fall der elektronischen Vergabe diese Anforderungen aufstellt.[38] Ein freier und ungehinderter Zugang zum Internet ist somit auch eine Voraussetzung für die Durchführung von e-Vergabe.

IV. Barrierefreiheit elektronischer Kommunikationsmittel

Die Verwendung der elektronischen Kommunikationsmittel sollte auch barrierefrei sein.[39] Dies gilt insbesondere für einen barrierefreien Zugang zum Internet. Barrierefreies Internet bedeutet den Zugang zum Internet für alle und umfasst Internetseiten und Anwendungen, die Menschen mit Behinderung lesen, verstehen und navigieren können und mit denen sie interagieren können, Webbrowser und Media player, die von Menschen mit Behinderung genutzt werden können und die eine assistive Technologie ermöglichen, Autorensysteme und Entwicklungssysteme, die eine Produktion von barrierefreien Internetseiten und Websites unterstützen und die von Menschen mit Behinderung genutzt werden können.

In Deutschland regelt bereits das „Gesetz zur Gleichstellung behinderter Menschen“[40] in § 11 die „Barrierefreie Informationstechnik“. Demnach müssen „Träger öffentlicher Gewalt“ ihre Internetangebote barrierefrei gestalten. Von dieser Regelung betroffen sind auch alle „zur Verfügung gestellten Programmoberflächen, die mit Hilfe von Informationstechnik dargestellt werden“ also z. B. auch Informationsangebote auf CD-ROM.[41] Träger öffentlicher Gewalt sind die Dienststellen und sonstigen Einrichtungen der Bundesverwaltung, einschließlich der bundesunmittelbaren Körperschaften, Anstalten und Stiftungen des öffentlichen Rechts, die im Rahmen ihres jeweiligen Aufgabenbereichs die in § 1 genannten Ziele (Beseitigung und Verhinderung der Benachteiligung von behinderten Menschen sowie die Gewährleistung gleichberechtigte Teilhabe von behinderten Menschen am Leben in der Gesellschaft) aktiv fördern und bei der Planung von Maßnahmen beachten sollen. Das Gleiche gilt für Landesverwaltungen, einschließlich der landesunmittelbaren Körperschaften, Anstalten und Stiftungen des öffentlichen Rechts, soweit sie Bundesrecht ausführen. Die Länder haben eigene Landesgleichstellungsgesetze geschaffen, um die Inhalte des Behindertengleichstellungsgesetzes auf Länderebene umzusetzen.

---

[37] Art. 42 Abs. 4 und 5 RL 2004/18/EG, § 13 EG Abs. 2 VOL/A, § 11 EG Abs. 1 Nr. 2 VOB/A, Art. 48 Abs. 4 und 5 RL 2004/17/EG, § 5 Abs. 2 SektVO.

[38] Art. 29 Abs. 2 KVR.

[39] Erwägungsgrund 53 Satz 2 VRL, 64 Satz 2 SRL.

[40] Behindertengleichstellungsgesetz v. 27. April 2002 (BGBl. I S. 1467, 1468), zuletzt durch Artikel 12 des Gesetzes v. 19. Dezember 2007 (BGBl. I S. 3024) geändert.

[41] http://www.cio.bund.de/Web/DE/Strategische-Themen/E-Government/Barrierefreiheit_BITV/Rechtliche_Grundlagen/rechtliche_grundlagen_Inhalt.html.

V. Datenintegrität und Vertraulichkeit der Teilnahmeanträge und Angebote in allen Vergabeverfahren

Eine weitere allgemeine Anforderung ist die Forderung, dass bei der gesamten Kommunikation sowie beim Austausch und der Speicherung von Informationen die Auftraggeber sicherstellen müssen, dass die **Integrität der Daten** und die **Vertraulichkeit der Angebote** und der **Teilnahmeanträge** gewährleistet ist. Der Inhalt von Angeboten und Teilnahmeanträgen darf erst nach Ablauf der Frist für ihre Einreichung überprüft werden.[42] Diese Regelung entspricht unverändert den Vorgängerrichtlinien und wurde auch von der neuen KVR übernommen.[43] Die Einhaltung dieser Anforderungen obliegt nach den Richtlinien den Auftraggebern und nicht – wie vielleicht zu vermuten wäre – den das Angebot oder den Teilnahmeantrag einreichenden Bietern oder Bewerbern. Offen bleibt, auf welche Art und Weise Datenintegrität (d. h. Sicherstellung der Unversehrtheit der Daten) und Vertraulichkeit durch die Auftraggeber hergestellt werden soll.

Einen Hinweis geben die aktuellen Bestimmungen über Form und Inhalt der Angebote und Teilnahmeanträge in den geltenden Vergabe- und Vertragsordnungen. Während in herkömmlichen Verfahren der **verschlossene Umschlag**, dessen **Kennzeichnung** und **Unterverschlusshaltung** bis zum Abgabetermin geregelt ist, hat dies im elektronischen Verfahren für die Datenintegrität *„durch entsprechende organisatorische und technische Lösungen nach den Anforderungen des Auftraggebers“* zu erfolgen.

Möglichkeiten, Datenintegrität sicherzustellen sind beispielsweise die Speicherung und Archivierung in einer zugriffsgeschützten Datenbank, das Erzeugen und Speichern von Hashwerten zu den einzelnen Datensätzen beim Auftraggeber oder Zeitstempeln der Dokumente nach dem Empfang.

1. Sicherstellung der Datenintegrität durch Einsatz elektronischer Signaturen

Eine weitere technische Möglichkeit zur Sicherstellung der Datenintegrität bietet die **fortgeschrittene oder qualifizierte elektronische Signatur**, ungeachtet ihrer rechtlichen Funktion als elektronische Unterschrift i. S. der §§ 126, 126a und 127 BGB. Durch diese Signaturen wird jede nachträgliche Veränderung des Dokuments erkennbar, auch wenn sich Teilnahmeantrag oder Angebot bereits im Herrschaftsbereich des Auftraggebers befindet. Zur Erläuterung muss zunächst zwischen den Begriffen „elektronische Signatur“ und „digitale Signatur“ unterschieden werden. Während die „elektronische Signatur“ ein **Rechtsbegriff** ist, der auf der Definition der Signaturrichtlinie[44] basiert (eine von einer Person elektronisch erstellte Willenserklärung), handelt es sich

[42] Art. 22 Abs. 3 VRL, Art. 40 Abs. 3 SRL, Art. 29 Abs. 2 UAbs. 2 KVR.

[43] Art. 42 Abs. 3 RL 2004/18/EG, Art. 48 Abs. 3 RL 2004/17/EG.

[44] Richtlinie 1999/93/EG v. 13. Dezember 1999 über gemeinschaftliche Rahmenbedingungen für elektronische Signaturen, ABl. L 13 v. 19.1.2000.

bei der „digitalen Signatur“ um den **technischen Begriff** für elektronische Signaturen. Die digitale Signatur setzt zur Erzeugung ein kryptographisches Verfahren voraus, an dessen Ende ein verschlüsselter **Hashwert (Prüfsumme)** steht. Durch erneute Erstellung des Hashwertes nach Eingang des Teilnahmeantrags oder des Angebots beim Auftraggeber und durch den Vergleich mit dem ursprünglichen Hashwert für die Erzeugung der Signatur kann die Integrität von signierten Daten ermittelt und damit evtl. Veränderungen aufgrund des veränderten zweiten Hashwertes erkannt werden. Allerdings kann nicht erkannt werden, welche Veränderungen vorgenommen wurden.

2. Differenzierung zwischen Elektronischer Signatur und Sicherstellung der Vertraulichkeit

Zu betonen ist in diesem Zusammenhang, dass die fortgeschrittene oder qualifizierte elektronische Signatur zwar die Datenintegrität durch die vorgenannten Mechanismen sicherstellen kann, nicht jedoch den unberechtigten Zugriff verhindern. Die Verschlüsselung von Dokumenten für den vertraulichen elektronischen Datenaustausch ist kein Bestandteil von elektronischen Signaturen. Eine elektronische Signatur dient nicht zur Geheimhaltung von Informationen und somit nicht der Verschlüsselung von Dokumenten und bietet demzufolge auch keinen Schutz gegen Veränderungen am signierten Dokument (Teilnahmeantrag oder Angebot). Daher ist in der *„Übersicht Nr. 4 der Kommission zu den Änderungen im elektronischen Beschaffungswesen nach den neuen Richtlinien“* der Hinweis im Abschnitt „elektronische Signaturen“ missverständlich, wonach *„oftmals auch eine elektronische Signatur verwendet wird, um den Inhalt einer signierten Nachricht zu schützen (Verschlüsselung)“*.[45] Für elektronische Signaturen sowie geheime elektronische Dokumente werden zwar gleichermaßen asymmetrische Schlüssel verwendet, jedoch in unterschiedlicher Anwendungsweise:

a) Bei der Erstellung einer fortgeschrittenen oder qualifizierten elektronischen Signatur wird mit Hilfe eines geheimen Schlüssels **(Private Key)** lediglich die digitale Prüfsumme (Hashwert) der signierten Daten **verschlüsselt**. Die Prüfsumme kann mit Hilfe des in der Signatur mitgeführten und zum privaten Schlüssels korrespondierenden öffentlichen Schlüssels **(Public Key)** zu einem beliebigen Zeitpunkt **entschlüsselt** und gegen einen erneut erstellte Prüfsumme verglichen werden (siehe oben).

b) Der Inhalt geheimer/vertraulicher Dokumente wird dagegen mit einem symmetrischen Schlüssel verschlüsselt, der mit dem **Public Key** des Empfängers **verschlüsselt** wird (Klartext > Geheimtext). Der symmetrische Schlüssel kann nur vom Empfänger mit dessen **Private Key** entschlüsselt werden und dann zur **Entschlüsselung** des Dokuments genutzt werden (Geheimtext > Klartext).[46]

---

[45] http://ec.europa.eu/internal_market/publicprocurement/docs/modernising_rules/reform/fact-sheets/fact-sheet-04-computerisation_de.pdf.

[46] Signature Perfect, Leitfaden Elektronische Signatur, Version 5 v. 4.12.2008, Kapitel 4.1.

Für die elektronische Vergabe bedeutet somit „Vertraulichkeit" die **Verschlüsselung von Teilnahmeanträgen und Angeboten** unterschiedslos **in allen Vergabeverfahren**, die durch Bereitstellung von Verschlüsselungssoftware durch den Auftraggeber sicherzustellen ist.

VI. Zugänglichkeit der elektronischen Spezifikationen

Ebenso müssen die Informationen über die Spezifikationen für die elektronische Einreichung der Angebote und Teilnahmeanträge, einschließlich Verschlüsselung und Zeitstempelung, den Interessenten zugänglich sein. Dies entspricht ebenfalls den Bestimmungen der Vorgängerrichtlinien[47], die in den Vergabe- und Vertragsordnungen umgesetzt wurden.[48]

VII. Unterschiedliche Umsetzungsfristen für Zentrale und sonstige Beschaffungsstellen

Während die Richtlinien bis zum 18. April 2016 in das jeweilige Recht der Mitgliedstaaten umgesetzt sein müssen, besteht eine Aufschubmöglichkeit der Mitgliedstaaten für die verpflichtende elektronische Kommunikation im Vergabeverfahren. Danach müssen **„Zentrale Beschaffungsstellen"** spätestens **bis zum 18. April 2017** ausschließlich elektronisch beschaffen. Alle übrigen Vergabestellen spätestens **bis zum 18. Oktober 2018.**[49] Diese im Vergleich zu sonstigen Beschaffungsstellen vorgezogene Verpflichtung zur e-Vergabe erscheint nicht unverhältnismäßig, da viele zentrale Beschaffungsstellen bereits heute in Sachen IT-Nutzung in der Regel besser aufgestellt sind als andere Beschaffungsstellen.

1. Zentrale Beschaffungsstelle / Bildung von Einkaufskooperationen

Dabei darf der Begriff der „Zentralen Beschaffungsstellen" allerdings nicht verwechselt werden mit dem Begriff der zentralen Vergabestellen nach deutschem Verständnis. Während national – und hier gerade bei den Kommunen – unter einer zentralen Vergabestelle meist eine Organisationseinheit verstanden wird, die die Vergabe für einen Öffentlichen Auftraggeber **intern** bündelt, definiert die Richtlinie eine zentrale Beschaffungsstelle als einen „öffentlichen Auftraggeber" der für **„Dritte"** beschafft, d. h. für andere öffentlichen Auftraggeber auf Dauer bedarfsdeckend durch **Erwerb von Leistungen, Durchführung von Vergaben** oder **Abschluss von Rahmenvereinbarungen** tätig wird (zentrale Beschaffungstätigkeit) und ggf. diesen bei seinen Be-

---

[47] Art. 42 Abs. 5 lit. a) RL 2004/18/EG, Art. 48 Abs. 5 lit. a) RL 2004/17/EG.

[48] § 11 Abs. 1 Nr. 3 S. 1 VOB/A, § 13 EG Abs. 3 S. 1 VOL/A, § 8 Abs. 6 S. 1 VOF.

[49] Art. 90 Abs. 2 UAbs. 1 und 2 VRL, Art. 106 Abs. 2, UAbs. 1 und 2 SRL.

schaffungstätigkeiten unterstützt (Nebenbeschaffungstätigkeit).[50] Damit dürfte auch klargestellt sein, dass i. S. der VRL eine zentrale Beschaffungsstelle dem Wortlaut nach nicht vorliegt, wenn ein privates Unternehmen zentrale Beschaffungstätigkeiten für öffentliche Auftraggeber durchführt.

Berücksichtigt man in diesem Zusammenhang die Definition des öffentlichen Auftraggebers in der VRL[51] und des Auftraggebers in der SRL[52], kommt man zu dem Ergebnis, dass im EU-rechtlichen Sinne der „Dritte", für den die zentrale Beschaffungsstelle tätig wird, stets eine andere **eigene Rechtspersönlichkeit** besitzen muss, so dass zentrale Beschaffungstätigkeit durch zentrale Beschaffungsstellen mit der Bildung von **Einkaufskooperationen** einhergeht. Da die öffentliche Hand nach herrschender Meinung als öffentlicher Auftraggeber zudem „Unternehmen" im kartellrechtlichen Sinne ist, unterliegen Einkaufskooperationen zunächst einmal grundsätzlich dem **Kartellverbot** des § 1 GWB; mögliche **Freistellungen** nach den §§ 2 und 3 GWB sind stets das Ergebnis einer Einzelfallprüfung. Auf diese kartellrechtliche Problematik soll an dieser Stelle jedoch nicht näher eingegangen werden. Die Richtlinien räumen jedenfalls den Mitgliedstaaten die Möglichkeit ein festzulegen, dass öffentliche Auftraggeber Lieferungen und/oder Dienstleistungen von zentralen Beschaffungsstellen erwerben dürfen, die zentralisierte Beschaffungstätigkeit anbieten (Option).[53]

Obwohl Aufgabe der zentralen Beschaffungsstellen die Beschaffung für andere Rechtssubjekte ist, schließt dies nicht aus, dass diese auch ihren eigenen Beschaffungsbedarf decken. Es kommt daher auf die generelle Tätigkeit der zentralen Beschaffungsstelle an. Ihre Einrichtung setzt daher – ungeachtet der vergaberechtlichen Vorschriften – eine organisationsrechtliche und keine vergaberechtliche Entscheidung voraus. Dieser Tatsache war auch die damalige Entscheidung des deutschen Gesetz- bzw. Verordnungsgeber geschuldet, wonach bei Umsetzung der Vorgängerrichtlinien, die bereits dort schon enthaltene Definition und Aufgabenstellung zentraler Beschaffungsstellen nicht in deutsches Vergaberecht übernommen wurde.[54]

2. Bereitstellung einer mandantenfähigen Vergabeplattform für andere Auftraggeber / Nebenbeschaffungstätigkeit

Die Bereitstellung einer mandantenfähigen Vergabeplattform durch einen Auftraggeber, über die andere Auftraggeber selbständig ihre Beschaffungen abwickeln können (Plattformbetreiber), dürfte eine **„Nebenbeschaffungstätigkeit"** darstellen, da es sich hierbei um die *„Bereitstellung technischer Infrastruktur handelt, die es Auftraggebern ermöglicht, öffentliche Aufträge zu vergeben oder Rahmenvereinbarungen über*

[50] Art. 2 Abs. 1 Nr. 16 VRL, Art. 2 Nr. 12 UAbs. 1 SRL.

[51] Art. 2 Abs. 1 Nr. 1 VRL.

[52] Art. 4 Abs. 1 SRL.

[53] Art. 37 VRL, Art. 55 SRL.

[54] Art. 1 Abs. 10, Art. 11 RL 2004/18/EG, Art. 1 Abs. 8, Art. 29 RL 2004/17/EG.

Bau-, Liefer- oder Dienstleistungen abzuschließen."[55] In diesen Fällen erwirbt nicht die zentrale Beschaffungsstelle Leistungen oder vergibt öffentliche Aufträge für andere Auftraggeber, sondern die anderen Auftraggeber beschaffen im **eigenen Namen und auf eigene Rechnung** unter Zuhilfenahme einer Vergabeplattform. Diese Tätigkeit als Plattformbetreiber alleine dürfte nicht die kumulativen Voraussetzungen für eine zentrale Beschaffungsstelle erfüllen. Als Abgrenzungsmerkmal könnten die in den Erwägungsgründen angelegten Tätigkeitsarten zentraler Beschaffungsstellen als **Groß- oder Zwischenhändler** herangezogen werden.[56] Danach kann die zentrale Beschaffungsstelle z. B. als **Zwischenhändler im Auftrag und auf Rechnung des betreffenden Auftraggebers** tätig werden und damit zentrale Beschaffungstätigkeit ausüben.

G. Ausnahmen von der elektronischen Kommunikationspflicht

Von der elektronischen Kommunikation kann in Ausnahmefällen abgewichen werden. Die Richtlinien unterscheiden dabei zwischen Ausnahmen von der elektronischen **Angebotsabgabe** und Ausnahmen von der Verwendung elektronischer Kommunikationsmittel **in allen Phasen des Vergabeverfahrens**.

I. Ausnahmen von der verpflichtenden elektronischen Angebotsabgabe

Bestimmte Ausnahmen beschränken sich auf den **Teilprozess der Angebotsabgabe (Schritt 4)**. In den Erwägungsgründen wird im Zusammenhang mit den geregelten Ausnahmefällen klargestellt, dass *„die Verpflichtung zur Verwendung elektronischer Mittel in allen Phasen des Verfahrens zur Vergabe öffentlicher Aufträge nicht angemessen wäre. Auftraggeber sollten daher nicht verpflichtet werden, in bestimmten Fällen die Nutzung elektronischer Mittel im „Einreichungsverfahren" zu verlangen, wobei diese Fälle erschöpfend aufgelistet werden sollten".*[57] Obwohl die Formulierung den Schluss nahelegt, dass hiervon alle Einreichungsformen in allen Verfahrensphasen gemeint sind (z. B. auch die Einreichung von Teilnahmeanträge im Teilnahmewettbewerb), beschränkt die Norm selbst die Ausnahmen von der elektronischen Kommunikation auf die **„Angebotseinreichung"**. Danach wird vorausgesetzt, dass der Einsatz elektronischer Kommunikationsmittel für die **Einreichung des Angebots bzw. Teile des Angebots** bei gleichzeitig vollständiger Erfüllung der allgemeinen Anforderungen oder bei objektiver Unmöglichkeit aufgrund spezifischer Besonderheiten

[55] Art. 2 Abs. 1 Nr. 15 lit. a) VRL bzw. Art. 2 Nr. 11 lit. a) SRL.

[56] Erwägungsgrund 69 Abs. 2 VRL, Erwägungsgrund 78 Abs. 2 SRL.

[57] Erwägungsgrund 53 Satz 3 u. 4 VRL, Erwägungsgrund 64 Satz 3 u. 4 SRL.

faktisch nicht möglich ist. Diese Ausnahmetatbestände sind **erschöpfend** geregelt.[58] Es handelt sich hierbei um folgende Fälle:

a) Die besonderen Art der Auftragsvergabe erfordert für die Nutzung elektronischer Kommunikationsmittel spezifische Instrumente, Vorrichtungen oder Dateiformate, die die Anforderungen an die **allgemeine Verfügbarkeit nicht** erfüllen können;

b) Für die Angebotsbeschreibung verwendeten Dateiformate, die andere **offene oder allgemein verfügbare Anwendungen** *nicht* unterstützen oder die **durch Lizenzen geschützt sind**, können demzufolge nicht für die elektronische Nutzung zur Verfügung gestellt werden.

c) Es müssen spezielle Bürogeräte, z. B. Großformatdrucker, verwendet werden, die öffentlichen Auftraggebern *nicht* **generell zur Verfügung stehen**.

d) Mit dem Angebot wird die **Einreichung physischer oder maßstabsgetreuer Modelle** verlangt. Die elektronische Übermittlung ist daher objektiv unmöglich. Hierunter fallen auch **Muster und Proben**, die nach gegenwärtigem deutschen Recht unter den Begriff der Erklärungen i. S. des § 19 EG Abs. 2 VOL/A fallen, da diese dazu dienen, Inhalt, Substanz oder Leistungsumfang des zu liefernden Produkts beispielhaft zu beschreiben.[59]

Liegen diese Ausnahmefälle vor, fallen die Richtlinien **für den Schritt der Angebotsabgabe** faktisch auf die „**Wahlfreiheit** der Auftraggeber für die Übermittlung von Informationen" nach den Vorgängerrichtlinien zurück, wobei das Fax (da es sich beim Fax um ein „elektronisches Mittel" handelt) unerwähnt bleibt.[60] D. h. die Kommunikation erfolgt per Post oder einem anderen geeigneten Weg (z. B. direkt per Kurier) oder durch Kombination **auch mit elektronischen Mitteln**.[61] Auch in diesen Fällen ist also das elektronische Mittel nicht ausgeschlossen; stellt quasi eine „Hintertür" für die zumindest teilweise Nutzung elektronischer Mittel bei der Angebotsabgabe dar.

Es wird zudem **klargestellt**, dass die Nutzung anderer als elektronischer Kommunikationsmittel auf die **Bestandteile des Angebots** beschränkt bleiben sollen, für die eine elektronische Kommunikation nicht verlangt wird.[62] Das bedeutet z. B., dass bei physischer Einreichung von Mustern und Proben als Teil des Angebots die Angebotsabgabe selbst elektronisch erfolgen muss, sofern nicht andere Ausnahmetatbestände dies ausschließen. Oder der Versand von Plänen und Zeichnungen als Bestandteile des Angebots, die nur auf Großformatdruckern ausgedruckt werden können, erfolgt beispielsweise per Post, die Abgabe des Angebotes selbst muss jedoch elektronisch erfolgen, da eine physische und elektronische Trennung problemlos

[58] Art. 22 Abs. 1 UAbs. 2 VRL, Art. 40 Abs. 1 UAbs. 2 SRL.

[59] VK Sachsen, Beschluss v. 4.10.2011, Az. 1/SVK/037-11).

[60] Art. 42 Abs. 2 RL 2004/18/EG, Art. 48 Abs. 1 RL 2004/17/EG.

[61] Art. 22 Abs. 1 UAbs. 3 VRL, Art. 40 Abs. 1 UAbs. 2 SRL.

[62] Erwägungsgrund 53 UAbs. 2 VRL, 64 UAbs. 2 SRL.

möglich ist. Diese Betrachtung erscheint durch die Regelung, die Kombination möglichst auch mit elektronischen Mitteln vorzunehmen, zwingend und unterstreicht zudem den Vorrang der elektronischen Kommunikation im Vergabeverfahren. Im Ergebnis kann festgestellt werden, dass zwar Ausnahmen von der elektronischen Angebotsabgabe geregelt sind, diese Ausnahmen den Auftraggeber jedoch **nicht** berechtigen, das gesamte Vergabeverfahren auf herkömmliche Art unter Ausschluss elektronischer Kommunikationsmittel durchzuführen.

1. Potenzielle Veränderbarkeit der allgemeinen Ausnahmetatbestände

Die Ausnahmetatbestände sind zwar zum gegenwärtigen Zeitpunkt erschöpfend und verbindlich geregelt, für die Zukunft jedoch nicht unbedingt zwingend festgeschrieben. Die Richtlinien übertragen der Kommission nämlich die Befugnis, die Liste der Ausnahmen (lit. a) – d)) durch delegierte Rechtsakte zu ändern, wenn technische Entwicklungen weiter bestehende Ausnahmen von der Nutzung elektronischer Kommunikationsmittel unangemessen erscheinen lassen oder wenn aufgrund technischer Entwicklungen neue Ausnahmen vorgesehen werden müssen und das Europäische Parlament und der Rat nicht innerhalb von zwei Monaten nach Übermittlung dieses Rechtsaktes Einwände erheben.[63] Grundlage der delegierten Rechtsakte ist Art. 290 AEUV. Es handelt sich demnach um Rechtsakte ohne Gesetzescharakter mit allgemeiner Geltung zur Ergänzung oder Änderung bestimmter nicht wesentlicher Vorschriften des betreffenden Gesetzgebungsaktes (hier: Richtlinien).

2. Künftige Zulässigkeit des „Mantelbogenverfahrens"?

Im Zusammenhang mit den Ausnahmen vom Vorrang der elektronischen Kommunikationspflicht bei der Einreichung von Angeboten soll die Zulässigkeit des „Mantelbogenverfahrens" untersucht werden, das von einigen Plattformbetreibern von e-Vergabelösungen gegenwärtig als Möglichkeit der elektronischen Angebotsabgabe angeboten wird.

Unter dem Mantelbogenverfahren versteht man die elektronische Angebotsabgabe in Verbindung mit der Abgabe eines **handschriftlich signierten Formulars, unter Ausschluss elektronischen Signaturen**. Die Angebotsinhalte werden – wie auch im vollelektronischen Verfahren – elektronisch an den Auftraggeber übermittelt. Vor dem Versenden wird in einem kryptographischen Verfahren eine Prüfsumme / Hashwert wie bei einer digitalen Signatur berechnet (s. Kapitel F. V. 1). Diese Prüfsumme wird in einem gesonderten Formular – dem Mantelbogen – festgehalten, ausgedruckt und vom Bieter unterschrieben an den Auftraggeber versendet. Der Auftraggeber prüft bei der Angebotsöffnung, ob die vom Bieter unterschriebene Prüfsumme mit der – nach dem gleichen mathematischen Verfahren erneut berechneten – Prüfsumme der ent-

[63] Art. 22 Abs. 7 UAbs. 2 i. V. m. Art. 87 VRL, Art. 40 Abs. 7 UAbs. 2 i. V. m. Art. 103 SRL.

schlüsselten elektronischen Angebotsinhalte übereinstimmt. Damit wird u. a. die geforderte Unversehrtheit der Daten oder deren Verletzung sichergestellt.

Obwohl danach die vorgeschriebene fortgeschrittene oder qualifizierte elektronische Signatur keine Anwendung findet, spricht vieles dafür, dass es sich bei diesem **„Hybridverfahren"** nach den Vorgängerrichtlinien und demzufolge nach geltendem deutschen Vergaberecht dennoch um eine zulässige Form der Angebotsabgabe handelt, so dass ein solches Angebot nicht zwingend auszuschließen ist. Es gelten auch hier die Grundsätze der Informationsübermittlung. Danach ist die Übermittlung von Angeboten auch in postalisch-elektronischer Kombination zulässig, so dass es letztlich nur darauf ankommt, ob **vertragsrechtlich** ein wirksames Angebot vorliegt oder nicht. Soweit insbesondere bei Ausschreibungen die Anforderungen an Unversehrtheit und Vertraulichkeit **in beiden Übermittlungswegen** erfüllt werden (Verschlüsselung, verschlossener Umschlag, Verschlusshaltung beim Auftraggeber bis zum Angebotsschlusstermin) und durch die **Unterschrift auf dem Mantelbogen** die Einbindung der elektronisch übermittelten Angebotsinhalte als Angebotsbestandteil (u. a. durch den Hashwert) sichergestellt ist, spricht gegenwärtig nichts gegen ein wirksam abgegebenes Angebot. Dadurch enthält das Angebot alle geforderten Angaben, Erklärungen und Preise, **ohne unbedingt auch eine physische oder elektronische Einheit bilden zu müssen**.

§ 16 EG i.V. mit § 13 EG Abs. 1 VOL/A: ein **Hybridverfahren**

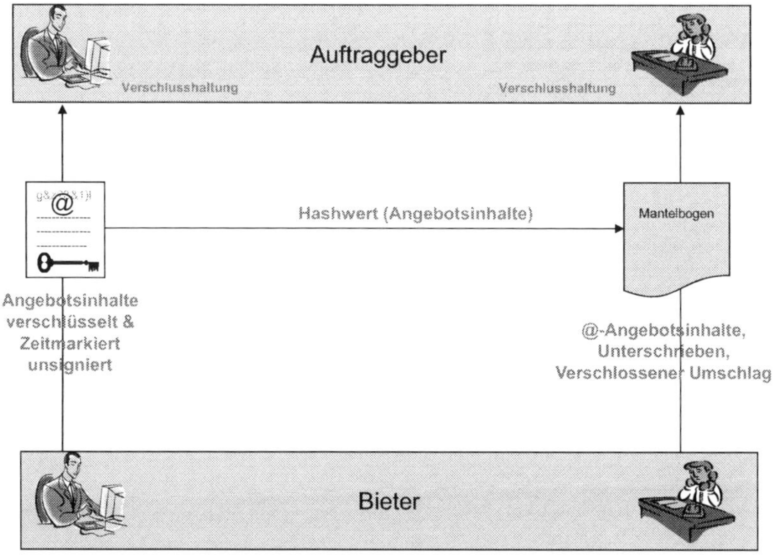

Abbildung 1: Angebotsabgabe mittels Mantelbogenverfahren

Während man also gegenwärtig noch von einer vergaberechtskonformen Angebotsabgabe mittels Mantelbogenverfahren ausgehen kann, ist dies nach den neuen Richtlinien fraglich, da die Vorgabe, öffentliche Aufträge nur noch elektronisch – d. h. **medienbruchfrei** – zu vergeben, diese Kombinationsmöglichkeit prinzipiell ausschließt. Nur in den vorgenannten Ausnahmefällen kann auf eine vollelektronische Angebotsabgabe verzichtet werden und es ist zulässig, die Kommunikation **per Post, direkt oder durch eine Kombination aus Post, direkt und elektronischen Mitteln** und damit auch als Mantelbogenverfahren durchzuführen.

II. Ausnahmen von der Verwendung elektronischer Kommunikationsmittel in allen Phasen des Vergabeverfahrens (im Einreichungsverfahren)

Eine weitere, allerdings kompliziert formulierte Ausnahmeregelung beinhaltet Art. 22 Abs. 1 UAbs. 4 VRL und Art. 40 Abs. 1 UAbs. 4 SRL. Auf den Punkt gebracht wird dort geregelt, dass der Auftraggeber nicht verpflichtet ist, elektronische Kommunikationsmittel im **„Einreichungsverfahren"** zu nutzen, wenn in einem Vergabeverfahren entweder besonders **sensible Informationen** oder **eine Sicherheitsverletzung der elektronischen Kommunikationsmittel** ein derart **hohes Schutzniveau** erfordern, das mit **allgemein zur Verfügung stehenden elektronischen Kommunikationsmitteln** nicht erreicht werden kann. In diesen Fällen können Auftraggeber auf herkömmliche Kommunikationsmittel zurückgreifen (z. B. Post, direkt per Kurier), wenn nur dadurch das hohe Schutzniveau gewährleistet wird, **es sei denn**, dieses hohe Schutzniveau kann auch durch den Einsatz **nicht allgemein zur Verfügung stehender elektronischer Kommunikationsmittel** gewährleistet werden; beispielsweise durch Nutzung spezieller, sichererer Kommunikationskanäle, die im weiteren auch als **„alternative Zugänge/Zugangsmittel"** bezeichnet werden (s. Kapitel I).[64] Das bedeutet, dass selbst in diesen sensiblen Ausnahmefällen die elektronische Kommunikation genutzt werden soll.

Die Tatsache, dass die Regelung in diesem Fall von „Einreichungsverfahren" spricht und sich nicht auf den Schritt 4 der Angebotseinreichung beschränkt (siehe Kapitel G.I), lässt darauf schließen, dass damit **alle Einreichungsformen in allen Phasen des Vergabeverfahrens** gemeint sind (z. B. auch die Abgabe von Teilnahmeanträgen im Teilnahmewettbewerb). Andernfalls hätte man diesen Ausnahmetatbestand auch unter die Ausnahmen für die verpflichtende elektronische Angebotsabgabe gem. Art. 22 Abs. 1 UAbs. 2 VRL bzw. Art. 40 Abs. 1 UAbs. 2 SRL mit erfassen können.

Unklar ist, welcher Anwendungsbereich von der Regelung betroffen sein könnte. Das erforderliche hohe Schutzniveau lässt auf die Vergabe von besonders sensiblen und sicherheitsrelevanten Aufträgen schließen. Die damit im Zusammenhang stehenden Leistungsbereiche dürften insbesondere die Beschaffung von Militärausrüstung oder Verschlusssachen-Aufträge i. S. der Richtlinie 2009/81/EG (Verteidigung und Sicher-

[64] Art. 22 Abs. 1 UAbs. 4 i. V. m. Erwägungsgrund 54 VRL, Art. 40 Abs. 1 UAbs. 4 i. V. m. Erwägungsgrund 65 SRL.

heit) betreffen. Die Richtlinie 2009/81/EG ist jedoch von den Richtlinienänderungen auf europäischer Ebene und damit von der verpflichtenden Verwendung elektronischer Kommunikationsmittel gar **nicht betroffen**. Darüber hinaus könnte es sich um die Vergabe von Aufträgen handeln, in denen Auskünfte aufgrund wesentlicher Sicherheitsinteressen gem. Art. 346 AEUV nicht preisgegeben werden dürfen, die aufgrund geltender Rechts- oder Verwaltungsvorschriften für geheim erklärt worden sind oder besonderer Sicherheitsmaßnahmen bedürfen. Derartige Auftrage sind jedoch vom Anwendungsbereich der Richtlinien gem. Art. 15–17 VRL bzw. Art. 12–13 SRL **ausgenommen**, sodass die nahe liegenden Anwendungsbereiche ohnehin nicht von der verpflichtenden Verwendung elektronischer Kommunikationsmittel betroffen sind. Nach deutschem Recht würden auch die gegenwärtig in § 100 Abs. 6–8 sowie §100c GWB geregelten Ausnahmetatbestände dazu zählen, insbesondere die nicht gebotene Anwendung des Vergaberechts zum Zwecke des Einsatzes der Streitkräfte, zur Umsetzung von Maßnahmen der Terrorismusbekämpfung, der Beschaffung von ITK-Technik zum Schutz wesentlicher Sicherheitsinteressen und die Vergabe von Aufträgen zum Zweck nachrichtendienstlicher Tätigkeiten. Denkbar wären somit nur wenige Bereiche außerhalb der geregelten Ausnahmetatbestände. Es bleibt abzuwarten, welche Fälle sich in der Praxis ergeben werden, die eine Ausnahme von der Verwendung elektronischer Kommunikationsmittel überhaupt rechtfertigen.

H. Rechtsschutz bei Verstoß gegen den Vorrang der elektronischen Vergabe?

Gem. Art. 22 Abs. 1 VRL und Art. 40 Abs. 1 SRL haben die Mitgliedstaaten zu gewährleisten, dass die gesamte Kommunikation und der gesamte Informationsaustausch nach diesen Richtlinien, insbesondere die elektronische Einreichung von Angeboten, unter Anwendung elektronischer Kommunikationsmittel nach den Anforderungen der o. a. Artikel erfolgen muss (verpflichtende e-Vergabe). Die zulässigen Ausnahmen von dieser Verpflichtung sind erschöpfend geregelt und im vorhergehenden Kapitel behandelt worden. Adressat der Vorschrift sind die Mitgliedstaaten, die durch entsprechende Umsetzung in ihr jeweiliges nationales Rechtssystem dieser Verpflichtung Rechnung tragen müssen. Die Wahl anderer als elektronischer Mittel im Einreichungsverfahren hat der öffentliche Auftraggeber im Vergabevermerk[65] zu begründen.[66] Obwohl sich die Formulierungen über die Vergabevermerke in den maßgeblichen Artikeln von VRL und SRL unterscheiden, handelt es sich in beiden Fällen um eine Mindestanforderung.

Wie immer die Umsetzung in deutsches Recht aussehen mag, stellt sich die Frage, ob eine gebotene, jedoch unterlassene e-Vergabe ein Verstoß gegen Vergabevorschriften

[65] Art. 84 Abs. 1 lit. h) VRL, Art. 100 Abs. 1 lit. d) SRL.

[66] Art. 22 Abs. 1 UAbs. 5 Satz 1 VRL, Art. 40 Abs. 1 UAbs. 5 Satz 1 SRL.

darstellt? Ob es sich überhaupt um eine **„Bestimmung über das Vergabeverfahren"** i. S. des § 97 Abs. 7 GWB handelt, erscheint in diesem Zusammenhang schon fraglich, denn die Vorschriften der Richtlinien zur verpflichtenden e-Vergabe betreffen das **Medium der Durchführung des Verfahrens**, nicht jedoch das Verfahren als solches.

Selbst wenn man die Vorschriften als „Bestimmung über das Vergabeverfahren" i. S. des § 97 Abs. 7 GWB bejaht, ist dennoch fraglich, ob dadurch ein Unternehmen eine **Verletzung in seinen Rechten** nach § 107 Abs. 2 GWB geltend machen und damit ein Nachprüfungsverfahren beantragen kann. Danach liegt die Antragsbefugnis nur vor, wenn die vergaberechtliche Vorschrift, gegen die der Auftraggeber verstoßen haben soll, gerade auch den **Schutz des Antragstellers** vor einer Rechtsbeeinträchtigung bezweckt und ihm deshalb ein **subjektives Recht**, nämlich den Anspruch auf Einhaltung des Vergabeverfahrens, verleiht. Auf die Einhaltung von Vorschriften, die anderen Zwecken dienen, z. B. reine Ordnungsvorschriften, kann sich der Antragsteller damit **nicht** berufen.

Da die Regelung zur verpflichtenden e-Vergabe das Medium der Durchführung des Verfahrens, nicht jedoch das Verfahren als solches betreffen, könnte es sich demnach um Ordnungsvorschriften handeln, auf die sich Bieter für die Einleitung eines Nachprüfungsverfahrens bekanntlich nicht berufen können.

Andererseits sollen elektronische Informations- und Kommunikationsmittel und damit die verpflichtende e-Vergabe zum Standard für Kommunikation und Informationsaustausch werden, da sie die Möglichkeiten von Wirtschaftsteilnehmern zur Teilnahme an Vergabeverfahren im gesamten Binnenmarkt stark verbessern. Hintergrund ist die von der EU-Kommission gesehene Möglichkeit, durch den Einsatz elektronischer Informations- und Kommunikationsmittel die Bekanntmachung von Aufträgen erheblich zu vereinfachen und Effizienz und Transparenz der Vergabeverfahren zu steigern. Damit hat die Verpflichtung zum elektronischen Informations- und Kommunikationsaustausch Außenwirkung und ist somit nicht ausschließlich auf den bloßen Ersatz des Mediums beschränkt.

So könnte z. B. ein Bieter in Griechenland bei Einsatz elektronischer Kommunikationsmittel auf Knopfdruck am letzten Tag der Angebotsabgabefrist sein Angebot abschicken, ohne lange Postlaufzeiten nach Deutschland berücksichtigen zu müssen. Damit könnte er die Zeit für die Erstellung des Angebotes genauso auszuschöpfen wie der Bieter „um die Ecke". Eine Einschränkung dieses Rechts wäre nur in den geregelten Ausnahmefällen zulässig. Bei unberechtigtem Verzicht auf den Einsatz elektronischer Kommunikationsmittel durch den Auftraggeber könnte diese Einschränkung als einseitiger Nachteil eine Rechtsgutverletzung darstellen, mit der Folge der Antragsbefugnis zur Einleitung eines Nachprüfungsverfahrens. In diesem Fall könnte das Unternehmen nachweisen, dass sich seine Teilnahmechancen durch die Unterlassung der e-Vergabe verschlechtert haben.

I. Alternative Zugänge / Zugangsmittel

Auftraggeber können erforderlichenfalls die Verwendung von Instrumenten und Vorrichtungen vorschreiben, die **„nicht allgemein verfügbar“** sind, sofern sie einen alternativen Zugang / alternative Zugangsmittel anbieten.[67] Dass es sich in diesem Zusammenhang nur um „elektronische“ Instrumente und Vorrichtungen handeln kann, ergibt sich aus den nachfolgenden Bestimmungen des Abs. 5 und aus dem in Abs. 1 geregelten Grundsatz der **„allgemeinen Verfügbarkeit“** als Voraussetzung für die für die elektronische Kommunikation zu verwendenden Instrumente und Vorrichtungen sowie ihre technischen Merkmale.

I. Verwendung alternativer Zugänge / Zugangsmittel als elektronische „Hintertür“ bei fehlender allgemeinen Verfügbarkeit elektronischer Instrumente, Vorrichtungen

Die Bestimmung regelt eine Ausnahme vom Grundsatz, wonach die für die elektronische Kommunikation zu verwendenden Instrumente und Vorrichtungen u. a. **allgemein verfügbar** sein müssen. Es liegt somit **im Ermessen** der Auftraggeber, in bestimmten Fällen über alternative Zugänge / Zugangsmittel doch noch eine elektronische Kommunikation zuzulassen, obwohl eine der allgemeinen Anforderungen **nicht** erfüllt wird. Die Regelung erscheint nebulös und gibt Anlass zu Spekulationen, was damit gemeint sein könnte. Verfolgt man die Diskussionen in der damaligen Ratsarbeitsgruppe im Rahmen der Entwicklung und Fortschreibung der Richtlinienvorschläge, handelte es sich ursprünglich wohl um einen Vorschlag der EU-Kommission, der von der Vorstellung getragen wurde, dass ein Bieter so leicht wie möglich an einem elektronischen Vergabeverfahren teilnehmen kann[68]. In diesem Zusammenhang wurde anfangs auch das Telefon und das Telefax als eine solche Alternative diskutiert, später jedoch fallengelassen. Es geht somit nicht nur um die Möglichkeit einer erleichterten elektronischen Angebotsabgabe, sondern generell um die erleichterte Teilnahme an elektronischen Vergabeverfahren. Dafür spricht, dass die Norm nicht auf die Angebotsabgabe beschränkt ist.

---

[67] Art. 22 Abs. 5 VRL, Art. 40 Abs. 5 SRL.

[68] Mitteilung der Kommission v. 20.4.2012, COM(2012)179 final, „Eine Strategie für die e-Vergabe“, S. 8.

II. Situative Unterstellung alternativer Zugänge / Zugangsmittel

Des weiteren unterstellen die Richtlinien bestimmte Situationen, die als geeignet eingestuft werden, um demnach als alternative Zugänge/Zugangsmittel zu gelten.[69] Gleichzeitig werden jedoch infolge dieser Einstufung weitere Begriffe verwendet, die in den Richtlinien selbst wiederum keine Erklärung finden. Dabei handelt es sich insbesondere um folgende Situationen:

1. *Ein unentgeltlicher Zugang mittels „provisorischer Token", die online unentgeltlich zur Verfügung gestellt werden müssen. Voraussetzung ist, dass Bieter unverschuldet keine andere Möglichkeit haben am „normalen" elektronischen Vergabeverfahren teilzunehmen (fehlender Zugang) und sich diesen Zugang auch nicht innerhalb der einschlägigen Fristen (im Vergabeverfahren) beschaffen können.*

Ein „Token" ist ein Hilfsmittel im Datenaustauschprozess. Der unmittelbare Besitz des Tokens ist hierbei zwingend erforderlich, um sich als berechtigter Nutzer auszuweisen. Es muss nicht zwingend eine Hardwarekomponente sein, die z. B. als „Security-Token" bei sensiblem Informationsaustausch verwendet wird. Ein Token könnte auch ein Zertifikat sein, u. U. sogar ein Link mit einem Code, um auf eine Internetseite zu gelangen. Als potenzielles Anwendungsgebiet könnte sich eine **vereinfachte Registrierung** anbieten. Um den Unternehmen den Zugang zu den Auftragsunterlagen auch elektronisch zu erleichtern, könnte die Möglichkeit geboten werden, sich mit einer einfachen Registrierung (evtl. nur mit einer E-Mail-Adresse) an der Vergabeplattform anzumelden. Zu einem späteren Zeitpunkt müsste die Registrierung dann komplettiert werden, so dass der **provisorische Charakter** der Registrierung entfällt.

2. *Die Unterstützung eines „alternativen Kanals" für die elektronische Angebotsabgabe*

Alternative Datenübertragungskanäle werden häufig eingerichtet, um einen stabileren Zugang zu Netzwerkressourcen zu erhalten. Dabei werden zwei voneinander unabhängige Kanäle unterschiedlicher Anbieter für den Internetzugang eingerichtet, um mögliche Verbindungsstaus und Ausfälle zu reduzieren. Dieser Ansatz ermöglicht es, eine gleichmäßige Verteilung der Datenmenge durchzuführen und einen zusätzlichen **Reservekanal** für Internetverbindungen zu verwenden. Für die Abgabe eines elektronischen Angebots auf diesem Wege könnte dies bedeuten, dass neben dem offiziellen Datenübertragungskanal der jeweiligen Vergabeplattform ein zusätzlicher (redundanter) Kanal eine vereinfachte elektronische Angebotsabgabe ermöglicht. Theoretisch könnte durch die Einrichtung eines alternativen Kanals die Möglichkeit geschaffen werden, ein Angebot über diesen Umweg auch elektronisch abzugeben. Möglicherweise könnte ein alternativer Kanal auch in der Verwendung einer anderen Bietersoftware bestehen.

---

[69] Art. 22 Abs. 5 lit. a)-c) VRL, Art. 40 Abs. 5, lit. a)-c) SRL.

III. Sonderfälle alternativer Zugänge / Zugangsmittel

Die Richtlinien regeln alternative Zugänge / Zugangsmittel darüber hinaus in folgenden Fällen:

1. Im Zusammenhang mit **geheimhaltungs- bzw. sicherheitsbedürftiger Vergaben** (s. Kapitel G.II) können auch alternative Zugänge / Zugangsmittel zur Verfügung gestellt werden, damit selbst in diesen sensiblen Ausnahmefällen die elektronischen Kommunikation genutzt werden kann.[70] Für deren Verwendung müssten sie jedoch – im Gegensatz zu „normalen" Vergabeverfahren – den **besonderen Anforderungen an das erforderliche hohe Schutzniveau** Rechnung tragen. Beispielsweise können für besonders sensible Nachrichten zusätzlich zu dem Transportkanal auch die Dateninhalte über alle Übertragungsstationen hinweg verschlüsselt werden. Um diese so genannte „Ende-zu-Ende-Verschlüsselung" verwenden zu können, benötigen Sender und Empfänger entsprechende Verschlüsselungssoftware, die auf den eigenen Rechnern installiert sein muss.
2. Im Zusammenhang mit der Verwendung spezifischer elektronischer Instrumente bei **öffentlichen Bauaufträgen und Wettbewerben**, wie z. B. im Zusammenhang mit der Gebäudedatenmodellierung.[71] Es handelt sich bei dieser Regelung um eine **Option an die Mitgliedstaaten**, die die Nutzung dieser Instrumente verlangen können. Wird diese Option durch die Mitgliedstaaten gezogen, müssen die Auftraggeber einen alternativen Zugang zu diesen spezifischen elektronischen Instrumenten zur Verfügung stellen.

IV. Rechtsschutz bei Verstoß gegen Ermessensfehlgebrauch?

Gem. Art. 22 Abs. 5 Satz 1 VRL und Art. 40 Abs. 5 Satz 1 SRL liegt es im Ermessen der Auftraggeber, erforderlichenfalls die Verwendung von *(elektronischen, Anm. d. Verfassers)* Instrumenten und Vorrichtungen vorzuschreiben, die „nicht allgemein verfügbar" sind, sofern der Auftraggeber einen alternativen Zugang bietet. Im Zusammenhang mit der in Kapitel H aufgeworfenen Frage des Rechtsschutzes ist die Wahl solcher alternativen Mittel nur rechtmäßig, wenn die genannten Voraussetzungen gem. Abs. 5 Satz 2 auch tatsächlich vorliegen. Nur in diesen Fällen ist die in der Vorschrift angelegte Diskriminierung („nicht allgemein verfügbar") erlaubt. Daher muss die Wahl im Hinblick auf die korrekte Ermessensausübung überprüfbar sein, wenn der Bieter/Bewerber eine Rechtsschutzverletzung geltend machen kann.

[70] Art. 22 Abs. 1 UAbs. 4 VRL, Art. 40 Abs. 1 UAbs. 4 SRL.

[71] Art. 22 Abs. 4 VRL, Art. 40 Abs. 4 VRL.

J. Grundsatz der Verhältnismäßigkeit beim Einsatz elektronischer Signaturen im Vergabeverfahren

I. Einsatz elektronischer Signaturen als Ersatz für die Unterschrift nach den Vorgängerrichtlinien

Die Vorgängerrichtlinien regelten noch in einem schlichten Nebensatz, dass die Mitgliedstaaten unter Beachtung des Artikels 5 der Signaturrichtlinie (Sig-RL)[72] verlangen können, dass elektronische Angebote mit einer fortgeschrittenen Signatur, die auf einem qualifizierten Zertifikat beruhen (hierbei handelt es sich um die qualifizierte elektronische Signatur i. S. des § 2 Nr. 3 Signaturgesetz (SigG))[73] zu versehen sind.[74] Artikel 5 Sig-RL befasst sich ausschließlich mit der **Rechtswirkung elektronischer Signaturen**, wonach die Mitgliedstaaten dafür zu sorgen haben, dass die qualifizierte elektronische Signatur die **Schriftform** im elektronischen Verfahren ersetzt und im Gerichtsverfahren als **Beweismittel** zuzulassen ist. In allgemeines deutsches Recht umgesetzt wurde dies in den §§ 126a ff. BGB und 371a Zivilprozessordnung (ZPO). § 371a ZPO bestimmt, dass die qualifizierte elektronische Signatur den „Anschein der Echtheit" einer in elektronischer Form vorliegenden Erklärung im Zivilprozess darstellt. Vergaberechtlich wurde dies festgeschrieben in den jeweiligen Vergabe- und Vertragsordnungen.[75] Erst mit Novellierung der VOL/A 2006 erfolgte wegen fehlender Akzeptanz für die Verwendung qualifizierter elektronischer Signaturen daneben die Zulassung der fortgeschrittene elektronische Signatur gem. § 2 Nr. 2 SigG, jedoch nach den Anforderungen der Auftraggeber, um den Validierungsaufwand in den Vergabestellen zu begrenzen. Dadurch wurde der „Beweis durch Augenschein" gem. § 371 ZPO für die elektronische Signatur im Rahmen der Angebotsabgabe zulässig, wie dies für die „Unterschrift" im papiergestützten Verfahren schon seit längerem galt.

II. Risikoabschätzung, Einsatz elektronischer Signaturen nach dem Grundsatz der Verhältnismäßigkeit

Die neuen Richtlinien hingegen verfolgen einen anderen Ansatz und benötigen dafür auch mehr als nur einen schlichten Halbsatz. Sie machen den Einsatz elektronischer Signaturen abhängig von einem von den Mitgliedstaaten oder Auftraggebern festzulegenden erforderlichen **Sicherheitsniveau** für elektronische Kommunikationsmittel

[72] Richtlinie 1999/93/EG des Europäischen Parlaments und des Rates v. 13. Dezember 1999 über gemeinschaftliche Rahmenbedingungen für elektronische Signaturen, ABl. L 13 v. 19.1.2000.

[73] Signaturgesetz v. 16. Mai 2001 (BGBl. I S. 876).

[74] Art. 42 Abs. 5 lit. b) RL 2004/18/EG, Art. 48 Abs. 5 lit. b) RL 2004/17/EG.

[75] § 13 EG Abs. 1 Nr. 1 VOB/A, § 16 EG Abs. 1 VOL/A, § 8 Abs. 5 VOF.

in den verschiedenen Phasen des Vergabeverfahrens und der daraus resultierend **Risikoeinschätzung (Grundsatz der Verhältnismäßigkeit)**. Die Erwägungsgründe führen hierzu näher aus: *„Vor Festlegung des erforderlichen Sicherheitsniveaus für die elektronischen Kommunikationsmittel, die in den verschiedenen Phasen des Vergabeverfahrens genutzt werden sollen, sollten die Mitgliedstaaten und die öffentlichen Auftraggeber die* **Verhältnismäßigkeit** *zwischen einerseits den Anforderungen zur Sicherstellung einer sachlich richtigen und zuverlässigen* **Identifizierung** *der Absender der betreffenden Mitteilungen sowie der Unversehrtheit von deren Inhalt und andererseits der Gefahr von Problemen beispielsweise bei Mitteilungen, die durch einen anderen als den angegebenen Absender verschickt werden, abwägen.“*[76]

Danach wäre es nach Prüfung der Verhältnismäßigkeit möglich, die gegenwärtige vergaberechtliche Bindung an die qualifizierte bzw. fortgeschrittene elektronische Signatur bei Abgabe eines elektronischen Angebots bzw. des Zuschlags im Vergabeverfahren aufzugeben und die im Laufe der Entwicklung hervorgebrachten sicheren Lösungen näher zu untersuchen (z. B. Handy-TN). In diesem Zusammenhang müsste dann auch untersucht werden, wie der Rechtsbindungswille bei Abgabe eines elektronischen Angebots auf andere Weise als durch die elektronische Signatur sichergestellt werden soll, wenn andererseits das Mantelbogenverfahren in den wohl meisten Fällen unzulässig wäre.

1. Vorliegen eines Rahmenkonzepts

Als Voraussetzung für die Festlegung eines Sicherheitsniveaus für die elektronische Kommunikation in den verschiedenen Phasen des Vergabeverfahrens gilt, dass die Mitgliedstaaten oder Auftraggeber innerhalb eines vom betreffenden Mitgliedstaat festgelegten **Rahmenkonzepts** handeln.[77] Was mit Rahmenkonzept gemeint ist, wurde in den Richtlinien nicht näher definiert. Ob ein bloßer vergaberechtliche Hinweis auf das Signaturgesetz genügt, der es den Vergabestellen nach subjektiver Risikoabschätzung freistellt in jedem Einzelfall eine elektronische Signatur einzusetzen oder nicht, muss bezweifelt werden. Das Signaturgesetz regelt zwar die Rahmenbedingungen für elektronische Signaturen in Deutschland, es regelt jedoch nicht, in welchen Verwaltungsverfahren der öffentlichen Hand und in welchen Phasen des Verfahrens sie aus rechtlichen Gründen zum Einsatz kommen müssen. Vielmehr kann davon ausgegangen werden, dass es sich bei diesem Rahmenkonzept um einen innerstaatlichen „Konsens“ handeln muss, der kodifiziert, wie Verwaltungshandeln mithilfe elektronischer Mittel auszugestalten ist und welche rechtlichen und technischen Anforderungen dabei zu beachten sind.

An dieser Stelle sei an die E-Government-Initiative BundOnline 2005 der Bundesregierung erinnert, die ein solches Rahmenkonzept darstellte und mit der alle in-

[76] Erwägungsgrund 57 S. 1 VRL, 68 S. 1 SRL.

[77] Art. 22 Abs. 6 lit. b) VRL, Art. 40 Abs. 6 lit. b) SRL.

ternetfähigen Dienstleistungen der Bundesverwaltung ab 2001 bis zum Ende des Jahres 2005 im Internet bereitgestellt werden sollten. Hierzu gehörte auch die E-Government-Dienstleistung „e-Vergabe", die zusammen mit ca. 400 Dienstleistungen in 2006 in die von Bund, Ländern und Gemeinden getragene E-Government-Initiative „DeutschlandOnline" überführt wurde und weiterhin fortgeschrieben wird. Bereits im damaligen Umsetzungsplan für BundOnline 2005 wurde zum Kapitel „Rechtliche Voraussetzungen" festgestellt: *„Zur Einführung von eGovernment bedarf es der Anpassung rechtlicher Rahmenbedingungen sowohl im Privatrecht als auch im öffentlichen Recht. In diesem Zusammenhang sind neben der Gestaltung rechtlicher Regelungen beim Einsatz digitaler Signaturen vielfältige Bereiche (Datenschutz, Vergaberecht, Melderecht etc.) zu berücksichtigen. Auch zukünftige rechtliche Anforderungen sind in die Ausplanungsüberlegungen mit einzubeziehen.* ***Die Beurteilung des rechtlichen Anpassungsbedarfs muss grundsätzlich individuell für jede Dienstleistung durch den Gesetzgeber erfolgen.*** *Zur umfassenden Einführung von eGovernment* ***muss insbesondere die Anwendung der digitalen Signatur geregelt werden****. Es ist erforderlich, die verwaltungsverfahrensrechtlichen Vorschriften der Nutzung elektronischer Medien anzupassen. Hierbei ist auf eine Gestaltung abzustellen, die eine breite Akzeptanz bei Bürgern, Wirtschaft, Wissenschaft und Verwaltung gewährleistet."*[78] Heute ist z. B. die e-Vergabeplattform des Bundes eine von vielen angebotenen Dienstleistungen, die die Online-Bereitstellung von Ausschreibungsunterlagen für nationale und EU-weite Ausschreibungsverfahren sowie eine Online-Möglichkeit zur Abgabe rechtssicherer elektronischer Angebote in allen Vergabeverfahren vorsieht. In diesem Zusammenhang wurden die rechtlichen Voraussetzungen über den Einsatz elektronischer Signaturen in Vergabeverfahren, insbesondere im Rahmen der elektronischen Angebotsabgabe, im deutschen Vergaberecht geschaffen, die bis heute die rechtlichen Grundlagen für alle e-Vergabelösungen in Deutschland bilden, um vergaberechtskonforme elektronische Transaktionen abzubilden.[79] In diesem Vergaberechtsrahmen wurde die qualifizierte oder fortgeschrittene elektronische Signatur für die elektronische Angebotsabgabe und den elektronischen Zuschlag deutschlandweit kodifiziert. Darüber hinaus wurde im Zuge der letzten Novellierung der Vergabe- und Vertragsordnung für Leistungen Teil A (VOL/A) nach einer Risikoabschätzung festgelegt, dass im **Unterschwellenbereich** für Angebote im Rahmen einer Freihändigen Vergabe nach § 3 Abs. 5 lit. i) VOL/A (sog. Bagatellbeschaffungen) sogar eine (einfache) elektronische Signatur gem. Signaturgesetz (§ 2 Nr. 1 SigG) den Anforderungen an die Unterschrift im elektronischen Verfahren genügt. Daher kann eine (einfache) elektronische Signatur z. B. mit einer eingescannten Unterschrift im PDF-Format eines Angebotes erfolgen oder auch durch Beifügung von Kontaktinformationen am Ende einer E-Mail mit Angaben zur Person, Firma etc. Dies entspricht zudem der **Textform** gem. §§ 126b, 127 BGB.

---

[78] BundOnline 2005, Umsetzungsplan für die E-Government-Initiative, Stand Dezember 2001.

[79] § 16 EG Abs. 1 VOL/A, § 13 EG Abs. 1 VOB/A, § 8 Abs. 5 VOF.

Auf der Grundlage dieses bereits bestehenden „Rahmenkonzepts“ müsste somit im Lichte der neuen Richtlinien eine erneute Risikoabschätzung vorgenommen werden.

2. Verbindliche Vertrauensliste für qualifizierte elektronische Signaturen

Kommen Mitgliedstaat oder Auftraggeber in Folge der Risikoabschätzung zu dem Ergebnis, dass das abgeschätzte Risikoniveau so hoch ist, dass **qualifizierte elektronische Signaturen** erforderlich werden, müssen diese auch von den Auftraggebern akzeptiert werden sofern diese Zertifikate in einer **Vertrauensliste** nach dem Beschluss der Kommission 2009/767/EG[80] geführt werden, die mit oder ohne sichere Signaturerstellungseinheit erstellt werden.[81]

Um die wirksame grenzüberschreitende Verwendung qualifizierter elektronischer Signaturen zu erleichtern, **soll das Vertrauen in diese elektronischen Signaturen gestärkt werden**, und zwar unabhängig davon, in welchem Mitgliedstaat der Unterzeichner oder der Zertifizierungsdiensteanbieter, der das qualifizierte Zertifikat ausstellt, niedergelassen ist. Dies soll dadurch erreicht werden, dass die Informationen, die zur Prüfung der elektronischen Signaturen notwendig sind, in vertrauenswürdiger Form leicht zugänglich gemacht werden.[82] Jeder Mitgliedstaat hat entsprechend konkreter technischer Spezifikationen, die im Anhang des Beschlusses festgelegt wurden, für die Erstellung, Führung und Veröffentlichung dieser „vertrauenswürdigen Liste“ mit Mindestangaben über die von ihm beaufsichtigten bzw. akkreditierten Zertifizierungsdiensteanbieter zu sorgen und diese der Kommission mitzuteilen. Die Kommission wiederum stellt allen Mitgliedstaaten diese Informationen zur Verfügung.[83] Zu den für die vertrauenswürdige Liste zwingend erforderlichen Angaben zählen Mindestinformationen über beaufsichtigte bzw. akkreditierte Zertifizierungsdiensteanbieter, die qualifizierte Zertifikate gemäß den Bestimmungen der Richtlinie 1999/93/EG[84] ausstellen, einschließlich Informationen über qualifizierten Zertifikate zur Unterstützung einer elektronischen Signatur und Informationen darüber, ob die Signatur von einer sicheren Signaturerstellungseinheit[85] erzeugt wurde. Wird ein Angebot mit einer auf der Vertrauensliste registrierten qualifizierten Zertifikate unterzeichnet, dürfen Auftraggeber **keine zusätzlichen Anforderungen** festlegen, die die Bieter an der Verwendung dieser Signaturen hindern. [86]

---

[80] Entscheidung der Kommission v. 16.10.2009 über Maßnahmen zur Erleichterung der Nutzung elektronischer Verfahren über „einheitliche Ansprechpartner“ gemäß der Richtlinie 2006/123/EG des Europäischen Parlaments und des Rates über Dienstleistungen im Binnenmarkt (2009/767/EG).

[81] Art. 22 Abs. 6 lit. c VRL, Art. 40 Abs. 6 lit. c) SRL.

[82] Erwägungsgrund 4 Beschluss 2009/767/EG, ABl. L 274, S. 36 v. 20.10.2009.

[83] Art. 2 Beschluss 2009/767/EG.

[84] Artikel 3 Absatz 3, Artikel 3 Absatz 2 und Artikel 7 Absatz 1 Buchstabe a) der Richtlinie 1999/93/EG.

[85] Artikel 2 Absatz 6 der Richtlinie 1999/93/EG.

[86] Art. 22 Abs. 4 lit. c) ii) VRL, Art. 40 Abs. 4 lit. c) ii) SRL.

3. *Verbindliche Formate für qualifizierte elektronische Signaturen oder Bereitstellung von Validierungsmöglichkeiten anderer Formate*

Der Beschluss der Kommission 2009/767/EG regelt zwar Maßnahmen zur Erleichterung der Nutzung qualifizierter elektronischer Signaturen im Binnenmarkt, jedoch keine Formate für elektronische Signaturen. Daher ist weitere Voraussetzung, dass die Auftraggeber das geforderte Format der elektronischen Signatur auf der Grundlage der im Beschluss 2011/130/EU der Kommission[87] festgelegten Formate (XadES-BES EPES) erstellen und die technische Bearbeitung dieser Formate im Vergabeverfahren sicherstellen müssen. Die technischen Spezifikationen dafür sind im Anhang des Beschlusses festgelegt.[88]

Wird eine Signatur in einem anderen Format verwendet, muss die elektronische Signatur oder der elektronische Dokumententräger Informationen über die bestehenden Validierungsmöglichkeiten enthalten, für die der Mitgliedstaat zuständig ist. Die Validierungsmöglichkeiten müssen es dem Auftraggeber erlauben, die erhaltene Signatur **online, kostenlos und in einer für Nichtmuttersprachler verständlichen Weise als qualifizierte elektronische Signatur zu validieren**. [89]

Hintergrund dieser sehr umfangreichen Regelung zu elektronischen Signaturen in den neuen Richtlinien ist die Tatsache, dass es bisher an der grenzüberschreitenden Interoperabilität qualifizierter elektronischer Signaturlösungen innerhalb der Europäischen Union mangelte. Wenn auch die Richtlinien die Verwendung elektronischer Signaturen nicht verbindlich vorschreiben, so sollen sie doch im Falle der Nutzung für ein besseres Gleichgewicht zwischen der Schaffung der Flexibilität für öffentliche Behörden bei der Verwendung dieses Instruments und der Gewährleistung einer größeren grenzüberschreitenden Interoperabilität von e-Signatur-Lösungen sorgen.[90]

Zur Funktion der fortgeschrittenen oder qualifizierten elektronischen Signatur im Zusammenhang mit der Sicherstellung der Datenintegrität von Teilnahmeanträgen und Angeboten wird auf Kapitel F.V.1 verwiesen.

4. *Neue EU-Verordnung über elektronische Identifizierung und Vertrauensdienste für elektronische Transaktionen im Binnenmarkt und zur Aufhebung der Richtlinie 1999/93/EG*[91]

Die o. a. Verordnung ist am zwanzigsten Tag nach ihrer Veröffentlichung im Amtsblatt der EU, d. h. am 17.9.2014 in Kraft getreten und gilt ab dem 1.7.2016. Die neue Re-

[87] ABl. L 53, S. 66 v. 26.2.2011.

[88] Art. 1 Abs. 1 Beschluss 2011/130/EU der Kommission v. 25.2.2011.

[89] Art. 22 Abs. 6 lit. c) i) VRL, Art. 40 Abs. 6 lit. c) i) SRL i. V. m. Art. 1 Abs. 2 Beschluss 2011/130/EU v. 25.2.2011.

[90] Mitteilung der Kommission v. 20.4.2012 COM(2012) 179 final „Eine Strategie für die e-Vergabe", Kapitel 3.1. S. 7, 8.

[91] VERORDNUNG (EU) Nr. 910/2014 DES EUROPÄISCHEN PARLAMENTS UND DES RATES v. 23. Juli 2014 über elektronische Identifizierung und Vertrauensdienste für elektronische Transaktionen im Binnenmarkt und zur Aufhebung der Richtlinie 1999/93/EG, ABl. L 257 v. 28.8.2014.

gelung, die als EU-Verordnung in den Mitgliedstaaten unmittelbar gilt, umfasst Bestimmungen zu elektronischen Identifizierungsdiensten als auch zu elektronischen Vertrauensdiensten einschließlich elektronischer Signaturen und zielt auf eine verbesserte EU-weite Nutzung beider Instrumente ab. Die Verordnung tritt künftig an die Stelle der derzeit noch geltenden Sig-RL. Diese wird nach einer Übergangszeit mit Wirkung vom 1.7.2016, also zeitlich mit dem Geltungsbeginn der neuen Verordnung, aufgehoben. Bezugnahmen der neuen EU-Vergaberichtlinien auf die Sig-RL gelten als Bezugnahmen auf die neue Verordnung. Mit der Verordnung wurden auch die in den EU-Vergaberichtlinien herangezogenen Beschlüsse der Kommission 2009/767/EG und 2011/130/EU (verbindliche Vertrauensliste und Formate für qualifizierte elektronische Signaturen) aufgenommen (siehe Kapitel J.II.2 und 3).

K. Anforderungen an die Geräte für die elektronische Entgegennahme von Angeboten, Teilnahmeanträgen sowie Plänen und Entwürfen für Wettbewerbe

Ebenso wie in den Anhängen der Vorgängerrichtlinien 2004/17/EG (Anhang XXIV) und 2004/18/EG (Anhang X), regeln die neuen Richtlinien in den Anhängen IV (VRL) und V (SRL) die Anforderungen an Instrumente und Vorrichtungen für die elektronische Entgegennahme von Angeboten, Teilnahmeanträgen sowie Plänen und Entwürfen für Wettbewerbe, die gegenwärtig in den Vergabe- und Vertragsordnungen geregelt sind.[92] Es handelt sich hierbei um Anforderungen an die Hard- und Software des Auftraggebers, die er in der Phase des Teilnahmewettbewerbs beim Eingang der elektronischen Teilnahmeanträge und in der Phase der elektronischen Angebotsabgabe für die Annahme dieser Erklärungen einsetzt. Prinzipiell unterscheiden sich diese Anforderungen in den neuen Richtlinien nicht von denen der Vorgängerrichtlinien, so dass an dieser Stelle nicht näher darauf eingegangen werden muss. Letztlich geht es darum, dass die Geräte den formalen Anforderungen an die Vergabeverfahren technisch gerecht werden müssen (z. B. Bestimmung von Tag und Uhrzeit für den Eingang der Dokumente, Zugriffsschutz bis zum Angebotsschlusstermin und nur durch die ermächtigten Personen, Registrierung eines potentiellen Verstoßes oder versuchten Verstoßes gegen die Zugangsverbote oder -bedingungen). Im Unterschied zu den Vorgängerrichtlinien ist die Anforderung, wonach *„die die Angebote, Teilnahmeanträge und den Versand von Plänen und Entwürfen betreffenden elektronischen Signaturen den einzelstaatlichen Vorschriften gem. der Richtlinie 1999/93/EG entsprechen müssen“* nicht mehr Gegenstand der Anforderungen, da die Risikoabschätzung zum möglichen Einsatz elektronischer Signaturen zu dem Ergebnis führen kann, dass eventuell keine elektronischen Signaturen eingesetzt werden müssen.

[92] § 11 EG Abs. 1 Nr. 3 VOB/A, § 13 EG Abs. 3 VOL/A, § 8 Abs. 6 VOF.

Auch bzgl. der Anforderungen an die Geräte wurde der Kommission in den Richtlinien die Befugnis übertragen, delegierte Rechtsakte im Hinblick auf die Änderung der technischen Einzelheiten und Merkmale der o. a. Anhänge zu erlassen, wenn technische Entwicklungen dies erfordern. [93]

L. Verpflichtende Nutzung elektronischer Informations- und Kommunikationsmittel

Neben den zentralen Regelungen der Artikel 22 VRL und 40 SRL, zur verpflichtenden elektronischen Kommunikation, enthalten alle drei Richtlinien in unterschiedlicher Ausprägung weitere verpflichtende Regelungen zur vorrangigen Nutzung elektronischer Informations- und Kommunikationsmittel.

I. Elektronische Übermittlung der Bekanntmachung an das Amt für Veröffentlichungen der EU

Die Bekanntmachungen nach den VRL und SRL (Vorinformation, Auftragsbekanntmachung, Vergabebekanntmachung) sowie nach der KVR (Konzessionsbekanntmachung, Zuschlagsbekanntmachung und Änderungsbekanntmachung) müssen im Einklang mit den maßgeblichen Anhängen der Richtlinien, die die Vorgaben für die Veröffentlichungen festlegen und in diesem Zusammenhang auf die auf SIMAP abrufbaren Standardformulare und Verfahren verweisen, spätestens **ab 18. April 2016** ausschließlich elektronisch übermittelt und veröffentlicht werden.[94] In diesem Zusammenhang ist zu erwähnen, dass nur bei Nutzung der von SIMAP vorgegebenen strukturierten elektronischen Formate (Online-Formulare und XML-Dateien) die verkürzten Fristen für die Veröffentlichung (5 statt 12 Tage) Berücksichtigung finden, nicht jedoch bei Übermittlung durch E-Mail oder Telefax.

II. Grundsätzliche elektronische Verfügbarkeit der Auftragsunterlagen / Konzessionsunterlagen

Spätestens ab dem 18. April 2016 müssen die Auftraggeber vom Tag der Veröffentlichung der Bekanntmachung oder vom Tag der Aufforderung zur Interessenbestätigung an einen **unentgeltlichen, uneingeschränkten und vollständigen Zugang** anhand elektronischer Mittel zu diesen Auftragsunterlagen anbieten.[95] Was unter dem Begriff der **„Verfügbarkeit“** zu verstehen ist, muss vor dem Hintergrund der erhofften

[93] Art. 22 Abs. 7 UAbs. 1 VRL, Art. 40 Abs. 7 UAbs. 1 SRL.

[94] Art. 51 Abs. 2, Art. 90 Abs. 1 und 2 VRL, Art. 71 Abs. 2, Art. 106 Abs. 1 und 2 SRL, Art. 33 Abs. 2, Art. 51 Abs. 1 KVR.

[95] Art. 53 Abs. 1, Art. 90 Abs. 1 und 2 VRL, Art. 73 Abs. 1, Art. 106 Abs. 1 und 2 SRL, Art. 34 Abs. 1, Art. 51 Abs. 1 KVR.

Effizienzgewinne der e-Vergabe für Auftraggeber und Unternehmen gesehen werden. Die Tatsache, dass mit der Nutzung von e-Vergabe verkürzte Angebotsfristen verbunden sind, impliziert jedenfalls einen schnellen und einfachen Zugriff auf die Auftragsunterlagen. In diesem Zusammenhang beinhalten die Bekanntmachungen gem. den Anhängen V Teil B, C und E Nr. 2 der VRL, XI der SRL und V der KVR ebenfalls Hinweise, dass u. a. die E-Mail- oder Internetadresse des Auftraggebers im Bekanntmachungstext anzugeben ist, über die die Auftragsunterlagen **unentgeltlich, uneingeschränkt, vollständig und unmittelbar** abgerufen werden können.

Der Begriff der **Auftragsunterlagen** geht über den deutschen Begriff der **Vergabeunterlagen** hinaus und umfasst insbesondere auch die **Bekanntmachung**.[96] Diese Regelung ist nicht neu, da schon die Vorgängerrichtlinien diesen Begriff definierten.[97] Neu ist in diesem Zusammenhang, dass die nunmehr verpflichtende elektronische Verfügbarkeit der Auftragsunterlagen nach den neuen Richtlinien unentgeltlich, uneingeschränkt und vollständig zu erfolgen hat.

1. Medienbruchfreie elektronische Verfügbarkeit

Die Bezeichnung **„unmittelbar"** impliziert, dass der Bekanntmachungstext einen eindeutig und vollständig beschriebenen **medienbruchfreien** elektronischen Weg zu den Auftragsunterlagen enthalten muss. Es dürfte in diesem Zusammenhang genügen, wenn der Bekanntmachungstext an dieser Stelle einen **„Link"** enthält, den der Interessent anklickt oder in die **Browserzeile** tippt oder kopiert und somit medienbruchfrei zu den elektronischen Auftragsunterlagen gelangt. Die Richtlinien lassen offen, ob die Auftragsunterlagen lediglich im Browser angezeigt oder herunterladbar sein müssen. Es kann Gründe geben, dass Unterlagen oder Teile davon aus technischen Gründen nicht ohne weiteres herunterladbar sind oder aufgrund umfangreicher Datenpakete das Herunterladen an Kapazitätsgrenzen stößt (z. B. wenn umfangreichen Videos Gegenstand der Leistungsbeschreibung sind oder bestimmte Dokumente nur mit bestimmten Programmen angezeigt werden, die zwar einen unentgeltlichen Einblick ermöglichen, aber ein Speichern nicht zulassen). Der Hinweis in den Bekanntmachungen auf die **E-Mail-Adresse**, über die die Auftragsunterlagen abgerufen werden können, lässt den Schluss zu, dass auch medienbruchfreie Mischformen der Verfügbarkeit zulässig sind. So dürfte es auch zulässig sein, die Auftragsunterlagen per E-Mail anzufordern und über E-Mail per Link oder mit Anlagen zu übermitteln und damit verfügbar zu machen. In diesem Zusammenhang ist zu beachten, dass seitens der Auftraggeber technische Maßnahmen ergriffen werden müssen, so dass ein ordnungsgemäßer Empfang der E-Mail sichergestellt ist. Problembereiche sind die Vermeidung der Zuordnung als Spam-Mail oder die maximal erlaubte Größe von Anhängen in E-Mails. In diesem Zusammenhang stellen die Richtlinien jedoch klar, dass – sofern es aus technischen Gründen erforderlich ist – die Auftraggeber die maximale

---

[96] Art. 2 Abs. 1 Nr. 13, Art. 2 Nr. 9 SRL, Art. 34 Abs. 1 KVR.

[97] Art. 23 Abs. 1 RL 2004/18/EG, Art. 34 Abs. 1 RL 2004/17/EG.

Größe der einzureichenden Daten begrenzen können.[98] Der medienbruchfreien Verfügbarkeit wäre nicht Genüge getan, wenn man die Unterlagen auf einer CD speichert und diese per Post verschickt.

2. *Uneingeschränkter elektronischer Zugang*

Vor dem Hintergrund der Forderung nach einem **uneingeschränkten** elektronischen Zugang zu den Auftragsunterlagen stellt sich die Frage, ob eine **Registrierung zur Identifizierung der Bewerber** vor Zugriff auf die Auftragsunterlagen mit der Forderung nach einem **uneingeschränkten** elektronischen Zugang vereinbar ist? Aus praktischer Sicht erscheint eine Registrierung – wie bisher auch schon durch Rechtsprechung bestätigt – notwendig, um die Bewerber z. B. bei Änderungen an den Vergabeunterlagen sowie bei Bewerberfragen informieren zu können.[99] Andernfalls bestünde eine Holschuld der Informationen durch einen anonymen Bewerberkreis. Gleichwohl enthält die Registrierung einen Schritt, der – je nach Ausgestaltung des Registrierungsprozesses – eine Einschränkung darstellen könnte. Dieser Effekt könnte durch die Entscheidung des Auftraggebers vermieden werden, in der Auftrags- bzw. Konzessionsbekanntmachung anstelle seiner Internetadresse nur seine E-Mail-Adresse anzugeben. über die die Auftrags- bzw. Konzessionsunterlagen von den Bewerbern abgerufen werden können. Dem Wortlaut der Anhänge V Teil B, C, und E VRL, XI SRL und V KRL nach **hat der Auftraggeber die Wahl zwischen der Angabe seiner E-Mail oder Internetadresse**, ohne dass dadurch der elektronische Zugang eingeschränkt wäre. Dadurch hätte der Auftraggeber durch die unmittelbare Ansprache über die E-Mail-Adresse die Möglichkeit, die Bewerber gezielt und ohne vorherige Registrierung über evtl. Änderungen an den Vergabeunterlagen u.ä. zu informieren, die er durch anonymes Herunterladen von der Internetseite des Auftraggebers nicht hätte. Zulässig dürften lediglich formelle und funktionale Überprüfungen sein, etwa die Feststellung der Erreichbarkeit der angegebenen E-Mail-Adresse durch eine Bestätigungs-E-Mail, der sich eine spätere vollständige Registrierung anschließen könnte.

Ob diese Lösung vor dem Hintergrund eines nicht ausschließbaren Fälschungsrisikos von E-Mailadressen (Mail-Spoofing) für ein elektronisches Vergabeverfahren tragbar ist, ist strittig. Die gegenwärtige Diskussion in Fachkreisen läuft eher darauf hinaus, eine Registrierung „light" zu favorisieren, die Aufwand und Dauer der Registrierung auf ein Minimum beschränkt, so dass damit – wohl auch mit Billigung der EU-Kommission – keine besondere Einschränkung für die Bewerber verbunden wäre.[100] Die Diskussion zeigt aber auch auf, dass man bezüglich der Konsequenzen bestimmter Formulierungen im Richtlinientext deren Tragweite offensichtlich nicht antizipiert hat.

---

[98] Erwägungsgrund 53 UAbs. 3 VRL, Erwägungsgrund 64 UAbs. 3 SRL.

[99] VK Bund, Beschluss v. 7.2.2008 – VK 3 – 169/07, Rn. 121, jedoch abgestellt auf „unmittelbare Zugriffsmöglichkeit" abgeleitet aus § 18a Nr. 1 Abs. 4 Satz 2 VOL/A 2006, wonach die „Verdingungsunterlagen und alle zusätzlichen Unterlagen elektronisch frei, direkt und vollständig verfügbar sein müssen".

[100] Deutsches Vergabenetzwerk (DVNW), Fachausschuss e-Vergabe, Thema: Zugriff auf Vergabenterlagen, demnächst EU-weit anders als national?

3. *Unentgeltlichkeit der Auftragsunterlagen / Konzessionsunterlagen*

Da der Einblick in die Bekanntmachung regelmäßig der erste Schritt ist, sich über anstehende öffentliche Aufträge zu informieren, stellt sich insbesondere mit Blick auf die Forderung nach **Unentgeltlichkeit** die Frage, ob der Einblick in die von einem Vergabeportal bereitgestellte vollständige Bekanntmachung – außerhalb der bestehenden Möglichkeit einer unentgeltlichen Information über „Tenders Electronic Daily" (TED) des Supplements zum Amtsblatt der Europäischen Union – mit einer **entgeltpflichtigen** Registrierung auf einer Vergabeplattform vereinbar ist. Da die Vorgängerrichtlinien zur Unentgeltlichkeit nichts regelten, bestand auch kein Verbot zur Erhebung von Entgelten für die Bereitstellung der Bekanntmachungen. Demzufolge beinhaltet deutsches Vergaberecht bisher auch keine diesbezüglichen Verbote. Durch die Forderung nach Unentgeltlichkeit dürften Geschäftsmodelle, die insbesondere für die Bekanntmachung und / oder die Bereitstellung der Vergabeunterlagen bisher Entgelte verlangen, aus europarechtlicher Sicht nicht mehr zulässig sein. Dies dürfte auch nichts daran ändern, dass bereits durch die Veröffentlichungspflicht von Bekanntmachungen über TED eine unentgeltliche elektronische Verfügbarkeit der Bekanntmachungen gewährleistet ist und damit eine Entgeltpflicht an anderer Stelle (z. B. auf dem Internetportal eines Auftraggebers) vielleicht zulässig sein könnte. Dem steht entgegen, dass die Richtlinien letztlich an die Mitgliedstaaten gerichtet sind und diese zur unentgeltlichen elektronischen Verfügbarkeit der Bekanntmachungen in ihrem Hoheitsbereich verpflichten. Davon unberührt bleibt die Entscheidung der Europäischen Union und ihrer Organe, elektronische Bekanntmachungen über TED für die Wirtschaftsteilnehmer in den Mitgliedstaaten unentgeltlich zur Verfügung zu stellen. Es kann daher davon ausgegangen werden, dass der deutsche Gesetzgeber die geänderte Rechtslage mit Umsetzung der Richtlinien in deutsches Recht für Auftraggeber nach der VRL und der SRL berücksichtigen wird. Zudem dürfte die Erhebung von Entgelten in diesem Zusammenhang auch mit der Forderung nach einem uneingeschränkten elektronischen Zugang kollidieren.

4. *Problem: Kostenpflichtiger Zugang zu den technischen Spezifikationen Dritter*

Zu den Auftragsunterlagen zählen auch die technischen Spezifikationen. Hier stellt sich die Frage, wie es sich mit dem geforderten **unentgeltlichen, uneingeschränkten und vollständigen elektronischen Zugang** zu technischen Spezifikationen verhält, die auf Dokumente Dritter zurückgreifen, insbesondere wenn diese – beispielsweise im Falle von DIN-Normen – kostenpflichtig sind? Die Richtlinien regeln nichts zur Verortung der technischen Spezifikationen im elektronischen Verfahren. Sie müssen nicht zwingend in den elektronischen Vertragsunterlagen selbst enthalten sein. Es geht lediglich um einen vollständig und eindeutig beschriebenen medienbruchfreien elektronischen Weg, der einen unentgeltlichen Zugang zu den technischen Spezifikationen sichert, egal auf welchem Server sich diese befinden. Dies kann auch durch Verweisung auf das Angebot eines Dritten erfolgen, der die technischen Spezifikationen – wie im Falle des

DIN-Instituts – anbietet. Die regelmäßig entstehenden Lizenzkosten dürften jedoch künftig vom Auftraggeber zu tragen sein, um der Forderung nach Unentgeltlichkeit Rechnung zu tragen, zumal dieser Sachverhalt nicht unter die Ausnahmefälle subsumiert werden können, in denen auf die **elektronische** Verfügbarkeit der Auftragsunterlagen verzichtet werden kann (s. Kapitel L: II. 5).

5. Ausnahmen von der Pflicht der elektronischen Verfügbarmachung der Auftragsunterlagen / Konzessionsunterlagen

Allerdings sehen die Richtlinien **Ausnahmen von der grundsätzlichen Pflicht der elektronischen Verfügbarmachung** der Auftragsunterlagen / Konzessionsunterlagen vor und zwar einerseits in denselben Fällen, in denen gem. Art. 22 Abs. 1 UAbs. 2 VRL bzw. Art. 40 Abs. 1 UAbs. 2 SRL von einer **elektronischen Angebotsabgabe** abgesehen werden kann, andererseits auch aus Gründen des **Schutzes der Vertraulichkeit von Informationen** i. S. des Art. 21 Abs. 2 VRL bzw. Art. 39 Abs. 2 SRL, die Auftraggeber im Rahmen des Vergabeverfahrens den Wirtschaftsteilnehmen **zur Verfügung stellen**.[101] Hierbei dürfte es sich um Fälle handeln, in denen bei **geheimhaltungsbedürftigen** Aufträgen als **„Verschlusssache"** eingestufte Dokumente des Auftraggebers den Unternehmen zur Verfügung gestellt werden. Da die KVR eine grundsätzlich verpflichtende elektronische Angebotsabgabe nicht kennt, werden die Gründe für ein Abweichen von der elektronischen Verfügbarkeit der Konzessionsunterlagen umschrieben (außergewöhnliche Sicherheits- oder technische Gründe, besondere Sensibilität von Handelsinformationen, die ein sehr hohes Datenschutzniveau bedürfen).

III. Elektronische Ausstellung der Einheitlichen Europäischen Eigenerklärung

Die VRL schreiben vor, dass die **Einheitliche Europäische Eigenerklärung (EEE)** spätestens **ab dem 18. April 2018** ausschließlich elektronisch ausgestellt wird.[102] Die EEE hat den Charakter einer **vorläufigen förmlichen Unternehmenserklärung**. Die Vorlage von endgültigen Eignungsnachweisen (dann auch Nachweise Dritter) muss spätestens vor Zuschlagsentscheidung erfolgen. Die Vorlage ist nicht erforderlich, „sofern und soweit" der Auftraggeber die Bescheinigungen oder die einschlägigen Informationen direkt über eine gebührenfreie **nationale Datenbank** in einem Mitgliedstaat (z. B. ein nationales Vergaberegister oder eine virtuelle Unternehmensakte ein elektronisches Dokumentenablagesystem oder ein Präqualifikationssystem) erhalten kann. Die Einrichtung einer solchen Datenbank ist demnach nicht verpflichtend. Die Mitgliedstaaten müssen im Falle einer Einrichtung derartiger Datenbanken jedoch in e-certis eine vollständige Liste dieser Datenbanken veröffentlichen und laufend ak-

[101] Art. 53 Abs. 1 UAbs. 2 u. 3 VRL, Art. 73 Abs. 1 UAbs. 3 u. 4 SRL, Art. 34 Abs. 2 KVR.

[102] Art. 59 Abs. 2 UAbs. 2, Art. 90 Abs. 3 VRL.

tualisieren, damit sie auch von Auftraggebern aus anderen Mitgliedstaaten konsultiert werden können.[103] Eine Regelung des Instruments der EEE findet sich in der SRL und KVR nicht.

IV. e-certis

Die Kommission stellt für die grenzüberschreitende Vergabe öffentlicher Aufträge nach der VRL ein elektronisches System – e-Certis – zur Verfügung, das von ihr verwaltet und von den nationalen Behörden derzeit auf freiwilliger Basis aktualisiert und überprüft wird. Es handelt sich hierbei um eine **Vergleichsplattform mit den häufigsten Eignungsnachweisen** in den Mitgliedstaaten **und deren Entsprechung in den anderen Mitgliedstaaten** (z. B. vergleichbare Auszüge aus dem Bundeszentralregister oder Strafregistern). In e-certis müssen ebenfalls evtl. Listen entsprechender Datenbanken bzgl. einschlägiger Informationen über Wirtschaftsteilnehmer i. S. des Art. 59 Abs. 6 VRL (EEE) oder evtl. amtliche Erklärungen i. S. des Art. 60 Abs. 2 UAbs. 2 VRL und Art. 57 Abs. 1 und 2 VRL veröffentlicht werden. Ziel von e-Certis ist es, den Austausch von Bescheinigungen und anderen von öffentlichen Auftraggebern häufig verlangten Nachweisen zu erleichtern. Die bisherigen Erfahrungen haben jedoch gezeigt, dass eine freiwillige Aktualisierung und Überprüfung unzureichend ist, wenn sichergestellt werden soll, dass e-Certis sein Potenzial für eine Vereinfachung und Erleichterung des Dokumentenaustauschs zum Nutzen insbesondere kleiner und mittlerer Unternehmen voll ausschöpfen kann. In einem ersten Schritt besteht daher die Pflicht der Mitgliedstaaten zur **kontinuierlichen Anpassung und Pflege**, bevor in einem späteren Schritt, **spätestens bis 18. Oktober 2018, die Verwendung von e-Certis verpflichtend** wird.[104]

M. Fakultative Nutzung elektronischer Informations- und Kommunikationsmittel

Neben der zwingenden Nutzung der in Kapitel L behandelten elektronischen Informations- und Kommunikationsmitteln innerhalb bestimmter Fristen regeln die Richtlinien auch die **fakultative Nutzung** elektronischer Kataloge, dynamischer Beschaffungssysteme und elektronischer Auktionen durch die Auftraggeber.

[103] Art. 59 Abs. 5 VRL.

[104] Erwägungsgrund 87, Art. 61, Art. 90 Abs. 5 VRL.

I. Elektronische Kataloge (e-Kataloge)

Die VRL und die SRL stellen es in das Ermessen der Auftraggeber, **elektronische Angebote in Form von e-Katalogen** vorzuschreiben.[105] Die Vorgängerrichtlinien beinhalteten keine vergleichbare Regelung, thematisierten die Möglichkeit der elektronischen Angebotsabgabe in Form eines e-Katalogs jedoch in den Erwägungsgründen.[106] E-Kataloge bieten ein Format zur Darstellung und Gestaltung von Informationen in einer Weise, die allen teilnehmenden Bietern gemeinsam ist und die sich für eine elektronische Bearbeitung anbietet. Ein Beispiel wären Angebote in Form einer Kalkulationstabelle.[107] E-Kataloge müssen den Anforderungen an die elektronische Kommunikation i. S. der Art. 22 VRL und 40 SRL (Vorschriften über die Kommunikation) entsprechen. Sie dienen dem Ziel, den Wettbewerb zu stärken und die Beschaffung zu rationalisieren. Dem Einsatz von e-Katalogen im Vergabeverfahren muss ein entsprechender Hinweis in der Bekanntmachung oder der Aufforderung zur Interessenbestätigung sowie die Benennung der technischen Anforderungen und Informationen gem. Art. 22 Abs. 6 VRL bzw. Art. 40 Abs. 6 SRL in den Auftragsunterlagen vorausgehen.

1. Anpassung bietereigener e-Kataloge nach den Anforderungen des Auftraggebers

Allerdings dürfen die Bieter nicht ihre **allgemeinen** e-Kataloge im Vergabeverfahren einsetzen, sondern müssen sie **nach den Anforderungen des Auftraggebers anpassen**. Die Erwägungsgründe führen näher aus, dass die Bieter zwar die Informationen aus ihren allgemeinen Katalogen **kopieren**, jedoch nicht den allgemeinen Katalog als solchen einreichen dürfen. Damit soll sichergestellt werden, dass der im Rahmen eines bestimmten Vergabeverfahrens übermittelte Katalog nur die Leistungen enthält, die auch vom Auftraggeber gefordert wurden. Der Begriff des **„allgemeinen Katalogs“** ist nicht näher in den Richtlinien definiert. Allgemeine Kataloge dürften jedoch solche sein, mit dem auf der firmeneigenen Internetseite ein Unternehmen seine Leistungen **allgemein** präsentiert und gleichzeitig einen **unbeschränkten Interessenten-/Bieterkreis** dazu auffordert, aus diesem Katalog zu bestellen (invitatio ad offerendum).

2. Nutzungsschwerpunkt bei Rahmenvereinbarungen und dynamischen Beschaffungssystemen

Insbesondere in Fällen, in denen auf der Grundlage einer Rahmenvereinbarung ein **erneuter Aufruf zum Wettbewerb** erfolgt oder in denen ein **dynamisches Beschaffungssystem** genutzt wird, wird es öffentlichen Auftraggebern außerdem ermöglicht, Angebote anhand **früher** übermittelter elektronischer Kataloge zu **„generieren“**, so-

---

[105] Art. 36 Abs. 1 VRL, Art. 54 Abs. 1 SRL.

[106] Erwägungsgrund 12 RL 2004/18/EG, Erwägungsgrund 20 RL 2004/17/EG.

[107] Erwägungsgrund 68 Abs. 1 VRL, Erwägungsgrund 77 Abs. 1 SRL.

fern ausreichende Garantien hinsichtlich **Rückverfolgbarkeit, Gleichbehandlung und Vorhersehbarkeit** geboten werden.[108] Bei Rahmenvereinbarungen setzt dies voraus, dass dem Abschluss der Rahmenvereinbarung (Stufe 1) bereits ein e-Katalog zugrunde lag, der in der nachfolgenden 2. Stufe des erneuten Aufrufs zum Wettbewerb gem. Art. 33 Abs. 4 lit. b) oder c) VRL bzw. Art. 51 Abs. 2 UAbs. 1 SRL aktualisiert werden kann. Die Auftraggeber können dabei zwei alternative Methoden anwenden, die jede für sich genau vorgeschrieben ist. Sie laufen auf eine **Anpassung der bereits vorliegenden** e-Kataloge nach den (geänderten) Anforderungen des Einzelauftrags und damit auf die Generierung eines neuen Angebots hinaus.[109] Dies setzt idealerweise voraus, dass Bieter- und Auftraggebersysteme über gemeinsame Standards gekoppelt sind und den automatischen Datenaustausch und damit die Generierung ermöglichen; denn elektronische Kataloge insbesondere bei kleinteiligen Sortimentbeschaffungen händisch in ein anderes System zu integrieren, ist sehr aufwendig. Im Onlinehandel beispielsweise ermöglichen es **Austauschstandards** (z. B. BMEcat) und Klassifizierungssysteme wie eCl@ss, elektronische Kataloge nahtlos zwischen den Lieferanten auf der einen Seite und den einkaufenden Unternehmen und Marktplatzbetreibern auf der anderen Seite auszutauschen. E-Kataloge können – in Analogie zu Rahmenvereinbarungen – auch in dynamischen Beschaffungssystemen als Angebot zum Einsatz kommen, sofern dem Antrag auf Teilnahme bereits ein e-Katalog beigefügt war. Gleiches gilt für die Möglichkeit der Auftragserteilung auf der Grundlage des dynamischen Beschaffungssystems, indem den Bewerbern die Möglichkeit gegeben wird, den bereits mit dem Antrag auf Teilnahme am dynamischen Beschaffungssystem vorgelegten e-Katalog auszufüllen.

II. Dynamische Beschaffungssysteme[110]

Ein dynamisches Beschaffungssystem ist ein ausschließlich elektronisches Verfahren zur Beschaffung marktüblicher Leistungen, das **nach den Regeln des nichtoffenen Verfahrens** durchzuführen ist. Die VRL und SRL stellen die Anwendung des Systems in das **Ermessen der Auftraggeber**. Dies ist eine Abkehr von den Vorgängerrichtlinien, die die Anwendung in das Ermessen der Mitgliedstaaten stellte.[111] Die Bundesregierung machte zum damaligen Zeitpunkt durch das Gesetz zur Modernisierung des Vergaberechts vom 20.4.2009 von diesem Ermessen Gebrauch, in dem sie das dynamisches Beschaffungssystem unter dem Begriff des „dynamischen elektronischen Verfahrens" in § 101 Abs. 6 Satz 2 GWB und bzgl. der weiteren Ausgestaltung in § 5 EG VOL/A in deutsches Recht umsetzte. Die ausschließliche elektronische Kommunikation muss nach den Anforderungen der Artikel 22 Abs. 1, 3, 5 und 6 VRL bzw.

[108] Erwägungsgrund 68 Abs. 2, Erwägungsgrund 77 Abs. 2 SRL.

[109] Art. 36 Abs. 4 und 5 VRL, Art. 54 Abs. 4 und 5 SRL.

[110] Erwägungsgrund 63–65, Art. 34 VRL, Erwägungsgrund 73, Art. 52 SRL.

[111] Art. 33 Abs. 1 RL 2004/18/EG, Art. 15 Abs. 1 RL 2004/17/EG.

Art. 40 Abs. 1, 3, 5 und 6 SRL erfolgen (nichtdiskriminierend, allgemein verfügbar, kompatibel, Gewährleistung von Datenintegrität u. Vertraulichkeit, gfl. e-Signatur aber auch mittels „alternativer Zugänge").

1. Wechsel von den Regeln des offenen zum nichtoffenen Verfahren

Die Vorgängerrichtlinien schrieben noch vor, dass die Auftraggeber dabei die Regeln des „offenen" Verfahrens zu befolgen hatten. Offensichtlich fand das dynamische Beschaffungssystem in der Praxis keine weite Verbreitung, da es infolge der Ausrichtung nach den Regeln des offenen Verfahrens in einer ersten Phase **vorläufige Angebote** verlangte, die weitestgehend unüblich sind, wenn man von der Möglichkeit der Abgabe indikativer Angebote im Rahmen eines Wettbewerblichen Dialog einmal absieht. Darüber hinaus ist eine Zulässigkeitsprüfung für die weitere Teilnahme am Vergabeverfahren dem offenen Verfahren fremd. Die vorläufige Angebotsabgabe war offenbar deshalb als Verfahrensschritt vorgesehen, um die dynamischen Beschaffungssysteme an das offene Verfahren anzunähern. Durch die jetzt vorgenommene Annäherung an das nichtoffene Verfahren mit seinen zwei Stufen Teilnahmewettbewerb und anschließendem Angebotsverfahren dürfte das dynamische Beschaffungssystem praxisgerechter sein.

2. Verfahren „sui generis"?

Obwohl das dynamische Beschaffungssystem **nach den Regeln des nichtoffenen Verfahrens** durchzuführen ist, handelt es sich nicht um ein bloßes elektronisch durchgeführtes nichtoffenes Verfahren, sondern stellt aufgrund der Abweichungen von der Formtypik des nichtoffenen Verfahrens und teilweise eigener Fristen ein **Verfahren „sui generis"** dar. Hierbei handelt es sich insbesondere um folgende unterscheidende Merkmale:

a) Festlegung einer Gültigkeitsdauer des Systems durch den Auftraggeber (im Vergleich zu den Vorgängerrichtlinien entfällt die Befristung der Gültigkeitsdauer von 4 Jahren),

b) Teilnahmeanträge können von jedem Wirtschaftsteilnehmer über die gesamte Gültigkeitsdauer des Systems gestellt werden,

c) es besteht eine 30-tägige Mindestfrist für den Eingang der Teilnahmeanträge ab dem Tag der Bekanntmachung bzw. ab Aufruf zum Wettbewerb (d. h. ab Start des Systems),

d) die Mindestfrist ist jederzeit verlängerbar, solange keine Aufforderung zur Angebotsabgabe für die erste einzelne Auftragsvergabe erfolgte,

e) nach der ersten Angebotsaufforderung gelten keine weiteren Fristen für den Eingang der Teilnahmeanträge bis zum Ende der Laufzeit des Systems, so dass jederzeitige Teilnahme (siehe lit. b)) möglich wird,

f) eigene Bewertungsfrist für die Teilnahmeanträge von 10 oder 15 Arbeitstage (in begründeten Einzelfällen bei erhöhtem Prüfaufwand) mit Verlängerungsmöglichkeit, solange die erste Angebotsaufforderung noch nicht erfolgte und während der Verlängerung keine Angebotsaufforderung herausgegeben wird,

g) zwingende Zulassung aller geeigneten Bewerber zum System und keine Begrenzungsmöglichkeit der Anzahl der zum System zugelassenen Bewerber für die sich anschließende Aufforderung zur Angebotsabgabe,

h) eigene Mindestfrist für den Angebotseingang (10 Tage statt 30 Tage)

i) die in der Bekanntmachung oder gfl. In der Aufforderung zur Interessenbestätigung vorgegebenen Zuschlagskriterien können gfl. in der Aufforderung zur Angebotsabgabe genauer formuliert (konkretisiert) werden,

j) Möglichkeit der quartalweisen Bündelung der Vergabebekanntmachung spätestens 30 Tage nach Quartalsende.

3. Schematische Darstellung des dynamischen Beschaffungssystems

Die nähere Ausgestaltung des Verfahrens ist in den Art. 34 Abs. 4 VRL und Art. 52 Abs. 4 SRL geregelt und kann in folgenden 12 Schritten am Beispiel von Art. 34 VRL im Falle einer Bekanntmachung schematisch dargestellt werden:

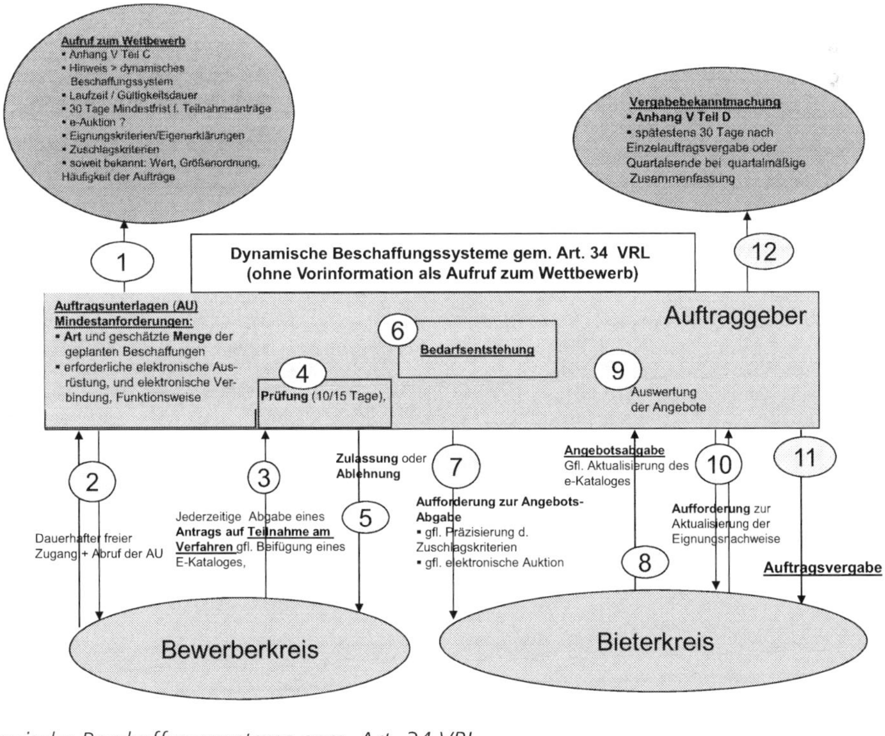

Dynamische Beschaffungssysteme gem. Art. 34 VRL

4. *Alternative zu Rahmenvereinbarungen?*

Das dynamische Beschaffungssystem dient – wie bereits eingangs erwähnt – der Beschaffung marktüblicher Leistungen, bei denen die allgemein auf dem Markt verfügbaren Merkmale den Anforderungen der Auftraggeber genügen. Diese Art der Leistungsbeschreibung ist vergleichbar mit dem Begriff der „verkehrsüblichen Bezeichnung" i. S. des § 7 Abs. 2 VOL/A. Dabei handelt es sich um die einfachste und marktverständlichste Form der Leistungsbeschreibung, schwerpunktmäßig dargestellt durch den Namen des betreffenden Produkts (z. B. Flachbildfernseher, Computerbildschirm, Laptop) und damit bevorzugt einsetzbar bei Standard- bzw. Substitutionsgütern. Bei genauer Betrachtung weist das dynamische Beschaffungssystem gewisse **Parallelen zur Rahmenvereinbarung** auf. Wie auch bei Rahmenvereinbarungen der sukzessiv entstehende Bedarf für die Dauer der Laufzeit der Vereinbarung durch Einzelaufträge abrufbar ist, ist diese Struktur auch in einem dynamischen Beschaffungssystem erkennbar. Im Unterschied zu Rahmenvereinbarungen **handelt es sich jedoch nicht um einen Vertragstyp, sondern um ein Verfahren**, das zudem für die Dauer der Laufzeit – im Gegensatz zu Rahmenvereinbarungen – jederzeit für die Wirtschaftseilnehmer offen steht. Insofern erscheint das dynamische Beschaffungssystem für die Beschaffung marktüblicher Leistungen als eine **flexible elektronische Alternative zur Rahmenvereinbarung**, was jedoch die Installation einer entsprechenden Plattform voraussetzt.

5. *Förderung kleiner und mittlerer Unternehmen (kmU)*

Um die Möglichkeiten von kmU an einem großen dynamischen Beschaffungssystem zu fördern (z. B. wenn das System von einer zentralen Beschaffungsstelle betrieben wird), kann der Auftraggeber für das System objektiv definierte Kategorien von Waren, Bauleistungen oder Dienstleistungen formulieren. Solche Kategorien können *„unter Bezugnahme auf objektive Faktoren definiert werden, wie beispielsweise den höchsten zulässigen Umfang konkreter Aufträge, die innerhalb der betreffenden Kategorie vergeben werden sollen oder ein spezifisches geografisches Gebiet, in dem konkrete Aufträge auszuführen sind."*[112] Diese etwas kryptische Formulierung in den Erwägungsgründen und Artikeln soll offenbar deutlich machen, dass auch bei **gebündelten Bedarfsmengen**, die von zentralen Beschaffungsstellen über dynamische Beschaffungssysteme beschafft werden, die Möglichkeit der **Vergabe in Teilmengen (Auftragssplittung)** in Erwägung gezogen werden soll, um kmU die Chancen zum Erhalt eines öffentlichen Auftrags auch in dynamischen Beschaffungssystemen zu erhöhen, ähnlich wie der Aufteilung der Gesamtmenge in Fach-, Teil- oder Gebietslose bei herkömmlichen Verfahren).

[112] Erwägungsgrund 66, Art. 34 Abs. 1 S. 3 und 4 VRL, Erwägungsgrund 75, Art. 52 Abs. 1 S. 3 und 4 SRL.

III. Elektronische Auktionen (e-Auktionen)

Der Einsatz von e-Auktionen ist nach den VRL und SRL vorgesehen. Die **Auftraggeber** können auf elektronische Auktionen zurückgreifen, bei denen neue, nach unten korrigierte Preise und / oder neue, auf bestimmte Komponenten der Angebote abstellende Werte vorgelegt werden. Zu diesem Zweck gestalten die Auftraggeber die elektronische Auktion als ein **iteratives** elektronische Verfahren, das **nach einer vollständigen ersten Bewertung der Angebote** eingesetzt wird, denen anhand automatischer Bewertungsmethoden eine **Rangfolge** zugewiesen wird.[113] Diese Definition lässt erkennen, dass es sich bei e-Auktionen nicht um ein elektronisches Verfahren wie im Falle des dynamischen Beschaffungssystems handelt, sondern um eine **Methode zur elektronischen Ermittlung des wirtschaftlichsten Angebotes**, angesiedelt zwischen der Angebotswertung und der Zuschlagsentscheidung.

1. Unvollständige Umsetzung in deutsches Recht nach den Vorgängerrichtlinien

E-Auktionen waren bereits in den Vorgängerrichtlinien geregelt, jedoch wurde deren Durchführung in das Ermessen der Mitgliedstaaten und nicht der Auftraggeber gestellt.[114] Die Bundesregierung hatte damals zaghaft von der Option Gebrauch gemacht, indem im Zuge der Verabschiedung des Gesetzes zur Modernisierung des Vergaberechts vom 20. April 2009 lediglich eine Legaldefinition zu e-Auktionen in § 101 Abs. 6 Satz 1 GWB aufgenommen wurde, die e-Auktionen als eben diese „Methode zur Ermittlung des wirtschaftlichsten Angebotes" umschrieb. Durch den Verzicht auf die Umsetzung der konkreten Vorgaben der Methode nach den maßgeblichen Artikeln der Vorgängerrichtlinien überwog anfänglich die Überzeugung, damit alleine keine Erlaubnis zur Durchführung elektronischer Auktionen zu begründen. Allerdings hat sich auch durch Rechtsprechung die Auffassung durchgesetzt, dass *„durch die Aufnahme der elektronischen Auktion in § 101 Abs. 6 Satz 1 GWB der Bundesgesetzgeber von der Möglichkeit des Art. 54 Abs. 1 RL 2004/18/EG Gebrauch gemacht hat, öffentlichen Auftraggebern die Durchführung von elektronischen Auktionen zu erlauben. Eine weitere Umsetzung in VgV oder einer Vergabeordnung bedarf es angesichts der detaillierten Vorgaben in Art. 54 RL 2004/18/EG nicht."*[115] Da die neuen Richtlinien die Ermessensentscheidung zur Durchführung von e-Auktionen in die Hände der Auftraggeber gelegt hat, obliegt es danach nicht mehr den Mitgliedstaaten über die Anwendung von e-Auktionen zu entscheiden.

[113] Art. 35 Abs. 1, UAbs. 1 und 2 VRL, Art. 53 Abs. 1, UAbs. 1 und 2 SRL.

[114] Art. 54 RL 2004/18/EG, Art. 56 RL 2004/17/EG.

[115] VK Niedersachsen, VgK 11/2011 v. 10.5.2011.

2. *Ausschluss von e-Auktionen bei Vergabe geistig-schöpferischer Leistungen*

Die Ausrichtung als „iteratives" Verfahren umschreibt in der Informatik eine schrittweise in wiederholten Rechengängen sich der exakten Lösung annäherndes Verfahren auf der Grundlage bestimmter Datenstrukturen. Daher stellen auch die Richtlinien bereits in den Erwägungsgründen klar, *„dass e-Auktionen typischerweise nicht geeignet sind für bestimmte öffentliche Bauaufträge und bestimmte öffentliche Dienstleistungsaufträge, die* **geistige (intellektuelle) Leistungen** *wie beispielsweise die Planung von Bauleistungen zum Gegenstand haben, denn nur die Elemente, die sich für die automatische Bewertung auf elektronischem Wege – ohne jegliche Intervention oder Begutachtung durch den (öffentlichen) Auftraggeber – eignen, namentlich* **quantifizierte Elemente, die sich in Zahlen oder Prozentsätzen** *ausdrücken lassen, können Gegenstand elektronischer Auktionen sein."*[116]

3. *Einsatz und Gegenstand der e-Auktionen*

Der Einsatz von e-Auktionen ist in **offenen Verfahren, nichtoffenen Verfahren und Verhandlungsverfahren** zulässig, sofern der Inhalt der Auftragsunterlagen, insbesondere die technischen Spezifikationen, **hinreichend präzise** beschrieben werden können. sowie unter den gleichen Bedingungen bei **Aufrufen zum Wettbewerb** im Zusammenhang mit der Nutzung von Rahmenvereinbarungen (mit mehreren Vertragsparteien) und bei Nutzung **dynamischer Beschaffungssysteme**.[117]

Im Unterschied zur Vorgängerrichtlinie 2004/18/EG erstreckt sich die Zulässigkeit elektronischer Auktionen nach der neuen VRL auf **alle** Verhandlungsverfahren. Bisher waren sie auf Verhandlungsverfahren nach Art. 30 Abs. 1 lit. a) RL 2004/18/EG beschränkt (wenn zuvor in offenen oder nichtoffenen Verfahren oder in einem wettbewerblichen Dialog **keine oder keine ordnungsgemäßen Angebote** abgegeben wurden). Damit unterscheidet sich die Regelung in der VRL von der der SRL, die e-Auktionen im Rahmen von Verhandlungsverfahren nur dann zulässt, wenn ein **Aufruf zum Wettbewerb** vorausgegangen ist. wie es in der Vorgängerrichtlinie 2004/17/EG auch schon geregelt war.

In einem Verhandlungsverfahren wird durch Verhandlungen eine konkrete Lösung im Angebot generiert, die Teil einer stimmigen Gesamtvereinbarung ist. Solange die Gesamtvereinbarung nicht gefährdet wird, erscheint es schlüssig z. B. nur über den Preis mittels einer e-Auktion zu verhandeln. Insofern ist die Ausweitung der Zulässigkeitsvoraussetzungen nach den VRL auf alle Verhandlungsverfahren konsequent.

Es können nur bestimmte Angebotselemente auktioniert werden und zwar entweder alleine der **Preis**, wenn das Angebot ausschließlich aufgrund des Preises den Zuschlag

---

[116] Erwägungsgrund 67, Art. 35 Abs. 1, UAbs. 3 VRL, Erwägungsgrund 76, Art. 53 Abs. 1 UAbs. 3 SRL.

[117] Art. 35 Abs. 2 VRL, Art. 53 Abs. 2 SRL.

erhält oder der Preis und/oder auf den neuen **Werten** der in den Auftragsunterlagen genannten Angebotskomponenten, wenn das Angebot mit dem besten **Preis-Leistungs-Verhältnis** oder mittels eines **Kosten-Wirksamkeit-Ansatzes** mit den **geringsten Kosten** den Zuschlag für den Auftrag erhält.[118] Maßgebend ist, dass die Angebotskomponenten in einer Weise **quantifizierbar** sein müssen, dass sie in **Ziffern oder in Prozentangaben** ausgedrückt werden können. Sie müssen also Gegenstand eines Rechenvorgangs werden können, der sich auch in einer **mathematischen Formel** ausdrücken lassen muss, die die automatische Neueinreihung aufgrund der im Zuge der Auktion vorgelegten neuen Preise oder Werte vornimmt.[119]

4. *Ausgestaltung*

Die Ausgestaltung elektronischer Auktionen lässt sich wie folgt darstellen, wobei sich die Klammerzusätze auf die Formulierungen in den SRL beziehen:

1. Hinweis in der Auftragsbekanntmachung oder in der Aufforderung zur Interessenbestätigung auf die **Durchführungsabsicht**.[120]

   Beachtung der **Mindestanforderungen** gem. Anhang VI (SRL > Anhang VII). Es handelt sich hierbei um weitergehende Informationspflichten bzgl. des Auktionsablaufs, die sich aus den Auftragsunterlagen ergeben müssen.

2. Erste **vollständige Bewertung** (SRL > Evaluierung) der vorgelegten **zulässigen** Angebote unter Berücksichtigung der vorgesehen Gewichtung.[121]

   Es erfolgt in den Artikeln 35 VRL und 53 SRL eine relativ unsystematische Aufzählung von Sachverhalten, die beispielhaft (insbesondere) darstellen, wann ein Angebot als **zulässig** oder **unzulässig** gilt.[122] Darüber hinaus verwenden VRL und SRL unterschiedliche Begriffe für die gleichen Sachverhalte, was offensichtlich der Übersetzung geschuldet ist und keine materiell-rechtlichen Unterschiede begründet. Im Ergebnis muss nach beiden Richtlinien ein Angebot, dessen Komponenten auktioniert werden sollen **„über alle Zweifel erhaben"** sein, da sich während der Auktion Aufklärungsverhandlungen und -gespräche per se verbieten.

   Zulässige Angebote sind demnach solche Angebote, die von einem Bieter eingereicht wurden, der nicht ausgeschlossen wurde, der die Eignungskriterien erfüllt und dessen Angebot mit den vorgegebenen technischen Spezifikationen übereinstimmt, ohne **nicht ordnungsgemäß** (SRL > unregelmäßig) oder **unannehmbar** (SRL > inakzeptabel oder ungeeignet) zu sein.

---

[118] Art. 35 Abs. 3 VRL, Art. 53 Abs. 3 SRL.

[119] Art. 35 Abs. 6, UAbs. 2, Anhang VI lit. a) VRL, Art. 53 Abs. 6 UAbs. 2, Anhang VII lit. a) SRL.

[120] Art. 35 Abs. 4 VRL, Art. 53 Abs. 4 SRL.

[121] Art. 35 Abs. 5 VRL, Art. 53 Abs. 5 SRL.

[122] Art. 35 Abs. 5, UAbs. 2–4 VRL, Art. 53 Abs. 5 UAbs. 2–4 SRL.

Im Folgenden wird näher darauf eingegangen, welche Umstände insbesondere vorliegen können, die zu nicht ordnungsgemäßen oder unannehmbaren Angeboten führen. Angebote, die auf **geheimen Absprachen** oder **Korruption** beruhen sowie **ungewöhnlich niedrige Angebote** werden als *unregelmäßig* (SRL > nicht ordnungsgemäß) angesehen. Angebote, von nicht qualifizierten Bietern oder Angebote, **deren Preis das Budget des Auftraggebers übersteigen** werden als *inakzeptabel* (SRL > unannehmbar) angesehen. Ungeeignet ist ein Angebot, wenn es *irrelevant* für den Auftrag ist und ohne wesentliche Abänderung den Bedürfnissen und Anforderungen des Auftraggebers offensichtlich nicht entsprechen kann. In diesem Zusammenhang wird an dieser Stelle auch geregelt, dass ein Teilnahmeantrag als ungeeignet gilt, wenn ein Ausschluss des Wirtschaftsteilnehmers erfolgt oder der erfolgen kann oder die Eignungskriterien nicht erfüllt.

3. **Gleichzeitige Aufforderung** aller Bieter, die zulässige Angebote unterbreitet haben, zur **Teilnahme** an der Auktion, ggf. Mitteilung evtl. mehrerer aufeinanderfolgender Phasen über die sich die e-Auktion erstrecken soll.
4. **Beginn der Auktion** frühestens zwei Arbeitstage nach Versendung der Aufforderung unter Beifügung des Ergebnisses der vollständigen Angebotsbewertung, der mathematischen Formel, nach der die automatische Neureihung der Angebote während der Auktion erfolgt, ggf. auch die Gewichtung aller Kriterien und ggf. auch für zugelassene Varianten (Nebenangebote).
5. Während der Auktion erhalten alle Bieter im Laufe einer jeden Phase **alle Informationen** die erforderlich sind, damit jedem Bieter jederzeit ihr jeweiliger Rang bekannt ist, **jedoch unter Geheimhaltung der Bieteridentität**.
6. **Abschluss der e-Auktion** nach einer oder mehrerer Vorgehensweisen (Tag und Zeitpunkt oder wenn keine neuen Preise oder Werte mehr eingehen und/oder Abschluss aller gfl. vorgesehenen Auktionsphasen.
7. Ermittlung des wirtschaftlich günstigsten Angebotes
8. Auftragsvergabe.

5. *Schematische Darstellung einer e-Auktion am Beispiel der VRL*

Art. 35 RL 2014/24/EU

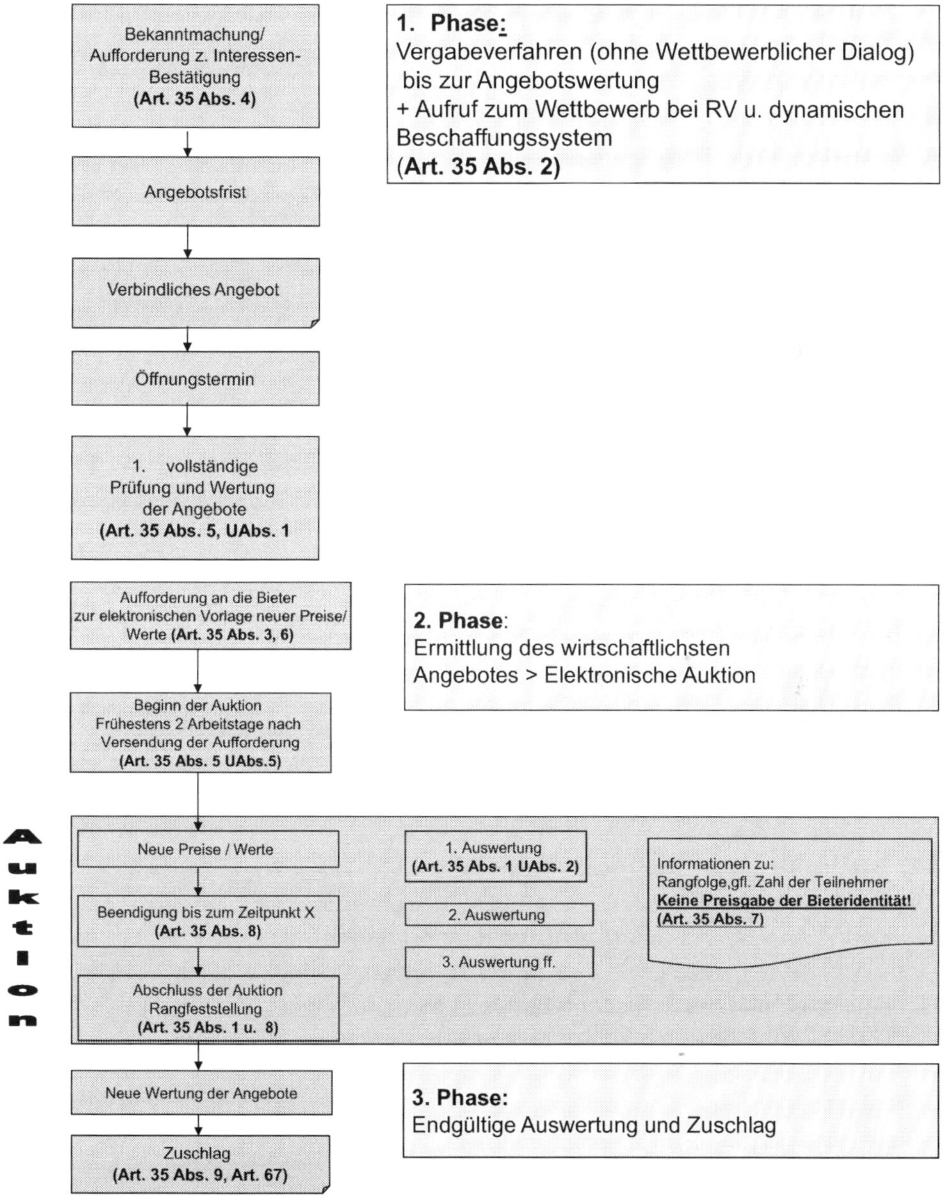

Abbildung 3: Elektronische Auktion

N. Umsetzungs- und Übergangsbestimmungen

Die Umsetzungs- und Übergangsbestimmungen sehen neben der allgemeinen Frist für die Umsetzung **aller drei Richtlinien** in deutsches Recht bis spätestens **18. April 2016** für die Anwendung der verpflichtende e-Vergabe nach den VRL und den SRL[123] die Möglichkeit vor, diese bis zum **18. Oktober 2018** aufzuschieben, für zentrale Beschaffungsstellen bis zum **18. April 2017** (s. auch Kapitel F. VII).[124]

Hiervon ausgenommen ist die in das Ermessen der Auftraggeber gestellte Verwendung von **dynamischen Beschaffungssystemen, elektronischen Auktionen und elektronischen Katalogen**, sowie die verpflichtende **elektronische Übermittlung der Bekanntmachungen** an das Amt für Veröffentlichungen der EU und die **elektronische Verfügbarkeit der Auftragsunterlagen**. Diesen obligatorischen elektronischen Systeme wurden keine längeren Umsetzungsfristen zuerkannt.

Darüber hinaus gibt es Aufschubmöglichkeiten nach den VRL für die Verpflichtung der **elektronischen Verfügbarkeit der EEE** spätestens bis zum **18. April 2018** und des **elektronischen Zugriffs auf e-certis** spätestens bis zum **18. Oktober 2018**.

---

[123] Art. 22 Abs. 1, UAbs. 1 VRL, Art. 40 Abs. 1, UAbs. 1 SRL.

[124] Art. 90 Abs. 2, UAbs. 2 VRL, Art. 106 Abs. 2, UAbs. 2 SRL.

Tabellarische Übersicht der Umsetzungsfristen nach den Kommunikationsschritten im Vergabeverfahren gem. Kapitel E für zentrale und sonstige Beschaffungsstellen sowie für die verpflichtende und fakultative Nutzung elektronischer Informations- und Kommunikationsmittel

Schritte	Sonstige Beschaffungsstellen	Zentrale Beschaffungsstellen
Schritt 1 Elektronische Übermittlung der Bekanntmachung	**Sofort (ab 18. April 2016)** Elektronische Übermittlung der Bekanntmachung (damit wohl keine Möglichkeit mehr, die Bekanntmachung per Fax oder als PDF-Datei zu übermitteln. Nur noch Erfassung über SIMAP oder Übermittlung durch zertifizierte OJS-eSender)	**Sofort (ab 18. April 2016)** Elektronische Übermittlung der Bekanntmachung (damit wohl keine Möglichkeit mehr, die Bekanntmachung per Fax oder als PDF-Datei zu übermitteln. Nur noch Erfassung über SIMAP oder Übermittlung durch zertifizierte OJS-eSender)
Schritt 2 Elektronische Auftragsunterlagen/ Konzessionsunterlagen	**Sofort (ab 18. April 2016)** Auftragsunterlagen müssen unentgeltlich, uneingeschränkt und vollständig sowie direkt zugänglich sein	**Sofort (ab 18. April 2016)** Auftragsunterlagen müssen unentgeltlich, uneingeschränkt und vollständig sowie direkt zugänglich sein
Schritte 3–5 Bewerberkommunikation, Angebotsabgabe bis zur Bieterkommunikation	**Bis zum 18. Oktober 2018**	**Bis zum 18. April 2017**
Sonderfälle: elektronische Auktion, dynamisches Beschaffungssystem, elektronische Katalog	**Bis zum 18. April 2016**	**Bis zum 18. April 2016**
elektronische Verfügbarkeit der EEE	**Bis zum 18. April 2018**	**Bis zum 18.April 2018**
elektronischer Zugriffs auf e-certis	**Bis zum 18. Oktober 2018**	**Bis zum 18. Oktober 2018**

Stichwortverzeichnis

D

E